KB180332

재테크 알짜 금융상품 Top 3

'월급쟁이 재테크 연구' 카페 선정

'월급쟁이 재테크 연구' 카페에서 진행한 설문조사를 바탕으로 선정한 상품입니다. 해당 상품이 Top 3가 된 이유, 특징, 혜택 등 자세한 내용은 책 본문을 참고하세요.

1 월급통장 Top 3
(자세한 내용 63쪽 참고)

1위	2위	3위
신한 신한주거래우대통장	우리 우리SUPER주거래통장	KB국민 KB올인원급여통장

2 지출통장 Top 3
(자세한 내용 83쪽 참고)

1위	2위	3위
KB국민 KB마이핏통장	우리 WON통장	신한 쏠편한입출금통장

3 비상금통장 Top 3
(자세한 내용 91쪽 참고)

1위	2위	3위
토스뱅크통장	케이뱅크 플러스박스	우리투자증권 우리WON CMA Note

4 생활비 지출용 체크카드 Top 3
(자세한 내용 105쪽 참고)

1위	2위	3위
KB국민 노리체크카드(펭수)	우리 OIOPAY 체크카드	신한 Deep Dream 체크카드(미니언즈)

주유 할인혜택 좋은 체크카드 Top 3

5 (자세한 내용 184쪽 참고)

1위	2위	3위
KB국민 스타체크카드	우리 카드의정석 EVERYDAY CHECK	KB국민 민체크카드

커피 할인혜택 좋은 체크카드 Top 3

6 (자세한 내용 184쪽 참고)

1위	2위	3위
신한 더본 체크카드	신한 투썸플레이스 체크카드	KB국민 노리2 체크카드(KB pay)

배달, 외식 할인혜택 좋은 체크카드 Top 3

7 (자세한 내용 185쪽 참고)

1위	2위	3위
신한 요기패스체크카드	우리 카드의 정석 칼퇴 CHECK	KB국민 음체크카드

마트, 쇼핑 할인혜택 좋은 체크카드 Top 3

8 (자세한 내용 185쪽 참고)

1위	2위	3위
신한 S-Choice체크카드	우리 카드의정석 오하 CHECK	KB국민 정체크카드

병원, 약국 할인혜택 좋은 체크카드 Top 3

9 (자세한 내용 186쪽 참고)

1위	2위	3위
KB국민 골든대로 체크카드	KB국민 훈체크카드	우체국 행복한체크카드

맘마미아 월급재테크 실천법

개정판 1쇄 발행 2019년 12월 6일
개정판 7쇄 발행 2024년 11월 7일

지은이 • 맘마미아
발행인 • 강혜진
발행처 • 진서원
등록 • 제 2012-000384호 2012년 12월 4일
주소 • (03938) 서울 마포구 동교로 44-3 진서원빌딩 3층
대표전화 • (02) 3143-6353 | **팩스** • (02) 3143-6354
홈페이지 • www.jinswon.co.kr | **이메일** • service@jinswon.co.kr

편집진행 • 안혜희 | **표지 및 내지 디자인** • 디박스 | **일러스트** • 최윤라
종이 • 다올페이퍼 | **인쇄** • 보광문화사 | **마케팅** • 강성우, 문수연 | **경영지원** • 지경진

ISBN 979-11-86647-34-9 13320
진서원 도서번호 19005
값 18,000원

독자 A/S - 재인쇄 수정 내용 확인하는 법

재인쇄시 바뀌는 정보(금융상품, 금리변동, 연말정산 등)를 온라인으로 제공하고 있습니다. 독자 여러분 참고 바랍니다.

'월급쟁이 재테크 연구' 카페(cafe.naver.com/onepieceholicplus) → 월재연 책 시리즈 → 책 집필 & 개정 내용 게시판에서 확인

Special Thanks to

**'월급쟁이 재테크 연구' 카페
100만 회원 여러분과 함께 만든 책!**

"왕초보에게 너무나 쉽고 친절해요."

"읽고 나서 감동하다니… 착한 재테크 책이네요."

"최고의 재테크 카페가 쌓아놓은 알짜 노하우들!"

"비상식 시대의 상식을 보여준 책입니다."

"이 책 1권으로 모든 재테크 충분해요."

"지속 가능한 재테크 실천서, 왜 이제야 나왔나요?"

"소장각! 갖고 있으면 든든해요."

"도서관, 중고서점에서도 찾기 힘들어 더 열심히 읽었어요."

⋮

**초판 출간 후 보내주신 수많은 분들의 성원에 힘입어
전면개정판을 출간하게 되었습니다.
단 1명의 월급쟁이라도 용기와 희망을 얻는다면
그것만으로도 충분합니다. 진심으로 감사드립니다.**

띠아나님, 잘살아보고싶다님, 딜라잇aya님, 9루무님, 혜경냥님, 엠찌님, 꿀새댁님, 이쁘닝a님, 실속있는그녀님, 땡이님, 라떼솔님, 정시퇴근님, 강공쥬님, 오드리님, 채은맘님, 투생님, Moria님, 그때정신차릴걸님, 악어펭귄님, 오뚜기뚜밥님, 리삐님, 지늉님, 무닉는대기업님, 단짱님, 슝슈웅슝슈웅님, 꼬빙꼬빙님, 나는루비(RUBY)님, 안녕보석이님, sene님, 다이아님, 부자뿜뿜이님, 온스블리님, 할라아이님, 궁금해허니님, 풀잎먹는깨미님, 언제나happy님, 윤수르님, 깍쟁이딸님, klovep님, 댄싱퀸님, 말캉쪼꼬님, 클쓰티나님, Gaviota님, 우유남매맘님, 프로N잡러Min님, 던킨님, 꽁냥꽁냥딸바보님, 현정님, 헬로마녀님, 오복마미쩡님

책이 나오기까지 응원해주신 회원님들 모두 감사드립니다.

재테크 필독서, 부동의 베스트셀러!
더욱 강력하게 돌아온 전면개정판!

2015년 9월 30일 초판 1쇄를 발행 후 지금까지 월급쟁이들을 위한 재테크 필독서로서 부동의 베스트셀러 자리를 지킬 수 있었던 것은 독자님들이 지속적으로 보내준 사랑 덕분이 아닐까 한다. 이 자리를 빌어 진심으로 감사의 말씀을 올린다. 사랑에 보답하고자 더욱 강력하게 리뉴얼된 전면개정판을 준비했다. 월급관리를 출발점으로 절약에서 저축으로! 저축에서 투자로! 이어지는 월급쟁이 재테크의 연결고리를 강화했으며 금테크, 환테크, P2P, 부동산, 주식 등 최신 재테크 이슈와 새로운 실천법도 보완해서 담았다. 또한 〈부록 3 내집 마련의 꿈, 청약!〉, 〈부록 4 전세살이도 똑똑하게!〉, 〈부록 5 최후의 보루, 보험!〉 등 왕초보를 고수로 만드는 알짜배기 부록들도 추가했다.

한 방에 돈 버는 대박 비법? 주식 몰빵? 부동산투기?
고수익 향한 허황된 환상은 금물!

"통장에 돈이 넘쳐나면 좋겠다!", "내 명의로 된 고급스런 집에서 살고 싶다!"
월급쟁이라면 누구나 한번쯤 이런 생각을 해보았을 것이다. 하지만 현실은 어떤가? 월급 받아서 아등바등 아끼고 살아도 통장 잔고는 도통 늘지 않는다. 또한 무섭게 치솟는 집값을 보면 내 집은커녕 조그만 전셋집 구하는 것조차 점점 힘들어지기만 한다.
그래서 허황된 환상을 쫓아서 사행성 도박에 손을 대거나 주식·부동산투기판에 뛰어드는 월급쟁이도 있을 거라고 본다. 하지만 아무런 노력 없이 많은 돈을 번다는 것이 어디 쉽겠는가! 힘들게 모아둔 피 같은 돈을 허무하게 날리고 땅을 치며 후회하는 월급쟁이를 정말 많이 보았다. 완벽한 대박 비법이란 존재하지 않는다. 돈을 버는 것은 정말 어렵지만 돈을 잃는 것은 한순간일 수 있다는 사실을 잊지 말자.

월급쟁이 재테크의 정석은 Step by Step!
소중한 푼돈을 목돈으로 만들어 불려나가는 것!

월급쟁이들이 퍽퍽한 현실을 극복하려면 어떻게 재테크를 해야 할까? 수학에도 정석이 있듯이 월급쟁이 재테크에도 정석이 있다. 재테크의 정석을 배우고 꾸준히 실천하면 된다. 조급함과 욕심은 금물이다. 비록 한 방에 많은 돈을 벌지는 못하겠지만 월급쟁이들이 안정적으로 부(富)를 쌓아나갈 수 있는 가장 올바른 방법이다.
월급쟁이 재테크의 정석이란 푼돈의 소중함을 깨닫고 절약과 저축을 통해 돈을 모으면서 투자를 병행해 돈을 불려나가는 것이다. 다만 재테크의 3원칙인 안정성, 수익성, 환금성의 적절한 균형을 유지하면서 돈을 모으고 불리는 속도를 점진적으로 가속화하는 것이 핵심이다. 한눈 팔지 말고 정석에 충실하자. 시간이라는 힘이 필요하지만 분명 어느 순간 재테크 수익이 근로소득을 넘어서서 경제적 자유인의 길에 첫발을 내디딜 수 있을 것이다. 이는 필자뿐만 아니라 시간과 공간을 초월해서 모든 월급쟁이 부자들이 경험한 과정이기도 하다.

재테크는 마라톤,
각자의 페이스대로 완주하는 자가 승자!

아울러 절약 → 저축 → 투자! 3단계를 차근차근 순차적으로 밟아서 정복해나가는 것이 매우 중요하다. 특히 무턱대고 월급쟁이의 실생활과 거리가 먼 전업투자자의 성공담에 솔깃해서 따라해서는 안된다. "주식투자로 연봉만큼 벌었다", "부동산투자로 집을 수십채 갖고 있다"는 말을 들으면 절약과 저축은 내팽개치고 큰돈이 된다는 투자에만 목을 매고 싶어진다.

월급쟁이는 전업투자자가 아니다. 또한 대부분 안정추구형 투자성향을 갖고 있다. 일단 절약·저축 습관부터 몸에 완전히 붙인 후에 전업투자자가 아닌 월급쟁이 투자 고수의 방법을 습득하는 것이 바람직하다. 마치 전업투자자가 된 것마냥 덤벼대면 돈도 잃고 직장생활마저 망쳐버릴 위험이 있다는 것에 유의하자. 재테크는 마라톤이다. 본인의 페이스에 맞게끔 뛰어서 골인점까지 좋은 기록으로 완주하는 자가 진정한 승자라는 것을 잊지 말자.

부디 단 1명의 월급쟁이라도 이 책으로 용기와 희망을 얻기를…
월급쟁이 재테크의 최종 목표는 행복!

이 책은 월급쟁이 재테크의 정석을 올바르게 배우고 손쉽게 따라할 수 있도록 절약·저축·투자의 모든 분야별(통장관리, 가계부 작성, 예적금, 청약, 펀드, 주식, 부동산, 경매, 보험, 연말정산 등) 핵심 이론과 강력한 행동지침으로 구성되어 있다. 읽다가 포기하지 말고 순서대로 끝까지 정독한 후에 하나씩 실천해보길 응원한다.

부디 단 1명의 월급쟁이라도 이 책을 통해서 용기와 희망을 얻었으면 하는 바람이다. 용기가 진실될수록! 희망이 담대할수록! 설령 쥐꼬리만한 월급과 빠듯한 살림살이에 힘들고 지치는 순간이 찾아오더라도 분명 슬기롭게 이겨내고 "나도 월급쟁이 부자로 은퇴할 수 있다!"는 꿈을 키워나가리라고 믿는다.

돈이 없는데 행복할 수 있을까? 행복하기 위해서 적당한 돈은 꼭 필요하다. 하지만 돈이 많아진다고 행복도 비례해서 올라가지는 않는다. 돈을 모으고 불리는 데만 급급해서 정작 소중한 행복을 놓쳐서는 안된다. 월급쟁이 재테크의 최종목표는 돈이 아니라 행복이라는 것을 꼭 명심하자. 열심히 재테크를 하는 이유는 바로 내 옆에 있는 사랑하는 사람들과 행복하게 살기 위해서가 아닐까? 월급쟁이들! 항상 일과 시간에 쫓기지만 오늘 하루만이라도 부모님, 남편, 아내, 연인, 아이들에게 사랑한다는 말을 꼭 해보길 바란다.

마지막으로, 직장생활과 카페 운영을 병행하면서 원고 집필까지 한다는 게 생각보다 훨씬 벅찬 작업이었지만 따뜻한 힘이 되어준 아내와 아들에게 사랑한다는 말을 전한다. 또한 좋은 책으로 만들어주신 진서원출판사 강혜진 대표님께도 고마움을 전한다. 더불어 항상 아낌없는 응원을 해주는 '월급쟁이 재테크 연구' 카페 회원 분들께도 진심으로 감사드린다. 대한민국 월급쟁이 여러분! 모두모두 행복한 부자 되세요.

맘마미아

○ **100만 회원 인증!**

○ **〈맘마미아 월급재테크 실천법〉은**

○ **황금알 낳는 거위!**

○ 여러분의 황금알은 월급! 월급이 황금알을 낳는 거위가 될 때까지 월급재테크를 실천하세요!

· 준비마당 ·
가계부 쓰기

실천법

월급텅장 주범 찾기

가계부 쉽게 쓰기

월급 흐름 장악하기

⋮

· 첫째마당 ·
월급통장 쪼개기

실천법

월급통장 Top 3 공개

월급통장 출구전략

⋮

· 둘째마당 ·
푼돈 모으기

실천법

행복 버킷리스트 작성하기

신용카드 No! 체크카드 OK!

21일 강제저축 실천

⋮

· 넷째마당 ·
목돈 굴리기

실천법

시중은행, 저축은행

예금 쪼개기

CMA통장 200% 활용법

⋮

· 다섯째마당 ·
펀드 투자하기

실천법

펀드 유형별 투자법

펀드 수수료, 보수 절약법

ELS, ETF 완전 분석

⋮

· 여섯째마당 ·
주식 투자하기

실천법

HTS로 주식매매하기

저평가된 주식 찾기

최적의 매매시점 찾기

⋮

왕초보를 고수로 만드는
알짜배기 부록 5총사!

첫째
마당

실천! 월급통장 쪼개기
— 돈의 흐름이 귀신같이 보인다!

셋째
마당

실천! 절약 저축 2
— 고수의 목돈 모으기 도전!

넷째
마당

실천! 예적금 가입
— 월급쟁이에게 만만한 돈 불리기

다섯째 마당

실천! 펀드투자
— 월급쟁이 재테크 1년차에게 권함

여섯째
마당

실천! 주식투자
— 경제 공부 수단으로 최고!

일곱째 마당

실천! 부동산경매
— 월급쟁이의 내집마련 꿈 이루기

부록   **된다! 재테크 고수**
— 월급 모아 부자 되는 재테크 마무리

'월급쟁이 재테크 연구' 카페 활동과 병행하면 효과 UP!

〈잠깐만요〉 차례

(제목 가나다순)

월급통장만 잘 관리해도 10년 후가 다르다

피 같은 월급! 왜 아무렇게나 써버리나?

가끔 주변에서 수입이 들쑥날쑥한 자영업자들을 보면 차라리 월급쟁이들이 낫다는 얘기를 자주 한다. 월급쟁이들은 월급날에 따박따박 월급을 받기 때문이다. 그런데 실제로 월급쟁이들에게 월급은 어떤 돈일까? 그냥 월급날이 되면 나오는 돈! 그 이상도 이하도 아닌 걸까? 필자가 처음 직장생활을 시작했을 때 상사가 이런 말을 했다.

"입사를 축하해! 하지만 직장생활, 그렇게 재밌지만은 않을 거야!"

물론 처음에는 크게 와닿지 않았다. 왜냐하면 대학시절 TV 드라마에서 본 월급쟁이의 모습은 멋지고 즐거워 보였기 때문이다. 근사한 양복을 입은 남자 주인공이 동료들과 에피소드를 만들어가며 인정받고 승승장구하는 모습! 그리고 예쁜 여자 동료와 로맨스까지!

하지만 드라마와 현실은 완전히 달랐다. 입사 후 1, 2년간 직장생활을 하다 보니 드라마에서 본 모습들은 온데간데없이 사라지고, 로맨스는커녕 동료들과 보이지 않는 경쟁에 시달리게 되었다. 이유도 모른 채 상사한테 혼나는 일이 비일비재하고, 새벽까지 야근하고도 아침 일찍 출근해야 하는, 다람쥐 쳇바퀴 돌듯 반복되는 일상만 남아 있었다. 직장은 즐거운 일터라기보다는 치열한 전쟁터 같았다.

"차라리 대학시절 도서관에서 마음 편하게 공부하던 때가 행복했구나!"

이런 생각마저 들었다. 하루에도 열두 번 직장을 때려치워야겠다는 생각이 들다가도 월급날에 월급을 받으면 "그래, 참아야지!" 하면서 마음속으로 참을 인(忍) 자를 새기고 또 새겼다.

결국 월급쟁이들에게 월급이란 서러움과 스트레스를 이겨내면서 한 달 동안 열심히 일해 받은 피 같은 돈이라고 할 수 있다. 그런데 많은 월급쟁이들이 이런 피 같은 월급의 소중함을 모른 채 흥청망청 써버리는 경우가 많다. 한마디로 제대로 월급을 관리하지 않는다는 말이다. 그리고 텅 빈 월급통장만 한탄스럽게 바라보면서 다음달 월급날만 눈이 빠지도록 기다린다.

연봉 1억 빚쟁이 vs 연봉 1,000만원 알부자? 돈 관리 차이!

'사오정', '오륙도' 이런 말이 당연한 지금 월급쟁이들은 불안하다. 그리고 누구나 부자가 되고 싶어한다. 월급쟁이들이 부자가 되려면 어떻게 해야 할까? 가장 먼저 월급의 소중함부터 절실하게 깨달아야 한다. 그리고 피 같은 월급이 한 달에 한 번 월급통장을 스쳐지나가도록 놔두어서는 안된다. 피 같은 월급을 받으면 월급텅장(텅 빈 월급통장이라는 뜻)으로 변해버리지 않도록 관리를 해줘야 한다.

"저는 월급이 쥐꼬리만해서 월급통장을 관리하더라도 부자 되기는 힘들 것 같아요!"

시작도 하기 전에 이렇게 지레 포기하는 월급쟁이도 있을 거라고 생각한다. 하지만 비록 쥐꼬리만한 월급이라도 꾸준하게 월급통장을 관리한 사람과 그렇지 않은 사람의 나중 인생은 엄청나게 큰 차이가 있다. 연봉 1억원을 벌어도 빚쟁이가 되는 사람이 있고 연봉 1,000만원밖에 벌지 못해도 부자가 되는 사람이 있다. 지금 월급통장을 제대로 관리하지 않으면 10년 후에도 결국 제대로 된 목돈을 모으지 못한 채 여전히 한 달 벌어 한 달 먹고살기도 빠듯한 삶을 사는 인생을 벗어나기 힘들다.

"태어날 때 가난한 것은 당신 잘못이 아니지만 죽을 때도 가난한 것은 당신 잘못이다." — 빌 게이츠

마이크로소프트의 창업자 빌 게이츠의 명언 중 하나다. 분명 가난하게 죽고 싶은 월급쟁이는 아무도 없을 것이다. 하지만 월급쟁이들이 사업하는 자영업자들처럼 소위 말하는 '대박'을 치고 부자가 되기란 힘들다. 왜냐하면 월급이라는 것은 한정적이고 일정하기 때문이다.

하지만 월급쟁이는 자영업자와는 달리 사업이 잘되든 망하든 상관없이 따박따박 월급이 나온다. 따라서 월급쟁이는 이러한 장점을 살려서 쥐꼬리만한 월급이라도 어떻게 관리하는지가 중요하다.

피 같은 월급! 통장을 스치게 놔두는 것은 월급쟁이 자신의 잘못이다. 또한 따박따박 나오는 월급을 받을 수 있는 날은 영원하지 않다는 것도 명심해야 한다. 그러므로 지금 당장 월급통장 관리를 해야 한다. 월급통장만 잘 관리해줘도 10년 후 인생이 달라지기 때문이다.

다시 한 번 말하지만, **월급쟁이가 부자가 되기 위한 첫 발걸음은 올바른 월급통장 관리다.** 물론 월급통장 관리만 잘한다고 모두 부자가 되는 것은 아니다. 하지만 적어도 빈털터리가 되지는 않을 거라고 생각한다. 나중에 노인이 되어도 남의 도움 없이 자신과 가족의 앞가림 정도는 충분히 해낼 수 있으리라고 믿는다. 수많은 인생 선배들의 모습이 이를 증명하고 있다.

tip

이 책은 달마다 일정한 수입이 있는 월급쟁이를 대상으로 했지만, 자영업자 역시 수입과 지출 시스템으로 가정경제를 이끈다는 측면에서 이 책에 나온 돈 관리 비법과 절약, 저축, 재테크 내용이 큰 도움이 되리라고 생각한다.

추적 30일, 월급통장 내역 샅샅이 뒤지기

월급통장을 텅 비게 만드는 주범부터 잡아라

월급날이 되면 출근길은 즐겁고 발걸음마저 가볍다. 아침에 출근하면 월급이 제대로 잘 들어왔는지 월급명세서부터 확인한다. 생각지도 못한 특별수당이라도 들어오면 날아갈 듯이 즐겁다. 아예 "오늘 점심은 맛있는 것 먹자"며 한턱 쏘기도 한다.

하지만 이런 즐거움도 그리 오래가지 못한다. 왜냐하면 며칠 지나지 않아서 월급통장이 월급텅장으로 변해버리기 때문이다. 그러고는 "월급이 다 어디로 갔지?" 하며 한탄스럽게 월급통장만 바라본다. 특별히 돈을 많이 쓴 곳도 없는데 왜 이렇게 월급통장이 텅 비어버렸는지 의아하다. 정말 월급통장에서 자기 몰래 돈이 어딘가로 빠져나가기라도 한 것인지 궁금하다.

피 같은 월급이 어디로 새어버린 것일까? 월급통장을 월급텅장으로 만든 주범은 무엇일까? 이유도 모른 채 낙담만 하는 월급쟁이들이라면 주범부터 찾는 것이 월급통장 관리의 첫걸음이다. 그럼 어떻게 주범을 찾아야 할까? 일단 월급통장 내역부터 샅샅이 뒤져봐야 한다. 즉 지난 30일간 월급통장의 카드와 현금 사용내역을 집중적으로 추적해서 주범을 찾아낼 필요가 있다.

1단계 | 카드 사용내역 추적하기

지난 30일간 신용카드 명세서를 확인해서 일자별 지출내역과 지출금액을 정리해보자. 만약 체크카드를 함께 사용하고 있다면 체크카드와 연계된 통장의 내역도 함께 정리해야 한다.

신용카드 명세서

입출금 통장과 체크카드

2단계 | 현금 사용내역 추적하기

지난 30일간 현금을 사용한 내역도 확인해서 일자별 지출내역과 지출금액을 정리해보자. 국세청 홈택스(www.hometax.go.kr) 사이트에서 '현

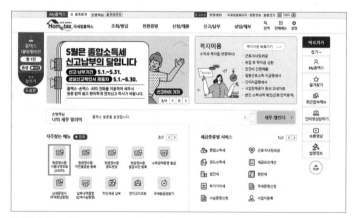
국세청 홈택스 → 〈현금영수증 사용내역 조회(소비자)〉

금영수증 사용내역 조회' 메뉴를 이용하면 확인할 수 있다. 만약 현금영수증 카드를 등록하지 않았다면, 갖고 있는 현금영수증들을 참고하거나 기억을 더듬어서 우선 정리부터 해보길 추천한다.

3단계 | 과도지출 주범 Top 5 찾기

1, 2단계 추적은 월급통장을 텅 비게 만든 주범을 찾기 위한 기초작업이었다. 이번에는 1, 2단계 자료를 기초로, 과연 그 지출이 적정한 지출이었는지 과도한 지출이었는지를 생각하면서 구분해보길 바란다.

또한 '과도한 지출' 중에서 지출금액이 가장 높은 Top 5(고가 가전제품 구입비, 비싼 술집에서 마신 술값 등)를 선정해보자. Top 5 내역을 찾았다면 바로 이 돈들이 월급통장을 텅장으로 만든 주범이라고 할 수 있다.

▼ 과도한 지출 Top 5 찾기

일자	구분 (카드/현금)	지출내역	지출금액	점검 결과 (적정한 지출 or 과도한 지출)	TOP 5 선정 (○ or ×)

하지만 또 다른 공범도 분명 찾을 수 있다. 공범은 다름 아닌 불필요하거나 불합리하게 쓴 소소한 돈들이다. 이런 소소한 돈들도 합산해보면 주범 못지않게 큰 금액이 된다. 예를 들어 마트에 갔다가 계산금액이 생각보다 많이 나와서 놀란 경험을 누구나 갖고 있을 것이다. 계산이 잘못된 것 아닐까 하는 생각에 유심히 영수증을 들여다봐도 잘못 기입된

건 없다. 계산기는 거짓말을 하지 않는다. 결국 "이건 얼마 안 하니까 하나 사자"는 마음으로 하나씩 구입한 물품들의 소소한 금액을 합산하니까 생각보다 훨씬 큰 금액이 된 것이다.

그 밖에 단지 다리가 아프다는 이유로 쓸데없이 탄 택시비, 지름신이 강림해서 홈쇼핑에서 조금씩 질러댄 카드값 등 헛되이 쓴 소소한 돈들이 바로 월급통장을 가볍게 만든 공범이라고 할 수 있다.

"저는 굳이 월급통장을 샅샅이 뒤져보지 않아도 대충 어떤 돈들이 새고 있는지 알고 있는데요!"

물론 그렇게 얘기할 수도 있다. 하지만 단순히 막연하고 두루뭉술하게 머릿속에 맴도는 생각으로만 그치는 것과, 월급통장 30일 추적일지를 작성하면서 보다 구체적이고 명확하게 정리해서 직접 눈으로 확인하는 것은 분명 다르다.

이렇듯 월급통장이 월급텅장이 된 월급쟁이들이라면 지난 30일간의 월급통장 내역을 샅샅이 뒤져보길 바란다. 분명 피 같은 월급을 새게 만드는 주범과 공범을 찾을 수 있을 것이다. 주범과 공범을 찾는 것이 바로 월급통장 관리의 시작이다.

그리고 주범과 공범을 찾았다면 제대로 때려잡아줘야 한다. 그 첫걸음은 바로 '가계부 쓰기'다. 지금까지 1, 2, 3단계를 거쳐 월급통장 내역을 추적해서 샅샅이 뒤진 게 일종의 약식 가계부였다면, 이제는 월 예산도 설정하고 수입과 지출을 보다 세부적인 항목들로 정리해서 본격적으로, 매일 정식으로 가계부를 써줘야 한다. 그래야만 월급통장을 텅 비게 만든 주범과 공범을 때려잡는 방법을 찾을 수 있을 것이다.

03

월급통장 한 달 내역, 가계부에 옮겨쓰기

| 실행 |

지난 30일간의 월급통장 내역을 샅샅이 뒤져서 어디론가 새고 있는 피 같은 월급의 향방을 밝혔다면, 이제 본격적으로 월급통장 한 달 내역을 가계부에 옮겨써봐야 한다.

사실 월급통장 한 달 내역을 가계부에 옮겨쓰는 방법 자체는 절대 어렵지 않다. 월급통장에서 돈이 빠져나갈 때 잊지 않고 가계부에 옮겨쓰기만 하면 된다. 다만 한 달 동안 매일 빠뜨리지 않고 옮겨쓰는 것이 어렵다. 따라서 귀찮다고 포기하지 말고 최소 한 달만이라도 꾸준하게 월급통장 내역을 가계부에 옮겨써보길 바란다.

---

tip

수기 가계부

요즘 스마트폰이나 엑셀을 이용해 가계부 쓰는 분이 많다. 하지만 가계부를 쓸 때마다 실패한 왕초보라면 수기 가계부를 추천한다. 종이에 손으로 직접 적다 보면 소비패턴을 되돌아보며 낭비를 반성하는 시간을 갖게 되고, 절약과 저축에 성공할 확률이 커지기 때문이다.

《맘마미아 가계부》

유의사항 1 | 결심한 그날 바로 시작하자

가계부 쓰기는 가계부를 써야겠다고 결심한 그날! 바로 시작하는 것이 가장 좋다. 왜냐하면 오늘내일 하면서 자꾸 시작을 미루면 결국 시간이 지나감에 따라 결심도 흐지부지될 가능성이 크기 때문이다. 만약 정말

37

의지가 약한 월급쟁이라면 한 달이 시작되는 첫날인 1일부터 가계부 쓰기를 시작하는 것도 방법 중 하나가 될 수 있다. 왜냐하면 1일이 갖는 의미가 '시작'이기 때문에 새롭게 시작하는 마음가짐과 의지를 자연스럽게 가질 수 있기 때문이다.

유의사항 2 | 월 예산을 정해두자

가계부를 쓰기 전에 월 예산을 확실하게 정해두어야 한다. 월 예산, 즉 구체적인 지출 계획이 있어야 어디론가 새고 있는 피 같은 월급을 보다 강력하게 붙잡을 수 있기 때문이다. 또한 한 달 동안 가계부를 쓴 후에 월 예산 대비 지출항목별로 돈을 얼마나 많이 썼는지, 또는 얼마나 적게 썼는지를 비교해볼 수 있다. 참고로, 월 예산을 바탕으로 연간 예산도 함께 정해두는 것이 좋다.

유의사항 3 | 수입도 함께 쓰자

지출항목만 열심히 정리해서 가계부를 쓰는 것은 반쪽짜리에 불과하다. 수입이 발생했을 때 수입항목(월급, 상여금, 수당 등)도 반드시 함께 정리해서 가계부에 써줘야 한다. 왜냐하면 수입과 지출을 함께 써줘야 한 달 동안 수입 총액과 지출 총액을 비교해서 부족한 부분을 반성할 수 있고, 다음달에는 어떻게 가계살림을 꾸려나갈 것인지 계획을 세울 수 있기 때문이다.

유의사항 4 | 중간에 포기하지 말자

가계부를 쓰면서 절대로 중간에 포기해서는 안된다. 하지만 말처럼 쉽지 않은 게 사실이다. 따라서 가계부

> **tip**
> 가계부 쓰기를 생활화하기 위한 구체적인 방법은 〈둘째마당〉 18장 참고.

쓰기 습관을 길러서 생활화하는 것이 매우 중요하다.

맘마미아의 엑셀 가계부 따라 쓰기

'월급쟁이 재테크 연구' 카페(cafe.naver.com/onepieceholicplus)에 필자가 만든 엑셀 가계부를 올려두었는데, 많은 회원들이 다운받아서 사용하고 있다. 맘마미아 엑셀 가계부는 기능을 강조하기보다는 사용하기 편리하고 관리하기 용이하게끔 단순함에 중점을 두었기 때문에 꾸준하게 쓸 수 있다는 것이 장점이다.

맘마미아 엑셀 가계부는 지속적으로 업데이트할 예정이니 많은 분들이 사용하면 좋겠다. 카페에 들어가서 회원가입한 다음 왼쪽 하단 메뉴 중 〈월재연 자료실〉 → 〈[다운] 엑셀가계부〉 게시판을 클릭해 다운받아 열면 끝!

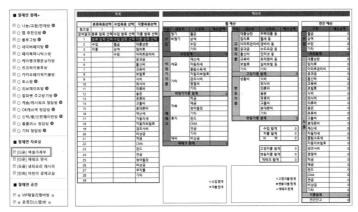

'월급쟁이 재테크 연구' 카페 → 〈월재연 자료실〉 → 〈[다운] 엑셀가계부〉

가계부 쓰기, 자꾸 깜빡깜빡한다면? — 뱅크샐러드, 토스

핀테크(Fintech) 시대가 열리면서 자산관리 앱이 많이 출시되었다. 대표적인 것이 뱅크샐러드와 토스다. 뱅크샐러드는 수입·지출·이체내역이 자동으로 등록되고, 토스는 간편송금과 통합계좌관리가 가능하다. 이러한 자산관리 앱을 적절히 활용하면 따로 수기 가계부를 쓰지 않더라도 앱 가계부를 쓰는 효과를 얻을 수 있다.

> **tip**
>
> **핀테크**
>
> 금융(Finance)과 기술(Technology)이 결합한 서비스를 말한다. 4차 산업혁명을 이끌 혁신 기술로 주목받고 있다.

▼ 뱅크샐러드 vs 토스

구분	뱅크샐러드	토스
장점	• 통합자산조회 • 입출금내역 등 자동으로 등록, 분류 • PC 가계부와 연동 • 금융패턴 분석(금융비서 기능) • 신용등급 등 무료로 조회 • 부동산, 자동차 시세조회 • 건강검진을 기반으로 보험 추천 • 스위치보험(앱에서 보험 켜고 끄기) 메뉴 • 개인 맞춤형 카드 추천	• 간편송금 • 통합계좌관리 • 신용등급 등 무료로 조회 • P2P, 해외주식 등 투자 • 아파트관리비, 자동차 시세조회 • 미니 보험 찾기 • 자동차보험료 한눈에 비교 • 대출상품 비교 • 선불충전식 토스카드 활용
단점	• 초기 공인인증서 연동 과정 불편 • 동기화 속도가 느리고 긴 로딩시간	• 가계부 기능이 떨어진다. • 1회 1일 송금한도 제한

단, 뱅크샐러드든 토스든 주의사항이 있다. 추천해주는 금융상품이나 카드 등을 너무 맹신해서는 안된다. 기술적인 한계로 추천 결과가 그리 만족스럽지 못할 수 있으니 추천은 그저 추천일 뿐이라는 사실을 잊지 말자. 또한 뱅크샐러드와 토스는 사람이 아니다. 잘못 표시된 정보나 정확한 기입이 필요한 정보는 직접 수정, 작성해줘야 하는 번거로움이 있을 수 있다. 마지막으로, 뱅크샐러드와 토스는 가계부를 직접 쓰고 꾸미는 손맛과 아기자기함이 없다. 만약 아날로그식 재미를 좋아한다면 실망할 수도 있다.

씀씀이만 파악해도 절약 의지 치솟는다!

다른 집은 돈을 얼마나 쓰고 있을까?

한 달 동안 월급통장 내역을 가계부에 옮겨쓰다 보면 신기하게도 자신의 돈 씀씀이가 조금씩 보이기 시작한다. 특히 지출이 높은 항목들을 보면서 "외식을 많이 하는구나!", "홈쇼핑에서 많이 질러댔구나!" 하는 반성을 자연스럽게 하게 된다. 그러다 보면 문득 옆집의 가계부가 궁금해진다. 과연 내가 상대적으로 돈 씀씀이가 헤픈 편인지 아닌지도 알고 싶어진다.

따라서 가계부를 쓴 후에는 비교해보는 것이 좋다. 이왕이면 수입과 가족수가 비슷한 집과 비교해보는 게 좋은데, 한 달 가계살림을 어떻게 꾸려나가는지, 지출이 높은 항목들은 무엇인지, 찬찬히 다른 집 가계부를 들여다보면 된다.

'월급쟁이 재테크 연구' 카페에서도 많은 회원들이 매일 가계부의 지출내역, 지출금액 등을 공유하면서 서로 가계부를 비교하고 있다. 예를 들어 "전기요금이 13,000원 정도 나온 가계부!"라는 게시글을 보면 평소 전기요금이 많이 나오는 분들에게 절약하도록 동기부여를 해주고 있으며, "No Money Day"라는 게시글은 무지출 가계부를 통해 많은 분께 소비절제, 무지출을 실행하게끔 도전의식을 불어넣어주고 있다.

이렇게 가계부를 비교해보면 본인의 돈 씀씀이를 객관적이고 명확하게 알 수 있으며, 반성을 통해 돈 씀씀이를 더 줄여야겠다는 강한 목표의식을 가질 수 있다.

"저마다 기준이 달라서 다른 집과 가계부를 비교하기 힘들어요."

이렇게 얘기할 수도 있다. 하지만 점심시간에 직장동료들과 간단히 얘기만 해봐도 상대적으로 자신이 생활비를 많이 쓰고 있는지 아닌지 정도는 아주 손쉽게 비교할 수 있다.

가계부 비교, 반성을 넘어선 자괴감은 No!

가계부를 써보면 진짜 내가 보인다. 더 나아가 다른 사람들과 비교해보면 더욱 확실히 보인다. 예를 들어 평소 식비를 많이 쓴다고 생각하지 않았지만 막상 다른 집과 비교해보니 식비를 많이 쓰는 것일 수 있고, 반대로 평소 교육비가 많다고 생각했는데 비교해보니 다른 집보다 교육비를 적게 쓰고 있을 수도 있다.

그런데 이런 과정에서 일부 월급쟁이는 반성을 넘어서 자괴감을 느끼기도 한다. 한 달 동안 열심히 가계부를 쓰면서 알뜰살뜰 아끼며 생활했는데 정작 다른 집에 비해서 많이 쓰고 있는 것을 알면 "난 왜 이럴까?" 스스로 자책한다. 그리고 "가계부 쓸 맛도 안 나는데 쓰면 뭐하나!" 이런 생각에 조용히 가계부를 덮는다.

반성은 강한 목표의식을 갖게끔 만들어주지만 자괴감은 패배감을 갖게끔 만든다. 이런 자괴감은 가질 필요가 없다. 예를 들어 쌓이는 스트레스를 풀기 위해 충동적으로 홈쇼핑을 했다면 당연히 다른 집에 비해서 생활비가 더 나올 수밖에 없다. 하지만 "난 홈쇼핑 중독일까?" 생각하면서 자책하지 말길 바란다. 왜냐하면 누가 뭐라 하든 적어도 현재까지 홈쇼핑 충동구매는 자신에게 스트레스 탈출구로 꼭 필요한 지출이었기 때문이다. 어느 누구도 밑도 끝도 없이 당신에게 홈쇼핑 중독자라고 돌을 던질 수는 없다.

우선 돈 **씀씀이를 통해 본 자신의 모습을 애써** 부정하지 말고 편하게 **인정하길 바란다.** 자괴감을 갖기보다는 "얼마나 스트레스가 심했으면 홈쇼핑을 이렇게 많이 했을까?" 스스로에게 위로와 격려를 해보자. 인정하면 마음이 편해지면서 가계부를 쓰는 데 부담이 없어진다. 이렇게 하면 반성은 단지 반성일 뿐! 자괴감으로까지 확대해석되지 않는다. 또한 꼭 필요한 지출이었던 홈쇼핑이 서서히 불필요한 지출로 바뀌게 되고, 홈쇼핑의 원인이었던 스트레스를 운동이나 취미활동 등으로 풀 수 있게끔 긍정적인 변화를 이끌어낼 수도 있다.

여기서 결론은, 자신의 돈 씀씀이조차 모르면서 월급통장 관리를 제대로 하고 싶다? 이건 희망사항일 뿐이라는 것이다. 올바른 월급통장 관리를 위해서는 자신의 돈 씀씀이를 보면서 진짜 자신의 모습부터 아는 것이 순서라 할 수 있다. 이를 위해 때로는 다른 집의 가계부하고도 비교해가면서 꾸준히 가계부를 써보길 바란다.

더 나아가 자신의 돈 씀씀이가 헤프다면 과연 어떻게 해야 헤픈 씀씀이를 바로잡을 수 있을지 고민해보자. 그러다 보면 월급통장을 지키기 위해서 어떤 지출을 막아야 하는지 합리적이고 효율적인 방법을 자연스럽게 찾을 수 있을 것이다.

잠|깐|만|요

네이버 가계부에서 다른 집 사정 엿보기

네이버 가계부에서 〈월결산 이야기〉를 선택하면 다른 사람의 가계부를 볼 수 있다. 자신이 잘하고 있는지, 다른 사람에게 배울 건 없는지 살펴보자. 네이버에서 '네이버 가계부'를 검색해서 moneybook.naver.com으로 들어간다. 다른 사람의 가계부와 씀씀이를 보면서 자신의 소비패턴을 되돌아보자.

결산월	제목	작성자	작성일	조회	추천
2024.09	31F 24/09 결산 [1]	hso****	2024.10.10	209	0
2024.09	2024년09월 결산_4인,50대맞벌이(...	sky****	2024.10.08	309	0
2024.08	2024년08월 결산_4인,50대맞벌이(...	sky****	2024.10.08	109	0
2024.07	2024년07월 결산_4인,50대맞벌이(...	sky****	2024.10.08	85	0
2024.09	9월 결산_30 / 캥거루족	rud****	2024.10.03	303	0
2024.09	캐나다 워홀 8개월차 지출	dms****	2024.10.03	152	0
2024.09	24년09월 - 34/F/직장인 [1]	kyw****	2024.10.02	210	1
2024.09	36F / 2024년 9월 결산 [4]	pri****	2024.10.02	144	0
2024.09	24년 9월 2인 가족 맞벌이 가계부 결...	sso****	2024.10.02	79	0
2024.09	30대 솔로 남자 9월 결산 이야기 [5]	fre****	2024.10.01	179	0
2024.09	2024년 09월 35세 남 적당인 결산... [2]	nau****	2024.10.01	131	0
2024.09	50대부부 9월	iam****	2024.09.30	172	0
2024.09	2024년 09월 2인가족 월결산	nin****	2024.09.30	93	0
2024.09	2024년 9월 결산 41세 노송각 이야... [2]	hnc****	2024.09.30	176	0
2024.09	2024년 4인가족 회벌이 [1]	als****	2024.09.29	178	0

네이버 가계부 → 〈월결산 이야기〉

줄이기 쉬운 지출부터 먼저 틀어막자

고정지출(공과금 등), 변동지출(생활비), 비정기지출(돌발지출)

자신의 돈 씀씀이가 헤프다는 것을 알았다면 이제 돈 씀씀이를 줄여줘야 한다. 돈 씀씀이를 줄이기 위해서는 일단 지출부터 틀어막는 것이 필요하다. 그럼 과연 어떻게 지출을 틀어막아야 할까?

'틀어막는다'고 하니까 머릿속에 가장 먼저 "무조건 안 쓴다!"는 생각이 들 수도 있다. 하지만 지출을 틀어막는다는 것은 '지출을 합리적이고 효율적으로 줄인다'는 뜻이다.

"합리적? 효율적? 그냥 다 좋은 말 아닌가요?"

이렇게 대수롭지 않게 넘길 수도 있는데, 지출을 틀어막기 위해서는 '합리적' 그리고 '효율적'이라는 말이 담고 있는 의미를 정확하게 이해한 후 전략적으로 접근할 필요가 있다.

지출은 ① 고정지출(공과금 등), ② 변동지출(생활비), ③ 비정기지출(돌발지출)로 구분할 수 있다. 물론 모든 지출을 다 틀어막으면 금상첨화겠지만 그건 쉽지 않다. 그중에서도 비정기지출(돌발지출)은 줄이는 것이 매우 힘들다. 왜냐하면 비정기지출은 잊을 만하면 분기별로 내야 하는 세금(재산세, 자동차세 등)이나 예고 없이 찾아오는 경조사비 등이 대부분이기 때문이다. 법에서 정해둔 세금을 줄이는 것은 불가능하고, 경조사비를 줄이면 내고도 욕을 먹는 게 현실이다. 따라서 비정기지출(돌발지출)을 제외한 ①

45

고정지출(공과금 등)과 ② 변동지출(생활비)을 집중적으로 틀어막는 것이 중요하다.

고정지출(공과금 등) — 합리적 축소가 정답!

고정지출은 대출상환원리금, 임차료, 보험료, 공과금 등을 의미하는데, 지출금액이 대부분 매월 일정하기 때문에 변동지출에 비해 상대적으로 줄이기가 어렵다. 따라서 고정지출을 최대한 합리적으로 줄일 수 있는 방법을 찾는 것이 중요하다. 예를 들어 대출상환원리금이 과도하다면 대출금 상환방식, 대출금리 적용방식 등을 합리적으로 비교해서 따져봐야 하며, 보험료 지출이 과도하다면 체계적인 보험리모델링을 통해 합리적으로 줄여줘야 한다.

변동지출(생활비) — 한계점을 정하되 효율적으로 축소!

변동지출은 식비, 의류비, 교통비 등으로 지출금액이 매월 일정하지 않지만 대부분 생활비에 해당되는 항목이기 때문에 고정지출에 비해 상대적으로 줄이기가 쉽다. 하지만 아무리 상대적으로 줄이기 쉬운 생활비라고 하더라도 일정 금액 이상은 반드시 지출해야 한다. 즉 더 줄일 수 없는 한계점이라는 것이 존재하기 때문에 무조건 안 먹고 안 입는 자린고비식 방법보다는, 한계점까지 최대한 효율적으로 줄일 수 있는 방법을 찾는 것이 중요하다.

부실기업은 실적이 안 좋은 계열사를 구조조정해서 우량기업으로 탈바꿈한다. 월급통장을 하나의 기업이라고 한다면, 피 같은 월급이 잠시 머물렀다가 스쳐지나가는 월급통장은 바로 부실기업이다. 따라서 과감하게 구조조정을 해줄

tip

고정지출(공과금 등)과 변동지출(생활비)을 줄이는 구체적 사례는 〈첫째마당〉 참고.

필요가 있다. 월급통장의 지출항목별 구조조정을 선언하고, 합리적이고 효율적으로 줄일 수 있는 방법을 찾아내서 과도한 지출부터 틀어막아보자.

VS

월급 흐름만 잘 장악해도 흑자 인생!

월급의 3가지 흐름 — 쓰는 돈, 모으는 돈, 남는 돈!

월급의 흐름은 크게 '쓰는 돈', '모으는 돈', '남는 돈'으로 구분할 수 있다. 개념으로 본다면 쓰는 돈은 소비, 모으는 돈은 저축·투자, 남는 돈은 예비다. 월급통장 관리를 올바르게 하기 위해서는 이 3가지 월급의 흐름을 정확하게 파악하고 완벽하게 통제해줘야 한다. 그런데 오로지 월급통장 1개에 쓰는 돈, 모으는 돈, 남는 돈, 총 3가지 돈들이 섞여서 흘러들어가면 월급의 흐름을 정확하게 파악하기도 힘들뿐더러 완벽하게 통제하기도 어렵다.

예를 들어 사람이 동시에 3가지 일을 한다면 과연 제대로 잘할 수 있을까? 1가지 일에 집중해야 하는데 3가지 일을 동시에 하다 보니 정신 못 차리고 헷갈리기 일쑤다. 월급통장도 마찬가지다. 월급통장에 너무 많은 일을 줘서는 안 된다. 월급통장이 하고 있는 일을 쪼개서 분담시키기 위한 별도의 출구를 만들어줘야 한다. 즉 월급통장에 대한 '출구전략'이 필요하다.

그럼 월급통장에 대한 출구전략은 어떻게 세워야 할까? 월급의 흐름을 생각해보면 간단히 답을 찾을 수 있다. 쓰는 돈, 모으는 돈, 남는 돈에 대한 각각의 출구를 만들어주면 된다. 그리고 그 돈을 모아두기 위한 통장! 즉 '출구통장'을 준비하면 된다. 출구통장은 정확한 날짜, 내역,

금액 등을 기록해서 돈이 어디에 얼만큼 쓰였는지를 알려주는 장부로, 일종의 '돈을 모아두는 주머니'라고 할 수 있다. 따라서 월급통장을 월급의 흐름에 따라 쓰는 돈, 모으는 돈, 남는 돈에 대한 3개의 출구통장으로 쪼개면 된다.

월급의 흐름을 파악하려면? 3개 출구통장 필요!

지금부터 이 3개의 출구통장 이름을 **지출통장**(소비), **재테크통장**(저축·투자), **비상금통장**(예비)으로 명명하자. 결국 올바른 월급관리를 위해서 월급통장을 3개의 출구통장으로 쪼개주면 월급의 흐름을 정확하게 파악하고 완벽하게 통제할 수 있다. 따라서 불필요하고 불합리한 지출이 자연스럽게 줄어들고 저축·투자 여력도 높아진다. 또한 보다 효율적으로 비상금까지 확보할 수 있다.

그런데 주변을 보면 오로지 월급통장이 1개인 월급쟁이들이 많다. 어디론가 새고 있는 피 같은 월급! 단지 월급통장 하나만 한탄스럽게 바라보지 말고, 월급통장 쪼개기를 통해 올바른 월급통장 관리부터 시작해보길 바란다.

tip ···········
월급통장 출구전략과 통장 쪼개기 자세한 방법은 〈첫째마당〉 참고.

월급 쪼개기!
① 지출통장
② 재테크통장
③ 비상금통장

월급통장 관리, 인생을 좌우하더라

필자가 처음 직장생활을 하면서 같은 부서에서 함께 일한 선배사원이 있었다. 월급쟁이라면 누구나 부러워할 만한 명문대 출신이었다. 하지만 아이러니하게도 공부를 잘하는 것과 일을 잘하는 것은 달랐다. 매번 반복되는 실수로 연말 업무평가 결과가 낮아서 항상 승진에서 누락되었다. 소위 말하는 만년차장이었다.

한번은 회식자리에서 "차장님! 자존심 상하지 않으세요? 차라리 창업을 해보는 건 어때요?" 하고 여쭤봤다. "물론 나도 그러고 싶어! 하지만 지금 있는 빚도 다 못 갚은 마당에, 돈이 있어야 창업을 하지!" 풀 죽은 목소리였다.

15년차 대기업 차장 월급이면 절대 적은 돈이 아니다. 그럼에도 불구하고 그동안 목돈을 모아두기는커녕 빚도 다 못 갚고 있다는 대답을 듣고 상당히 놀랐다. 하지만 더욱 놀란 것은, 월급통장에 월급이 얼마가 들어와서 정확하게 어디로 어떻게 나가는지조차 잘 모르고 있다는 것이었다. 한마디로, 15년 이상 직장생활을 하는 동안 월급통장 관리를 엉망으로 해왔다는 말이다. 차장님을 보면서 꾸준하게 월급통장 관리를 한 것과 하지 않은 것의 차이가 엄청나게 크다는 것을 절실하게 깨달았다.

만약 주변에 항상 빠듯한 삶을 살고 늘 빚에 시달리는 선배사원이 있다면 유심히 살펴보길 바란다. 분명 월급통장 관리를 엉망으로 하거나 올바른 월급통장 관리와는 거리가 먼 사람일 것이다. 단지 안쓰럽다는 생각으로 그칠 것이 아니라 "이러다가 나도?"라는 경각심을 갖길 바란다. 월급통장 관리는 별것 아닌 듯 보여도 미래를 바꿀 수 있다. 제대로 관리한다면 이직이나 창업을 할 기회를 붙잡을 수 있고 부자가 될 수도 있는 첫걸음이다.

07

월급 50% 저축·투자?
부자아빠 부자엄마 보증수표!

의지만 갖고 50% 저축·투자는 불가능

앞에서 월급의 흐름은 쓰는 돈(소비), 모으는 돈(저축·투자), 남는 돈(예비)으로 구분할 수 있다고 했다. 여기서 월급쟁이들이 부자가 되기 위해서 가장 중요한 역할을 하는 돈은 무엇일까? 바로 '모으는 돈'이다. 왜냐하면 아무리 지출을 틀어막아봐야 정작 목돈을 성공적으로 모으지 못하면 부자가 되기 힘들기 때문이다. 따라서 월급에서 얼마나 많은 돈을 저축·투자할 수 있는지가 매우 중요하다.

tip

모으는 돈은 저축은 물론 투자하는 돈까지 모두 일컫는 말이다.

그럼 월급의 몇 %를 저축·투자하는 것이 가장 적당할까? 직장생활을 오래할수록 연차도 높아지고 진급도 하기 때문에 보다 많은 돈을 저축·투자할 수 있을 거라고 생각할 수 있다. 하지만 현실은 이와 반대로, 결혼도 하고 아이도 생기기 때문에 상대적으로 지출이 늘어나서 생각보다 많은 돈을 저축·투자하기가 힘들다.

따라서 결혼 전에는 월급의 70% 이상을 저축·투자하고 결혼 후에는 월급의 30% 이상을 저축·투자해야 한다는 말도 나온다. 물론 저마다 조건과 상황에 따라 다를 수 있기 때문에 절대적인 정답은 없다. 하지만 기본적으로 월급의 50% 이상은 저축·투자한다는 원칙을 갖고 있는 것이 좋다. 즉 월급을 절반 이상 뚝 떼어내서 저축·투자한다는 말인데, 항상 월급이 월급통장을 스쳐지나가는 월급쟁이들에게는 조금은 꿈같은 얘기일 수도 있다.

하지만 정말 꿈같은 얘기일 뿐일까? 주변을 둘러보면 의외로 월급의 50% 이상을 저축·투자하고 있는 월급쟁이들이 많다. 다음은 '월급쟁이 재테크 연구' 카페 회원들의 저축·투자 비율을 정리해서 통계를 내본 결과다. 많은 카페 회원들이 월급의 50% 이상을 저축·투자하고 있다는 것을 알 수 있다.

▼ '월급쟁이 재테크 연구' 카페 회원들의 저축·투자 비율

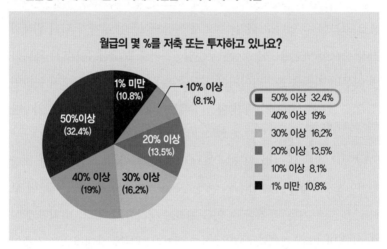

자신만의 지속 가능한 실천법을 찾는 것이 정답!

"월급의 50% 이상을 저축·투자해라!"

분명 말은 쉽다. 이런 말을 귀가 따갑도록 들어본 월급쟁이들도 많을 것이다. 그럼 과연 어떻게 해야 월급의 50% 이상을 저축·투자할 수 있을까? 안타깝게도 많은 재테크 관련 책들을 읽어봐도 구체적인 실천법을 콕 집어서 알려주진 않는다. 그냥 원칙이니까 강한 의지를 갖고 지켜

야 한다고만 얘기한다.

하지만 단순히 강한 의지만으로 월급의 50% 이상을 저축·투자하기란 어렵다. 월급의 50% 이상을 저축·투자하려면 반드시 올바른 재테크 습관, 노하우, 스킬 등을 종합적이고 효율적으로 활용하기 위한 보다 구체적인 방법을 찾아서 꾸준히 실천해줘야 한다. 그래야만 성공할 수 있다. 이 책에는 월급쟁이가 월급의 50% 이상을 저축·투자할 수 있는 구체적인 실천방법들을 책 전반에 걸쳐 정리해두었다. 아마 이 책을 다 읽고 나면 분명 답을 찾을 수 있을 거라고 생각한다.

월급의 50% 이상을 저축·투자할 수 있다면 이미 재테크의 절반은 성공했다고 할 수 있다. 본인만의 재테크 습관, 노하우, 스킬 등을 올바르게 습득했기 때문이다. 마냥 꿈같은 얘기라고 생각하지 말고 "할 수 있다!"는 믿음을 갖고 지금 당장 시작해보길 바란다.

tip
저축과 투자의 비율은 본인의 투자성향을 감안해서 결정하는 것이 바람직하다. 참고로, 안정추구형 월급쟁이라면 저축 : 투자의 이상적인 비율은 저축 80% : 투자 20%다.

목돈마다 꼬리표를 붙이고 목표액을 정하자!

공부를 시작할 때 목표를 설정하듯이 저축·투자를 시작할 때도 반드시 목표를 구체적으로 설정해두어야 한다. 왜냐하면 목표는 강한 동기부여를 해주기 때문이다. 그리고 이러한 강한 동기부여는 저축·투자를 성공하게 만드는 강력한 힘이 된다. 또한 구체적인 목표가 없으면 열심히 저축·투자한 돈을 손에 쥐었을 때 그냥 흐지부지 각종 지출로 써버릴 위험이 매우 크다.

따라서 "2년 안에 결혼자금 5,000만원 모으기", "3년 안에 주택자금 1억원 모으기" 등과 같이 반드시 목표를 구체적으로 설정해두어야 한다. 이러한 목표를 전문용어로 '재무목표'라고 한다. 재무목표란 돈과 관련된 구체적인 목표라고 생각하면 된다. 또한 재무목표는 단기, 중기, 장기 등과 같이 기간별로 설정하는 것이 좋다.

참고로, 너무 허무맹랑하거나 의지만 앞세워서 재무목표를 설정해서는 안된다. 재무목표는 본인의 조건과 상황을 감안했을 때 반드시 현실적으로 실현 가능성이 있는 목표여야 한다. 본인이 저축·투자를 통해서 목돈을 모으고자 하는 이유를 곰곰이 생각해본 후 구체적으로 목표를 설정해보자.

▼ 재무목표 세우기 사례

목돈 꼬리표	기간	금액
결혼자금	1년	5,000만원
내집마련자금	3년	1억원

> 재무목표는
> 단기, 중기, 장기 등
> 기간별로 설정하는 것이 좋다.
> 1년차 월급쟁이를 위한
> 재테크 포트폴리오는
> 99쪽 참고.

08

월급통장 개설부터 제대로! 호구 사절!

재테크 시작! 월급통장 개설

월급쟁이들의 재테크 시작점은 바로 월급통장이라고 할 수 있다. 하지만 월급통장만 갖고 있다고 재테크에 성공할 수 있을까? 앞에서 월급통장을 관리하는 것이 중요하다고 언급했는데, 가장 중요한 것은 월급통장을 올바르게 선택하고 효율적으로 활용하는 것이다. 월급통장을 선택할 때 가장 유의해야 할 점 3가지를 체크리스트로 정리해봤다.

월급통장 개설시 체크리스트	yes	no
1 │ 자유로운 입출금이 가능한가?	☐	☐
2 │ 다양한 수수료혜택을 주는가?	☐	☐
3 │ 접근 용이성이 높은가?	☐	☐

체크 1 │ 자유로운 입출금이 가능한가?

월급통장은 예적금통장처럼 여유자금을 일정 기간 묵혀두는 통장이아니다. 월급통장은 월급이 들어옴과 동시에 소비, 예비, 저축·투자 개념에 따라 3개의 출구통장으로 쪼개지는 통장이다. 따라서 월급통장은자유롭게 입출금이 가능해야 한다. 은행권에서 출시한 대부분의 월급통장들 역시 수시입출금식 예금통장이다.

다양한 월급통장들

체크 2 | 다양한 수수료혜택을 주는가?

월급통장을 선택할 때 가장 중점을 두고 살펴볼 부분은 '수수료혜택'이다. 그렇다고 은행별로 월급통장들의 수수료혜택을 전부 따져야 하나 너무 고민할 필요는 없다. 왜냐하면 거의 모든 월급통장들이 이체·출금 수수료를 면제해주고 있기 때문이다. 물론 수수료 면제 조건이나 횟수에서 조금씩 차이가 나기는 하지만, 본인의 거래특성상 횟수가 그리 많지 않다면 너무 연연할 필요가 없다.

tip

576쪽 '[별첨 1] 대표적인 은행별 월급통장 수수료·금리혜택 비교' 참고.

예를 들어 타행이체를 많이 해봐야 월 5회 정도 한다면 굳이 이체수수료 면제가 월 10회거나 횟수 무제한인 월급통장을 찾을 필요는 없다는 말이다. 본인의 거래특성을 잘 감안해서 타행이체나 타행 자동화기기(CD, ATM) 이용시 수수료가 면제되는지, 면제 횟수는 몇 번인지 등을 기본사항으로 확인하자.

스마트폰 앱으로 입출금내역 확인하자!

월급통장을 만들었다면 입출금내역을 실시간문자로 받아서 어떤 돈이 어떤 용도로 들어오고 나가는지 확인하고 관리해야 한다.

"누가 돈을 보냈다고 하는데 입금이 제대로 되었을까?"

"공과금, 각종 카드 대금은 정상적으로 잘 빠져나갔을까?"

"혹시 나 몰래 돈이 빠져나가는 일이 생긴 건 아닐까?"

입출금내역을 실시간문자로 받으면 이런 걱정을 할 필요가 없다. 월급통장의 입출금이 잦은 편이라면 은행 홈페이지를 통해서 '입출금내역 문자알림 서비스'를 신청하길 바란다.

그런데 은행별 입출금내역 문자알림 서비스가 유료(월정액형 : 800~1,000원, 건별부과형 : 20원)라는 것이 치명적인 단점이다. 따라서 스마트폰을 사용하는 월급쟁이라면 은행별 입출금내역 알림 서비스 앱이나 Push(푸시) 알림 서비스를 적극 활용해보자. 무료라 더욱 유용하다.

- **IBK기업은행 i-ONE 알림** : i-ONE Bank 앱과 별도로 설치
- **KB국민은행 KB스타뱅킹** : Push(푸시) 알림설정을 하면 됨
- **신한은행 SOL뱅크** : 입출금 알림설정을 하면 됨
- **우리은행 우리WON뱅킹** : Push(푸시) 알림설정을 하면 됨
- **하나은행 하나원큐** : 하나은행 앱과 별도로 설치 불필요(통합 이용 가능)

은행의 무료 문자알림 서비스

체크 3 | 접근 용이성이 높은가?

일단 월급통장을 개설한 은행이 집이나 직장에서 가까운 것이 유리하다. 월급통장 특성상 입출금이 잦고 은행을 방문할 일이 많기 때문에 최대한 접근성이 좋은 은행에서 월급통장을 만드는 것이 편리하다. 괜히 은행별로 별반 차이도 안 나는 금리나 수수료혜택 때문에 집이나 직장에서 먼 은행에서 월급통장을 만들지 말자. 그럴 경우 교통비가 더 나올수 있다는 사실을 명심하길. 만약 주거래은행이 집이나 직장에서 상당히 멀다면 이번 기회에 주거래은행을 바꾸는 것도 심각하게 고민해볼필요가 있다.

결론! 월급통장 선택시 금리는 중요치 않다

월급통장 선택시 유의해야 할 점 3가지를 알아봤는데, 월급통장을 선택할 때 왜 체크리스트 항목에 '금리'가 들어가 있지 않은지 궁금해하는분들이 많다.

일반적으로 은행권에서 출시한 월급통장을 분석해보면, 평균잔액 50~100만원 이하의 소액에는 기본금리가 낮게 적용된다. 대신 월급통장과 함께 해당 은행의 패키지상품(예금, 적금 등)에 가입하면 우대금리를 제공한다. 아니면 평균잔액을 꽤 높게 유지해야만 기본금리가 높아진다. 그래서 월급통장만 개설할 때는 금리가 주요 변수가 아니다.

tip ....

만약 월급통장과 연계해서 예적금상품에 가입할 계획이라면 우대금리를 꼼꼼히 확인하는 것이 좋다. 576쪽 '[별첨 1] 대표적인 은행별 월급통장 수수료·금리혜택 비교' 참고.

결론적으로 월급통장을 통해 높은 이자수익을 얻는다? 이런 생각은 버리는 게 좋다. 사실 월급통장에 월급이 들어오고 출구통장 3개로 제대로 쪼개준다면 월급통장에는 잔액이 거의 남지 않기 때문에 금리혜택을 따진다는 것이 무의미하다.

 잠│깐│만│요

인터넷 전문은행 케이뱅크, 카카오뱅크

인터넷 전문은행은 실물 지점이 없는 신개념 은행이다. PC나 스마트폰으로 신분증 스캔, 생체인식(지문, 홍체 등)으로 실명을 확인한 후 온라인을 통해서 자유롭게 금융업무를 볼 수 있다. 굳이 은행에 직접 방문해 금융업무를 볼 필요가 없다는 말이다.

인터넷 전문은행의 장점은 365일 24시간 언제 어디서든 이용할 수 있다는 것과, 고정비용(지점운영비, 인건비 등)을 줄인 만큼 금리·수수료혜택이 좋다는 것이다. 반면 인터넷 전문은행은 시중은행에 비해 자본조달이 어려울 수 있고, 금융상품의 종류가 적으며, 해킹 위험이 크다는 것이 단점이다.

국내 1, 2호 인터넷 전문은행은 케이뱅크와 카카오뱅크다. 모두 제1금융권 은행의 라이센스를 가지고 있다.

▼ 시중은행 vs 인터넷 전문은행

구분	시중은행	인터넷 전문은행
대면채널	지점, 사무소, 출장소 등 (핵심채널)	없음(단, 본부 사무공간과 고객서비스를 위한 최소한의 사무실은 운영)
비대면채널	인터넷 · 모바일뱅킹, 콜센터, ATM	인터넷 · 모바일뱅킹(핵심채널), 콜센터, ATM
영업시간	평일 9~16시(단, 일부 특화 영업점은 연장운영)	365일 24시간

만사 귀찮다면? 주거래은행에서 월급통장 만들기

은행별로 월급통장의 금리나 수수료는 큰 차이가 없다. 이제 아무 은행이나 방문해서 "월급통장을 만들려고 왔는데요" 하고 얘기하면 직원들이 두 팔 벌리고 열과 정성을 다해서 온갖 장점들을 친절하게 설명해줄 것이다. 왜냐하면 월급통장을 만들게 되면 부가적인 은행거래(예금, 적금, 대출, 펀드 등)가 지속적으로 발생하므로 은행 입장에서는 짭짤한 수입원이 생기는 일이기 때문이다. 그러다 결국 월급통장에 대한 사전 공부가 없는 상태에서 은행 직원들 말에 혹해 본인에게 맞지 않는 월급통장을 만들 가능성이 크다.

따라서 앞에서 말한 월급통장 개설시 체크리스트 3가지를 충분히 숙지한 상태에서 인근에 있는 은행 2~3군데를 방문해 꼼꼼히 비교해보고 월급통장을 만들어야 한다. 만약 이것도 귀찮다면? 그러면 차라리 현재 본인의 주거래은행을 방문해서 월급통장 전용 수시입출금식 예금통장을 만드는 게 좋다. 방문이 어렵다면 비대면(인터넷/모바일뱅킹)으로 만들면 된다.

가끔 보면 회사에서 지정해준 A은행의 A통장을 월급이 들어온다는 이유만으로 본인의 월급통장이라고 생각하는 분이 있다. 이는 월급통장에 대한 선택권을 스스로 갖지 못한 꼴이며, 회사가 은행에 고객을 유치해준 결과라고 할 수 있다. 회사의 월급통장과 자신의 주거래은행이 같다면 상관없지만, 그렇지 않다면 본인의 월급통장은 반드시 본인 스스로 선택하길 바란다.

대부분 은행은 회사에서 자기네 은행으로 월급을 입금하지 않아도 고객이 특정 날짜에 정기적으로 일정 금액(통상 50만원 이상) 이상 입금하면 월급통장으로 인정해준다. 따라서 회사가 A은행의 A통장으로 월급을 넣어주더라도 본인이 선택한 B통장으로 A통장의 돈을 이체한다면 본인의 월급통장은 B통장이 되는 셈이다.

월급통장 선택보다 출구전략 세우는 게 중요!

가장 중요한 것은 월급통장 선택에 너무 많은 시간과 노력을 쏟는 대신 월급통장에 대한 출구전략을 세우는 일에 집중하는 것이다. 출구전략은 바쁜 월급쟁이들이 실시간으로 한눈에 월급의 흐름을 파악하기 위해서 필요하다.

월급통장에 대한 출구전략의 첫 시작점은 월급통장에서 고정지출(공과금 등)만 빠져나가게 설정하는 것이다. 고정지출이 빠져나가고 남은 잔액은 소비, 예비, 저축·투자 개념으로 쪼개서 각각 지출통장(생활비), 비상금통장(돌발지출), 재테크통장으로 들어가게끔 자동이체 설정을 해두어야 한다. 이렇게 월급통장 출구전략을 세우는 구체적인 방법은 다음 장부터 자세하게 설명하겠다.

잠|깐|만|요

월급통장 상품 Top 3 공개!

카페 회원들과 얘기하다 보면 어떤 은행의 월급통장이 가장 좋은지 누가 콕 집어주길 바란다. 하지만 100% 완벽한 월급통장은 존재하지 않는다. 왜냐하면 주거래은행, 거래특성, 수수료 면제, 방문 용이성, 우대금리 여부에 따라 사람마다 적합한 월급통장이 따로 있기 때문이다.

하지만 참고 차원에서 카페 회원들이 주로 활용하는 월급통장의 통계를 내보았다. 많은 사람들이 사용한다고 무조건 좋은 건 아니지만 일단 참고자료는 되리라고 본다.

▼ '월급쟁이 재테크 연구' 카페 회원들의 월급통장 순위

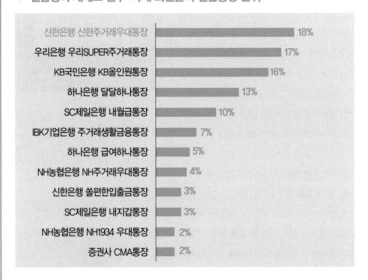

은행 상품	비율
신한은행 신한주거래우대통장	18%
우리은행 우리SUPER주거래통장	17%
KB국민은행 KB올인원통장	16%
하나은행 달달하나통장	13%
SC제일은행 내월급통장	10%
IBK기업은행 주거래생활금융통장	7%
하나은행 급여하나통장	5%
NH농협은행 NH주거래우대통장	4%
신한은행 쏠편한입출금통장	3%
SC제일은행 내지갑통장	3%
NH농협은행 NH1934 우대통장	2%
증권사 CMA통장	2%

tip ···········

인터넷 전문은행의 수시입출금식 예금통장

인터넷 전문은행의 수시입출금식 예금통장(케이뱅크 생활통장, 카카오뱅크 입출금통장)도 수수료 혜택을 제공하고 있으므로 월급통장으로 활용할 수 있다. 다만 월급통장보다는 비상금통장으로 적합한 고금리 파킹통장(케이뱅크 플러스박스, 카카오뱅크 세이프박스)에 연결하기 위한 용도로 활용하는 것이 훨씬 효과적이다.

1 | 신한은행 신한주거래우대통장

신한은행 신한주거래우대통장은 연 0.1% 금리가 적용된다. 급여이체 인정요건(월 50만원 또는 3개월 합산 150만원 이상)을 충족한 경우 인터넷·모바일·텔레뱅킹 이체수수료, 당행 자동화기기 현금인출수수료, 타행 자동이체수수료가 횟수 제한 없이 면제된다. 또한 월 10회 한도로 당행 자동화기기 타행이체수수료, 월 5회 한도로 타행 자동화기기 현금인출수수료가 면제된다.

참고로, 급여이체 인정요건을 충족하지 않더라도 생활거래 인정요건(최근 1개월간 신한카드 1원 이상 결제 또는 공과금 자동이체 1건 이상)을 충족하면 횟수 제한 없이 인터넷·모바일·텔레뱅킹 이체수수료, 당행 자동화기기 현금인출수수료, 타행 자동이체수수료, 월 10회 한도로 당행 자동화기기 타행이체수수료가 면제된다. 또한 추가적인 금융혜택을 받을 수 있는 급여클럽에 가입해도 유용하다. 매월 본인이 지정한 계좌로 50만원 이상의 소득이 입금되면 추첨으로 최대 2백만 마이신한포인트를 받을 수 있는 월급봉투를 제공받을 수 있기 때문이다.

신한은행 신한주거래우대통장

2 | 우리은행 우리 SUPER주거래 통장

우리 SUPER주거래 통장은 우리은행의 대표적인 월급통장이다. 연 0.1% 금리를 제공하나 급여이체 인정요건(월 50만원 이상)을 충족하면 인터넷·모바일·텔레뱅킹 이체수수료, 당행 자동화기기 영업시간 외 현금인출수수료, 당행 자동화기기를 통한 타행 이체수수료가 횟수 제한 없이 면제된다. 만약 급여이체 인정요건(월 50만원 이상) 외에 우리카드 신용/체크카드 출금실적까지 있다면 월 5회 한도로 타행 자동화기기 현금인출수수료와 타행 자동이체수수료, 납부 자동이체수수료를 면제해준다.

우리은행 우리 SUPER주거래 통장

참고로, 월급통장으로 인기를 끌었던 우리직장인재테크통장과 첫급여우리통장은 아쉽지만 판매중단('24.07.09)되었다.

3 | KB국민은행 KB 올인원급여통장

KB 올인원급여통장의 금리는 연 0.1%이나 소득이 있는 직장인이라면 수수료 면제와 인컴박스 서비스 혜택을 받을 수 있다. 급여이체 인정요건(월 50만원 이상)을 충족하거나 KB 리브 모바일(KB Liiv M) 자동이체 출금 이력이 있는 경우 인터넷 · 모바일 · 텔레뱅킹 이체수수료, 납부자 자동이체(타행 포함)수수료, 당행 자동화기기 영업시간 외 현금인출수수료, 당행 자동화기기를 통한 타행

이체수수료가 횟수 제한 없이 면제된다. 인컴박스는 다양한 출처의 불규칙적인 입금 내역을 한 눈에 확인할 수 있는 입금관리 서비스로 카드형/달력형 입금 정보를 제공해준다. 참고로, 월급통장으로 인기를 끌었던 직장인우대종합통장은 아쉽지만 판매중단('23.12.28)되었다.

국민은행 KB 올인원급여통장

09 CMA를 월급통장으로?
No, 절대 반대!

가끔 카페 회원 중에서 이런 질문을 하는 분이 있다.

"월급통장으로 증권사 CMA통장은 어떤가요?"

실제 일부 카페 회원이 증권사 CMA통장을 월급통장으로 활용하고 있는데, 결론부터 말하면 증권사 CMA통장보다는 은행의 수시입출금식 예금통장이 월급통장으로 더 적합하다고 할 수 있다. 증권사 CMA통장도 '자유로운 입출금'과 '높은 금리혜택'이라는 2가지 조건을 충족하는 금융상품이기 때문에 월급통장으로 활용할 수 있지만 다음과 같은 몇 가지 단점을 갖고 있기 때문이다.

tip

CMA통장

CMA는 Cash Management Account의 줄임말이다. 고객이 맡긴 돈을 주로 어음, 국공채, 채권 등에 투자해서 발생한 수익을 되돌려주는 실적 배당형 금융상품으로, 종합자산관리계정이라고도 부른다. CMA통장에 대한 자세한 내용은 〈넷째마당〉 38장 참고.

단점 1 | 접근 용이성이 떨어진다

월급통장은 특성상 입출금이 잦고 때로는 직접 은행에 방문해서 금융업무를 봐야 할 때가 많다. 은행 지점은 주변에서 쉽게 찾아볼 수 있지만 증권사 지점은 잘 안 보인다. 은행보다 지점수가 훨씬 적기 때문이다. 직장생활을 하면서 휴가를 내지 않는 이상 금융업무는 주로 점심시간에 보는데 증권사가 직장에서 멀리 떨어져 있다면? 시간을 쪼개 방문하기도 어려울뿐더러 교통비만 더 나올 수도 있다.

단점 2 | 예적금, 대출 혜택이 없다

일단 증권사에서는 예금이나 적금에 가입할 수 없고 대출도 받을 수 없다. 월급통장을 주거래은행에서 만드는 이유는 예금, 적금, 대출 혜택과 우수고객이 되면 누릴 수 있는 우대금리 때문인데, 증권사는 이런 혜택이 없는 게 단점이다. 예를 들어 은행은 1억원을 대출받을 때 우대금리 0.5%만 적용받아도 연간 대출이자를 50만원 가까이 줄일 수 있다.

단점 3 | 수수료혜택이 떨어진다

은행의 월급통장 상품은 대부분 출금·이체수수료가 면제되지만 증권사 CMA통장은 대부분 400~600원 정도 수수료를 내야 하고, 수수료 면제 조건이 상대적으로 까다롭다.

단점 4 | CMA 금리혜택은 비상금통장에 적합하다

증권사 CMA통장의 최대 장점이라고 하면 은행 수시입출금식 예금통장보다 금리가 높다는 점이다. 하지만 월급통장의 이상적인 잔액은 0원이기 때문에 금리혜택을 따진다는 것이 무의미하며, CMA통장은 선입선출 형태로 이자가 계산되기 때문에 입출금이 잦은 월급통장으로 활용할 경우 이자 효과가 미미하다고 할 수 있다. 따라서 증권사 CMA통장은 일정 기간 일정 금액을 묵혀두어 금리혜택을 받을 수 있는 비상금통장으로 활용하는 것이 좋다.

---

tip

선입선출

돈을 인출할 경우 먼저 입금한 돈부터 순서대로 인출되는 방식이다. 즉 돈을 넣어둔 기간에 따라 금리혜택이 누적되는 형태를 말한다. 따라서 수시로 입출금할 경우 돈을 넣어두는 기간이 짧기 때문에 높은 이자를 받기 어렵다.

맞벌이부부의 월급통장 관리법

맞벌이부부인 경우 월급통장을 어떻게 관리하면 좋을까? 월급통장 1개로 모아서 통합적 관리를 하는 것이 좋다. 가계의 수입내역과 지출내역만 한눈에 보여도 절약과 저축이 시작되는데, 이 과정이 일원화되지 않는다면 아무 소용이 없기 때문이다.

월급통장은 부부 중에서 재무감각이 있거나 돈계산에 밝은 사람이 맡아서 관리하되, 반드시 한 사람이 하는 게 좋다. 물론 투명한 관리와 정보공유는 기본일 것이다.

필자네 집은 현재 아내가 월급통장을 관리하고 있다. 신혼 초에 월급통장을 1개로 통합하면서 아내가 월급통장 관리를 하겠다고 했을 때 흔쾌히 수락했다. 물론 처음에는 '어떻게 월급통장 쪼개기를 해야 하는지', '어떻게 지출을 항목별로 구분하고, 합리적이고 효율적으로 줄여나가야 하는지' 아내 스스로 많은 시행착오를 거치기도 했다.

하지만 연애시절부터 워낙 돈계산에 밝고 성격이 꼼꼼한 사람이었기 때문에 월급통장 관리를 필자보다 훨씬 더 잘할 거라고 믿었다. 그리고 그런 아내 옆에서 때로는 조언을, 때로는 힘과 용기를 불어넣어주었다. 현재는 아내가 너무나 월급통장 관리를 잘하고 있어서 매일 가계부를 쓰는 뒷모습이 무척 사랑스러워 보인다.

예전에 신혼시절을 회상하면서 아내가 이런 얘기를 한 적이 있다.

"그때 나를 믿고 월급통장 관리를 맡겨줘서 고마워!"

필자는 이렇게 얘기했다.

"아니야! 많이 힘들 텐데 지금까지 월급통장 관리를 너무 잘해줘서 내가 더 고마워!"

일부 맞벌이부부는 남편 또는 아내에게 월급통장 관리를 맡기면 왠지 경제권을 뺏긴다는 생각을 하는 것 같다. 너무 경제권에 집착하지 말길. 비록 한 사람이 월급통장 관리를 하지만 정기적으로 월급통장 내역을 보면서 함께 의논하고 서로 생각을 공유하면 충분히 경제권을 함께 나눌 수 있다. 서로 경제권을 가지려고 하면 올바른 월급통장 관리는커녕 괜한 말싸움만 나고 자칫 부부 사이도 나빠질 수 있다.

맞벌이부부는 월급통장 1개로 통합해 관리!

10 고정지출(공과금 등)은 자동납부하기

본인에게 맞는 월급통장을 만들었다면 이제 본격적으로 월급통장에 대한 출구전략을 세워야 한다. 돈이 어떻게 나가는지 제대로 알아야 지출도 줄이고 저축·투자 여력도 높일 수 있기 때문이다. 앞에서도 잠깐 언급했듯이 월급통장 출구전략은 월급통장에서 지출통장(소비), 비상금통장(예비), 재테크통장(저축·투자) 3개로 쪼개는 것을 말한다. 이번 장에서는 출구전략의 준비 단계인 '월급통장에서 고정지출(공과금 등)을 자동납부'하는 것부터 알아보자.

알면 고수! 2가지 지출 — 고정지출(공과금 등), 변동지출(생활비)

월급통장 출구전략의 준비 단계는 월급통장에서 고정지출(공과금 등)만 빠져나가게끔 자동납부(계좌이체 또는 지로) 설정을 해주는 것이다.

여기서 잠깐! 고정지출(공과금 등)은 구체적으로 무엇을 말하는 것일까? 현재 주부 9단 소리를 듣는 필자의 아내도 신혼 초에는 고정지출(공과금 등)이 뭐냐는 질문에 살림만 잘하면 되는 것 아니냐고 얼버무렸다. 실제로 카페 회원들도 상당히 헷갈려하는 부분이다. 왜냐하면 개인별로 세부기준이 다르고, 이에 따라 고정지출(공과금 등)과 변동지출(생활비)의 구분 역시 달라지기 때문이다.

월급통장에서 고정지출 자동납부시 주의사항

1 | 들쑥날쑥 납부날짜는 No!

월급통장에서 고정지출을 자동납부할 때 납부날짜는 하나로 통일하는 것이 이상적이다. 그래야 월급통장에서 고정지출이 빠져나가는 현금흐름을 한눈에 볼 수 있어서 관리가 용이하다.

하지만 납부날짜를 통일하는 것이 말처럼 쉽지가 않다. 왜냐하면 기관마다 지정 가능한 날짜가 제한적이고, 납부날짜를 임의로 지정하기 힘든 항목(교육비, 월세 등)도 있을 수 있기 때문이다. 그렇다고 납부날짜가 들쑥날쑥이면 곤란하다. 따라서 월급이 들어온 날부터 최대 5일 이내에는 모든 고정지출이 다 빠져나가도록 설정해보길 바란다.

납부날짜는 최대한 통일하자!

2 | 절대 연체하지 않는다

월급통장을 되도록 주거래은행에서 만들라고 했는데, 그 이유 중 하나가 바로 우수고객이 될 수 있기 때문이다. 우수고객이 되면 각종 우대금리, 이벤트 참여 등 혜택을 받을 수 있는데, 연체하게 될 경우 우수고객이 되기 어렵다. 따라서 연체하는 것은 절대 금물이다.

tip

3가지 지출 중 비정기지출은?

지출은 크게 고정지출(공과금 등), 변동지출(생활비), 비정기지출(돌발지출)로 나뉜다. 비정기지출은 '고정지출＋변동지출'처럼 월별 지출이 아니며, 말 그대로 비정기적으로 돌발지출(재산세, 자동차세 등)하는 것을 말한다. 또한 예고 없이 찾아오는 경조사비도 여기에 속한다.

일단 고정지출은 공과금 등, 변동지출은 생활비로 이해하면 쉬울 듯하다. 일반적으로 고정지출(공과금 등)과 변동지출(생활비)을 구분하는 기준은 다음과 같다.

▼ 지출 구분

고정지출(공과금 등)	변동지출(생활비)
• 비소비성 지출이다. • 지출금액이 매월 일정하다.	• 소비성 지출이다. • 지출금액이 매월 일정하지 않다.

줄이기 어려우면 고정지출, 쉬우면 변동지출

여기서 잠깐! 맘마미아식 지출 구분을 소개할까 한다. 고정지출(공과금 등)은 매월 정기적으로 발생하는 지출이며 줄이기 어려운 항목(관리비, 보험료 등)이고, 변동지출(생활비)은 매월 들쭉날쭉 발생하며 비교적 줄이기 쉬운 항목(외식비, 의류비 등)이다. 세부기준은 다음 쪽 표를 참고하자.

월급통장에서 고정지출(공과금 등) 항목은 꼭 지출해야 하는 항목으로 대출상환원리금, 임차료, 아파트관리비, 공과금, 통신비, 교육비, 보험료 등이다. 연체하면 연체료가 붙을 수 있다. 따라서 월급통장 출구전략 준비 단계는 월급이 들어오자마자 바로 이들 고정지출(공과금 등) 항목이 자동납부되도록 설정해주는 것이다.

▼ 맘마미아의 지출 구분

구분	대항목	소항목
고정지출 (공과금 등)	대출상환원리금	주택대출상환원리금, 자동차대출상환원리금 등
	임차료	월세 등
	아파트관리비	일반관리비, 청소비, 경비비, 소독비, 승강기유지비 등
	공과금	수도요금, 가스요금, 전기요금 등
	통신비	유선전화요금, 인터넷요금 등
	교육비	어린이집·유치원비, 학원비 등
	보험료	의료실비보험, 암보험, 종신보험 등
변동지출 (생활비)	생활비	식비, 외식비, 의류비, 용돈, 유류비, 교통비, 휴대전화요금, 여가비 등
비정기지출 (돌발지출)	기타	재산세, 자동차세, 자동차보험료, 경조사비 등

고정지출(공과금 등), 액수 큰 것부터 줄이기

먼저 고정지출(공과금 등) 중에서 가장 금액이 높은 항목이 무엇인지 확인할 필요가 있다. 왜냐하면 고정지출(공과금 등)을 줄이기 위해서는 가장 금액이 높은 항목부터 집중적으로 줄여주는 것이 효율적이기 때문이다.

다음은 카페 회원들을 대상으로 가장 금액이 높은 지출항목이 무엇인지 설문조사한 결과다. 물론 기혼, 자녀, 대출, 거주평수, 부모부양 여부에 따라 결과가 달라질 수 있으므로 절대적인 지표는 아니다. 다만 참고자료로 활용하길 바라며, 본인의 고정지출(공과금 등)을 금액이 높은 순으로 정리한 다음 비교해보면서 어떤 항목을 줄여야 할지 고민해보자.

▼ '월급쟁이 재테크 연구' 카페 회원들의 고정지출 순위

보험료(의료실비·암·종신 등)	34%
대출상환원리금(주택·자동차 등)	17%
교육비(어린이집, 유치원, 학원비 등)	13%
임차료(월세 등)	11%
통신비(유선전화, 인터넷요금 등)	9%
공과금(수도, 가스, 전기요금 등)	9%
아파트관리비	7%

설문조사 결과를 보면 ① 보험료 → ② 대출상환원리금 → ③ 교육비 → ④ 임차료순으로 고정지출(공과금 등) 금액이 높다는 것을 알 수 있다.

다음 쪽 표는 필자가 제안하고 많은 카페 회원들이 실천하고 있는 '고정지출 알짜배기 절약법'이다. 고정지출(공과금 등)을 항목별(대항목, 소항목)로 구분해 현재 지출금액을 적고 → 줄이고자 하는 목표금액을 적은 후 → 점검하는 방법이다. 여러분도 참고하길 바란다.

지금까지 출구전략 준비 단계, 즉 월급통장에서 고정지출(공과금 등)을 자동납부하는 방법에 대해 설명했다. 살펴본 내용을 복습하면 다음과 같다.

종잡기복습 출구전략 준비 단계

1 | 월급통장을 1개 제대로 개설한다.

2 | 고정지출의 납부날짜는 월급날로부터 최대 5일 이내로 설정해둔다.

▼ 고정지출 알짜배기 절약법 (단위 : 원)

구분	대항목	소항목	현재 금액	개선 금액	절감 목표금액	점검 결과
고 정 지 출	대출상환 원리금	주택대출상환원리금, 자동차대출상환원리금 등	500,000	450,000	50,000	과도한 지출
	임차료	월세 등	—	—	—	—
	아파트 관리비*	일반관리비, 청소비, 경비비, 소독비, 승강기유지비 등	90,000	90,000	—	—
	공과금	수도요금	15,000	11,000	4,000	과도한 지출
		가스요금	100,000	80,000	20,000	과도한 지출
		전기요금	30,000	20,000	10,000	과도한 지출
		기타	5,000	5,000	—	적정한 지출
	통신비	유선전화요금, 인터넷요금 등	40,000	40,000	—	적정한 지출
	교육비	어린이집 · 유치원비, 학원비 등	400,000	350,000	50,000	과도한 지출
	보험료	의료실비보험, 암보험, 종신보험 등	300,000	280,000	20,000	과도한 지출

총 154,000원 절감!

* 아파트관리비는 공동부담하는 것이고 개인이 줄이기 힘든 고정지출이므로 제외

월급통장 쪼개기 1
지출통장(생활비)

월급통장에서 고정지출(공과금 등)만 자동납부되도록 하는 출구전략 준비 단계를 마쳤다. 그러면 이제는 출구전략 1단계, 즉 월급통장에 남은 돈을 쪼개서 지출통장에 넣어줘야 한다. 지출통장은 소비 개념 통장으로, 매월 발생하는 변동지출(생활비)을 관리하기 위한 통장이라고 보면 된다.

지출통장 존재 이유는 변동지출(생활비) 감시

월급통장을 지출통장으로 쪼개는 방법은 매우 간단하다. 먼저 지출통장을 별도로 만든 후에, 월급통장에서 고정지출(공과금 등)이 자동납부되고 남은 잔액 중 변동지출(생활비)에 해당하는 금액을 지출통장으로 자동이체하면 된다.

가끔 이런 질문을 하는 카페 회원이 있다.

"귀찮게 꼭 지출통장을 별도로 만들어야 하나요?"

물론 귀찮을 수 있다. 하지만 지출통장의 장점은 매월 변동지출(생활비)을 한눈에 확인할 수 있고, 가계부를 한 번 더 작성하는 효과를 노릴 수 있다는 것이다. 전월 대비 변동지출(생활비) 항목 중 어떤 게 올라가고 내려갔는지 한눈에 확인하고 관리할 수 있어서 결과적으로 변동지출(생활비)을 줄일 수 있다. 따라서 귀찮더라도 반드시 지출통장을 만들어주는 것이 좋다.

tip

월급통장에 남는 돈이 없다면? 고정지출 줄이기부터 다시 고민하자. 고정지출, 변동지출에 관한 내용은 10장을 자세히 살펴보길 바란다.

변동지출 줄이기 1 | 최소 생활비를 산출한다

지출통장의 핵심은 변동지출(생활비)을 관리하고 줄이는 데 있다. 변동지출(생활비)은 고정지출(공과금 등)에 비해 상대적으로 줄이기 쉽다. 하지만 변동지출(생활비)도 의욕만 앞서서 무작정 줄이려고 하면 힘들다. 왜냐하면 월급쟁이들이 재테크를 하는 이유인 '행복'을 유지하려면 일정 금액 이상의 변동지출(생활비)은 반드시 필요하기 때문이다. 따라서 다음과 같은 선행과정이 반드시 필요하다.

매월 평균적으로 변동지출(생활비)에 필요한 최소금액이 얼마인지 분석해서 결정한다! 즉 월급통장에서 지출통장으로 자동이체하기 위한 변동지출(생활비) 금액을 올바르게 결정하는 것이 중요한데, 이를 위해 우선적으로 직전 3개월간 변동지출(생활비) 내역을 꼼꼼하게 정리해보는 것이 필요하다. 본인, 배우자, 아이 등으로 보다 구체적으로 정리할수록 변동지출(생활비)을 효율적으로 줄이고 관리하는 일이 훨씬 더 용이해진다.

직전 3개월간의 변동지출(생활비) 내역을 다음 쪽 예시를 참고해 정리한 후, 월별로 변동지출(생활비) 차이를 비교해보자. 매일 가계부를 꾸준

▼ 변동지출 항목별 정리 예시

구분	대항목	소항목	가족				합계
			본인	배우자	아이 1	아이 2	
변동지출	생활비	식비					
		외식비					
		의류비					
		용돈					
		유류비					
		교통비					
		휴대전화요금					
		여가비					
		기타					
합계							

하게 작성한 분이라면 굳이 표를 새로 작성할 필요가 없을 것이다. 가계부를 보면서 변동지출(생활비)에 해당하는 부분만 뽑아서 정리하면 된다.

tip
변동지출(생활비) 절약법
변동지출(생활비) 항목도 80쪽처럼 항목별로 구분해 현재 지출금액을 적고 → 줄이고자 하는 목표금액을 적은 후 → 점검하는 방법을 활용하길 바란다.

이렇게 직전 3개월간 변동지출(생활비) 내역 정리가 끝났으면 다음 원칙에 따라 실행해보자.

변동지출 줄이기 2 | 최소 생활비로 한 달 산다

3개월간 변동지출(생활비) 중 가장 적은 금액을 월급통장에서 지출통장으로 이체한다. 그리고 이 금액으로 첫 한 달을 생활한다. 예를 들어 직전 3개월간 변동지출(생활비)이 각각 80만원, 100만원, 90만원이었다면 가장 적은 금액인 80만원을 변동지출(생활비) 금액으로 결정해서 지출통장으로 이체하고 생활하는 것이다.

변동지출 줄이기 3 | 최소 생활비에서 10% 줄여 산다

첫 한 달을 무리 없이 생활하는 데 성공했다면? 둘째 달에는 거기서 10%를 더 줄여서 생활해보자. 그렇게 해서 둘째 달도 성공했다면? 셋째 달에는 10%를 더 줄여서 생활한다. 그리고 실패할 때까지 지속적으로 매달 10%를 줄여나간다.

위 원칙에 따라 변동지출(생활비) 금액을 결정하고 지속적으로 생활하다 보면 분명 더 이상 줄일 수 없는 한계점에 도달하게 되는데, 이러한 한계점까지 최대한 변동지출(생활비)을 줄이는 것을 목표로 삼아야 한다.

가끔 카페 회원들이 이런 하소연을 한다.

"변동지출! 줄이기 너무 힘들어요."

"변동지출을 효율적으로 줄일 수 있는 방법은 없나요?"

물론 안 먹고 안 입고 자린고비처럼 절약하면 더 줄일 수 있지만, 이것은 월급쟁이들이 재테크를 하는 이유인 '행복'이라는 기본전제가 무너질 수 있기 때문에 그리 바람직한 방법이라고 보기 어렵다.

이웃집은 멋진 레스토랑에서 외식도 하고 해외로 가족여행도 떠나는데 정작 본인의 가정은 외식이나 가족여행은 꿈도 못 꾸고 있다면 아무리 변동지출(생활비)을 줄였다 하더라도 자칫 행복과 거리가 멀어질 수 있다. 또한 이런 자린고비식 절약은 꾸준히 실천하기도 어렵다. 따라서 자신에게 걸맞게 효율적으로 변동지출(생활비)을 줄이는 것이 바람직하다.

잠|깐|만|요

변동지출(생활비)을 효율적으로 줄이는 방법 3가지

그럼 효율적으로 변동지출(생활비)을 줄일 수 있는 방법은 무엇일까? 필자가 추천하는 방법은 다음 3가지이니 참고해서 꼭 실천해보길 바란다.

▼ 변동지출(생활비) 줄이기

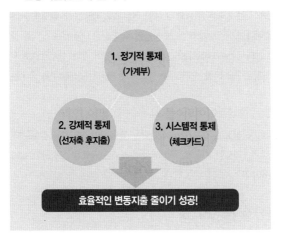

1 | 매일 가계부 작성

매일 가계부를 작성하면서 변동지출(생활비) 부분에서 쓸데없는 지출이 있지는 않은지 지속적으로 확인해보자. 그렇다고 커피전문점에서 아메리카노를 즐겨 마시는 분께 무조건 저렴한 자판기 커피로 바꿔서 절약하라는 말을 하는 건 아니다. 아메리카노를 마시면서 평소 10% 할인을 받았다면 혹시 추가로 할인받는 방법은 없는지를 고민해서 보다 합리적이고 효율적으로 커피값을 줄일 수 있는 방법을 찾아보길 바란다는 뜻이다.

2 | 선저축 후지출 실행

변동지출(생활비)을 줄이는 방법 중에서 가장 강력한 방법은 강제성을 부여하는 것이다. 예를 들어 변동지출(생

 tip

선저축 후지출

일정 금액을 먼저 저축한 이후에 남는 금액으로 지출을 하는 방법이다. 반대로 선지출 후저축은 지출부터 먼저 하고 남는 금액이 있으면 저축하는 것을 말한다.

활비) 금액이 100만원이고 저축은 50만원이라면? 변동지출(생활비) 20% 절감이라는 강제적인 목표를 설정해서 먼저 70만원을 저축한 다음에 남은 80만원을 한 달 변동지출(생활비) 금액으로 사용하는 것이다. 그러면 변동지출(생활비)은 100 → 80만원으로 줄고, 저축은 50 → 70만원으로 늘어난다.

3 | 체크카드 사용

체크카드를 사용한다는 것은 변동지출(생활비) 금액 이상으로 지출할 수 없도록 아예 시스템을 통제하는 것이다. 그리고 체크카드를 사용한 후 지출통장에 남은 잔액을 실시간으로 확인하려면 반드시 'SMS 바로알림 서비스'를 신청해야 한다. 실시간으로 지출통장의 잔액을 관리하면 과소비를 방지할 수 있으므로 변동지출(생활비)을 줄이는 효과를 볼 수 있다.

이상의 변동지출 절약법을 참고해 각자 자신에게 맞는 효율적인 절약법을 찾아보자. 다음 표처럼 '적정한 지출, 과도한 지출'로 구분해서 절감 목표금액을 설정하고 절약을 실행해보면 좋을 것이다.

▼ 변동지출 알짜배기 절약법 (단위 : 원)

구분	대항목	소항목	현재 금액	개선 금액	절감 목표금액	점검 결과
변동지출	생활비	식비	350,000	230,000	120,000	과도한 지출
		외식비	150,000	100,000	50,000	과도한 지출
		의류비	80,000	80,000	—	적정한 지출
		용돈	200,000	140,000	60,000	과도한 지출
		유류비	300,000	250,000	50,000	과도한 지출
		교통비	50,000	50,000	—	적정한 지출
		휴대전화요금	150,000	120,000	30,000	과도한 지출
		여가비	100,000	80,000	20,000	과도한 지출
		기타	50,000	50,000	—	적정한 지출

총 33만원 절감!

지출통장 선택시 3가지 유의사항 — 금리, 수수료, 관리

기본적으로 지출통장은 자유로운 입출금이 가능한 은행별 수시입출금식 예금통장도 좋고 증권사 CMA통장도 좋다. 하지만 더 좋은 것을 선택하라면, 지출통장에 체크카드를 연결해야 하므로 은행의 수시입출금식 예금통장이 더 적합하다고 할 수 있다. 참고로, 체크카드를 연결할 수 있는 증권사 CMA통장도 있지만, 체크카드의 종류가 한정적인 경우가 많다.

그럼 콕 집어서 어떤 혜택을 주는 통장이 지출통장으로 좋을까? 현재 은행별로 수시입출금식 예금통장의 종류가 워낙 많아서 카페 회원들도 많이 궁금해하는 부분이기도 하다. 지출통장으로 적합한 은행 수시입출금식 예금통장을 선택할 때 가장 유의해야 할 점은 크게 3가지다.

지출통장 개설시 체크리스트	yes	no
1 | 추가 금리혜택이 있는가?	☐	☐
2 | 체크카드 이용실적에 따른 수수료혜택이 있는가?	☐	☐
3 | 거래내역 확인과 관리가 용이한가?	☐	☐

체크 1 \| 추가 금리혜택이 있는가?

지출통장에 적합한 은행 수시입출금식 예금통장은 대부분 기본금리가 연 0.1%로 매우 낮게 적용되기 때문에 높은 금리혜택을 기대하기는 힘들다. 또한 지출통장 역시 월급통장처럼 변동지출(생활비)이 모두 빠져나가면 잔액은 0원이 된다. 따라서 지출통장의 금리혜택을 따지는 것은 큰 의미가 없다. 다만 지출통장을 만들고 추가로 해당 은행의 예적금에 가입할 경우 해당 상품에 우대금리를 제공하는 혜택은 없는지 잘 따져볼 필요가 있다.

체크 2 | 체크카드 이용실적에 따른 수수료혜택이 있는가?

은행별로 일정 조건을 충족할 경우 다양한 수수료 면제혜택을 제공하고 있다. 지출통장은 체크카드를 연결해야 하므로 체크카드 이용실적에 따른 수수료 면제혜택을 제공하는지 따져보자.

체크 3 | 거래내역 확인과 관리가 용이한가?

지출통장은 다양한 변동지출(생활비)이 빠져나가기 때문에 손쉽고 편리하게 거래내역을 확인할 수 있어야 한다. 거래내역을 확인하고 쉽게 관리할 수 있도록 서비스를 제공하고 있는지 잘 따져보자.

자, 지금까지 월급통장 출구전략 1단계로 월급통장에서 지출통장으로 변동지출(생활비) 금액을 자동이체하는 것을 살펴봤다. 정리하면 다음과 같다.

정리가 복습

출구전략 1단계

1 | 지출통장을 별도로 만든다.

2 | 월급통장에서 변동지출(생활비) 금액을 지출통장으로 자동이체한다.

3 | 변동지출(생활비) 절감 목표금액을 설정하고 최대한 줄인다.

지출통장 상품 Top 3 공개!

다음은 카페 회원들이 주로 활용하는 지출통장을 정리해서 통계를 낸 결과다. 물론 많은 사람이 사용한다고 다 좋은 건 아니다. 본인의 조건과 상황에 맞는 지출통장을 선택하는 게 더 중요하다. 그래도 지출통장을 처음 개설하는 분에게는 참고가 될 것이다.

▼ '월급쟁이 재테크 연구' 카페 회원들의 지출통장 순위

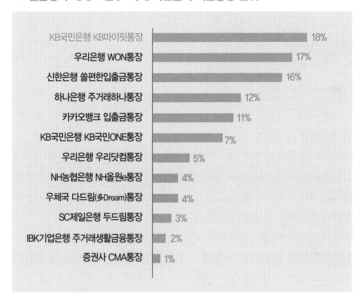

1 | KB국민은행 KB마이핏통장

만 18세 이상 만 38세 이하 실명의 개인이 1인1통장으로 개설할 수 있는 수시입출금식 예금통장이다. KB스타뱅킹앱이나 리브앱에서 통장 잔액을 기본비/생활비/비상금으로 나누어 관리할 수 있는 머니쪼개기 서비스가 제공된다. 모든 입출금은 기본비에서 거래되며 KB체크카드로 쓸 돈을 생활비로 설정해서 계획적인 소비 관리를 할 수 있다. 또한 급여(지정)일 입금실적을 충족하면 비상시 쓸 돈을 비상금으로 설정해서 연 1.5% 비상금이율을 받으면서 최대 2백만원까지 보관할 수 있다. 기본비/생활비/비상금 간

금액 이동이 가능하여 목적별 자금관리를 손쉽게 할 수 있고 통장을 여러 개 만들어야 하는 번거로움이 없다는 것이 장점이다.

급여가 입금되거나 KB카드 결제실적이 있으면 모든 은행 ATM 출금수수료, 인터넷 · 모바일 · KB국민은행 ATM 이체수수료가 횟수 제한 없이 면제된다.

KB국민은행 KB마이핏통장

2 | 우리은행 WON통장

20~30대 월급쟁이를 위해 실명의 개인이 1인1통장으로 개설할 수 있는 수시입출금식 예금통장이다. 특이한 점이라고 하면 종이통장을 발행하지 않는 스마트폰 전용 통장이라는 점이다. 따라서 통장 분실 위험이 없고, 언제 어디서나 간편하게 스마트뱅킹을 통해 계좌이체와 거래내역 확인이 가능하다.

우리은행 스마트뱅킹을 이용할 경우 타행이체수수료와 당행 ATM 현금인출수수료가 무제한 면제되며, 타행 ATM 현금인출수수료도 월 5회 면제된다. 기본금리는 연 0.1%다. 스마트폰으로 편리하게 계좌이체를 할 수 있고, 현금인출은 ATM으로 별도 수수료 없이 할 수 있어서 20~30대 월급쟁이들에게 인기가 높다.

참고로, 2019년 8월부터 판매 종료된 우리꿈통장이 새로운 모바일통합플랫폼 우리 WON뱅킹 특화상품인 WON통장으로 업그레이드되었다.

우리은행 WON통장

3 | 신한은행 쏠편한입출금통장

만 14세 이상 실명의 개인이라면 누구나 쉽게 가입하고 우대받을 수 있는 신한 쏠 (SOL) 전용 수시입출식 예금통장이다. 아무런 조건 없이 인터넷 · 모바일 · 텔레뱅킹 이체수수료, 신한은행 · GS편의점 ATM 출금수수료, 타행 자동이체수수료 등 무제한 수수료 면제혜택을 제공한다는 것이 장점이다.

수수료 면제조건을 충족하기 위해 공과금 납부실적, 카드 결제실적 등을 억지로 맞추고 있었던 분들에게 안성맞춤인 수수료 무제한 면제통장이다. 또한 기존 고객 누구나 계좌번호 그대로 해당 상품으로 간단히 전환할 수 있으며 기본금리는 연 0.1%이다.

인터넷 모바일

쏠편한 입출금통장

이체수수료(모바일, 인터넷, 폰뱅킹ARS), 인출수수료 (신한은행CD/ATM), 타행자동이체수수료가 무제한 면제되며, 쏠편한 자금활을 이용할 수 있는 상품 ※ 영업점/인터넷 : 기존계좌 전환가능하며

상품종류   저축예금
가입대상   개인(부부_기타임의단체(대표자주민등록번호))
가입기간   제한없음
가입금액   제한없음

신한은행 쏠편한입출금통장

월급쟁이에게 비상금통장이 필요한 이유

앞에서 지출통장(생활비)을 만들어 첫 번째로 월급통장 쪼개기를 했다. 이제는 월급통장 두 번째 쪼개기로 비상금통장(돌발지출)을 만들어야 한다. 여기서 비상금통장이란 비상금(비상지출용+비정기지출용)을 관리하기 위한 통장이다.

먼저 비상금통장을 별도로 만든 후 월급통장에서 고정지출(공과금 등)+변동지출(생활비)이 나간 후 남는 돈 중에서 일부를 비상금통장으로 자동이체하면 된다.

여기서 잠깐! 비상금통장은 왜 필요한 것일까? 단적인 예로, 카페 회원들의 은행 예적금 중도해지 비율이 생각보다 높은데, 이렇게 중도해지를 하는 이유 중 하나가 갑자기 많은 돈을 마련해야 하는 긴박한 상황이 발생하기 때문이다. 은행 예적금을 중도해지하게 되면 약정된 금리를 받지 못하므로 이자손실이 발생하고 결국 손해를 보게 된다. 따라서 이를 막기 위해 비상금 확보가 중요하다.

다음은 비상금 확보가 필요한 대표적 사례 2가지다.

tip

월급통장에 비상금통장으로 보낼 만한 돈이 한 푼도 남아 있지 않다면? 10장, 11장을 참고해서 고정지출, 변동지출부터 줄이기를 바란다.

① 예상치 못하게 많은 돈이 필요한 경우 : 비상지출용

갑작스럽게 상해를 입거나 질병이 발생해 병원비를 충당해야 하는 경우, 예기치 못하게 직장을 그만둬 월급을 못 받게 되는 경우를 대비해야 한다.

② 매년 1~2회 이상 비정기지출을 해야 하는 경우 : 비정기지출용

재산세, 자동차세, 자동차보험료, 경조사비 등 평소 생활비보다 많은 지출이 예상되는 경우를 대비해야 한다. 특히 경조사는 예고 없이 찾아오고 일정 기간에 몰려서 발생하면 적지않은 부담이 될 수 있다. 실제 많은 카페 회원들이 경조사비에 상당한 부담을 갖고 있다고 얘기하고, 매월 들쑥날쑥한 경조사비 관리에도 상당한 어려움을 호소하고 있다.

비상금 적정액은 월급의 1~3배

"비상금은 얼마가 적정한가요?"

이에 대한 정답을 수학 답안지처럼 콕 집어서 얘기하는 것은 매우 어렵다. 실제 카페 회원들 간에도 논의된 적이 있지만, 결론은 정답이 없다는 것이다. 왜냐하면 본인의 조건과 상황에 따라 비상금 확보액의 규모가 달라지기 때문이다.

일부 전문가들은 비상금 규모는 월 지출금액(고정지출 + 변동지출)의 3배 수준이 좋다고 하고, 일부는 100만원, 200만원 등 일정한 금액을 정해서 무조건 최대한 많이 확보해두어야 한다고도 말한다.

잠 | 깐 | 만 | 요

배우자 몰래 비자금통장 만들 땐? 스텔스통장!

남편이나 아내 몰래 비상금을 숨겨둘 수 있는 비밀 통장인 일명 '스텔스통장'이라는 것이 있다. 본인 이외에는 조회 불가! 지정한 곳에서만 거래 가능! 비번이나 공인인증서가 있는 가족조차도 통장이 있는지 알 수 없기 때문에, 적의 레이더에 잡히지 않는 스텔스전투기의 이름을 따서 스텔스통장이라고 한다. KB국민은행에서는 '전자금융거래제한계좌', 하나은행에서는 '세이프어카운트', 신한·우리·IBK기업은행과 농협에서는 '보안계좌(또는 계좌숨기기)'라는 이름으로 불리고 있다.

비상금 조성용 통장인 스텔스통장

고백하자면 필자도 호기심에 스텔스통장을 한번 만들어보려고 은행 앞까지 갔다가 되돌아선 적이 있다. 왜냐하면 비상금보다는 비자금 성격에 가까운 스텔스통장을 막상 만들려고 하니까 사랑하는 아내와 아이의 얼굴이 어른거렸기 때문이다.

혹 부부간에 딴 주머니를 차고 있거나 별도의 비자금을 갖고 있다면? 이번 기회에 부부가 투명하게 오픈하고, 비상금통장을 만들어서 함께 관리해보는 건 어떨까?

하지만 비상금도 본인의 상황에 따라 적정한 수준으로 확보하는 것이 가장 바람직하다. 비상금을 너무 많이 확보하면 이미 비상금이 아닌 목돈 수준까지 금액이 커지므로, 이런 경우에는 차라리 목돈 굴리기용 금융상품을 활용해서 보다 효율적으로 굴리는 게 낫기 때문이다.

따라서 필자는 비상금 규모는 반드시 **월급의 1배 이상을 확보하되, 가능하다면 월급의 3배까지 확보**하는 것이 가장 무난하다고 생각한다. 비상금 규모를 얼마까지 확보할 것인지를 두고 머리 아프게 너무 많은 시간을 뺏기지 말고, 확보한 비상금을 절대 다른 용도로 활용하지 않는다는 본인만의 원칙을 세우고 관리하는 것이 더 낫다고 본다. 다음은 카페 회원들의 비상금 규모를 정리해서 통계를 내본 것인데, 많은 분이 비상금은 월급의 3배가 적정하다고 했다. 참고자료로 활용해보자.

▼ '월급쟁이 재테크 연구' 카페 회원들의 비상금 규모

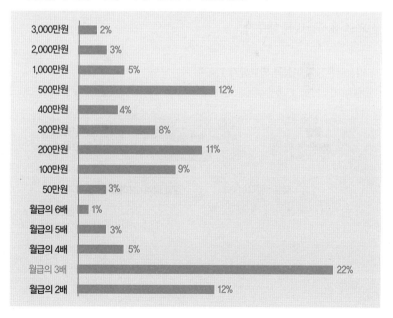

| 첫째마당 | 실천! 월급통장 쪼개기 – 돈의 흐름이 귀신같이 보인다!

비상금통장에 매월 이체할 금액 정하기

자, 다른 사람들의 비상금 규모를 엿보았다. 그렇다면 비상금 적정 목표금액을 정해야 한다. 그런 다음 매월 비상금통장에 자동이체할 금액은 얼마로 할지 결정하자.

만약 월급이 150만원이고 비상금 목표금액을 월급의 2배로 설정했다면 비상금의 총규모는 300만원이 된다. 월급쟁이가 한꺼번에 300만원을 확보할 수는 없을 것이다. 따라서 매달 월급통장에서 비상금통장으로 자동이체할 비상금 액수를 설정해야 한다. 예를 들어 비상금 총규모인 300만원을 10개월에 나눠서 확보하려 한다면 월급통장에서 비상금통장으로 매월 30만원을 자동이체하면 된다.

목표로 한 비상금을 확보할 때까지 매월 자동이체하고, 목표금액이 확보된 이후에는 비상금의 일부가 지출된 경우에만 다시 보충해서 채워두면 된다. 즉 총 300만원이 항상 비상금통장에 확보되어 있도록 지속적으로 유지관리를 해주자.

▼ 비상금통장에 비상금 확보하기

출구전략 2단계

1 | 비상금통장(돌발지출)을 별도로 만든다.

2 | 비상금의 총규모를 설정한다.

3 | 매월 월급통장에서 비상금통장으로 자동이체할 금액을 정한다.

잠 | 깐 | 만 | 요

비상금통장 상품 Top 3 공개!

비상금통장은 은행의 일반적인 예금상품이나 파킹통장, 또는 증권사의 CMA통장을 선택하는 것이 좋다. 하지만 비상금통장은 입출금이 잦고 일정 기간 돈을 묵혀두어야 하기 때문에 은행의 일반적인 예금상품보다는 상대적으로 금리가 높고 단 하루만 맡겨도 이자를 받을 수 있는 은행의 파킹통장이나 증권사의 CMA통장이 더 적합하다.

▼ '월급쟁이 재테크 연구' 카페 회원들의 비상금통장 순위

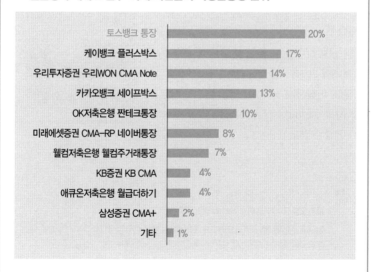

1 | 토스뱅크 통장

인터넷 전문은행인 토스뱅크의 파킹통장이다.
정해진 만기가 없으며 입출금이 자유롭다. 금리는
5천만원 이하/초과 모두 아무런 조건 없이 연
1.8%이다.(한도/금리는 추후 변동 가능) 다른 은행
의 파킹통장은 통상 1개월에 한 번씩 이자를 지급
하지만 토스뱅크 통장은 매일 이자를 지급 받을

토스뱅크 통장

수 있다. 매일 지급 받은 이자를 굴려서 일복리 효과를 누릴 수 있다. 당행/타행 이체
수수료와 ATM(모든 은행, 편의점 등) 입금/이체/출금 수수료를 면제받을 수 있다.

2 | 케이뱅크 플러스박스

인터넷 전문은행인 케이뱅크의 파킹통장이다. 아무런 조건 없이 5천만원까지는 연
2.3%, 5천만원 넘는 금액부터는 연 3.0% 금리가
제공된다.(한도/금리는 추후 변동 가능) 하루에 한
번, 바로 이자 받기 기능을 통해 토스뱅크 통장처
럼 매일 이자를 지급 받아 일복리 효과를 누릴 수
있다. 1인당 최대 10개까지 만들 수 있기 때문에
이용목적에 따라 여러 개의 파킹통장으로 나눠서
관리할 수 있다.

케이뱅크 플러스박스

3 | 우리투자증권 우리WON CMA Note

매월 이자 지급으로 월복리 혜택까지 받을 수 있는 우리투자증권의 대표적인 종금형 CMA통장이다. 가입기간은 최대 1년이나 만기 시 자동 재예치도 가능하다. 최고금리는 1천만원 이하는 연 3.1%, 1천만원 초과는 연 2.9%이다. 증권사 CMA통장 중에서 유일하게 예금자보호법에 따라 예금자보호(1인당 최대 5천만원)를 받을 수 있다.

우리투자증권 우리WON CMA Note

tip ··

인기가 높았던 우리종합금융 CMA Note는 어디로 사라졌을까?

우리종합금융은 2024년 7월에 한국포스증권과 합병되어 사명이 우리투자증권으로 변경되었다. 따라서 우리종합금융 CMA Note는 판매 중단되었으며 우리투자증권 우리WON CMA Note라는 새로운 이름으로 판매 중이다.

지출통장과 비상금통장을 만들었다면 이제는 월급통장을 한 번 더 쪼 개서 출구전략 3단계인 재테크통장을 만들 차례다. 재테크통장은 저 축·투자를 관리하기 위한 통장이라고 보면 된다.

월급통장 세 번째 쪼개기 방법은 매우 간단하다. 먼저 재테크통장을 별도로 만든 후 월급통장에서 지출통장, 비상금통장으로 이체하고 남은 돈을 재테크통장으로 자동이체하면 된다. 재테크통장의 역할은 예금, 적금, 펀드, ELS, 연금, 주식, ETF 등 다양한 금융상품에 저축 또는 투자하는 돈을 담아두는 것이다.

재테크통장 개설시 유의사항

재테크통장을 만들 때 기본적으로 유의해야 할 사항은 다음과 같다.

재테크통장 만들 때 유의사항

1 | 재테크통장 이체금액은 월급의 50% 이상을 목표로 한다.

2 | 모든 금융상품의 자동이체 날짜는 되도록 같은 날로 한다.

3 | 재테크통장에서 저축·투자자금 전액이 빠져나가도록 한다.

먼저 월급통장에서 재테크통장으로 자동이체할 저축·투자자금은 월급의 50% 이상을 목표로 한다. 월급의 50% 이상을 재테크통장으로 자동이체할 수 있다면 재테크의 절반은 이미 성공한 것이다.

그다음에는 모든 금융상품의 자동이체 날짜를 같은 날로 하거나 최대한 가까운 날로 설정해주자. 그래야 저축·투자자금이 빠져나가는 내역을 한눈에 관리하기가 용이하다.

마지막으로, 재테크통장에서 모든 금융상품의 저축·투자자금이 빠져나가게끔 한다. 즉 재테크통장의 잔액은 0원이 이상적이다.

(tip) ···

재테크통장으로 이체할 돈이 없다면?

그렇다면 10장을 참고해서 지출을 줄이기 위한 방법부터 총동원해서 실천하길 바란다. 이와 별도로 투잡을 하거나 맞벌이를 하는 등 수입 다각화를 함께 고민해봐야 할 것이다.

은행별 금리 간단하게 비교하는 법

예금이나 적금을 선택할 때 역시 가장 눈여겨봐야 하는 부분은 금리이고, 결국 한푼이라도 더 이자수익을 올리기 위해서 은행별 금리 비교는 필수라고 할 수 있다. 하지만 월급쟁이들은 평일에 출근해야 하기 때문에 시간을 내서 은행을 여러 군데 방문해 금리 비교를 한다는 것은 현실적으로 매우 힘들다. 따라서 다음과 같이 인터넷 사이트를 활용해서 간단하게 은행별 금리 비교를 할 수 있다.

- **시중은행 금리 비교** : 전국은행연합회(www.kfb.or.kr)
- **저축은행 금리 비교** : 저축은행중앙회(www.fsb.or.kr)

전국은행연합회

저축은행중앙회

또한 2016년 1월부터 금융감독원이 금융상품 통합 비교 공시 사이트인 금융상품한눈에(finlife.fss.or.kr)를 운영하고 있다. 이 사이트에서 보다 손쉽게 은행별 금리 비교뿐만 아니라 펀드·대출·연금·보험상품 등을 비교해서 맞춤형 정보를 제공받을 수 있다. 하지만 금리 등 거래조건이 수시로 변경되어 지연공시될 수 있으므로 반드시 해당 금융회사에 문의하는 것이 좋다.

참고로, 대표적인 서민금융기관인 새마을금고, 신협, 농/축협은 마이뱅크(misaving.mibank.me) 사이트 자료를 활용해서 금리를 비교할 수 있다. 다만 업데이트가 지연되어 금리가 부정확한 경우가 많다. 그러므로 해당 기관 홈페이지/앱을 통해 실시간 지역/지점별 금리를 비교하거나 집이나 직장 인근에 있는 지점을 직접 방문해서 정확하게 금리를 확인하는 것이 좋다.

금융상품한눈에   마이뱅크

은행권 통장, 증권사 CMA 둘 다 OK!

재테크통장은 은행의 수시입출금식 예금통장이나 증권사의 CMA통장 중 원하는 것을 선택하면 된다. 카페 회원들은 콕 집어서 어떤 은행의 어떤 수시입출금식 예금통장이 좋은지, 또는 어떤 증권사의 어떤 CMA통장이 좋은지 많이 궁금해한다. 하지만 재테크통장은 월급통장처럼 저축·투자자금이 잠시 머물렀다가 바로 각종 금융상품으로 빠져나가기 때문에 금리나 수수료 면제 같은 부가적인 혜택을 따지는 것은 큰 의미가 없다. 따라서 본인의 주거래은행 수시입출식 예금통장이나 주거래증권사의 CMA통장을 재테크통장으로 만드는 것이 무난하다.

재테크통장 개설보다 재테크 포트폴리오 짜는 게 더 중요!

재테크통장은 그 통장에 어떤 금융상품을 연결해서 구성할 것인지를 집중적으로 고민하는 것이 중요하다. 어떤 금융상품에 얼마만큼의 자금을 저축·투자할 것인지에 따라 재테크의 안정성과 수익성이 결정되기 때문에 월급통장 세 번째 쪼개기 방법인 재테크통장을 만들 때는 통장 개설 자체보다 저축·투자할 금융상품 구성에 가장 많이 신경을 써야 한다. 즉 본인만의 재테크 포트폴리오를 어떻게 구성하는지가 재테크통장 만들기의 핵심이다.

출구전략이 필요한 이유 — 푼돈 모아 목돈 된다!

마지막으로, 일부 카페 회원이 가끔 이런 질문을 한다.

"왜 월급통장에서 고정지출을 자동납부하고, 3개 출구통장인 지출통장, 비상금통장, 재테크통장으로 쪼개야 하나요?"

출구전략이 필요한 가장 큰 이유는 월급통장에 월급이 들어와서 소비, 예비, 저축·투자로 어떻게 흘러가는지를 한눈에 확인하고 관리함으로써 불필요하고 불합리한 지출을 줄이고, 저축·투자 여력을 높이며, 일정 금액 이상의 비상금을 확보하기 위함이라고 할 수 있다. 이런 과정 없이 무작정 재테크를 시작하면 성공하기 어렵다. 기본기 없이 실전에 들어가는 것과 다름없으니까.

tip

월급통장과 쪼갠 통장들의 잔액은?

월급통장을 올바르게 쪼개주면 월급통장, 지출통장, 재테크통장의 잔액은 0원, 그리고 비상금통장의 잔액은 월급의 3배 수준이 되는 것이 이상적이다. 어쩌다 지출통장, 재테크통장에 자투리 금액이 남으면 비상금통장으로 모두 이체하는 것이 좋다.

출구전략 3단계

1 | 재테크통장을 별도로 만든다.

2 | 다양한 금융상품을 기반으로 재테크 포트폴리오를 짠다.

3 | 매월 해당 금융상품으로 목표로 한 저축·투자금액을 이체한다.

1년차 월급쟁이를 위한 재테크 포트폴리오

금융상품은 각자 재무상황, 재무목표, 투자성향 등에 따라 달라지는데, 월급쟁이 1년 차라면 다음 2가지 원칙에 입각해서 포트폴리오를 구성하는 것이 바람직하다.

1 | 가로형 시스템을 만들 것

세로형 시스템은 하나의 재무목표만 정해두고 해당 목표에 맞게끔 저축·투자하는 방법이다. 예를 들어서 '결혼자금 마련'이라는 재무목표를 설정한 경우 결혼자금 마련에만 집중해서 저축·투자하는 것이다. 단점이라고 한다면? 결혼자금 마련이라는 재무목표가 달성되고 난 이후에 자칫 저축·투자자금이 푼돈이 되어 뿔뿔이 흩어질 수 있고, 갑작스럽게 주택자금이나 자녀 관련 자금이 필요한 경우 효율적으로 대응하기가 어려울 수 있다.

반면에 가로형 시스템은 단기, 중기, 장기 등 기간별 재무목표를 설정하고 각각의 재무목표에 맞게끔 저축·투자자금을 분산하는 방법이다. 각각의 재무목표에 저축·투자자금이 효율적으로 분산되며, 시간에 따른 복리효과도 노려볼 수 있기 때문에 세로형 시스템에 비해서 훨씬 바람직한 방법이다. 따라서 재테크 포트폴리오는 가로형 시스템을 기반으로 구성하는 것이 좋다.

▼ 세로형, 가로형 시스템

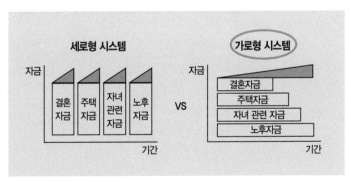

기간별 재무목표는 크게 다음 4가지로 구분할 수 있다.

· 결혼자금 마련

· 주택자금 마련

· 자녀 관련 자금(육아비, 교육비 등) 마련

· 노후자금 마련

2 | 철저하게 분산투자를 할 것

기간별 재무목표에 따른 가로형 시스템을 구성했다면 각각의 재무목표에 적합한 금융상품을 선택하되, 철저하게 분산해서 구성해줘야 한다. 예를 들어서 결혼자금 마련이라는 재무목표를 달성하기 위해서 오로지 저축에만 올인하지 말고 투자에도 일정자금을 분산해서 안정성과 수익성이라는 두 마리 토끼를 함께 쫓는 것이 훨씬 효율적인 운영방법이다.

또한 본인의 투자성향이 공격적이라면 주식, ELS, ETF 등에도 일정 자금을 분산해서 투자하는 것이 좋은 방법이 될 수 있다. 즉 재테크 포트폴리오는 다양한 금융상품에 분산투자할 수 있도록 구성하는 것이 좋다.

예적금은 물론 주식, 펀드, 부동산 등 재테크 항목별로 구체적인 투자 지침은 〈넷째마당〉~〈일곱째마당〉 참고.

지출통장용, 비상금통장용 체크카드 만들기

재테크 시작으로 월급통장을 소비, 예비, 저축·투자 개념으로 나누고 3개 출구통장인 지출통장, 비상금통장, 재테크통장으로 완벽하게 쪼갰다면 이제 마지막 단계로 지출통장과 비상금통장에 각각 체크카드를 만들면 된다.

체크카드가 필요한 통장은 지출통장, 비상금통장

먼저 지출카드는 지출통장에 연결해서 매월 변동지출(생활비)을 통제·관리하는 데 활용한다. 즉 은행의 수시입출금식 예금통장을 지출통장으로 만들 때 체크카드도 함께 만든다.

비상금카드는 비상금(비상지출용+비정기지출용)을 사용하기 위한 체크카드로, 은행의 파킹통장이나 증권사의 CMA통장을 비상금통장으로 만들 때 체크카드도 함께 만들면 된다.

위와 같이 지출카드, 비상금카드! 총 2개의 체크카드를 만드는 것 자체는 매우 간단하다. 하지만 체크카드를 만들 때 가장 중요한 것은 '어떤 체크카드를 선택할 것인가?'다. 왜냐하면 현재 대한민국에 출시된 체크카드 종류가 너무나 많기 때문에 콕 집어서 특정 체크카드를 선택하는 일이 결코 말처럼 쉽지 않기 때문이다.

큰 고민 필요 없는 비상금카드 만들기

비상금카드는 비정기적으로 사용하는 거라 사용빈도가 낮다. 따라서 비상금통장을 만든 은행이나 증권사에서 체크카드(예 : 토스뱅크 통장 → 토스뱅크 체크카드, 미래에셋증권 CMA-RP 네이버통장 → 미래에셋증권 체크카드)를 만들면 된다. 체크카드에 현금인출 기능만 있으면 되므로 별다른 고민을 할 필요가 없다.

지출카드는 고민이 필요해 1 | 할인혜택보다 관리가 목표

지출카드는 생활비가 나가서 자주 사용하는 카드이므로 은행권에서 만드는 게 좋다. 하지만 은행별로 다양한 할인혜택을 제공하는 체크카드의 종류가 너무나 많기 때문에 여기서 소개하는 유의사항을 참고해 본인에게 가장 적합한 체크카드를 올바르게 선택하고 효율적으로 활용하는 것이 매우 중요하다.

지출카드는 다양한 할인혜택을 받기 위한 목적도 있지만 변동지출(생활비)을 보다 철저하게 통제·관리하기 위한 목적도 있다. 따라서 혜택 많은 체크카드를 찾기 위해서 너무 많은 시간과 노력을 낭비하기보다는, 체크카드를 꾸준하게 활용해서 변동지출(생활비)을 줄이면서 절약하는 습관을 하루빨리 몸에 익히도록 하는 것이 더 중요하다. 또한 카드사들이 할인해주는 조건으로 매월 일정 금액 이상을 사용하게끔 유도하는데, 이러한 혜택에 집착해서 과도하게 카드를 긁지 않도록 주의하자.

지출카드는 고민이 필요해 2 | 통합할인한도를 확인하자

가끔 일부 카페 회원들이 다양한 할인혜택을 받을 거라고 생각해 체크카드를 만들었는데 정작 할인받은 금액이 생각보다 적다고 하소연하는 경우가 있다. 왜냐하면 통합할인한도를 제대로 확인하지 않고 통합할인한도가 낮은 체크카드를 만들었기 때문이다. 예를 들어 영화 35% 할인, 커피전문점 20% 할인, 인터넷쇼핑 10% 할인 등 다양한 분야에서 할인혜택을 제공한다는 광고만 보고 많은 금액을 할인받을 수 있을 거라고 생각하는데, 정작 통합할인한도가 낮으면 실제로 할인받을 수 있는 금액은 그리 크지 않다.

현재 체크카드는 대부분 통합할인한도가 있다. 체크카드의 모든 할인혜택을 받더라도 결과적으로 전체 할인금액은 통합할인한도 이상을 넘을 수 없다는 말이다. 그래서 체크카드를 선택할 때는 반드시 통합할인

tip

통합할인한도

체크카드의 업종별 할인금액을 합산해서 한 달 동안 최대로 받을 수 있는 총 할인금액의 한도를 말한다. 예를 들어 A라는 체크카드의 통합할인한도가 1만원이고 대형마트 5%, 커피전문점 20% 할인혜택을 제공하는 경우, 대형마트에서 할인을 1만원까지 받았다면 더 이상 커피전문점 등에서는 추가로 할인을 받을 수 없다. 이미 통합할인한도인 1만원을 다 채웠기 때문이다.

한도가 얼마인지 꼭 확인하는 것이 좋다.

지출카드는 고민이 필요해 3 | 할인혜택 100% 활용하자

체크카드의 할인혜택은 상당히 다양하기 때문에 주로 활용하는 혜택 외에는 잘 모르고 그냥 잊어버려서 놓치는 경우가 상당히 많다. 할인혜택을 전부 기억하고 다닌다면 가장 좋겠지만, 사실상 그러기는 힘드니까 할인혜택을 요약해서 조그맣게 출력한 후 카드 뒷면에 붙이거나 지갑, 수첩 등에 넣고 다니자. 카드 뒷면에 붙이면 체크카드를 사용할 때 아무래도 한 번 더 보게 되므로 할인혜택을 보다 효율적으로 활용하는 데 도움이 된다.

가끔 이런 질문과 고민을 하는 카페 회원도 있다.

"신용카드 없이도 정말 생활이 가능한가요?"

"신용카드만의 혜택을 포기하기가 힘드네요."

만약 죽을 때까지 할부의 유혹을 이겨내고 막 긁어대지 않을 자신이 있다면 신용카드를 만들어도 된다. 하지만 그럴 자신이 없다면 과감하게 신용카드를 잘라버리고 체크카드를 만들길 바란다. 최근에는 체크카드의 혜택도 신용카드 못지않게 좋아진 상태라서, 앞에서 말한 2개 체크카드(지출카드, 비상금카드)만으로도 충분히 생활이 가능하다.

출구전략 마무리

1 | 비상금통장(돌발지출)과 지출통장(생활비)의 체크카드를 만든다.

2 | 비상금통장(돌발지출) 체크카드는 현금인출 기능만 있으면 OK!

3 | 지출통장(생활비) 체크카드는 여러 혜택을 꼼꼼히 따져본 후 만든다.

생활비 지출용 체크카드 상품 Top 3 공개!

생활비로 사용하는 지출카드는 혜택을 꼼꼼히 살펴볼 필요가 있다. 그럼 콕 집어서 어떤 체크카드가 좋을까?

▼ '월급쟁이 재테크 연구' 카페 회원들의 체크카드 순위

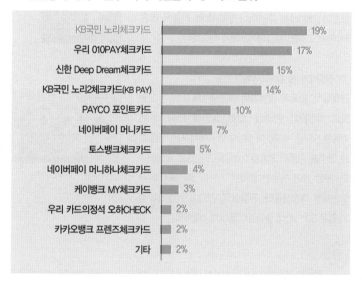

카드	비율
KB국민 노리체크카드	19%
우리 010PAY체크카드	17%
신한 Deep Dream체크카드	15%
KB국민 노리2체크카드(KB PAY)	14%
PAYCO 포인트카드	10%
네이버페이 머니카드	7%
토스뱅크체크카드	5%
네이버페이 머니하나체크카드	4%
케이뱅크 MY체크카드	3%
우리 카드의정석 오하CHECK	2%
카카오뱅크 프렌즈체크카드	2%
기타	2%

1 | KB국민 노리체크카드

KB국민 노리체크카드는 '놀이'의 개념을 도입해서 대중교통, 휴대전화 같은 일상생활의 혜택뿐만 아니라 놀이공원, 영화, 커피 등 여가활동에서도 다양한 할인혜택을 받을 수 있는 체크카드로, 출시 당시 히트상품으로 꼽히기도 했다. 주로 대중교통을 이용하고 영화를 즐겨 보는 20~30대 월급쟁이들에게 적합하다. 새롭게 리뉴얼된 노리2체크카드(KB Pay)도 다양한 생활편의 영역을 제공하고 KB Pay로 결제할 경우 할인혜택을 제공해서 인기가 높다.

KB국민 노리체크카드
(펭수)

2 | 우리 010PAY체크카드

전월실적에 상관없이 이용금액의 최대 0.4%(평일 0.2%, 주말 0.4%)가 포인트로 적립되고 매월 3번 응 DAY(10일, 20일, 30일)에는 이용금액의 3.3%가 포인트로 추가 적립된다. 그리고 계좌잔액이 부족해도 휴대폰 소액결제로 월 최대 20만원까지 010PAY 머니 충전이 가능해서 주말이나 응DAY의 지출이 많은 010PAY 고객인 월급쟁이들에게 적합하다.

우리 010PAY체크카드

3 | 신한 Deep Dream체크카드

전월실적, 한도에 관계없이 이용금액의 0.2%가 포인트로 적립된다. 편의점·잡화, 할인점, 커피·영화, 이동통신요금, 해외, 이 5가지 영역에서 자주 이용하는 영역은 기본의 3배(총 0.6%)로 포인트를 적립해주고, 가장 많이 이용한 영역은 기본의 5배(총 1.0%)로 포인트를 적립해준다. 전월실적, 한도에 신경쓰고 싶지 않은 30~40대 월급쟁이들에게 적합하다.

신한 Deep Dream체크카드
(미니언즈)

 tip ....

다양한 할인혜택에 대한 자세한 내용은 578쪽 '[별첨 2] 지출용 체크카드 Top 3 주요 할인혜택' 참고.

둘째 마당

실천!
절약 저축 1

**왕초보는
푼돈 모으는 재미부터!**

15. "푼돈이 목돈 된다!" 하루 한 번 되뇌자

부자가 되는 재테크 5단계

필자가 카페를 운영하면서 월급쟁이 부자들을 만나고 얘기를 들어본 결과 공통된 재테크 방법은 다음과 같았다.

▼ 부자들의 재테크 공통점

누구나 실천 가능!

1단계	왜 재테크를 해야 하는지 깨닫는다.
2단계	푼돈을 소중히 다룬다.
3단계	푼돈을 바탕으로 절약과 저축을 통해 목돈을 만든다.
4단계	투자(펀드, 주식, 부동산 등)를 통해 목돈을 굴린다.
5단계	절약, 저축, 투자를 정복해 저절로 돈이 불어나는 시스템을 만든다.

4, 5단계는 심도 있는 공부가 선행되어야만 성공할 수 있지만 1단계부터 3단계까지는 월급쟁이라면 누구나 실천만 하면 충분히 성공할 수 있다. 즉 재테크의 필요성을 깨달은 후 부자가 되기 위한 출발점은 바로 '푼돈'이라고 할 수 있다.

"월급이 쥐꼬리만해요."

"공과금, 육아비, 생활비 등이 너무 많이 빠져나가요."

"악착같이 아껴도 한 달에 단돈 100원도 저축하기가 힘들어요."

이렇게 얘기할 수도 있다. 하지만 그렇다고 원하는 물건을 다 사버리거나 미래를 위해 저축하지 않으면 자기만 손해 아닐까? 단돈 100원이라도 소중하게 생각하고 지금 당장 "푼돈이 목돈 된다!"고 하루에 한 번 되뇌길 바란다. 재테크 기법 중 되뇌기, 즉 Self Talk이라는 게 있는데, 인디언 속담에도 비슷한 말이 있다.

"만 번 이상 말하면 반드시 이루어진다."

이렇듯 긍정적인 말은 긍정적인 생각을 하게 만들고 뇌의 구조까지 바꾸어서 긍정적인 습관과 행동으로 이끌어준다. 결과적으로 말을 되뇌면 재테크는 물론 인생까지 긍정적으로 바뀔 수 있다. 이런 사실은 '피그말리온 효과'를 떠올리게도 하는데, 정말 신기하게도 하루에 한 번 무언가를 말하고 되뇌면 바라는 대로 삶이 흘러가고 실제로 이루어지는 경우가 많다.

---

tip

피그말리온 효과

그리스신화에 나오는 이야기다. 여성혐오증을 갖고 있던 피그말리온이라는 조각가가 여인상을 조각하다가 그만 사랑에 빠져 여인상에게 갈라테이아라는 이름까지 붙여주었다. 그리고 매일 여인상과 사랑하면서 행복하게 살고 싶다는 소원을 빌었다. 그러자 아프로디테 여신이 나타나 소원을 들어주어 조각상이 아름다운 여인으로 변했고, 둘은 행복하게 잘 살았다고 한다.

푼돈 모으기 시작은 입 밖으로 결심 내뱉기

"푼돈이 목돈 된다!"

말하면 이루진다고, 필자는 실제 푼돈을 통해서 목돈을 모으고 나아가 저절로 돈이 불어나는 시스템을 만드는 데 성공했다. 그래서 푼돈을 출발점으로 부자가 되기 위한 다양한 재테크 습관과 기술을 카페 회원들에게도 소개했는데, 반응이 좋았다. 특히 이제 막 재테크를 시작하는 월급쟁이들에게 "푼돈이 목돈 된다!" 하루에 한 번씩 되뇌면서 스스로 마음을 다잡기를 강조했다. 유치하다고 넘기지 말고 되뇌기, 즉 Self Talk의 힘을 믿고 실천해보길. 매일 되뇌다 보면 반드시 이룰 수 있다.

또한 말과 동시에 글로도 표현해보자. 현재 카페 회원들도 전용 게시판에서 "푼돈이 목돈 된다!" 하루 한 번 되뇌며 서로 응원하고 꾸준히 실천하고 있다. 믿음을 가지고 꾸준히 실천할수록 단지 말로 끝나는 것이 아니라 분명 눈에 보이는 '목돈'이라는 현실로 나타날 것이다. 푼돈으로 언제 목돈을 모을까 생각하겠지만, 그럴 때마다 "푼돈이 목돈 된다!" 하루 한 번 되뇌길 권한다.

필자가 존경하는 인물 중 한 분이 바로 워런 버핏이다. '세상에서 가장 위대한 투자가', '걸어다니는 로또' 등 다양한 별명의 주인공이기도 한데, 마이크로소프트의 창업자 빌 게이츠와 더불어 미국 내 최대 갑부에 꼽히는 인물이다. 워런 버핏이 남긴 명언은 워낙 많지만, 대표적인 것 10가지를 정리해보았다.

워런 버핏의 명언에도 "푼돈이 목돈 된다!" 하루 한 번 되뇌기와 일맥상통하는 부분이 많다. "작은 돈이라도 우습게 여겨서는 안된다"는 말은 푼돈의 중요성을 강조하고 있으며, "기다려라. 그리고 자신감을 가져야 한다"는 말은 믿음의 중요성을 강조하고 있다.

워런 버핏은 본인은 당연히 부자가 될 것이라 믿었고 단 1분도 의심해본 적이 없다고 한다. 결국 되뇌기, Self Talk의 힘을 워런 버핏을 통해서 다시 한 번 느낄 수 있다.

성공을 위한 워런 버핏의 명언 10

1 | 돈은 가치 있는 곳에 써야 한다.

2 | 손가락만 빨고 있지 말아야 한다.

3 | 스스로 투자를 결정해야 한다.

4 | 작은 돈이라도 우습게 여겨서는 안된다.

5 | 시세를 보지 말고 가치를 보아야 한다.

6 | 끈질기게 밀어붙여야 한다.

7 | 차별화해야 한다.

8 | 위험에 대비해야 한다.

9 | 시장의 흐름을 쫓지 말고 마음의 평정을 유지해야 한다.

10 | 기다려라. 그리고 자신감을 가져야 한다.

말이 씨가 된다! 카페 회원들의 푼돈 모으기

필자가 카페 회원들에게 처음에 "푼돈이 목돈 된다!" 하루 한 번 되뇌기를 소개했을 때 "정말 이런 방법이 효과가 있나요?" 하고 반신반의하는 회원들이 많았다. 하지만 지금은 많은 회원들이 주말, 국경일 등 집에서 쉬는 날에도 빠뜨리지 않고 매일 실천하고 있으며, 심지어 캠핑장에 놀러가서도 실천하고 있다.

"하루 한 번 되뇌기 1주일째입니다!"

"동전도 모으기 시작했고, 정말 목돈이 되는 걸 느끼고 있어요."

"저도 모르게 집에 여기저기 굴러다니는 잔돈들을 찾게 돼요."

"불필요한 지출은 하지 말자며 스스로 다짐하게 되네요. 오늘도 파이팅!"

"푼돈이 목돈 된다!" 하루 한 번 되뇌기를 실천하고 있는 회원들이 남겨준 내용들인데, 서로 응원을 주고받으면서 함께 동기부여도 한다. 역시 혼자 하면 힘들 수 있지만 함께하면 더욱 시너지효과가 나는 것 같다.

'월급쟁이 재테크 연구' 카페 → 〈월재연 부자습관〉 → 〈[믿음] 하루 ○○번 말하기〉 게시판에서 "푼돈이 목돈 된다!" 하루 한 번 되뇌는 카페 회원들

16 행복 재테크!
1월에는 버킷리스트 만들기

월급쟁이가 돈을 모으는 이유, 행복해지기 위해!

버킷리스트! 영어 Bucket List의 어원은 "Kick the Bucket"이라는 말에서 유래했다. 중세에는 사형수가 양동이(Bucket) 위에 올라서면 양동이를 걷어차서(Kick) 교수형을 집행했는데, 사형당하기 전에 소원을 하나 들어주었다고 한다.

요즘은 죽기 전에 꼭 하고 싶은 일들을 적는 목록을 의미한다. 예전에 《버킷리스트 : 죽기 전에 꼭 하고 싶은 것들》이라는 제목의 영화도 있었는데, 자신의 인생을 되돌아볼 수 있는 잔잔한 감동이 있는 영화였다.

"웬 뜬금없는 버킷리스트?"

분명 이렇게 생각하는 월급쟁이도 있을 것이다. 하지만 월급쟁이 생활을 한번 찬찬히 되돌아보자. 다람쥐 쳇바퀴 돌듯이 반복되는 출퇴근, 잦은 야근과 인간관계에서 오는 스트레스. 아이들은 커가고 돈 들어갈 곳은 많고, 여전히 월급은 쥐꼬리. 이런 생활을 벗어나기 위해 악착같이 재테크를 하고 돈을 모으지만, 그런다고 과연 행복해질 수 있을까?

월급쟁이들이 재테크를 하는 이유는 무엇일까? 단순히 돈을 많이 모아서 부자가 되고 싶어서일까? 그 이유의 끝을 따라가면 결국 '행복'이라는 목표가 있지 않을까?

단순히 돈을 쫓는 재테크를 해서는 안되며, 행복이라는 꿈을 이루기

113

위한 재테크를 해야 한다. 행복이라는 꿈을 이루기 위해 열심히 재테크를 하면 자연스레 돈도 모일 확률이 커진다. 행복이라는 대전제가 무너지면 재테크 또한 무너지게 된다는 것을 꼭 명심하자.

돈과 행복은 분명 별개인 듯하다. 따라서 재테크의 목표는 돈이 아닌 행복이 되어야 한다. 돈 버는 방법만 배우지 말고, 돈도 벌고 행복하게 사는 방법도 배우는 '행복 재테크'를 해나가자.

온 가족이 모여 버킷리스트! 놀라운 마법이 시작된다

'행복한 재테크'를 하기 위해 필자는 매년 새해가 시작되는 1월에 온 가족이 모여 앉아서 버킷리스트를 작성한다. 버킷리스트의 이름을 정하고, 단순한 돈 모으기에 그치지 않고 재테크에 행복이라는 의미와 목표를 부여하는 소중한 시간으로 만들기 위해 노력한다.

버킷리스트는 목표 자체에 진실됨을 더할 때, 함께할 때 반드시 이루어진다는 놀라운 마법의 힘을 숨기고 있다. 따라서 온 가족이 모여 버킷리스트를 만들어보길 추천한다. '행복'이라는 공통된 꿈을 이루기 위해 서로의 바람을 진실되게 담아서 버킷리스트를 작성하다 보면 단순히 돈을 쫓는 재테크가 아니라 행복한 재테크를 꾸려나가기 위한 첫 단추를 끼우게 될 것이다.

버킷리스트 작성법

버킷리스트를 작성하는 방법은 매우 간단하다.

준비물

① 메모지 ② 연필 또는 볼펜

> **tip**
> 버킷리스트의 일정은 구체적으로 정하는 것이 좋다. 〈셋째마당〉 26장에 나오는 비밀달력에 일정을 적어놓는 것도 좋은 방법이다.

작성법

❶ 부부가 1년 동안 꼭 하고 싶은 일들을 생각해서 각자 본인만의 버킷리스트 5개를 작성한다. 이때는 되도록 재테크(내집마련, 자동차 구입 등)와 크게 상관없는 내용으로 작성한다.

❷ 부부 합산 총 10개의 버킷리스트 중 상의해서 최종 5개를 선정한다.

❸ 선정한 버킷리스트 5개의 일정(예 : 3월, 5월)을 잡는다.

최종 버킷리스트 5개를 선정하는 방법

❶ 부부(아빠, 엄마)가 각각 상대방의 버킷리스트 5개 중에서 2개씩을 선정한다.

❷ 아이가 부부(아빠, 엄마)의 버킷리스트 10개 중에서 1개를 선정한다.

그러면 아빠 2개＋엄마 2개＋아이 1개＝5개가 된다. 만약 아이가 둘 이상이라면 그에 맞게 스스로 원칙을 정해서 선정하면 된다.

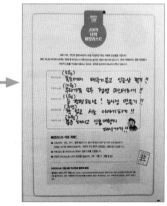

최종 버킷리스트 5개를 선정한다.

매일 볼 수 있도록 《맘마미아 가계부》에 적어둔다.

 잠|깐|만|요

싱글용 버킷리스트 만들기

"전 아직 싱글이라 버킷리스트는 좀……."
"함께 버킷리스트를 작성할 남편, 아내, 아이가 없어요."
이렇게 얘기하는 분도 있다. 만약 싱글이라 해도 귀찮다고 혼자서 작성하지 말고 연인, 형, 누나, 부모님 등 가까운 사람들과 함께 작성해보자. 버킷리스트는 함께 작성해야 반드시 이루어지는 놀라운 마법 같은 힘이 발휘되기 때문이다. 그래서 버킷리스트를 작성하는 것이 행복한 재테크를 시작하는 첫걸음이라고 할 수 있다.
월급쟁이들, 요즘 정말 바쁘게 살고 있다. 주말에 가족과 함께 앉아서 도란도란 버킷리스트를 작성하는 장면을 생각하니 필자도 덩달아 행복해지는 마음이다. 만약 어쩔수 없이 혼자서 버킷리스트를 작성한다면 다음 원칙을 따라서 해보자.

싱글용 버킷리스트 만들기

1 | 버킷리스트를 5개가 아니라 10개를 작성한다.
2 | 10개의 버킷리스트 중에서 최종 5개(가장 쉽게 달성할 수 있는 것 우선순위)를 선정한다.

맘마미아 가족의 버킷리스트 선정

다음은 필자 가족의 버킷리스트다. 이 버킷리스트를 작성해보니 좋은 점이 여러 가지 있다. 먼저 ① 가족관계가 좋아지며 이해심이 넓어진다. 그리고 ② 가정에 '행복'이라는 공동의 목표가 생기고 더욱 구체화된다. ③ 버킷리스트를 일정별로 달성하다 보면 1년이라는 시간이 알차게 바뀐다. ④ 자연스럽게 지출이 줄어들고 돈이 모이기 시작하며 재테크에 긍정적인 변화를 가져다준다.

맘마미아의 "당신이 있기에 행복합니다" 버킷리스트

버킷리스트 1 | 독도에서 태극기 들고 인증샷 찍기 : 5월

버킷리스트 2 | 가족 모두 접영 마스터하기 : 10월

버킷리스트 3 | 눈 펑펑 오는 날 눈사람 만들기 : 1월

버킷리스트 4 | 책 읽고 서로 이야기하기 : 주말

버킷리스트 5 | 쭌군 데리고 신혼여행지 다시 가기 : 3월

버킷리스트를 재테크와 상관없는 내용으로 작성하더라도 나중에 보면 대부분 돈이 들어가는 일들로 채워지는 경우가 많다. 따라서 단순히 돈을 쫓는 버킷리스트가 아니라 행복이라는 꿈을 쫓으면서 자연스럽게 지출도 줄어들고 돈도 모으는 '행복한 재테크'를 할 수 있다.

독도 인증샷 찍기 버킷리스트 달성!   눈사람 만들기 버킷리스트 달성!   Again 신혼여행지 버킷리스트 달성!

필자도 버킷리스트 5번을 이루기 위해서 정말 행복하게 불필요한 지출을 줄여 별도의 여행경비를 마련했고, 계획대로 3월에 신혼여행지를 다시 다녀왔다. 돌이켜보면 낭비되는 식비를 줄이고자 냉파(냉장고 파먹기의 줄임말) 목록을 함께 만든 순간이나, 자기도 돈을 모았다며 용돈저금통

117

을 내민 아이의 귀여운 모습까지, 모든 과정 하나하나가 정말 행복했다. 만약 공동의 버킷리스트가 없었다면 이런 행복을 느낄 수 있었을까?

"이딴 버킷리스트 몇 줄이 과연 효과가 있을까?"

"왠지 서로 서먹서먹할 것 같은데……."

"그냥 귀찮아."

이렇게 넘기지 말고, 특히 아빠들이 적극적으로 나서서 1년에 한 번 가족이 모여 앉아 행복한 재테크를 하기 위한 소중한 버킷리스트 5개를 진실된 마음으로 만들어보길 바란다. 월급쟁이들이 치열하게 재테크를 하는 이유! 그 이유의 끝을 따라가다 보면 '행복'이 있을 테니, "그냥 내년 1월에 작성해야지" 미루지 말고 지금이라도 꼭 작성해보자.

잠|깐|만|요

'꿀새댁'님의 버킷리스트 사례

현재 카페에 정말 많은 회원들이 버킷리스트를 작성해서 올려주고 있으며, 많은 응원을 받으면서 하나씩 버킷리스트를 이루고 있다. 그중에서 신혼부부인 '꿀새댁'님의 버킷리스트를 소개할까 한다. '꿀새댁'님의 버킷리스트 이름은 "행복한 가정 만들기"다.

'꿀새댁'님의 "행복한 가정 만들기" 버킷리스트
버킷리스트 1 │ '아가' 만나기 : 12월
버킷리스트 2 │ 성수기 제주도 즐기기 : 5~8월
버킷리스트 3 │ 책 두 달에 1권씩 읽기 : 매월
버킷리스트 4 │ 운전면허 취득하기 : 6월
버킷리스트 5 │ 부부 취미 만들기 : 10월

'꿀새댁'님의 버킷리스트	카페에 올라온 버킷리스트 관련 게시글

'꿀새댁'님은 이 버킷리스트를 남편과 함께 하나씩 이루어나가고 있다. 특히 버킷리스트 5번은 낚시(뱃멀미로 아웃), 볼링(부족한 팔 힘으로 진행 불가), 식물 키우기(아파트 베란다 공간의 한계로 고민 중), 스노클링(물을 좋아해서 재밌다!) 등, 부부만의 찰떡 취미를 계속 찾고 있는 중이다.

무엇보다 버킷리스트를 통해 부부간의 사랑이 더욱 돈독해지고, 자연스럽게 남편과 저축통장에 대해 얘기하는 시간도 늘다 보니 저축률까지 쑥쑥 올라가서 너무나 기쁘다고 한다. 결국 행복을 쫓아 작성한 버킷리스트가 재테크에도 긍정적인 변화를 가져다준 것이 아닐까 한다. 예쁜 아기 천사가 찾아오길 바라며 '꿀새댁'님, 파이팅!

 카페 길라잡이

'월급쟁이 재테크 연구' 카페에서 버킷리스트 응원 받는 방법

① '월급쟁이 재테크 연구' 카페에 접속한다.
② 〈등업하기〉 → 〈③ 행복 버킷 작성〉 게시판에 버킷리스트를 올린다.

다음은 카페 회원들이 신용카드 관련해서 자주 얘기하는 내용들이다.

"신용카드 없이 과연 살 수 있을까요?"

"신용카드를 자를 용기가 안 나요."

"신용카드! 과연 자르는 것이 최선인가요? 신용카드 1장 정도는 괜찮지 않나요?"

신용카드의 치명적 문제점! 공짜라는 착각

그럼 왜 신용카드를 잘라버리고 체크카드만 써야 하는 것일까? 신용카드의 가장 치명적인 문제점은 바로 당장 눈앞에서 돈이 빠져나가는 것이 보이지 않기 때문에 왠지 공짜라는 느낌을 준다는 것이다. 특히 무이자할부가 되니까 일단 긁고 보자는 생각에 신용카드를 긁고, 월급이 들어오면 어느새 카드값으로 모두 다 빠져나가버린다. 재테크는커녕 카드값을 막기 위해 마이너스통장까지 갖고 있는 사람도 많다.

신용카드는 냉정히 말하면 카드사에서 빌리는 빚이라고 할 수 있다. 반면 체크카드는 통장 잔액 내에서만 사용이 가능하기에 빚이라는 개념이 없다. 어떻게 보면 똑같이 월급에서 빠져나가는 돈이지만, 카드사에 빚을 지고 돈이 빠져나가는 것과 통장 내에서 줄어드는 잔액을 눈으로 확인하면서 돈이 빠져나가는 것은 분명 다르다.

신용카드 혜택을 경계하라! 무분별한 소비 유발

"신용카드의 다양한 할인혜택 때문에 자르기가 망설여져요."

"소득공제 때문에라도 신용카드와 체크카드를 적절히 섞어서 사용해 줘야 하는 것 아닌가요?"

"신용카드는 혹시 생길지 모르는 비상사태를 위한 비상용으로 필요하다고 생각해요."

위는 신용카드를 자르지 못하는 카페 회원들의 이유 있는 항변이다. 어떻게 보면 체크카드보다 신용카드의 할인혜택이 좋아 보여서 많이 망설일 수 있지만, 정작 신용카드의 할인혜택 유혹 때문에 오히려 카드를 더 긁는 경우가 많다. 최근에는 체크카드도 신용카드 못지않게 할인, 포인트 적립 등 다양한 혜택을 제공하고 있으니 더 이상 신용카드의 할인혜택에 집착하지 말길 바란다.

 잠|깐|만|요

월급쟁이를 위한 신용등급 관리법

월급쟁이라면 신용등급에 굉장히 예민할 수밖에 없다. 특히 신용대출 받을 때는 신용등급이 대출에 결정적인 영향을 미치는데, 과연 신용등급은 어떻게 관리해야 할까? 신용등급은 올라가는 것은 거북이처럼 느리지만 떨어지는 것은 토끼처럼 빠르기 때문에 평소에 본인의 신용등급을 올바르게 관리해나가는 것이 가장 중요하다.

예를 들어 갑작스럽게 급전이 필요해서 카드 현금서비스, 인터넷대출 등을 이용하고 결제금액이 통장에서 빠져나가는 날짜를 제대로 확인하지 않아 여러 번 연체했다면 신용등급이 6등급 이하로 떨어질 수도 있다. 그러면 신용등급이 낮아졌기 때문에 향후 은행 대출을 받을 때 높은 금리를 적용받게 된다.

다음은 금융감독원에서 안내한 개인 신용등급 관리 10계명이다.

개인 신용등급 관리 10계명

1 | 인터넷, 전화 등을 통한 대출은 신중하게 결정하자.

2 | 건전한 신용거래 이력을 꾸준히 쌓아가자.

3 | 갚을 능력을 고려해 적정한 채무규모를 설정하자.

4 | 주거래 금융회사를 정해서 이용하자.

5 | 타인을 위한 대출보증은 되도록 피하자.

6 | 주기적인 결제대금은 자동이체를 이용하자.

7 | 연락처가 변경되면 반드시 금융회사에 통보하자.

8 | 연체는 소액이라도 절대로 하지 말자.

9 | 연체상환시에는 오래된 것부터 상환하자.

10 | 본인의 신용정보 현황을 자주 확인하자.

▼ 신용정보 무료 열람 사이트

기관명	홈페이지	제공 횟수	주요 제공 내용
NICE평가정보(주)	www.credit.co.kr		
코리아크레딧뷰로(주)	www.allcredit.co.kr	4개월에 1회	개인 신용등급, 금융거래 내역 등*
SCI평가정보(주)	www.siren24.com		
한국신용정보원**	www.credit4u.or.kr	상시	금융거래 내역 등

* 대출, 채무보증, 채무불이행, 세금체납, 신용조회 등

** 신용정보법에 따른 종합신용정보집중기관으로, 신용조회 회사에 해당되지 않는다.

※ 자료 : 금융감독원

신용카드와 체크카드 사용의 황금비율?

현재 연말정산 소득공제율은 신용카드가 15%, 체크카드가 30% 정도로, 체크카드가 신용카드보다 높지만 소득공제는 총급여의 25%를 넘는 카드 이용금액부터 적용된다. 결국 총급여의 25%까지는 신용카드를 쓰든 체크카드를 쓰든 연말정산 소득공제에 전혀 영향이 없다는 말이다.

따라서 신용카드와 체크카드의 혜택을 동시에 받기 위해 **총급여의 25%까지는 신용카드를 사용해서 다양한 할인혜택을 받고, 총급여의 25% 이상부터는 본격적으로 체크카드를 사용해서 소득공제혜택을 받**는 게 좋다고 얘기할 수 있다. 즉 신용카드와 체크카드를 황금비율로 적절하게 섞어서 사용하는 게 중요할 수도 있다.

하지만 머리 아프게 신용카드와 체크카드 이용금액에 대한 황금비율을 따지는 이유도 결국은 신용카드가 갖고 있는 다양한 할인혜택에 집착하기 때문이다. 다양한 할인혜택을 받을 수 있을지는 몰라도, 신용카드를 사용하는 순간부터 불필요한 지출을 하는 우를 범하고 무분별한 카드 긁기라는 독으로 작용할 가능성이 매우 크다는 것을 생각해보길 바란다. 즉 현명하고 올바른 소비생활과는 거리가 멀어질 수 있다는 말이다.

① 신용카드의 할인혜택을 한 달에 2만원 받았지만 평소보다 카드값이 20만원 더 나왔다면?

② 신용카드를 자르고 체크카드의 할인혜택을 한 달에 1만원 받으면서 지출을 10만원 줄였다면?

①과 ② 중에서 과연 어떤 것이 현명한 선택인지 잘 생각해보자. 머리 아프게 신용카드와 체크카드 사용에 대한 황금비율을 따지지 말고 꼭 필요한 지출이 발생했을 때 체크카드만 사용하는 것이 더 현명하고 올바른 소비생활에 가까워지는 길이라는 것을 명심하자.

그리고 갑작스럽게 돈이 필요한데 통장 잔액이 부족한 경우나 많은 금액을 할부로 결제해야 하는 경우 등, 혹시 모를 비상사태를 위한 용도로 신용카드를 갖고 있을 수도 있다. 하지만 정작 비상사태가 아니라 일반적인 지출 용도(외식, 쇼핑 등)로 신용카드를 마구 긁어대는 경우가 너무나 많다. 따라서 신용카드보다는 비상금통장을 만들어서 혹시 모를 비상사태에 대비하는 것이 더욱 바람직하다.

신용카드, 어떻게 작별하면 좋을까?

체크카드는 통장 잔액 내에서만 사용할 수 있고, 돈이 빠져나가는 것을 눈으로 확인할 수 있기 때문에 자연스럽게 지출이 줄어들게 된다. 즉 체크카드를 쓰면 할부의 유혹에서 벗어나고 과소비를 억제함으로써 불필요하고 불합리한 지출을 통제할 수 있기 때문에 현명하고 올바른 소비생활을 할 수 있게 된다.

만약 신용카드 잘라도 후회, 안 잘라도 후회된다면? 이번 기회에 용기를 내서 신용카드와 작별을 고해보길 바란다. 단, 신용카드를 자를 때는 "신용카드 이용금액을 줄여가면서 1개씩 순차적으로 잘라야겠다" 생각하지 말고 다음과 같이 단번에! 용기 있게! 갖고 있는 신용카드를 모두 꺼내서 한꺼번에 잘라줘야 한다.

신용카드 용기 있게 자르는 법

1 | 신용카드 할부금이 남아 있다면 한꺼번에 모두 갚는다.

2 | 카드사에 해지 신청을 한다. 탈회 신청까지 하면 금상첨화!

3 | 선납한 연회비가 있다면 돌려받는다. 일수까지 계산!

4 | 가위를 준비한다.

5 | 지갑 속 신용카드를 모두 꺼낸다. 하나도 남기지 말고!

6 | 신용카드에게 작별인사를 한다. "굿바이, 신용카드!"

7 | 가위로 신용카드를 잘게 자른다.

8 | 마음속으로 외쳐본다. "나는 이제 신용카드의 노예에서 벗어났다!"

신용카드 주의사항

1 | 신용카드의 할인혜택에 집착하지 말자. 체크카드 할인혜택만으로도 충분하다.

2 | 비상사태는 신용카드 말고 비상금통장으로 대비한다.

125

'이쁘닝a'님의 용기백배 신용카드 자르기 사례

카페를 둘러보면 지금도 정말 많은 회원들이 용기를 내서 신용카드를 자르고 있다. 그 중에서 '이쁘닝a'님의 사례를 소개할까 한다.

"제 나이 28살…… 직장생활 8년차…… 모은 돈은 한푼도 없고 월급을 넘어서는 신용 카드값…… 지갑에는 종류별 신용카드들…… 신용카드 돌려막기…… 이제 결혼도 해 야 하는데 눈앞이 막막……."

결국 '이쁘닝a'님은 카페에 가입하고 제일 먼저 신용카드를 자르는 용기부터 냈다. 다 시는 신용카드를 만들지 않겠다는 다짐을 해가며 잘랐는데, 신용카드의 노예에서 벗 어났다며 기분이 후련하다는 글도 남겼다.

'이쁘닝a'님의 신용카드 자르기 인증샷

카페 회원들이 축하한다는 응원의 댓글도 많이 남겼다. 현재 '이쁘닝a'님은 체크카드 로 캐시백도 쏠쏠하게 받고 있고, 푼돈이 점점 쌓여가는 통장을 보면서 너무나 뿌듯해 하고 있다.

 tip

캐시백

캐시백은 돈(Cash)을 되돌려준다(Back)는 의미를 담고 있는 용어다. 즉 체크카드 이용 금액 중 일정 비율만큼을 적립했다가 현금으로 전환해 체크카드와 연계된 통장으로 입금해주는 서비스를 말한다.

18 가계부 쓰는 습관이 부자의 첫걸음!

카페 회원들이 가계부 관련해서 올리는 글을 보면 중간에 포기했다는 하소연이 꽤 많은데, 그 이유는 무엇일까? 가계부 쓰기를 생활화하는 것은 정말 불가능한 실천사항일까? 다음은 가계부 쓰기를 생활화하기 위한 알짜배기 노하우를 정리한 것이다.

가계부 습관 들이기 1 | 매일 쓰는 부담감을 버리자

자, 그러면 어떻게 하면 가계부 쓰기를 습관으로 길러서 생활화할 수 있을까? 먼저 매일 써야 한다는 부담감부터 버려야 한다. 물론 가계부는 매일 쓰는 것이 가장 바람직하지만, 처음부터 "난 365일 하루도 빠지지 않고 가계부를 쓸 거야!" 하면서 부담감을 가져서는 안된다. 부담감은 결국 스트레스로 이어져 중간에 포기하게 될 공산이 크다.

처음에는 가계부를 1주일에 한 번만 써도 상관없다. 왜냐하면 가계부를 꾸준히 쓰기 위한 습관을 기르기 위해 **의미 있는 첫걸음을 내딛었다는 것이 중요**하며, 나중에 습관이 길러지면 자연스럽게 매일 가계부를 쓰게 될 것이기 때문이다. 처음부터 가계부는 반드시 매일 써야 한다는 부담감을 갖지 말길 바란다.

가계부 습관 들이기 2 | 무조건 단순하게 쓰자

두 번째로는, 처음에는 무조건 단순하게 써야 한다. 굳은 결심을 하고 가계부 쓰기를 시작할 때 처음부터 너무 꼼꼼하게 쓰려고 하면 쉽게 지쳐서 중간에 포기하게 될 가능성이 크다. 처음에는 무조건 단순하게 써서 가계부를 쓰는 재미를 느끼면서 습관을 기르는 데 중점을 두어야 한다.

또한 처음부터 가계부를 쓰는 데 시간을 너무 많이 들이면 일이라는 생각이 들어서 가계부 쓰기가 싫어진다. 월급쟁이라면 공감하겠지만 '일'이라고 생각하면 힘들고 '놀이'라고 생각하면 재밌어진다. 따라서 처음에는 가계부를 최대한 단순하게 5분 이내의 짧은 시간에 써서 일종의 '재테크 놀이'라고 생각하면서 성취감을 다지는 것이 좋다. 이후 조금씩 가계부 쓰는 시간을 늘리면서 점차적으로 지출항목을 보다 꼼꼼하게 쓰는 것이 바람직하다.

가계부 습관 들이기 3 | 영수증을 챙기자

필자의 아내도 예전에는 정말 못하던 것 중 하나가 바로 영수증 챙기기였는데 이제는 정말 필자보다 더 잘 챙긴다. "영수증 그냥 버려주세요"가 아니라 이젠 1만원 이하 소액의 물건을 살 때도 꼭 영수증을 챙기는 모습을 보여준다.

물론 카드 지출내역을 SMS를 통해 문자로 받을 수 있지만, 현금으로 결제했거나 가계부 쓰기가 귀찮아질 때를 대비해서 영수증을 챙기는 습관을 기르는 게 좋다. 가계부를 쓸 때 영수증을 확인하며 써도 되고, 물건 살 때 잘못 계산된 부분은 없는지 확인하는 측면에서도 영수증 챙기기는 좋은 습관이다.

잠|깐|만|요

영수증 챙기는 습관, 왜 필요한가?

1 | 가계부를 쓸 때 지출내역이 기억나지 않는 경우 대비

아마 이런 경험이 한두 번쯤 있으리라고 보는데, 그렇다고 지출할 때마다 메모장에 기록하는 것도 정말 힘들다. 따라서 영수증을 챙겨두면 특히 현금으로 결제한 지출내역이 잘 기억나지 않을 때 영수증을 보면서 빠뜨리지 않고 가계부를 쓸 수 있다. 스마트폰 카메라로 영수증을 찍는 방법도 있다.

만약 영수증을 챙기지 못한 경우에는 굳이 지출내역을 기억하려고 하지 말고, 그냥 기억나지 않는 지출내역은 빼고 가계부를 쓰길 바란다. 왜냐하면 지출내역을 기억해내서 정확하게 가계부를 쓰는 것보다 비록 한두 번 지출내역 정리가 틀리더라도 꾸준하게 가계부를 써서 습관으로 기르는 것이 더 중요하기 때문이다.

2 | 가계부 쓰기 귀찮을 때 영수증 붙여서 대체

만일 기계라면 매일 빠뜨리지 않고 가계부를 쓸 수 있을 것이다. 하지만 사람인 이상 가끔 가계부 쓰기가 귀찮을 때도 있는데, 이런 경우에는 억지로 쓰지 말고 대신 1~2분만 시간을 내서 영수증을 가계부에 붙여보자. 영수증에 지출한 비용이 남아 있기 때문에 손쉽게 가계부 쓰기를 대체할 수 있다.

가계부 습관 들이기 4 | 좋은 가계부를 선택하자

최근에는 가계부 종류가 정말 많다. 수기 가계부, 엑셀 가계부, 각종 가계부 앱까지……. 가계부 쓰기를 습관으로 길러서 생활화하는 데 결코 무시할 수 없는 부분이 바로 "어떤 가계부를 선택해서 쓸 것인가?" 하는 문제다. 통계 기능이 파워풀하다고, 계산 기능이 다양하다고, 디자인이 예쁘다고 과연 좋은 가계부일까? 가계부는 본인이 가장 편하고 오랫동안 쓰기에 불편함이 없는 것이 가장 좋다.

만약 가계부를 오랫동안 써서 이미 습관으로 굳은 사람이라면 가계부의 부가적인 기능을 꼼꼼히 따져서 보다 전문적으로 활용하는 것도 좋지만, 이제 막 가계부를 쓰려는 사람이라면 최소한의 기능만 갖고 있는 단순한 가계부가 가장 무난하다. 너무 기능만 강조하다 보면 가계부를 쓰는 방법도 어렵고 복잡하게 느껴져서 중간에 포기하게 될 가능성이 크기 때문이다.

따라서 처음에는 수기 가계부든 엑셀 가계부든 가계부 앱이든 본인이 가장 편하고 오랫동안 쓰기에 불편함이 없는 가장 단순한 가계부를 이용하고, 어느 정도 습관이 붙으면 보다 다양한 기능의 가계부를 활용해보길 바란다.

맘마미아 가계부

수기 가계부는 손으로 직접 적으면서 소비패턴을 되돌아보고 낭비를 반성하는 시간을 갖게 해주어서 좋다. 매년 《맘마미아 가계부》가 업그레이드되어 출간되니 참고해주길 바란다.

잠｜깐｜만｜요

카페 회원들이 애용하는 가계부 앱

1 | 똑똑가계부

사용이 편리하면서 심플한 가계부 앱이다. 크게 지출내역, 수입내역, 예산관리, 자료통계, 자료차트, 총 5개의 카테고리로 구성되어 있으며, 특히 예산설정과 통계 기능을 제공하고 있어서 이름처럼 똑똑하게 지출을 관리할 수 있도록 도와준다.

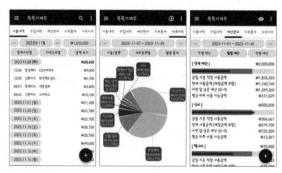

똑똑가계부 앱

2 | 네이버가계부

지출내역, 수입내역을 PC와 스마트폰에서 함께 관리할 수 있다는 것이 장점인 가계부 앱이다. 지출과 수입을 항목별로 분류하고 현금과 카드의 사용비율을 그래프로 확인할 수 있으며, 예산설정과 잔액관리 기능도 제공하기 때문에 처음 가계부를 쓰는 사람들이 편리하게 사용할 수 있다.

네이버가계부 앱

가계부 습관 들이기 5 | 생활비 절약 강박을 버리자

마지막으로, 가계부를 쓰면서 반드시 생활비를 절약해야 한다는 강박관념을 버리길 바란다. 가계부를 오로지 생활비를 절약하는 수단으로만 여긴다면 돈을 헛되게 쓰는 순간 자괴감도 들고 의기소침해지면서 "가계부 써서 뭐하나? 그냥 마음 편하게 살자" 하는 생각에 가계부를 덮어버리게 된다.

가계부는 부자로 가기 위한 가벼운 첫걸음으로서 일종의 재밌는 '재테크 놀이'라고 생각하면서 강박관념을 버려야 한다. 가계부를 통해서 한 푼이라도 절약하자는 비장한 각오보다는, 비록 절약하지는 못하더라도 10년 이상 한결같이 쓴다는 각오로 시작한다면 분명 가계부 쓰기 생활화에 성공할 수 있고 자연스럽게 생활비도 절약할 수 있다고 생각한다.

만약 필자에게 누군가가 가계부 쓰기 비법이 뭐냐고 콕 집어서 딱 하나만 얘기해달라고 하면 이렇게 말하고 싶다.

"특별한 비법 같은 것은 없습니다. 그냥 재밌는 재테크 놀이로 생각하면서 한결같이 쓰면 됩니다. 설령 대충이라도!"

잠|깐|만|요

'실속있는그녀'님의 어메이징한 엑셀 가계부 사례

다음은 카페 회원 '실속있는그녀'님이 직접 만든 아파트관리비 엑셀 가계부다. 지출항목 중 아파트관리비를 보다 효율적으로 절약하고 정리하기 위해서 만들었는데, 과연 엑셀 가계부의 달인이라고 해도 과언이 아니다.

(아파트 관리비 엑셀가계부)

항목/날짜	1월	2월	3월	4월	5월	6월	7월	8월	9월	10월	11월	12월	Average	TOTAL
일반관리비	21,994	21,152	20,542	22,895	22,421	22,209	22,120	22,000	22,204	22,018	22,294	22,018	21,994	265,207
청소비	7,828	7,828	7,828	7,828	7,828	7,828	7,828	7,828	7,828	7,828	7,828	7,828	7,828	93,936
소독비	418	418	418	418	418	418	418	418	418	418	418	418	418	5,016
승강기유지비	2,557	2,557	2,557	2,557	2,557	2,557	2,557	2,557	2,557	2,557	2,557	2,557	2,557	30,684
수선유지비	4,959	4,681	4,204	4,286	4,675	5,646	5,841	5,673	5,539	4,571	4,800	5,103	61,241
장기충당금	6,734	6,734	6,734	6,734	6,734	6,734	6,734	6,734	6,734	6,734	6,734	6,734	6,734	80,808
보험료	643	441	441	441	441	441	441	430	430	430	430	453	5,439
위탁관리비	520	520	520	520	520	520	520	520	520	520	520	520	520	6,240
회계감사비				96	96	96	96	96					96	576
경비용역비	29,210	29,210	29,210	29,210	29,210	29,210	29,210	29,210	29,210	29,210	29,210	29,210	29,210	350,520
대표회의운영비	718	718	718	718	718	718	718	718	718	718	718	718	718	8,616
오물수거비	1,300	1,800	1,800	1,800	1,800	1,800	1,890	2,200	2,320	2,200	1,870	1,700	1,300	15,600
세대전기	21,670	21,670	19,670	21,670	20,090	20,670	27,510	34,140	29,230	20,380	18,370	17,452	22,710	272,522
공동전기료	427	3,008	2,572	1,266	1,450	846					1,102		1,524	10,671
승강기전기료	924	930	922	928	923	920	661		663	659	656	659	804	8,845
TV수신료	2,500	2,500	2,500	2,500	2,500	2,500	2,500	2,500	2,500	2,500	2,500	2,500	2,500	30,000
세대수도료	6,505	4,800	5,400	6,545	7,200	6,600	6,358	6,948	3,900	6,600	3,770	5,200	5,802	69,624
공동수도료	116	15	166	8	291	508			998	115		180	262	2,357
하수도료	1,870	1,584	1,782	2,178	2,376	2,871	2,871	3,132	2,610	2,871	2,610	2,178	2,411	28,903
세대난방비	1,788												894	1,788
기본난방비	2,654	2,656	2,655	2,654	2,654	2,655	2,654	2,655	2,655	2,655	2,655	2,655	2,655	31,897
공동난방비	4,700	18	6,729							4,214	4,300	3,992	19,961
금월	29,520	19,860	19,210	18,976	15,588	8,142	7,224	10,272	8,199	13,158	20,280	21,300	15,311	183,729
공제액	144,760	132,600	132,080	133,580	129,950	123,390	127,570	137,140	129,140	126,910	132,740	132,960	135,740	1,582,170

'실속있는그녀'님의 아파트관리비 엑셀 가계부

아파트관리비는 전월뿐만 아니라 전년과도 비교하는 것이 중요하다. 그래야 전기, 수도 등 신경만 쓰면 아낄 수 있는 항목을 점검할 수 있기 때문이다. 아파트관리비 고지서를 보면 전기, 수도 등의 전년도 검침값이 기록된 경우도 있지만, '실속있는그녀'님처럼 엑셀을 활용하면 보다 일목요연하게 전년 대비 요금 확인이 가능하며 연도별 관리도 할 수 있다.

'실속있는그녀'님은 월급명세표도 엑셀로 만들어서 20년째 관리하고 있다. 아파트관리비 엑셀 가계부를 작성하면서 사용량 대비 이상한 금액은 빨간색으로 표기하고, 별도 메모를 삽입해서 사용량을 표기해나가고 있다.

"1년 동안 엘리베이터를 타는데 총 관리비로 얼마나 내는지 계산해본 적 있나요?"

"수도요금이 인상 중인데 전년 대비 얼마나 올라갔는지 확인해본 적이 있나요?"

아파트관리비 고지서! 이제 마냥 기계적으로 모으지만 말고 별도의 아파트관리비 엑셀 가계부를 만들어서 활용해본다면? 분명 보다 효율적이고 체계적으로 아파트관리비를 정리하면서 절약해나갈 수 있을 거라고 생각한다.

참고로, 신축 아파트는 홈매니저(Home Manager) 기능이 설치되어 에너지(전기, 가스, 수도) 관련 요금들을 조회할 수 있으므로 정기적으로 조회해보는 것이 좋겠다. 또한 국토해양부에서 운영하는 공동주택관리정보시스템(www.k-apt.go.kr) 사이트에 접속하면 전국 아파트 평균 관리비와 지역별 관리비 평균 단가를 알 수 있다. 과연 우리 아파트 관리비는 적정한지 확인해보자.

공동주택관리정보시스템 → 〈관리비〉

21일 강제저축!
선저축 후지출 습관 들이기

저축부터 하고 지출하자! 선저축 후지출

아마 재테크 공부를 해본 월급쟁이들라면 귀가 따갑도록 들은 말이 바로 '선저축 후지출'이 아닐까 한다. 선저축 후지출이란? 일정 금액을 먼저 저축한 후에 남는 돈으로 지출하는 것을 말한다. 또한 선저축의 이상적인 비율은 월급의 50% 이상이다.

그럼 과연 어떻게 선저축 후지출 습관을 길러야 할까? 월급통장에 돈이 쌓이려면 선저축 후지출이 좋은 습관이라는 것은 알지만, 과연 어떻게 실천에 옮겨야 할까?

21일, 습관이 붙는 최소 시간!

필자도 선저축 후지출의 해답을 찾아보려고 이 책 저 책 살펴봤지만, 안타깝게도 구체적인 실천법을 찾을 수 없었다. 결국 오랫동안 고민하고 공부하면서 찾은 선저축 후지출 방법은 바로 '21일 강제저축'이다.

"왜 하필 21일인가요?"

"21일! 이게 왜 중요한가요?"

이런 질문을 할 수도 있으리라고 보는데, 어떤 일을 21일 동안 반복하면 습관화되기 때문이다. 즉 어떠한 행동이든 그것을 본인만의 습관으로 길러주는 데 걸리는 최소한의 시간이 바로 21일이다.

▼ 21일 강제저축 개념도

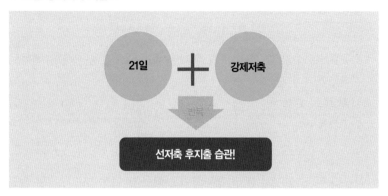

습관을 키워주는 21일 법칙

21일이란 근거는 미국 언어학자 존 그라인더 교수와 심리학자 리처드 벤들러의 'NPL 이론'에 근거한다. 사람이 의식적인 행동을 21일간 반복하게 되면 그때부터 뇌가 행동을 기억해서 습관으로 형성하게 된다고 한다. 따라서 일정 금액을 21일 동안 선저축 개념으로 강제저축하면 선저축 후지출 습관을 기르는 데 상당한 효과가 있다.

나도 모르는 공돈을 찾아서

그럼 또 다른 질문을 할 수도 있을 것이다.

"한 달 벌어서 한 달 생활하기도 빠듯한데, 무슨 돈으로 21일 동안 강제저축을 하나요?"

가장 바람직한 방법은 공돈을 찾아내 그 돈으로 21일 동안 강제저축을 하는 것이다. 공돈의 사전적인 의미는 '거저 얻거나 생긴 돈', 또는 '헛되이 쓰는 돈'을 말한다. 보다 이해하기 쉬운 공돈의 범위는 다음과 같다.

아무리 한 달 벌어서 한 달 생활하기도 빠듯하다고 하지만, 정말 불필요하거나 불합리하게 쓴 돈이 한푼도 없을까? 담배연기와 함께 하늘로 사라지는 담뱃값이야말로 공돈이 아닐까? 틈틈이 시간을 내서 앱테크를 통해 공돈을 모아봐야겠다는 생각을 한 적은 없는가? 또한 놓친 체크카드 할인혜택을 찾아내서 캐시백 환급을 더 받으려는 노력을 한 적은 없는가?

"공돈? 나는 그런 거 없어요" 하고 그냥 넘기지 말고 공돈을 찾아내보자. 공돈을 찾아내겠다는 강한 의지와 적극적인 노력만 있으면 분명 공돈을 찾을 수 있을 것이다.

앱테크

앱과 재테크의 합성어로, 스마트폰을 활용한 재테크를 말한다. 특정 리워드 앱을 다운받아 광고를 보거나 미션을 수행하면 적립금 등을 받을 수 있다. 그렇게 받은 적립금과 쿠폰 등을 현금으로 바꿀 수 있다. 자세한 내용은 〈셋째마당〉 28장 참고.

게임처럼 재밌네? 21일 강제저축 프로젝트!

공돈을 찾아내서 21일 강제저축을 하는 구체적인 방법은 다음과 같다.

21일 강제저축 방법

1 | 매일 강제저축이 가능한 공돈의 규모를 산정한다.

2 | 공돈을 모으기 위해 필요한 '공돈적금'을 만든다.

3 | 매일 공돈을 21일 동안 공돈적금에 강제저축한다.

4 | 21일 강제저축이 끝난 후 지출의 변화를 체크한다. 늘어난 저축액만큼 합리적으로 지출이 줄어들었는지도 함께 체크!

5 | 21일 강제저축에 성공한 경우 21일 단위로 강제저축을 한 번 더 반복한다.

6 | 또 성공했다면? 21일 단위로 강제저축을 1년 동안 반복한다.

선저축 후지출을 습관으로 길러주는 가장 강력한 방법은 바로 공돈을 찾아내서 21일 강제저축을 하는 것이며 두 번, 세 번, 네 번…… 공돈적금의 만기 때까지 21일 단위로 계속 반복해주는 것이 핵심이다.

필자는 공돈적금의 이름을 '금연적금'으로 명명하고, 하늘로 사라지는 담뱃값을 잡기 위해 21일 강제저축을 하고 있다. 또한 많은 카페 회원들이 공돈적금의 이름을 '하루 물 2L 적금', '맥카페 적금', '자전거 마련 적금' 등으로 명명하고 꾸준하게 21일 강제저축을 통해 선저축 후지출 습관을 기르며 응원, 댓글, 격려 등도 함께 나누고 있다. 21일 강제저축을 통해서 선저축 후지출 습관을 길러 반드시 공돈을 목돈으로! 만들기 바란다.

4368092	[일상으로]5월15일강제저축 😊 [2] ●	일상으로 🗎	06:02	4
4368884	[슬릭캣] 5/15 (119) 강제저축 😊 [3] ●	슬릭캣 🗎	05:30	7
4368743	[부부우자] 5월 14일 / 월재연 강제저축 1,090일차 / 51,051원 저축 ^^ [4] ●	부부우자 🗎	2023.05.14.	21
4368615	[행복한퇴] 5/14강제저축 😊 [6] ●	행복한퇴 🗎	2023.05.14.	17
4368436	[돈모으기]5월14일 강제저축 [9] ●	돈모으기 🗎	2023.05.14.	26
4368086	[찰리브라우니] 5월 14일 강제저축 6일차 😊 [7]	찰리 브라우니 🗎	2023.05.14.	14
4368060	쏘양] 5월 14일 연간비, 데일리워킹 강제저축 [14]	쏘양 🗎	2023.05.14.	21
4368009	[토리 부자] 5/14 강제 저축 [14]	토리 부자 🗎	2023.05.14.	20
4367983	[일상으로]5월14일강제저축 😊 [12]	일상으로 🗎	2023.05.14.	8
4367839	[행복한퇴] 5/13 강제저축 [10]	행복한퇴 🗎	2023.05.13.	29
4367771	[하미님] 5/13 강제저축 😊 [4]	하미님 🗎	2023.05.13.	14
4367741	[꼬마재린이] 5월 13일 강제저축 😊 [8]	꼬마재린이 🗎	2023.05.13.	15
4367548	[슬릭캣] 5/13 (117) 강제저축 😊 [9]	슬릭캣 🗎	2023.05.13.	19

카페에 올라온 21일 강제저축 관련 게시글

21일 강제저축과 관련된 보다 구체적인 사례는 〈셋째마당〉 32장 참고.

카페 길라잡이

'월급쟁이 재테크 연구' 카페에서 21일 강제저축 함께 하는 방법

1 | '월급쟁이 재테크 연구' 카페에 접속한다.

2 | 〈월재연 부자습관〉 → 〈[공돈] 21일 강제저축〉 게시판에 글을 올린다.

'티볼리 적금', '커피&술 가라 적금' 성공사례

1 | '호브레드'님의 '티볼리 적금'

'호브레드'님은 공돈적금의 이름을 '티볼리 적금'으로 정하고 쌍용자동차 티볼리 구입시 필요한 세금과 보험금 마련이라는 강한 동기부여를 했다. 처음에는 "쥐꼬리만한 월급으로는 아무것도 못하겠지"하고 생각했지만 21일 강제저축을 만나고 "바로 이거구나!" 하는 생각에 실천으로 옮겼다고 한다.

평소 편의점에서 샌드위치, 커피 등을 사먹는 돈을 절약해서 매일 4,000원이라는 공돈을 강제저축했으며, 현재 21일 강제저축을 세 번째 반복하고 있다. 벌써 20만원 넘는 돈을 모았는데, 다른 카페 회원들에게 절대 흐지부지 끝나지 않는다는 것을 보여주고 싶어서 더욱 열심히 실천하고 있다는 말도 해주었다.

'호브레드'님의 2차 티볼리 적금 진행 중인 모습

2 | '아이시떼루'님의 '커피&술 가라 적금'

'아이시떼루'님은 공돈적금의 이름을 '커피&술 가라 적금'으로 정하고 평소 즐겨마시던 커피와 술을 줄여서 건강을 유지한다는 강한 동기부여를 했다. 매일 커피값과 술값을 절약해서 3,000원, 5,000원 등의 공돈을 만들어 21일 강제저축을 실천하고 있다. 얼마 전에 21일 강제저축 두 번째 반복에 성공했으며, 벌써 17만원이 넘는 돈을 모았다고 한다. 21일 강제저축을 세 번째 반복하다 보니 이제는 강제저축이 아니라 일상저축이 되어버렸다고! 그리고 강제적인 힘도 강하지만 함께 하는 힘은 더욱 강하다는 말도 해주었다.

두 분의 도전을 진심으로 다시 한 번 응원한다.

최악의 상황에서 SOS — 개인회생, 개인파산

주변을 둘러보면 정말 많은 월급쟁이들이 빚을 떠안고 살아가고 있다. 빚을 떠안게 된 이유는 여러 가지가 있겠지만, 빚을 갚을 만한 능력이 없는 월급쟁이들이 많다는 것이 안타까운 현실이다. 하지만 국가에서 개인회생과 개인파산 제도를 만들어서 도움을 제공하고 있다. 손쉽게 설명하자면 빚을 탕감해주는 제도라고 보면 된다.

또한 대한법률구조공단(www.klac.or.kr)에서는 경제적으로 어렵거나 법을 몰라서 법의 보호를 충분히 받지 못하는 사람들에게 무료로 법률상담을 지원하고 있으니 참고하길 바란다.

▼ 개인회생 vs 개인파산

구분	개인회생	개인파산
개요	채무자의 효율적 회생과 채권자의 이익을 도모하기 위해 마련된 제도	신의 있고 성실한 개인이 지불불능 상태에 빠졌을 때 법원이 이를 인정하며 채무이행을 면책해주는 제도
운영 주체	법원	법원
시행 시기	2004.9.23	1962.1.20
대상 채권	담보채무(10억원), 무담보채무(5억원)	제한 없음
채무 범위	과다채무자인 봉급생활자, 영업소득자	파산 원인
채무조정 수준	보증인에 대한 채권추심 가능	보증인에 대한 채권추심 가능

※ 자료 : 대한민국 법원 전자민원센터, 신용회복위원회

20 경제뉴스 3줄 요약! 부자가 되는 공부 습관

부자가 되는 공부는? 바로 경제 공부!

많은 월급쟁이들이 버스나 지하철 등 대중교통을 이용해서 출근하는데, 행여 늦잠이라도 잔 경우에는 버스정류장이나 지하철역까지 부리나케 뛰어가기 일쑤다. 다행히 시간에 맞춰서 버스나 지하철을 타게 되면 지각은 하지 않겠구나 하며 한시름 놓는 것이 바로 월급쟁이들의 출근길이 아닐까?

재미있는 것은 버스나 지하철 출근길 풍경을 가만히 들여다보면, 과거에는 대부분 책이나 신문을 읽었지만 최근에는 모두들 스마트폰만 보는 추세라는 것이다. 그런데 스마트폰으로 과연 무엇을 보고 있을까? 아마 연예, 스포츠, 맛집같이 재테크와 전혀 무관한 내용들을 보는 경우가 대부분이 아닐까 생각한다.

출근길에 재테크를 공부하는 가장 손쉬운 방법은 바로 경제뉴스를 보는 것이다. 만약 출근 전 여유가 있고 경제신문을 구독하고 있다면 집에서 20~30분 정도 찬찬히 경제신문을 읽는 것이 가장 좋다. 하지만 안타깝게도 월급쟁이들의 출근시간은 항상 촉박하고 부족하다. 아마도 집에서 20~30분 경제신문을 읽을 시간이 있다면 차라리 잠을 20~30분 더 자겠다고 얘기하는 월급쟁이들이 대부분이지 않을까?

따라서 출근하는 버스나 지하철 안에서 스마트폰을 활용해서 연예,

스포츠, 맛집 같은 글들이 아니라 최대한 경제뉴스를 챙겨서 읽는 것이 효과적이다.

머리 아픈 경제뉴스, 100일 만에 정복하는 법

하지만 막상 경제뉴스를 읽으려고 하면 하루에 넘쳐나는 뉴스들이 너무 많아서 어떤 경제뉴스를 읽어야 하는지 잘 모르겠고 슬슬 머리가 아프고 재미도 없어서 중도에 포기한 경험을 갖고 있는 월급쟁이들이 많을 거라고 본다.

필자는 지하철을 타고 출근할 때 스마트폰을 활용해서 항상 경제뉴스를 읽고 3줄로 요약했다. 만약 경제뉴스를 읽는 게 머리가 아프고 재미도 없을뿐더러 어떻게 효율적으로 읽어야 하는지 모르는 월급쟁이라면 다음 방법을 찬찬히 따라하면서 딱 100일 동안만 꾸준하게 실천해보길 바란다.

경제뉴스 100일 정복 준비사항

1 | 본인이 즐겨 사용하는 인터넷 포털사이트(예 : 네이버)를 정한다.
2 | 스마트폰에 해당 인터넷 포털사이트 앱을 설치한다.

1~30일차 — 친숙도 Up! 1줄 요약법 따라하기

① 1단계 : 큰 제목(타이틀, 헤드라인) 위주로 속독

먼저 경제뉴스 100일 정복을 앞두고 한 달간 가볍게 시작한다. 처음부터 경제뉴스를 자세하게 정독해서 읽으려고 하면 재미도 없을뿐더러 쉽게 지루해진다. 또한 하루에 넘쳐나는 경제뉴스! 많아도 너무 많다.

그래서 처음에는 경제뉴스의 큰 제목(타이틀, 헤드라인)만 읽으면서 가볍게 시작한다는 마음으로 속독하는 게 좋다.

② 2단계 : 관심 가는 큰 제목(타이틀, 헤드라인) 경제뉴스 1개를 정독

경제뉴스는 아무래도 내용이 딱딱하고 어렵기 때문에 처음에는 본인이 관심 있는 내용의 경제뉴스부터 정독하는 것이 좋다. 예를 들면 본인이 사는 지역에 대한 부동산 기사, 본인이 투자하고 있는 주식 기사 등과 같이 관심을 갖고 읽을 만한 경제뉴스 중심으로 딱 1개를 선택해서 정독하자.

욕심을 내서 무리하게 여러 가지 경제뉴스를 정독하려고 하지 말길 바란다. 며칠 못 가서 중도포기할 가능성이 크니, 습관이 길러지기 전까지는 욕심을 부리지 말자.

③ 3단계 : 정독한 경제뉴스를 딱 1줄로 요약

혹시 중간에 모르는 경제용어가 나오더라도 굳이 찾지 말고 그냥 넘어가길 바란다. 중요한 경제용어는 결국 나중에 또다시 경제뉴스에 나오기 때문에, 어느 정도 경제뉴스를 읽는 습관이 길러진 이후에 찾아봐도 절대 늦지 않다.

---

tip

경제뉴스 1줄 요약 노하우

"딱 1줄로 어떻게 요약하나요?" 이런 고민을 할 수도 있는데, 크게 걱정하지 않아도 된다. 정독한 경제뉴스를 딱 1줄로 요약할 때는 굳이 본인의 생각을 정리할 필요가 없으며, 큰 제목(타이틀, 헤드라인)만 기억해서 제목과 똑같이 요약해도 무방하다.

1~30일차 경제뉴스 1줄 요약법 주의사항

1 | 30일 동안 하루도 빠뜨리지 않고 매일 읽어야 한다

처음에는 큰 제목(타이틀, 헤드라인) 위주로 매일 읽는 것이 매우 중요하다. 따라서 약간의 강제성을 가지고 기계적으로 읽을 필요가 있다. 사실 처음 30일 동안이 어떻게 보면 가장 힘든 기간인데, 중도에 포기하지 않고 30일 동안 매일 읽게 되면 정말 거짓말처럼 경제뉴스를 읽는 재미를 조금씩 느낄 수가 있다. 마치 일일드라마의 다음 편이 궁금해지듯이 어렵고 지루하던 경제뉴스가 슬슬 재미있어진다. 특히 출근하지 않는 주말에도 빠뜨리지 않고 읽어줘야 한다.

2 | 남들이 '가장 많이 본 뉴스'는 보지 말자

대부분 월급쟁이들이 경제뉴스를 볼 때는 남들이 '가장 많이 본 뉴스'부터 읽는 경향이 있다. 하지만 결국 남들이 선택한 뉴스를 수동적으로 읽는 꼴이기 때문에 본인 스스로의 재테크 공부에는 크게 도움이 안된다. 경제뉴스는 본인의 관점에서, 본인의 눈으로 능동적으로 선택해서 읽는 것이 좋다.

3 | 30일 동안은 3줄이 아니라 1줄로 요약한다

경제뉴스 3줄 요약법이란 경제를 크게 '경제일반', '금융', '부동산' 총 3개 분야로 구분해서 각 분야별로 1줄씩, 총 3줄로 요약하는 방법이다. 하지만 처음부터 경제를 분야별로 나누고 요약하는 것은 생각보다 쉽지 않다. 따라서 처음에는 분야에 상관없이 본인이 관심 있는 분야에 대해서만 딱 1줄로 요약하는 게 좋다.

만약 30일 동안 경제뉴스를 매일 읽고 1줄로 요약해봤다면 이제 어느 정도 경제뉴스에 친숙해지고 조금씩 경제의 큰 흐름이 눈에 보이기 시작하는 수준이라고 할 수 있다. 그럼 이제 본격적으로 경제뉴스를 보다 효율적으로 읽어볼 필요가 있다. 다음 방법을 참고해서 실천해보자.

30~100일차 ─ 효율성 Up! 3줄 요약법 따라하기

① 1단계 : 큰 제목 위주로 속독하되 3개 분야별로 구분

이 시기부터는 경제뉴스를 크게 '경제일반', '금융', '부동산' 총 3개 분야로 구분해서 보는 것이 중요하다.

"왜 굳이 분야를 구분해야 하나요?"

이런 의문을 가질 수도 있다. 예를 들면 부동산에는 전혀 관심이 없고 주식에만 관심이 있는데 정작 부동산 관련 기사를 읽으려고 하면 재미없고 지겨울 수 있다. 하지만 부동산 경기는 주가변동에 영향을 주기 때문에 결국 경제라는 것은 모든 분야가 서로 연결되어 있다고 해도 과언이 아니다.

따라서 30일 이후부터는 비록 관심이 없는 분야라고 하더라도 "경제는 연결되어 있다"는 생각으로 '경제일반', '금융', '부동산' 총 3개 분야로 구분해서 읽어주는 것이 좋다. 3개 분야로 구분하지 않게 되면 결국 관심 없는 분야는 읽지 않게 되기 때문에 경제뉴스 읽기의 효율성이 떨어지게 된다.

② 2단계 : 3개 분야별로 경제뉴스를 각각 1개씩 선택해서 정독

'경제일반', '금융', '부동산' 3개 분야로 구분하더라도 여전히 하루에 넘쳐나는 경제뉴스, 많아도 너무 많다. 따라서 본인이 가장 읽고 싶은 내용 중심으로 총 3개 분야별로 딱 1개씩! 총 3개의 경제뉴스를 정독하는 것이 좋다.

145

③ 3단계 : 정독한 경제뉴스를 총 3줄로 요약

정독한 경제뉴스를 3개 분야별로 각각 1개씩 총 3줄로 요약하면 된다. 요약할 때는 큰 제목(타이틀, 헤드라인)만 기억해서 요약하지 말고 반드시 본인만의 생각을 정리해서 요약해야 한다. 학교 다닐 때 책을 읽고 감상문을 쓰는 것과 비슷하다고 생각하면 되는데, 뉴스를 읽고 느낀 점, 의견, 의문점 등 본인만의 생각을 정리하는 것이 매우 중요하다. 물론 처음에는 어려울 수 있지만 한두 번 숙달되고 익숙해지면 그리 어렵지 않으니 경제뉴스를 본인만의 생각으로 정리해보자.

"100일 이후에는 어떻게 해야 하나요?"

이런 질문을 할 수도 있을 것 같다. 만약 100일 동안 꾸준히 경제뉴스를 읽고 1줄 또는 3줄로 요약했다면 이미 강제가 아니라 충분히 습관으로 길러졌다고 할 수 있다. 또한 본인의 관점에서! 본인의 눈으로! 읽고 본인의 생각으로! 정리하는 것이 가능하므로 100일 이후부터는 본인의 입맛에 맞게끔 자유로운 방법으로 경제뉴스를 읽으면 된다.

경제뉴스를 친숙하게, 효율적으로 읽으면서 습관으로 형성하기 위해서는 100일 동안 중도에 포기하지 말고 꾸준하게 실천하는 것이 가장 중요하다.

맘마미아의 경제 공부 실천사례와 성과

그럼 이제 구체적으로 실천사례를 소개할까 한다. 다음 쪽 사진은 필자가 출근하면서 스마트폰을 활용해 경제뉴스를 읽고 3줄로 요약한 사례다.

스마트폰에 있는 메모장에 경제뉴스를 3줄로 요약한 내용을 기록해

잠|깐|만|요

30~100일차 경제뉴스 3줄 요약법 주의사항

1 | 주요 지수들을 확인한다

특히 환율, 금리, 주가지수, 금가격, 원유가격 등 주요 지수들은 꾸준히 관심을 갖고 확인하자. 처음에는 그냥 단순히 숫자로만 보이겠지만 조금씩 주요 지수들이 변화하는 모습이 보이기 시작하면서 나중에는 주요 지수를 예측하는 본인만의 안목과 인사이트(통찰력)가 생기게 된다.

2 | 경계의 눈으로 읽어야 한다

경제뉴스에 나오는 주요 지수, 통계자료, 그래프 등은 사실에 기반하고 있지만 그 외에 전망, 예측 등은 대부분 사실이 아닌 해당 전문가의 생각과 주장들이다. 따라서 틀릴 수 있기 때문에 무작정 맹신해서는 안되며, 이러한 것들을 경계의 눈으로 구분해서 읽어줘야 한다.

3 | 자신만의 관점을 갖고자 노력한다

결국 경제뉴스는 본인의 관점에서! 본인의 눈으로! 읽고 본인의 생각으로! 정리하는 것이 핵심이다. 꾸준하게 실천한다면 분명 의미 없던 출근시간이 재미있게 재테크 공부를 하는, 보다 효율적이고 유용한 시간으로 바뀌지 않을까 싶다.

저장하는데, 아무래도 그냥 머릿속으로만 요약하기보다는 이렇게 별도의 메모장에 기록하는 것이 훨씬 효과적이다. 왜냐하면 1년이 지나서도 "과연 1년 전엔 경제뉴스를 읽으면서 어떤 생각을 갖고 있었지?" 궁금하면 저장된 메모장을 꺼내서 간단하게 확인해 볼 수 있기 때문이다.

< **4월11일세줄로읽는경제** ✎ Q ⋮

☐ 경제일반 : 한국은행 기준금리 동결 (금리인상 끝물? 신협/새마을금고 등 고금리 예금특판이 눈에 띄게 줄어들고 있음. 미국 금리동향과 연준 발표를 주시할 것)

☐ 금융 : 거세지는 증권거래세 폐지요구 (세수 결손...20조 이상 걷히는 증권거래세 포기는 힘들 듯! 법안 통과? 글쎄~)

☐ 부동산 : 집값 반등시기는 2025년 이후? (설문조사 결과! 아직 바닥 아니다 58.5%, 소폭 오를수 있지만 일시적 반등인지 시장 회복인지를 면밀한 판단필요)

맘마미아가 스마트폰에 정리한 3줄 요약 경제뉴스

많은 카페 회원들이 경제뉴스를 보고 나서 요약한 내용과 생각을 정리해서 카페에 올리고 있으며, 다양한 의견과 이야기를 함께 나누고 있다. 경제뉴스를 매일 읽는다는 것은 본인만의 약속일 수 있지만, 나아가 다른 사람들과 함께 공유하고 나누게 되면 공동의 약속이 되어 자칫 나태해질 수 있는 순간을 다잡을 수 있다.

경제뉴스 3줄 요약의 효과

1 | 경제뿐만 아니라 세상과 가까워진다. → 내가 바라보고 생각하는 세상!

2 | 주가지수, 금융, 부동산 등 경제지식이 향상된다. → 경제를 바라보는 안목과 인사이트 향상!

3 | 향상된 경제지식은 효율적으로 돈을 모으고 굴리는 데 도움을 준다. → 재테크 노하우 습득!

21 자기개발이야말로 가장 확실한 재테크!

자기개발! 직장생활을 하는 월급쟁이라면 한번쯤 들어본 말일 거라고 보며, 지금 이 순간에도 각종 언론, 뉴스 등에서 월급쟁이들을 위한 자기개발 관련 정보들이 수없이 쏟아지고 있는 상황이다. 결국 이제 월급쟁이들에게 자기개발은 반드시 필요한 필수항목처럼 되어버린 것이 현실이다.

일반적으로 월급쟁이들의 자기개발이라고 하면 뭐가 딱 떠오를까?

① 어학 ② 자격증

아마 월급쟁이들은 대부분 위와 같이 어학과 자격증을 떠올리지 않을까 싶다. 자기개발 관련해서 어떤 이야기를 할까 많은 고민을 했지만, 역시 솔직담백한 이야기가 가장 좋을 것 같아서 위의 2가지 자기개발 항목에 얽힌 필자의 사례를 소개할까 한다.

사례 1 | 어학 자기개발로 대기업 이직 성공

필자는 대학시절 학점은 남부럽지 않게 받았지만 '영어 울렁증'이 있었던 탓에 그 흔한 토익 점수조차 없어 대학을 졸업했을 때 목표로 한 직장에 입사하지 못했다. 결국 목표한 직장이 아니라 토익 점수를 따지지 않는 다른 직장에 입사했다.

따라서 첫 직장생활에 그리 만족하지 못했고 마음속으로 더 좋은 직장으로 이직을 준비해야겠다는 생각을 하게 되었다. 그래서 가장 부족한 영어 공부를 시작했는데, 사실상 월급쟁이들이 직장 다니면서 영어 공부를 병행한다는 것이 결코 말처럼 쉽지 않다. 평일에는 잦은 야근과 회식으로 인해 좀처럼 시간을 내기 어려워서 주로 평일 점심시간과 주말을 이용해서 꾸준히 영어 공부를 해나갔다.

돌이켜보면 "더 좋은 직장으로 이직하자"는 목표가 있었기 때문에 정말 재미있게 영어 공부를 한 것 같고, 결국 3년 뒤에 원하는 토익 점수를 받을 수 있었다. 토익 점수를 바탕으로 대학 졸업 당시 목표로 하던 직장에 입사지원서를 제출했고 결국 이직에 성공했다. 결과적으로 연봉이 15% 정도 인상되었고 목표하던 직장에도 입사했으므로 '영어 공부'라는 자기개발을 통해 성공 체험을 했다고 할 수 있다.

사례 2 | 자격증 자기개발로 창업 성공

첫 번째 이직한 후의 직장생활도 그리 만족스럽지 못했다. 왜냐하면 비록 연봉을 더 많이 받기는 했지만 상대적으로 일의 양이 첫 직장 때보다 훨씬 늘었기 때문이다. 누군가 그랬다. "월급이라는 것은 월급쟁이들이 받는 스트레스에 대한 대가"라고. 이 말에 절실히 공감하며 지내던 어느 날 친하게 지내던 선배사원이 자격증 공부를 하는 것을 보았다. 어떤 자격증을 공부하고 있나 들여다보니까 소방시설관리사와 소방기술사 자격증이었다.

"힘들지 않으세요?"

"소방 관련 공부를 하는 게 재미있어. 그리고 내가 가장 하고 싶은 일이 컨설팅이기도 하고……."

선배사원은 남들보다 30분 일찍 출근해서 자격증 책을 꺼내 공부했고 점심 먹고 남들이 쉴 때도 자격증 강의 동영상을 봤다. 결국 선배사원은 관련 자격증을 취득한 이후 직장을 그만두고 창업했다. 현재는 소방 관련 전문 컨설팅을 하고 있다. 나중에 우연히 길에서 만나 여쭈어봤다.

"요즘 어떻게 지내세요? 직장 다닐 때보다 낫나요?"

"응, 좋아."

짧은 대답이었지만 직장 다닐 때보다 훨씬 나은 삶을 살고 있다는 것이 느껴졌다. 나중에 알았지만 직장 다니던 때의 연봉보다 훨씬 많은 수입도 올리고 있었다.

이상으로 간략하게 2가지 사례를 소개했는데, 과연 자기개발에 성공하기 위해서 필요한 사항은 무엇일까? 필자가 생각하는 자기개발 성공 요인은 다음과 같다.

자기개발에 성공하기 위한 3가지 조건

1 | 자기개발을 해야 하는 뚜렷하고 구체적인 목표가 있어야 한다.

2 | 자기개발 항목은 본인이 하고 싶고 재미있게 할 수 있는 것이 좋다.

3 | 자기개발은 꾸준함이 필요한, 시간과의 싸움이다.

위 내용은 누구나 알고 있을 만한 상식적인 것이지만 진리라고 생각한다. 결국은 독하게 실천하는지, 하지 않는지가 자기개발 성공 유무를 결정짓는 가장 중요한 사항이 아닐까?

건강이야말로 가장 중요한 자기개발!

그렇다고 어학 공부하기, 자격증 취득하기! 이런 것만 자기개발일까? 필자는 첫 번째 이직을 한 이후 건강이 급격히 안 좋아졌다. 아무래도 부서 특성상 사업계획을 세우고 전략을 기획해야 하는 업무를 맡고 있다 보니까 잦은 야근, 주말 출근, 2차, 3차까지 이어지는 회식 등으로 몸이 지쳐갈 수밖에 없었다.

그러다가 새벽에 별을 보면서 출근하고 한밤중에 달을 보면서 퇴근하던 어느 날 문득 이런 생각이 들었다.

"건강을 잃으면 무슨 소용이 있을까? 건강이야말로 가장 중요한 자기개발 항목이 아닐까?"

이것을 깨닫는 순간 과감하게 사직서를 제출하고 두 번째 이직을 하게되었다. 선배사원들과 동료들이 끈질기게 말렸고 주변에서도 "남들은 들어가고 싶어도 못 들어가는 대기업을 왜 그만두려고 하느냐?"는 말을 정말 많이 했다.

하지만 건강을 잃으면 모든 것을 잃을 수도 있다는 절박함을 느꼈기때문에 결국 사직서를 제출하고 한 달 뒤에 새로운 직장으로 출근했다. 물론 그동안 꾸준하게 재테크를 공부하고 실천해 경제적 자유인(월급 〈 재테크 수익)의 길을 걷기 시작한 것이 대기업 문을 미련없이 박차고 나오는데 큰 힘이 되었다. 과감하고 멋지게! 사직서를 제출하고 싶은 월급쟁이라면 꼭 재테크를 하길 바란다. 재테크는 선택이 아닌 필수다.

결국 필자는 총 두 번의 이직! 그리고 현재 세 번째 직장에 다니고 있는 셈인데, 비록 규모가 작긴 하지만 잦은 회식, 주말 출근도 없고 상대적으로 일에 대한 스트레스도 적게 받는 지금 직장에서 즐겁게 일하면서 훨씬 건강하고 만족스러운 삶을 살고 있는 중이다.

예전에는 아이와 함께 자전거를 타는 아빠들을 마냥 부러운 눈으로 바라보기만 했는데, 이제 평일 저녁 또는 주말에 아이와 함께 인근 공원에서 자전거를 탄다. 또한 출퇴근할 때도 기름값을 아끼고자 종종 자전거를 타고 다니는데, 건강까지 좋아지는 것 같아 1석2조로 좋다.

마지막으로, 이런 말을 꼭 하고 싶다. 자기개발! 물론 어학이나 자격증도 중요하지만 가장 중요한 자기개발은 바로 건강을 지키는 것이 아닐까? 열심히 직장에서 일하면서 시간을 쪼개가며 자기개발을 하더라도 결국 건강을 잃게 되면 남는 게 무엇일까? 이런 고민을 한번쯤 해보길 바라며, 본인의 건강을 위한 자기개발을 하길 바란다.

건강을 잃으면 직장, 가족뿐만 아니라 힘들게 모아둔 목돈까지 송두리째 뺏길 수 있다. 어학, 자격증 같은 자기개발을 통해 이직해서 연봉을 올리고 창업해서 더 높은 수입을 올리는 것도 재테크라고 할 수 있지만, 꾸준하게 본인의 건강을 위해 투자하는 자기개발이야말로 더욱 중요한 재테크가 아닐까 한다.

맘마미아의 건강과 행복을 지켜주는 자전거

회사의 교육프로그램, 눈치 보지 말고 참가하자!

회사들은 대부분 어학, 재무 · 회계, 기획 · 커뮤니케이션, 마케팅 · 세일즈, 실무오피스 같은 각종 교육프로그램을 자체적으로 운영하고 있다. 필자도 신입사원 시절 의욕이 넘쳐서 각종 교육프로그램에 참가 신청을 했지만 선배사원이나 동료들의 따가운 눈총을 받아야 했다. 필자가 맡은 업무를 자기들이 대신해서 떠안아야 한다고 여기기 때문이다. 실제 동료들을 봐도 이러한 주변의 눈치 때문에 정말 관심이 있는 교육프로그램 참가를 포기하는 경우도 많았다.

하지만 절대 주변 눈치를 보지 말고 무조건 참가하기를 바란다. 왜냐하면 진급심사 때 이러한 각종 교육프로그램 수료증이 가산점으로 부여되는 경우가 많고, 교육프로그램에 참가해서 배우고 습득한 내용이 업무역량 향상에 직결되므로 인사평가에서도 좋은 점수를 받을 수 있기 때문이다.

눈치보느라 관심이 있는 교육프로그램 참가를 포기하는 것은 결국 본인만 손해라는 사실! 이제부터 회사에서 제공하는 각종 교육프로그램에 참가해보는 게 어떨까?

JEI재능교육연수원 www.jeildc.com

한국커리어개발원 www.ekcdi.com

실천!
절약 저축 2

셋째
마당

고수의 목돈 모으기 도전!

22

월급은 같아도 저축액은 천차만별!

사람에 따라 돈 모으는 속도가 다른 이유

예전에 훈훈한 기사를 한 편 읽은 적이 있다. 바로 10년 동안 경비원으로 일하면서 사회복지공동모금회에 1억원이라는 돈을 기부했다는 내용이다. 1억원이라! 정말 월급쟁이들에게는 상징적인 의미를 갖고 있는 목돈이라고 할 수 있는데, 과연 경비원으로 일하면서 받은 월급이 많았을까? 기사 내용을 보니 월급이 120만원 정도였다. 단순히 원금만 놓고 계산하더라도 10년 동안 1억원을 모으려면 매월 약 83만원을 꼬박꼬박 저축해야 한다. 즉 이분은 절약과 저축을 꾸준하게 실천한 셈이다. 그것도 10년 동안이나!

주변을 둘러보면 똑같이 쥐꼬리만한 월급을 받지만 10년 뒤 완전히 다른 삶을 살고 있는 월급쟁이를 볼 수 있다. 여전히 한 달 벌어 한 달 먹고 살기도 빠듯한 월급쟁이가 있는 반면, 목돈을 모으고 내집마련에도 성공한 월급쟁이도 있다. 과연 무슨 차이가 있을까? 목돈을 모으고 내집마련에도 성공할 수 있었던 가장 큰 이유는 바로 쥐꼬리만한 월급이지만 절약과 저축으로 꾸준하게 목돈을 모아나간 것이다.

절약과 저축의 힘! 눈덩이 효과

'눈덩이 효과'를 꼭 기억해야 한다. 눈덩이는 처음 뭉칠 때는 작지만 굴리면 굴릴수록 더욱 빠르게 커진다. 쥐꼬리만한 월급일지라도 절약과 저축으로 첫 목돈(Seed Money)을 모으게 되면 그 뒤부터는 정말 눈덩이처럼 돈 모으는 속도가 신기할 정도로 빨라진다. 결국 이러한 속도의 차이가 10년 뒤 부의 차이를 결정짓게 된다. 즉 월급쟁이들이 성공적으로 목돈을 모으기 위한 가장 기본은 바로 절약과 저축이다. 또한 기본을 무시한 채 처음부터 욕심내서 투자에 뛰어들어서도 안된다.

"절약과 저축이 중요하다는 것은 알겠어요! 그럼 구체적인 실천법은 뭔가요?"

이런 말을 할 수도 있다. 사실 많은 재테크 관련 책을 읽어봐도 이론적인 내용 위주라 막상 월급쟁이들이 목돈 모으기를 위한 구체적인 실천법을 찾기란 쉽지 않다.

따라서 이 책에서는 다음 원칙에 따라 월급쟁이들이 절약과 저축으로 목돈을 모을 수 있는 구체적인 행동지침들을 다음 장부터 콕 집어서 정리해두었다. 절약과 저축이 중요하다는 것을 알았다면 이제는 구체적인 방법을 찾아서 직접 행동으로 실천하는 것이 필요하다. 아는 것과 실천하는 것은 분명 다르다. 다음 장부터 제안하는 구체적인 방법들을 꼭 실천해보길 바란다.

목돈 모으기 원칙

1 | 푼돈으로 시작한다.
2 | 현실적으로 실천 가능하도록 한다.
3 | 쉽게 따라할 수 있어야 한다.
4 | 방법이 구체적이어야 한다.

23

위대한 도전!
한 달 10만원으로 살기

극한의 도전으로 선저축 후지출 습관 정착!

'월급쟁이 재테크 연구' 카페에는 〈[도전] 한달 10만원 살기〉라는 게시판이 있다. 말 그대로 한 달 동안 생활비(변동지출)로 10만원만 지출하는 것이다. 카페에 처음으로 '한 달 10만원으로 살기'를 소개했을 때 정말 많은 회원들이 "도대체 10만원으로 한 달을 어떻게 사나요?" 하며 반문했다.

생활비! 즉 변동지출은 식비, 외식비, 의류비, 교통비 등이다. 따라서 10만원으로 한 달을 산다는 것은 어떻게 보면 불가능한 목표라고 여겨질 수 있다.

'한 달 10만원으로 살기'는 〈첫째마당〉 11장에서 소개한 강제적 통제(선저축 후지출) 방법 중 하나다. 그리고 생활비 줄이는 여러 방법 중 가장 강력한 방법이기도 하다. 즉 '한 달 10만원'이라는 목표를 설정하는 강제적 통제로, 나머지 방법인 정기적 통제와 시스템적 통제도 자연스레 실천할 수 있는 구체적 행동지침이다.

필자의 사회초년생 시절을 잠시 얘기해볼까 한다. 직장에서 제공해준 독신자 기숙사에서 생활했는데, 돌이켜보면 가장 치열하게 절약과 저축을 한 시절이 아니었나 싶다. 기숙사에서도 식사를 제공했지만 별도로 매월 2만원의 식비를 내야 했기 때문에 되도록 식사는 구내식당(직원 무료)에서 해결했다. 일찍 업무가 끝난 날에도 꼭 구내식당에서 저녁을 먹고 퇴근했다. 주말에도 특별한 일이 없는 한 출근해서 일은 물론 업무용 영어 공부를 했기 때문에 자연스럽게 구내식당에서 점심과 저녁을 해결할 수 있었다. 따라서 식비는 거의 0원에 가까웠다.

의류비는? 돈을 주고 옷을 산 기억이 없을 정도다. 출근할 때는 직장 유니폼을 입었고, 출근하지 않는 날에는 직장에서 제공해준 체육복을 입고 생활했다. 교통비는? 택시 기본요금이 얼마인지조차 정확히 모를 정도였다. 왜냐하면 직장 출퇴근버스를 이용했고 택시는 절대 타지 않았기 때문이다. 결국 생활비라고 해봐야 휴대전화요금과 간식비 정도가 전부였기 때문에 '한 달에 10만원으로 살기'가 충분히 가능했다.

하지만 필자가 위와 같이 한 달 10만원으로 살기에 성공했다고 무조건 여러분도 할 수 있다고 얘기하는 것은 아니다. 왜냐하면 필자도 결혼하고 아이가 생기면서 한 달 10만원으로 사는 것이 쉽지 않다는 사실을 알았기 때문이다. 그럼에도 불구하고 한 달 10만원으로 살기에 도전하고 실천해봐야 하는 이유는 바로 푼돈의 소중함을 절실하게 깨닫고 효율적으로 절약하는 방법을 몸에 익힐 수 있기 때문이다.

극한의 절약을 경험하면 불필요한 지출이 보인다

"이게 가능해? 불가능해!" 하고 지레 포기하지 말고 "그래, 한번 해보자!" 하며 한 달 10만원으로 살기에 도전해보길 바란다. 무조건 안 먹고 안 입으면서 생활비를 절약하는 것이 얼마나 고통스러운 과정인지를 머리가 아닌 몸으로 느낄 수 있을 것이다. 그리고 이 과정을 통해 수많은 재테크 고수들처럼 한층 더 성장할 수 있을 거라고 확신한다.

또한 무조건 자린고비식으로 아끼는 것만이 절약이 아니라는 사실을

159

깨닫고, 보다 효율적으로 절약하는 방법을 스스로 찾을 수 있을 것이다. 그리고 불필요하고 무의미한 지출들이 눈에 보이면서 500원 동전 하나, 1,000원 지폐 1장의 소중함을 깨달을 수 있다.

한 달 10만원으로 살기의 성공 유무가 중요한 것이 아니다. 설령 실패하더라도 무모할 정도로 도전해서 실천하려고 노력해보는 것이 중요하다. 또한 한 달 10만원으로 살기는 일종의 상징적인 의미이기 때문에 본인에게 맞는 한 달 생활비 목표(예 : 30만원, 50만원, 70만원 등)를 설정해서 도전하고 실천해보는 것도 좋다. 그래도 한번쯤은 "한 달 동안 10만원으로 생활해본다!"는 목표를 세우고 정말 치열하게 도전해서 실천해보길 바란다.

맘마미아의 '한 달 10만원으로 살기' 행동지침 7

1 | 한 달 생활비 목표금액 설정하기 — 강제적 통제

2 | 월급통장에서 지출통장으로 한 달 생활비 목표금액 자동이체하기

3 | 생활비는 지출통장과 연결된 체크카드 또는 현금으로 지출하기 — 시스템적 통제

4 | 매일 가계부 작성 후 진척상황 체크하기 — 정기적 통제

5 | 한 달 지난 후 생활비 목표금액과 실제 지출금액 비교하기

6 | 실패한 경우 한 달 생활비 목표금액 재설정하기

7 | 2~5번 반복하기

'띠아나'님의 치열한 도전 사례

카페의 〈[도전] 한달 10만원 살기〉 게시판에서 많은 회원들이 목표를 설정한 후 도전하고 있다. 생활비를 줄인다는 것은 결국 자신과 벌이는 끊임없는 싸움이기 때문에 때로는 포기하고 싶은 마음이 생긴다. 하지만 혼자보다 함께할 때 더욱 힘이 나고 효과적이다. 그래서 회원들 간 응원, 축하, 격려, 위로 등을 나누면서 마음을 다잡는데, 그 중에서 치열하게 실천하고 있는 '띠아나'님의 사례를 소개할까 한다.

'띠아나'님은 초등학교 5학년 때 신문배달을 해서 용돈벌이를 했고 중학교 때 처음으로 용돈기입장을 쓰기 시작했다. 그 이후 고등학교 때부터 본격적으로 가계부 쓰기를 시작하면서 예산을 짜고 지출관리를 해나갔다. 그리고 결혼 후 지금까지도 꾸준하게 가계부를 쓰고 있는데, "가계부를 뺀 나를 논하지 말라!"고 얘기할 정도로 가계부 쓰는 것을 즐거워하고 완전히 생활화한 분이다.

특히 수기 가계부와 엑셀 가계부를 자유자재로 탄력적으로 병행해서 쓰고 있으며, 가계부 종류를 '경조사 가계부', '육아 가계부', '공과금 가계부' 등으로 세분화해서 관리하고 있다. 또한 이제는 가계부를 뛰어넘어 현금흐름표와 재무상태표까지 직접 만들어 쓰고 있는데, 정말 대단하다는 말이 절로 나올 정도의 가계부 쓰기 달인이다.

'띠아나'님의 고등학생 시절 가계부

'띠아나'님의 둘째 아이 육아 가계부

이렇게 가계부 쓰기 달인인 '띠아나'님이 한 달 10만원으로 살기에 도전했다. 물론 '띠아나'님은 4인가족이기 때문에 한 달 생활비 목표금액을 25만원으로 잡았고, 생활비 항목은 식비, 의료비, 생필품, 기타로 설정했다. 아이 둘을 키우는 가정에서 한 달 25만원으로 사는 것이 결코 쉽지 않은 목표인데, 다음 표는 '띠아나'님이 한 달 25만원으로 살기에 도전해서 실천한 후 마감한 결과 중 일부다.

	사용내역	금액	잔액
5/1 금요일	* 작은아들넘 생일!! - 아가씨가 케이크선물 ^^	무지출 1.	250,000
5/2 토요일		무지출 2.	250,000
5/3 일요일		무지출 3.	250,000
5/4 월요일	홀리밥 1.	1,000	249,000
5/5 화요일	홀리밥 2.	1,000	248,000
5/6 수요일	홀리밥 3. 부산어묵 대량구매!	30,700	217,300
5/7 목요일	반찬거리 + 우유	13,800	203,500
	5월 1주 사용액 : 46,500원		
5/8 금요일	홀리밥 4. 온수매트충류수(1500), 세븐모바일상품권 3천원권	3,277	200,223
5/9 토요일	바나나, 딸기, JJ 100원씩	6,700	193,523
5/10 일요일	홀리밥 5. 장보기차액(480)	1,780	191,743
5/11 월요일	홀리밥 6.	500	191,243
5/12 화요일	* 제사있는데.. 결조사예비에서 썼어슴!!	무지출 4.	191,243
5/13 수요일	우리체크(SMS수수료(300), 콘넴응급실(11560)	11,860	179,383
5/14 목요일	아들 칫솔(5030)	5,030	174,353
	5월 2주 사용액 : 29,147원		
5/15 금요일	홀리밥 7. 롯데리아1만원권 (6000), 연금복권(1000), 참치(5680)	22,680	151,673
5/16 토요일	요거티,우유,황도 - 상품권 1원할인있네!! , 세븐모바일3천원(1700)	5,380	146,293
5/17 일요일	홀리밥 8. 파바차액(100), 세븐모바일3천원(1700)	2,200	144,093
5/18 월요일	홀리밥 9.	1,000	143,093
5/19 화요일	홀리밥 10. 고무장갑(2000), 김밥재료,두부,과자1봉(7350)	10,350	132,743
5/20 수요일	홀리밥 11. 몰티슈(1180), 호라이팬(5800)	7,980	124,763
5/21 목요일	* 부부의 날!! 모아둔 상품권 쓰고, 제가 쓰고!! ㅋ	무지출 5.	124,763
	5월 3주 사용액 : 49,590원		
5/22 금요일	* 친구의 저녁초대! 덕분에 남냠	무지출 6.	124,763
5/23 토요일	쫄깃넘피부과, 이것저것 비상약들, 상품권장보기!!! ㅋ	18,200	106,563
5/24 일요일	* 보상비에서 눌러감!! ㅋ	무지출 7.	106,563
5/25 월요일		무지출 8.	106,563
5/26 화요일	만두세트	7,900	98,663
5/27 수요일	철처2천원	1,000	97,663
5/28 목요일	철처5천원(3980), 남편과 술한잔.. 카~!!	36,770	60,893
	5월 4주 사용액 : 63,870원		
5/29 금요일		무지출 9.	60,893
5/30 토요일	* 여동생이 아쿠프럼 사줬음. ㅋ	무지출 10.	60,893
5/31 일요일	한장장보기(13350), 김밥한줄	14,850	46,043
	5월 합계액 : 203,957원 / 45,150원 남음!!		5월 잘 살았다!!!

'띠아나'님의 한 달 25만원으로 살기, 5월

5월은 총 25만원 목표금액에서 약 20만원 지출했고 남은 돈은 저축했다. 5월이 각종 기념일과 행사들이 많아서 상대적으로 지출이 높은 달인데 '무지출 10회'를 달성하는 등 정말 치열하게 도전해서 목표를 달성했다.

6월은 총 25만원 목표금액에서 약 23만원 지출했고 역시 남은 돈은 저축했다. 무엇보다 6월에는 무지출을 무려 18회 달성했다. 한 달 동안 18일이 돈을 한푼도 쓰지 않은 날이라는 말인데, 정말 갈수록 더욱 치열하게 도전하고 있다.

현재도 '띠아나'님은 한 달 25만원으로 살기를 지속하면서 꾸준하게 실천하고 있다. 매일 가계부를 작성해 카페에 올리면서 많은 회원들과 응원, 축하, 격려, 위로 등을 함께 나누고 있다. 분명 한 달 25만원이 아닌 10만원 살기를 달성하는 기적을 이루어낼 거라고 생각한다.

한 달 10만원으로 살기의 행동지침이 때로는 무모해 보일지 모르지만, 절약으로 목돈을 모으기 위한 소중한 첫걸음이 될 수 있으며, 목표를 달성했을 때의 성취감과 뿌듯함은 더욱 강력한 힘을 만들어낼 것이라고 믿는다. 진심으로 다시 한 번 응원한다. '띠아나'님, 파이팅!

24 여름휴가비 20만원 절약하기

평균 휴가비 50~60만원! 더 줄이려면?

카페 회원들을 대상으로 투표해본 결과 적절한 여름휴가비는 30만원 이하라고 나왔다. 하지만 막상 실제로 지출하는 금액은 50~60만원을 훌쩍 넘는 경우가 대부분이다.

월급쟁이들의 월급 수준을 감안하면 절대 무시하지 못할 금액인데, 그렇다고 여름휴가를 가지 않을 수도 없는 노릇이다. 따라서 최대한 여름휴가비를 절약하는 게 중요하다. 만약 여름휴가비가 걱정인 사람이라면 다음에 소개하는 '휴가비 20만원 절약' 행동지침을 참고해 이제는 알뜰하게 휴가를 떠나길 바란다. 분명히 여름휴가비를 20만원 이상 절약하리라고 본다.

행동지침 1 | 극성수기 피하기

월급쟁이들이 휴가기간을 마음대로 정하기는 어렵지만 되도록 극성수기를 피하면 여름휴가비를 많이 절약할 수 있다. 극성수기는 통상 7월 말부터 8월 중순까지인데, 극성수기에는 거의 모든 펜션, 리조트 등의 숙박비가 엄청나게 비싸진다. 따라서 되도록 6월 하순~7월 중순 또는 8월 하순~9월 초로 휴가기간을 정하는 것이 좋다. 물론 극성수기를 피

> **tip**
> 국내 3대 펜션으로 꼽는 나문재펜션도 극성수기에는 숙박비가 무려 10만원 이상 비싸다.

해서 여름휴가를 잡기 위해서는 사전에 직장 상사를 잘 설득해야 하겠지만, 그 정도 노력은 들여야 하지 않을까?

행동지침 2 | 새벽 일찍 출발하기

여름휴가 기간에는 어디를 가든지 항상 도로가 막힌다. 국도는 괜찮겠지 하고 국도로 빠졌다가 오히려 더 막히는 경우도 많다. 결국 잠을 줄여서 모두 잠든 새벽에 일찍 출발하면 별다른 정체 없이 휴가지까지 갈 수 있다. 물론 새벽 일찍 운전대를 잡으면 피곤하긴 하겠지만, 소중한 시간뿐만 아니라 자동차 기름값도 절약할 수 있을 것이다.

행동지침 3 | 휴가지는 해외보다는 국내로 정하기

요즘에는 여름휴가를 동남아, 유럽, 일본 등 해외로 떠나는 월급쟁이들이 정말 많다. 해외여행이 완전히 대중화되었는데, 여름휴가비 측면에서는 역시 해외보다는 국내로 휴가지를 정하는 것이 좋다. 하지만 굳이 여름휴가를 해외로 떠나려는 월급쟁이라면 다음 〈잠깐만요〉에서 소개하는 절약법을 참고하길 바란다.

잠|깐|만|요

해외여행 꼼꼼절약 팁 4가지

1 | 얼리버드 항공권 또는 땡처리 항공권을 노려라

대부분 항공사에서 출발 몇 개월 전에 미리 예매하면 15~20% 정도 할인해주는 얼리버드(Early Bird) 항공권을 판매하고 있다. 따라서 해외여행 일정을 최대한 빨리 정해서 얼리버드 항공권을 노리는 게 좋다. 참고로, 항공권은 평균적으로 출발 6주 전이 가장 저렴하다.

만약 해외여행 일정이 급하게 잡혔다면 항공사별 땡처리 항공권을 찾아보는 게 좋다. 많게는 최대 70%까지 할인해주는 경우도 있기 때문에 정말 저렴하게 항공권을 구입할 수 있다.

대한항공 www.koreanair.com   아시아나항공 www.flyasiana.com

2 | 화요일과 일요일 오전 5시를 공략하라

항공권은 평균적으로 일요일이 저렴한 편인데, 일요일에 항공권을 구입할 경우 아시아 지역은 평균 38%(한국 출발 기준), 유럽과 미국도 20% 이상 싼 가격에 살 수 있다. 또한 요일에 따라 항공권 가격이 달라지는데 화요일이 가장 저렴하고, 목~토요일 예매시 상대적으로 비싼 가격에 구매하게 된다. 시간은 오전 5시가 가장 저렴하고, 그 이후로는 가격이 상승한다. 즉 항공권을 저렴하게 구매하고 싶다면 화요일, 일요일 오전 5시에 구매하는 것을 추천한다.

3 | 공항 환전은 피하자

공항 환전은 비싸다. 되도록 본인의 주거래은행을 미리 방문해서 환율우대를 받으면서 환전하기 바란다. 요즘은 주거래은행이 아니어도 신한은행의 신한 SOL, IBK기업은행의 i-ONE Bank, 토스, 트래블월렛, 카카오페이 앱 등에서도 조건에 따라 환율우대를 받을 수 있다. 모바일 환전은 스마트폰을 이용해 환전 신청을 한 후 영업점에서 직접 수령하거나 출국날 공항에서 수령할 수 있어서 많은 사람들이 이용하고 있다. 또한 해외여행 후에 남은 돈은 또다시 환전하지 말고 외화통장에 저축하면 환전수수료를 절약할 수 있다.

4 | 면세한도금액을 꼭 기억하자

가끔 면세한도금액을 모른 채 무작정 선물이나 기념품 등을 왕창 사서 입국하는 경우
가 있는데, 자칫 세금폭탄을 맞을 수 있다. 입국시 면세한도금액은 1인당 800달러이
며 출국 시 내국인 구매한도는 폐지되었다..

 tip ....

- **면세한도금액** : 어떤 물건을 구매할 때 세금이 부과되지 않는 한도금액
- **구매한도금액** : 한국 국적을 가진 사람이 면세점, 해외에서 살 수 있는 한도금액

행동지침 4 | 전통시장 활용하기

역시 휴가라면 먹는 재미를 빼놓을 수 없다. 월급쟁이들은 대부분 대
형마트에 가서 삼겹살, 달걀, 각종 식재료 등을 구입하는데, 전통시장
을 활용하면 훨씬 저렴하게 구입할 수 있다. 물론 지역에 따라 차이가
있겠지만, 전통시장이 대형마트에 비해 소고기는 12~13%, 삼겹살은
3~4%, 달걀은 9~10% 정도 저렴하다. 또한 최근에는 전통시장에서도
대부분 카드결제와 현금영수증이 발급되니 최대한 활용해보길 바란다.

행동지침 5 | 체크카드 할인혜택 확인하기

갖고 있는 체크카드를 꺼내서 최종적으로 정한 휴가지의 펜션, 워터
파크, 음식점 등에서 할인혜택을 받을 수 있는지 확인하는 것이 좋다.
받을 수 있는 할인혜택이 있었음에도 불구하고 모르고 넘어가는 일은
없어야 한다. 체크카드 할인혜택을 꼭 확인하자.

행동지침 6 | 자동차 사전점검하기

기분 좋게 여름휴가를 떠났는데 중간에 자동차가 고장나면 정말 난감

하다. 근처에 카센터가 있으면 다행이지만 어쩌다 인적이 드문 곳이라면 눈앞이 캄캄해진다. 물론 최근에는 보험사와 자동차회사에서 여름휴가 기간 동안 갑작스런 자동차 고장에 대한 특별 서비스를 제공하고 있지만, 여름휴가를 떠나기 전에 반드시 자동차 점검을 받길 바란다. 또한 불의의 자동차 사고를 대비해서 보험증권, 자동차검사증, 운전면허증 등을 함께 챙겨두는 것이 좋다.

행동지침 7 | 캠핑에 도전하기

필자도 여름휴가를 설악산국립공원 야영장에서 캠핑하면서 보낸 적이 있는데 하루 사용료(전기 포함)가 불과 약 2만원이었다. 물론 별도의 캠핑장비를 구비하고 있어야 하지만, 하루 숙박비가 수십만원인 펜션이나 리조트에 비해서 정말 알뜰하게 숙박을 해결할 수 있다. 또한 야영장 인근에 있는 시원한 계곡에서 놀다 보면 절대 에어컨이 부럽지 않다. 참고로, 최근에는 여름휴가 기간에 캠핑장비를 대여해주는 곳도 있으니 캠핑장비가 없는 경우 적절히 활용해보는 것도 좋겠다.

국립공원공단 www.knps.or.kr

행동지침 8 | 충동구매 안 하기

아무래도 여름휴가를 보내다 보면 이리저리 충동구매를 하는 경우가 많다. 간단하게라도 일정표를 만들어서 꼭 먹어봐야 할 음식, 구매해야 할 물건 등을 사전에 정리해두면 충동구매를 억제하는 데 도움이 된다. 특히 휴가지에 가면 아이들이 기념품, 장난감 등을 사달라고 조르는 경우가 많은데, 무작정 사주지 말고 가격대를 잘 따져봐서 현명하게 결정하자.

카페에서 진행한 여름휴가 관련 투표

'월급쟁이 재테크 연구' 카페를 둘러보면 여름휴가비 20만원 절약하기 행동지침을 성공적으로 실천하고 있는 회원들의 사례가 많다. 여름휴가라는 주제에 맞게끔 성공사례보다는 휴가에 대한 다양한 투표 결과들을 정리해보았다. "과연 나라면 어느 항목에 투표했을까?" 하는 가벼운 마음으로 참고하면 좋을 것이다.

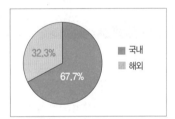

여름휴가를 간다면? 국내 vs 해외

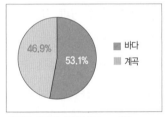

여름휴가를 간다면? 바다 vs 계곡

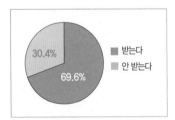

여름휴가 중 직장에서 온 전화?
받는다 vs 안 받는다

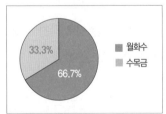

여름휴가 딱 3일 낸다면?
월화수 vs 수목금

25 자동차 주유비 10만원 절약하기

주말에 가족과 함께 외곽으로 나들이라도 가려면 기름값 걱정에 망설여지는 경우가 많다. 그렇다고 자동차를 안 탈 수도 없는 노릇인데, 어떻게 하면 기름값을 최대한 효율적으로 절약할 수 있을까? 만약 자동차 기름값 때문에 걱정이라면 다음 '자동차 주유비 10만원 절약하기' 행동지침을 참고해 하나씩 실천해보면 어떨까? 분명 기름값을 10만원 이상 절약할 수 있을 것이다.

행동지침 1 │ 최저가 주유소 찾기

일단 기름값이 저렴한 주유소를 이용하는 것이 가장 기본이다. 물론 기름값이 저렴하면 품질이 떨어질 거라는 걱정을 할 수도 있는데, 경험상 이런 걱정 때문에 괜히 비싼 기름을 넣을 필요는 없다고 본다.

기름값이 저렴한 주유소를 간단히 찾으려면? 한국석유공사에서 제공하는 오피넷유가정보서비스 앱을 활용하는 게 효율적이다. 오피넷(www.opinet.co.kr) 사이트에서 제공하는 서비스인데, 전국 주유소의 기름값을 스마트폰에서 간단하게 확인할 수 있다.

오피넷

169

행동지침 2 | 알뜰주유소 이용하기

알뜰주유소란? 유류 공동구매와 셀프주유 등을 통해 상대적으로 기름을 저렴하게 판매하는 주유소를 말한다. 현재 알뜰주유소는 전체 주유소 개수의 약 12%를 차지하고 있는데, 휘발유 기준으로 일반 주유소보다 리터당 평균 30~40원 정도 저렴하다.

물론 아직 알뜰주유소가 그리 많지 않다는 것이 단점이긴 하지만, 한국도로공사에서 제공하는 고속도로 휴게시설 앱을 통해서 알뜰주유소 위치를 간단하게 찾을 수 있다. 또한 알뜰주유소 위치뿐만 아니라 휴게소 정보도 함께 제공하고 있어서 명절 또는 휴가 등 장거리여행시 활용하면 매우 유용하다.

행동지침 3 | 주유 특화 체크카드 활용하기

주유 할인혜택이 좋은 체크카드를 집중적으로 활용하는 것이 좋다. 물론 주유 할인혜택 면에서는 체크카드보다 신용카드가 더 좋긴 하지만, 그렇다고 기름값 절약하려고 신용카드를 만들지는 말길 바란다. 괜히 주유 할인혜택을 조금 더 받으려고 신용카드를 만들면 결국 과소비를 하게 되어서 현명하고 올바른 소비생활과는 멀어지게 된다.

참고로, KB국민 스타체크카드, 우리 카드의정석 EVERYDAY CHECK, KB국민 민체크카드 등이 상대적으로 주유 할인혜택이 좋은 편이다.

tip

주유 특화 체크카드 자세한 내용은 184쪽 참고.

행동지침 4 | 자동차 가볍게 만들기

자동차가 무거울수록 기름값이 더 많이 든다. 따라서 자동차 무게를 최대한 가볍게 만들어주는 것이 좋은데, 다음 자동차 가볍게 만들기 방법을 꼭 참고해보자.

① 일반 타이어보다는 친환경 타이어 사용

타이어 회전저항을 10% 줄여주면 약 1.74% 연비효율이 개선된다고 한다. 따라서 일반 타이어보다 상대적으로 비싸긴 하지만 타이어 무게와 회전저항을 줄여주는 친환경 타이어를 사용하면 기름값을 절약할 수 있으므로 중장기적으로는 이득이다.

② 스틸휠보다는 알루미늄휠 사용

가끔 자동차에 멋을 낸다고 굳이 무거운 스틸휠을 사용하는 경우가 있는데 결국 기름값만 많이 나오게 된다. 멋을 내는 것은 잠깐이지만 기름값은 계속 내야 한다. 멋만 따지지 말고 가벼운 알루미늄휠을 사용하자.

③ 트렁크 수시로 정리

자동차 트렁크에 짐이 가득 실려 있다면? 당연히 자동차가 무거워져서 기름값이 많이 나오게 된다. 그런데 대부분의 월급쟁이들이 귀찮다는 이유로 트렁크 정리를 잘 하지 않는다. 트렁크에 있는 짐의 무게를 10kg만 줄여줘도 약 80cc 연비효율 개선 효과(50km/h 주행시)가 있다.

행동지침 5 | 자동차 올바르게 관리하기

자동차를 어떻게 관리하는지에 따라 기름값이 많이 달라진다. 다음은 올바른 자동차 관리법인데 자동차 점검을 받을 때 꼭 참고하길 바란다.

① 산소센서 점검하기

자동차 점검을 받을 때 대부분 엔진오일, 에어필터 정도만 신경을 쓴다. 하지만 산소센서도 함께 점검을 받는 것이 좋다. 왜냐하면 산소센서가 낡거나 손상이 발생하면 엔진출력이 감소하면서 연비효율이 급격하게 떨어지기 때문이다. 월급쟁이들이 대부분 간과하는 부분이기도 하니 꼭 잊지 말길 바란다.

② 점화플러그 점검하기

점화플러그에 문제가 생기면 엔진 내 혼합기가 완전연소되지 않기 때문에 연비효율이 떨어진다. 점화불꽃이 약해지진 않았는지, 완전연소가 되는지 등 점화플러그도 함께 점검을 받아보는 게 좋다.

③ 적정 공기압 유지하기

타이어 공기압도 연비효율에 상당한 영향을 미친다. 적정 공기압은 30~33PSI이지만 고속도로 주행시에는 10~20% 정도 공기압을 높여주는 것이 좋다.

행동지침 6 | 경제운전하기

사실 월급쟁이들이 가장 손쉽게 자동차 기름값을 절약할 수 있는 방법은 운전습관을 개선하는 것이다. 서울시 교통안전공단 주관으로 실시한 연비왕선발대회 결과를 보면 운전습관에 따라 기름값이 2배 차이가 났다. 또한 경제운전을 실천해서 기름값을 1년에 120만원 이상 절약했다고 한다. 다음은 자동차 경제운전 방법이니 참고하길 바란다.

① 경제속도 유지하기

연비효율은 60km/h일 때 가장 좋다. 경제속도 구간인 60~80km/h로 운전하는 습관을 기르면 기름값을 절약할 수 있다.

② 공회전 줄이기

불필요한 공회전을 5분 동안 하면 자동차를 1km 주행한 것과 똑같은 기름값이 든다. 자동차에 첫 시동을 걸 때 최대한 짧게 하고 20~30초 이상 자동차를 잠시 정차할 때도 반드시 시동을 꺼두는 것이 좋다.

③ 급출발, 급제동 안 하기

통계자료를 보면 급출발과 급제동만 줄여도 기름값을 14% 이상 줄일 수 있다고 한다. 하지만 성격이 급한 월급쟁이들은 급출발과 급제동을 너무 자주 한다. 조금만 더 느긋한 마음을 가지고 운전해보길 바란다.

tip ···············

연비 줄이는 연료절감기

연료절감기라는 장치도 있다. 연비를 무려 15% 이상 절약할 수 있다고 하는데, 아쉽게도 효과가 있는지 없는지를 두고 많은 논란이 일고 있다. 최근에는 각종 연료절감기가 출시되고 있는데 반드시 정부의 인증을 받은 연료절감기를 구매해서 사용하길 바란다. 하지만 아직까지는 정부에서 공식적으로 인증한 연료절감기가 하나도 없다는 사실! 참고하길.

'정시퇴근'님의 엉뚱기발 기름값 절약 사례

카페 회원 '정시퇴근'님이 소개해준 자동차 기름값 절약법인데, 회원들 간에도 다양한 반응이 나왔다. 왜냐하면 분명 기발하지만 다소 엉뚱했기 때문이다. 한마디로 돈을 통장에 저축하듯이 저렴한 기름을 자동차 트렁크에 저축하는 방법이라고 할 수 있다.

❶ 자동차 트렁크에 기름통(20L)을 넣고 다닌다.
❷ 운전하면서 주유소가 눈에 보이면 기름값을 유심히 확인한다. 다른 지역이나 시골로 출장갈 때 저렴한 주유소가 많이 눈에 띈다.
❸ 기름값이 저렴하다고 생각되면 해당 주유소로 들어간다.
❹ 자동차 트렁크에 넣어둔 기름통을 꺼내서 기름을 담는다.
❺ 자동차 기름이 떨어지면 트렁크를 열어 기름통에 담아둔 기름을 주유한다.

처음에는 웃음이 나왔는데, 과연 카페 회원들의 반응은 어땠을까?
"근데 기름통에서 기름이 새면 어떡하나요?"
"무더운 여름에는 어떡하죠? 트렁크 온도가 엄청 상승할 텐데!"
"냄새만 아니면 정말 괜찮은 방법인 것 같네요."
"굿 아이디어! 우리 시골집에서도 기름통에 기름을 담아두었다 자식들 오면 넣어줘요."
사실 이 기름값 절약법이 좋다, 안 좋다를 따지기는 어렵다. 다만 자동차 기름값을 절약하기 위해서 많은 고민과 노력을 하면서 직접 실천하고 있다는 것이 중요하지 않나 생각된다.

26

매일 푼돈 500원을 목돈으로 바꾸는 비밀달력

따라하면 푼돈의 중요성을 깨닫는다!

월급쟁이 돈 모으기의 가장 기본은 바로 '푼돈의 중요성'을 깨닫는 것이 아닐까 싶다. 따라서 푼돈의 중요성을 다시 한 번 강조하는 의미에서 매일 푼돈 500원을 목돈으로 바꾸는 비밀달력을 소개한다. 현재 카페에서도 게시판을 두고 서로 독려하며 실천 중이다.

500원을 우습게 생각할지도 모르지만 티끌 모아 태산이라고, 꾸준히 500원을 모아가다 보면 단순히 500원의 가치가 아니라 전반적인 돈 모으기 습관이 마법처럼 좋아진다. "별거 아니네!" 이렇게 그냥 넘기지 말고 꼭 실천해보길 바란다.

준비물

① 돼지저금통

② 탁상용 달력

③ 볼펜

준비물은 위와 같이 딱 3개면 끝이다. 단, 돼지저금통은 배를 갈라야만 돈을 꺼낼 수 있는 저금통이어야 한다. 그러면 이제 다음 '매일 500원으로 목돈 만들기' 행동지침을 반드시 지켜서 실천해보자.

달력에 직접 기록함으로써 강한 동기부여가 되며, 늘어나는 누계액을 눈으로 확인할 수 있다. 필자가 기록하고 있는 비밀달력을 공개한다.

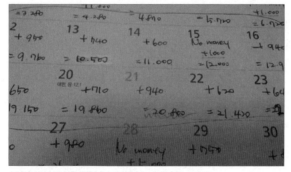

tip

비밀달력은 항상 돼지저금통 옆에 두길 바란다.

매일 저금하면서 비밀달력에 기록하고, 누계액도 같이 기록!

우선 달력 맨 위에 목표를 적는다. "매일 500원씩 저축! 없을 때는 과감하게 지폐를!"이라고 적었다. 그리고 매일 500원씩 행동지침에 따라 돼지저금통에 저금하면서 기록해나갔다. 물론 아예 잔돈이 없는 날은 과감하게 1,000원 지폐를 저금했다. 누계액이 1만원 단위를 넘어가는 날에는 형광펜이나 빨간색 볼펜으로 색깔을 달리해서 푼돈이 늘어나는 것을 눈으로 확인했다.

이렇게 해서 1월 한 달 동안 총 32,930원을 모았다. 매일 500원씩 31일 저금하면 15,500원이어야 하는데 거의 2배 가깝게 모였다. 500원이라는 푼돈을 모으는 습관이 만들어낸 마법이 아닐까 한다. 2월도 동일하게 실천했다. 3월에는 총 94,670원으로 마감했다. 그리고 4월 9일 기준으로 드디어 10만원을 넘어섰다!

계산을 한번 해보자. 1월 1일부터 4월 9일까지 총 99일 동안 매일 500원씩 저금하면 49,500원이 모여야 하는데 무려 107,180원을 모았다. 거의 2배 가깝게 저축금액이 늘어났다. 즉 49,500원이 107,180원으로 바뀌는 마법 같은 일이 일어났다.

이렇게 푼돈을 저금해서 모은 돈은 '아이를 위한 주식저축'에 보태고 있다. 물론 적금통장을 만들 수도 있지만 아이를 위해서 20년 정도 우량주 등에 묵혀둘 생각이다. 아무래도 은행 금리보다는 수익률이 훨씬 좋지 않을까 싶다.

푼돈의 중요성을 체험하는 비밀달력의 장점

이렇듯 매일 500원을 목돈으로 만드는 과정에서 다음을 얻을 수 있다.

- 10원, 100원, 500원 등 푼돈의 중요성을 깨닫는다.
- 매일 저금하면 매일 잔고가 느는 것을 몸소 느낄 수 있다.
- 매일 기록하는 습관이 형성되면서 자연스럽게 가계부도 매일 작성하게 된다.
- 푼돈의 중요성을 깨달아 지출과 소비습관이 긍정적으로 바뀐다.

월급쟁이들이 돈 모으기에 성공하려면? 반드시 푼돈도 소중히 여기는 마음가짐이 밑바탕이 되어야만 한다. 500원! 우습게 생각하지 말고 직접 실천해보길 바란다. 푼돈이 목돈을 부르는 마법! 절대 먼 곳에 있는 게 아니다.

매일 500원 동전 저축, 100만원이 되는 행운을!

매일 푼돈 500원을 목돈으로 바꾸는 비밀달력 만들기를 보다 재미있게 실천할 수 있는 방법을 소개할까 한다. 바로 500원 동전을 단번에 100만원으로 만드는 것이다.

먼저 필자의 이야기를 살짝 해야 할 것 같은데, 겨울옷을 모두 정리하면서 일명 잠자는 돈을 찾기 위해 겨울옷들의 주머니를 싸그리 뒤져보았다. 역시나! 총 1,200원의 잠자는 돈을 발견했는데, 500원짜리 동전 2개와 100원짜리 동전 2개였다.

500원짜리 동전의 발행년도를 유심히 보았다. 이런 행동은 《세상에 이런 일이》라는 TV 프로그램 때문인데, 바로 1998년에 발행한 500원 동전을 찾는 것이다.

"1998년! 그게 뭐 특별한가요?"

1998년도 500원 동전은 다른 해와 달리 오로지 증정용으로만 4,000개 정도 발행했으며 실제 그 가치는 현재 100만원을 훌쩍 넘는다고 한다. 따라서 매일 500원을 저금하면서 1998년 발행 500원 동전 찾기를 함께 해보면 어떨까? 혹시 아는가? TV에서처럼 500원이 단번에 100만원으로 변할지도!

아쉽게 필자는 아직도 1998년도 500원 동전을 찾지 못했지만, 언젠가는 꼭 찾을 거라는 믿음을 가지고 오늘도 발행년도를 꼭 확인한다. 매일 푼돈 500원을 목돈으로 바꾸는 비밀달력 만들기를 실천하면서 항상 500원 동전의 발행년도를 확인하는 습관을 길러보면 좋을 것이다.

'강공쥬'님의 매일 500원 모으기 성공사례

필자가 카페에 처음으로 '매일 푼돈 500원을 목돈으로 바꾸는 비밀달력'을 소개한 이후 정말 많은 회원들로부터 선풍적인 호응을 얻었다. 무엇보다 아주 손쉽게 따라할 수 있고, 푼돈 모으는 재미를 느낄 수 있어서 좋다는 얘기를 많이들 했다. 그중에서 매일 푼돈 500원을 목돈으로 바꾸는 비밀달력의 행동지침을 성공적으로 실천하고 있는 '강공쥬'님의 사례를 소개한다.

'강공쥬'님은 다이소로 달려가 돼지저금통부터 구입했다. 그리고 4월 10일부터 매일 행동지침을 실천했다. 참고로, '강공쥬'님은 돼지저금통에 돈이 다 모이면 가족여행 자금으로 활용한다는 계획을 갖고 있다.

매일 푼돈 500원을 목돈으로 바꾸는 비밀달력 행동지침을 실천하는 '강공쥬'님

현재 6월 말까지 총 77,560원을 모았다. '강공쥬'님의 돼지저금통에는 이름이 있다. 바로 여돈이! 하지만 최근 여돈이의 배가 너무 불러서 결국 배를 갈랐다. 새롭게 돼지저금통을 마련했는데 이번에는 카페 회원들이 포동이라고 이름을 붙여주었다. 푼돈의 소중함을 깨닫고 푼돈을 목돈으로 바꿔나가는 과정이 정말 보기 좋고, 진심으로 다시 한 번 응원한다. '강공쥬'님, 파이팅!

27

선택과 집중으로 체크카드 할인혜택 극대화!

재테크 고수라면 다 찜한 굴비카드!

오랫동안 재테크를 공부해온 월급쟁이라면 '굴비카드'라는 말을 들어 봤을 것이다.

"굴비카드? 카드 이름인가요?"

굴비카드란 마치 굴비를 엮듯이 카드를 줄줄이 만들어 할인혜택도 굴비처럼 엮어놓은 것을 말한다. 유일한 굴비카드사가 KB국민카드였다. 일반적으로 카드는 개별적인 실적만 인정하지만 KB국민카드는 각 카드별 이용실적을 통합해 인정했다. 그래서 실적을 굴비처럼 엮어서 보다 많은 할인혜택을 받을 수 있었다.

하지만 KB국민카드는 절대 자선단체가 아니다. 체리피커(실속만 챙기는 소비자)로 인해서 굴비카드 만들기 방법이 널리 알려지면서 이제는 사실상 굴비카드가 사라진 상태다. 왜냐하면 카드사는 결국 카드 실적으로 먹고 살아야 하는데 할인혜택만 챙기려는 사람들이 늘다 보니 손해가 만만치 않았기 때문이다. 결국 굴비카드는 과거의 영광을 뒤로한 채 조용히 사라졌다.

체크카드만 2개 만들고 할인혜택 극대화하자

왜 뜬금없이 굴비카드 얘기를 할까 생각할 수 있는데, 이제는 카드의 할인혜택을 극대화하는 재테크 방법이 바뀌어야 한다는 것을 말하고 싶기 때문이다. 과거에는 굴비카드같이 카드를 여러 개 줄줄이 만들어서 할인혜택을 극대화했다면, 이제는 체크카드를 딱 2개(지출카드, 비상금카드)만 만들어서 할인혜택을 극대화하는 데 집중해야 한다.

▼ 카드 운영 전략의 변화

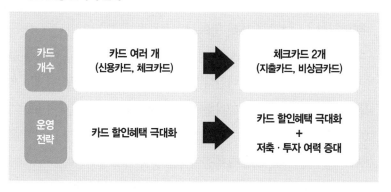

---

tip

주의! 체크카드 연계 마이너스통장

최근 은행에서 체크카드를 마이너스통장에 연계해 자사의 이자수익 증진 차원에서 사용을 종용하는 경우가 있다. 가지고 있는 현금 안에서 사용하고자 하는 체크카드 취지에 어긋나는 일이다. 자칫 빚만 늘 수 있으니 과감히 거절하자.

체크카드는 신용카드와 달리 통장 잔액 내에서만 사용할 수 있고, 돈이 빠져나가는 것을 눈으로 확인할 수 있기 때문에 자연스럽게 지출이 줄어들게 된다. 따라서 줄어든 지출만큼 저축·투자 여력을 높일 수 있다는 부가적인 효과까지 함께 기대해볼 수 있다. 그리고 체크카드 2개는 각각 지출카드와 비상금카드로 활용하고, 각각 지출통장과 비상금통장에 연결해줘야 한다.

그럼 과연 어떻게 내게 맞는 체크카드를 찾아서 할인 혜택을 극대화할까? 다음 '체크카드 할인혜택 극대화' 행동지침을 참고해 꼭 실천해보길 바란다. 참고로, 현재 카페에는 자신이 가진 체크카드를 올려놓고 적절한 선택이었는지 조언을 주고받는 〈[공개] 체크카드 자랑〉 게시판이 활성화되어 있다.

tip

체크카드에 대한 자세한 설명은 〈첫째마당〉 14장 참고.

행동지침 1 | 다양한 혜택 중에서 '선택'해 '집중'하기

대부분 월급쟁이들이 마트, 쇼핑, 주유, 커피, 배달, 외식 등 모든 항목에서 할인혜택을 받고 싶어한다. 정말 욕심이 많다. 하지만 이제는 욕심을 살짝 버려줘야 한다. 왜냐하면 여러 개 잡다하게 할인혜택을 받기보다 생활방식과 변동지출 패턴을 감안해서 할인혜택을 가장 많이 받을 수 있는 항목을 선택, 집중해서 공략하는 것이 더 효율적이다.

예를 들어 마트를 가장 자주 가고 커피전문점은 가끔 간다면? 굳이 커피전문점 할인혜택에 연연해서 집착할 필요가 없다. 차라리 마트 할인율이 가장 좋은 체크카드를 만들어서 마트 할인혜택을 집중적으로 받는 것이 낫다.

체크카드 할인혜택을 극대화하기 위해서는 선택과 집중이 필요하다. 버려야 할 할인혜택은 과감히 버리고 혜택을 가장 많이 받을 수 있는 항목이 무엇인지, 그리고 그런 혜택을 제공하는 체크카드가 무엇인지 잘 따져서 고르길 바란다.

행동지침 2 | 전월 이용실적과 할인한도 비교하기

대부분 체크카드들이 항목별로 전월 이용실적에 따른 할인한도가 정해져 있다. 예를 들어 체크카드 전월 이용실적이 20만원 이상인 경우 최대 월 5,000원까지 커피 할인혜택을 준다고 되어 있다면? 전월에 체크카드를 20만원 미만으로 사용한 경우에는 커피 할인혜택을 전혀 받을 수 없다.

따라서 체크카드별 전월 이용실적과 할인한도를 꼼꼼하게 비교해서 낮은 전월 이용실적과 높은 할인한도를 제공하는 체크카드를 찾아내는 것이 중요하다. 또한 항목별로 최대로 받을 수 있는 할인한도를 정해둔 통합할인한도도 확인하는 게 좋다. 왜냐하면 본인이 선택한 항목의 할인한도는 절대 통합할인한도 이상을 넘을 수 없기 때문이다.

분야별 할인혜택 좋은 체크카드 Top 3

하지만 막상 체크카드를 선택하려고 하면 막막한 경우가 많다. 왜냐하면 현재 카드사별 체크카드의 종류가 너무나 많아서 항상 일과 시간에 쫓기는 월급쟁이들이 할인혜택을 꼼꼼하게 비교해서 본인에게 맞는 체크카드를 찾아내는 것이 결코 쉽지 않기 때문이다.

〈첫째마당〉 14장에서 카페 회원들이 주로 활용하는 생활비 지출용 체크카드를 정리해서 소개했지만, 본인의 주요 생활/지출패턴과 맞지 않을 수도 있다. 그러므로 이번에는 좀 더 구체적인 항목별(주유, 커피, 배달, 외식 등)로 할인혜택이 좋다고 생각되는 별도의 체크카드 Top 3를 콕 집어서 소개할까 한다. 단, 필자가 발견하지 못한 더 좋은 체크카드가 있을 수 있으므로 참고자료로만 활용하길 바란다. 또한 현재 발급이 중단된 체크카드는 제외했다.

▼ 주유 할인혜택 좋은 체크카드 Top 3

카드명	KB국민 스타체크카드	우리 카드의정석 EVERYDAY CHECK	KB국민 민체크카드
할인혜택	리터당 주중 50원, 주말 60원 할인(캐시백)	1% 적립	리터당 60원 할인 (캐시백)
할인한도	1회 10만원, 월 30만원 이용금액까지	일 1회, 월 3회	1회 10만원, 월 30만원 이용금액까지
사용처	GS칼텍스	SK주유소	SK에너지
전월 이용실적	20만원 이상	30만원 이상	30만원 이상
통합할인한도	○	○	○

▼ 커피 할인혜택 좋은 체크카드 Top 3

카드명	신한 더본 체크카드	신한 투썸플레이스체크카드	KB국민 노리2체크카드(KB Pay)
할인혜택	20% 할인(캐시백)	20% 할인(캐시백)	10% 할인(캐시백)
할인한도	일 1회, 월 4회	일 1회, 1회 1만원 이용금 액까지	월 3천 원, 월 3만원 이 용금액까지
사용처	빽다방	투썸플레이스	스타벅스, 커피빈
전월 이용실적	20만원 이상	30만원 이상	조건 없음(무실적)
통합할인한도	○	○	○

▼ 배달, 외식 할인혜택 좋은 체크카드 Top 3

카드명	신한 요기패스체크카드	우리 카드의정석 칼퇴 CHECK	KB국민 음체크카드
할인혜택	건당 1,000원 할인 (캐시백)	건당 3,000원 할인 (캐시백)	건당 5% 할인 (캐시백)
할인한도	일 1회, 월 3회	일 1회, 월 3회	일 1회, 평일
사용처	요기요	음식점업종 (한식,일식,중식 등)	한식업종
전월 이용실적	30만원 이상	30만원 이상	30만원 이상
통합할인한도	○	○	○

▼ 마트, 쇼핑 할인혜택 좋은 체크카드 Top 3

카드명	신한 S-Choice체크카드	우리 카드의정석 오하CHECK	KB국민 정체크카드
할인혜택	10% 할인(캐시백)	5% 할인(캐시백)	
할인한도	일 1회, 월 3회	매출 건당 최대 1천원	백화점 : 7% 할인(캐시백) 홈쇼핑 : 5% 할인(캐시백)
사용처	이마트, 홈플러스, 롯데마트	쿠팡, 무신사, 지그재그	백화점(롯데, 현대, 신세계), GS/CJ홈쇼핑, G마켓, 옥션
전월 이용실적	20만원 이상	20만원 이상	30만원 이상
통합할인한도		○	○

▼ 병원, 약국 할인혜택 좋은 체크카드 Top 3

카드명	KB국민 골든대로체크카드	KB국민 훈체크카드	우체국 행복한체크카드
할인혜택	5% 적립(포인트리)	5% 할인(캐시백)	10% 할인(캐시백)
할인한도	이용금액 건당 5,000원 이상시	이용금액 건당 3~10만원 까지	월 4회
사용처	병원, 약국 업종 가맹점	동물병원/애완동물 업종, 약국 업종 가맹점	병원, 약국 업종 가맹점
전월 이용실적	30만원 이상	30만원 이상	30만원 이상
통합할인한도	○	○	○

참고로, 주유 할인혜택이 꽤 괜찮은 '신한카드 RPM+ Platinum#'이 있다. 카페 회원들이 자주 물어보는 카드이기도 하다. 모든 주유소에서 전월 이용실적에 따라 리터당 40~150포인트, 충전소에서 리터당 10~50포인트 적립을 제공한다.

신한 RPM+ Platinum#

주유 할인혜택만 놓고 본다면 당장 만들고 싶어지는 카드지만, 그냥 이런 카드도 있구나 참고만 하길 바란다. 왜냐하면 이건 체크카드가 아니라 신용카드고 연회비(UPI 32,000원, VISA 35,000원)가 상당히 비싸기 때문이다. 물론 "자동차 안에만 카드를 두고 절대 자동차 밖으로 가지고 나오지 않으면 된다!"고 말할 수도 있지만, 현실은 다를 거라고 생각한다.

특정 신용카드의 주유 할인혜택에 집착하지 말고 차라리 올바른 운전습관을 길러서 기름값을 아껴보는 게 어떨까?

　다시 한번 말하지만, 신용카드는 과감하게 잘라버리고 절대 만들지 말길 바란다. 대신 본인에게 가장 잘 맞는 체크카드를 2개 찾아내서 선택과 집중을 통해 할인혜택을 극대화하길 추천한다.

잠 | 깐 | 만 | 요

'오드리'님의 체크카드 사용 성공사례

카페 회원 '오드리'님은 평소 집 근처에 있는 중소마트들을 가장 많이 이용하기 때문에 중소마트 할인혜택을 집중적으로 받는 체크카드를 찾았다. 카페에 정리된 자료들을 꼼꼼하게 읽은 후 중소마트 할인혜택을 받을 수 있는 체크카드를 찾아내 지출카드로 선택했다.

그것이 바로 '우체국 young利한체크카드(현재 발급중단)'였다. 죠스떡볶이 · 버거킹 · 롯데리아 · 다이소 10% 할인, 코레일 5% 할인, 커피전문점 10% 할인 등 다양한 할인혜택과 함께 중소마트 할인혜택에 가장 큰 강점을 갖고 있는 체크카드였다. 1일 1회, 회당 최대 1,500원, 월 최대 5,000원까지 중소마트 10% 할인혜택을 받을 수 있다. '오드리'님은 이 체크카드 사용으로 6월 한 달 기준 약 7,700원을 캐시백 형태로 환급받았다.

'오드리'님이 캐시백으로 환급받은 내역

tip

체크카드 캐시백 할인

체크카드 할인혜택은 크게 청구할인(캐시백)과 현장할인으로 구분할 수 있는데 대부분의 체크카드가 캐시백 형태로 할인을 해준다. 캐시백은 일단 결제한 후 나중에 할인금액만큼을 통장으로 환급해주는 것이며, 현장할인은 결제시 바로 현장에서 할인해주는 것을 말한다. 통상 체크카드 할인혜택이라고 하면 캐시백 형태의 환급을 말한다.

또한 비상금카드는 'KB국민 해피포인트체크카드'(현재 발급중단)를 선택했다. 해피포인트 가맹점 10% 할인, G마켓·옥션 5% 할인, 펜션 최대 40% 할인 등 다양한 할인혜택이 있어서 생일선물, 여행 등 비정기지출이 발생할 경우 보다 많은 할인혜택을 받을 수 있는 체크카드다. 이 비상금카드는 비상금통장에 연결해서 비상금과 비정기지출을 사용하는 데 활용하고 있다.

'오드리'님의 우체국 young체한체크카드와 KB국민 해피포인트체크카드

'오드리'님은 위와 같이 2개의 체크카드를 활용해서 선택과 집중을 통해 할인혜택을 극대화하고 있는데, 매월 말 통장에 캐시백 형태로 환급되어 찍혀 있는 금액을 보는 것이 참 재미있고 행복하다고 한다. 비록 신용카드보다는 할인혜택이 적긴 하지만 신용카드가 주는 할부의 유혹에서 벗어나 소소하게 체크카드 할인혜택을 받으면서 재미와 행복을 느끼는 모습이 정말 보기 좋다.

"겨우 한 달에 7,700원? 너무 소소하지 않나요?"

이렇게 생각할지 모르지만 연 2.5% 적금에 1년 동안 매월 50만원을 저축해봐야 받을 수 있는 이자가 7만원이 안된다. 그런데 체크카드 할인혜택을 잘 활용해서 1년 동안 꾸준하게 모으면 10만원 정도의 무시할 수 없는 금액이 된다.

28 앱테크로 소소하게 용돈 벌기

스마트폰 광고만 봐도 용돈 버는 앱테크

요즘엔 스마트폰을 갖고 있지 않은 사람을 찾기가 힘들 정도로 스마트폰이 대중화되어 대한민국 인구 95%가 스마트폰을 사용한다고 한다. 언제 어디서든 원하는 정보를 손쉽게 찾을 수 있는 것이 스마트폰의 최대 장점이 아닐까 하는데, 이제는 재테크도 스마트폰으로 스마트하게 할 수 있다. 바로 앱테크(Apptech)라는 것이 생겼기 때문이다.

앱테크는 앱과 재테크의 합성어로, 특정 리워드앱(일명 돈 버는 앱)을 다운받아서 제공하는 광고를 봐주거나 특정 미션을 수행하면 적립금이나 쿠폰 등을 받을 수 있는 스마트폰 재테크를 말한다. 또한 앱테크를 통해 받는 적립금이나 쿠폰 등은 상품을 구매하거나 일정 금액 이상인 경우에는 현금으로 받을 수도 있다.

189

리워드앱은 크게 노출형과 참여형으로 나눌 수 있다. 노출형은 전화를 받거나 스마트폰 잠금화면을 해지할 때 노출되는 광고를 보는 것이고, 참여형은 다양한 퀴즈, 퍼즐, 설문조사 등에 직접 참여해서 활동하는 것이다.

앱테크 대표주자 — 캐시슬라이드, 허니스크린, 캐시워크

그럼 앱테크 대표주자로는 어떤 게 있을까? 다음은 카페 회원들이 앱테크를 위해 가장 많이 활용하는 대표적인 리워드앱 3가지인데, 참고하길 바란다.

캐시슬라이드   허니스크린   캐시워크

① 캐시슬라이드

캐시슬라이드는 스마트폰 잠금화면을 해지할 때 노출되는 광고를 보면 적립금을 받을 수 있으며, 사용법은 간단하다. 캐시슬라이드 앱을 다운받아 설치한 후 스마트폰에 뜨는 다양한 광고를 넘겨서 보면 된다. 또한 특정 앱을 다운받거나 이벤트에 참여하면 추가 적립금을 받을 수 있

으며, 2만원 이상이 되면 현금으로 받거나 캐시슬라이드 앱 내 상점에서 사용할 수 있다.

② 허니스크린

허니스크린도 캐시슬라이드와 비슷한 리워드앱이다. 스마트폰 잠금화면을 해지할 때 노출되는 광고를 보면 되고, 적립금이 2만원 이상이면 현금으로 받거나 원하는 상품으로 교환할 수 있다. 또한 최신 뉴스, 인기 콘텐츠 등을 스마트폰 잠금화면에서 확인할 수 있으며, 적립법은 크게 참여형 충전소, 추가적립 충전소, 친구초대 등에서 선택할 수 있다.

③ 캐시워크

하루에 걷는 걸음수만큼 돈이 쌓이는, 건강과 재테크를 모두 챙길 수 있는 앱이다. 100보당 1원씩 하루에 최대 100원(1만보)을 적립할 수 있다. 출퇴근하며 걷는 거리, 점심을 먹기 위해 이동하는 거리 등 일상 속 어쩔 수 없이 걷게 되는 걸음마다 돈을 적립한다고 생각하면 괜찮은 앱테크라고 할 수 있다.

"와! 리워드앱을 활용해서 이렇게 스마트하게 돈을 벌 수 있는 방법이 있었다니! 당장 시작해야겠다!"

이렇게 생각할 수도 있을 것이다. 하지만 무작정 특정 리워드앱을 설치해서 앱테크를 시작해서는 안된다. 리워드앱의 종류와 형식은 갈수록 다양해지고 있으며 리워드앱 개발업체도 100여 군데가 넘어가고 있다. 물론 모두들 스마트폰에 자신들의 리워드앱을 설치하기만 하면 돈을 벌 수 있다고 광고하고 있다.

하지만 일부 리워드앱 개발업체가 갑작스럽게 문을 닫거나 잠적해버려서 먹튀 논란에 휩싸이는 경우가 종종 발생한다. 이런 경우는 결국 열심히 앱테크를 해서 모은 적립금이나 쿠폰 등을 사용할 수 없을뿐더러 법적으로도 특별하게 피해에 대한 보상을 받을 수 있는 제도가 없다. 또한 피해금액이 소액이다 보니 민사소송 등을 통해 해당 리워드앱 개발업체에 소송을 제기하기도 어려운 실정이다.

"먹튀? 앱테크를 시작하려니까 너무 겁이 나요!"

물론 이렇게 얘기할 수도 있겠지만, 그렇다고 절대 겁낼 필요는 없다. 많은 카페 회원들도 앱테크를 시작해서 소소한 용돈벌이를 하고 있으며, 다음의 '성공적인 앱테크' 행동지침을 참고하면 누구나 쏠쏠한 재미를 느끼면서 충분히 성공적인 앱테크를 할 수 있을 것이다.

행동지침 1 | 리워드앱 제대로 선택하기

앱테크를 시작할 때는 반드시 다음 사항에 주의해서 리워드앱을 선택해야 한다.

리워드앱 선택시 주의사항

1 | 하루에 올라오는 광고수가 적거나 운영이 잘 되지 않는 리워드앱은 피한다.

2 | 개인정보를 과다하게 요구하는 리워드앱은 일단 의심한다.

3 | 리워드앱 개발업체가 사후관리(특히 고객센터 연락처와 이메일주소 등은 필히 확인)를 잘 하고 있는지 확인한다.

4 | 이용자가 적거나 잘 알려지지 않은 리워드앱은 피한다.

행동지침 2 | 많은 돈을 벌 거라는 환상 버리기

아무리 앱테크를 열심히 한다고 해도 월급만큼 많은 돈을 버는 것은 불가능하다. 따라서 앱테크를 통해 많은 돈을 벌 수 있을 거라는 환상은 버리자. 지나친 욕심을 버리고 앱테크를 통해서 소소하게 용돈을 벌어 "공짜 커피 한잔 마신다"는 생각으로 소박하고 가벼운 마음으로 시작해 보는 건 어떨까?

행동지침 3 | 반드시 자투리시간에만 활용하기

하루 종일 리워드앱만 쳐다보면서 앱테크에 매달려서는 안된다. 월급 쟁이들은 근무시간에 열심히 일해야 한다. 직장에서 열심히 일해서 좋은 평가를 받고 연봉을 올리는 것이 더욱 중요한 재테크라는 것을 잊지 말아야 하며, 앱테크는 자투리시간을 활용해서 하는 것이 바람직하다. 만약 자투리시간에 스마트폰으로 게임을 하고 있었다면 이제부터 게임 대신에 앱테크를 시작해보길 바란다.

행동지침 4 | 리워드앱 너무 많이 설치하지 않기

스마트폰에 이것저것 온갖 리워드앱을 설치하는 것은 금물이다. 왜냐 하면 용돈벌이는커녕 괜히 비싼 스마트폰만 고장낼 수 있기 때문이다. 리워드앱 개수가 많을수록 서로 충돌을 일으킬 가능성이 크다. 그러면 배터리가 빨리 닳거나, 충전 속도가 느리거나, 발열 증상 등이 생길 수 있다. 만약 스마트폰 메인보드에 이상이라도 생기면 교체비만 수십만원 이다. 앱테크보다 본인의 스마트폰이 더 중요하다는 사실을 잊지 말자.

행동지침 5 | 데이터 사용량 과다하지 않게 확인하기

일부 리워드앱은 단순히 광고를 구독하는 것이 아니라 해당 콘텐츠를 직접 내려받아야만 적립금을 제공하는데 이런 과정에서 소모되는 데이터 양이 꽤 많다. 자칫 얼마 안되는 적립금 받으려다 데이터요금이 더 나오는 상황을 초래할 수 있다. 따라서 스마트폰 데이터 사용량도 주기적으로 체크해줘야 한다.

 잠|깐|만|요

앱테크! 더욱 똑똑하게 시작하려면?

앱테크의 시초격인 캐시슬라이드, 허니스크린이 등장한 이후 각종 리워드앱이 우후죽순으로 쏟아져나오고 있으므로 옥석을 잘 가려야 한다. 따라서 검증된 정보를 빠르게 얻는 것이 매우 중요하다. 그래야만 요즘은 어떤 리워드앱이 핫한지, 혹 먹튀할 위험성은 없는지 알 수 있기 때문이다.

구글플레이에 검색된 리워드앱들

또한 추천인 제도를 적절히 활용하는 것도 좋다. 추천인 제도란 특정 리워드앱으로 친구를 초대하면 일정 적립금을 서로(나+친구)에게 지급하는 제도다. 한마디로 상부상조하는 셈이다. 다만 추천인 제도를 다단계식으로 변질시키지 말고 친한 친구끼리 건전하게 활용하길 바란다.

추천인 제도로 상부상조

참고로, 카페에도 앱테크 전용 게시판을 만들어 다양한 정보를 교환하고 추천인 제도를 활용할 수 있게끔 해두었으니 많은 분들이 도움을 받았으면 좋겠다.

4367897	앱테크 페이북 ◎	02-곰이 🖸	2023.05.13.	122
4367699	초코칙촉12님의 "0원 구매, 부수입 만들기" 특강 후기 (앱테크 레벨 Up) ◎	여기저기멤멤 🖸	2023.05.13.	52
4365946	추천인 텔레터 시작 !! (만원모을수있는 앱테크) ◎	딴짓하는딴지 🖸	2023.05.12.	73
4365421	[오늘플러스]추천인 텔레터 (앱테크시작)님 추천완료 ◎ [5]	skyline0211 🖸	2023.05.11.	14
4365399	저는 보험이라는 앱테크 하고 있어요 ◎ [3]	목표실행중 🖸	2023.05.11.	233
4365302	제일 좋은 앱테크 어떤 것이라고 생각하시나요? [12]	2냥이 🖸	2023.05.11.	725
4365150	부업 앱테크 환전 받으면 어디에 쓰시나요? [2]	괜찮아저라 🖸	2023.05.11.	130
4364306	[토스굴비적금] 추천코드 '당당고기9581' (누워서앱테크중 님 추천 완료) ◎	당신에게설레다 🖸	2023.05.11.	29
4364079	앱테크 확실한거 1개만 추천부탁(모니모 토스 제외) [12]	기회붙잡아라 🖸	2023.05.11.	951
4383155	앱테크는 연단위로 보면 대박인 듯요 [3]	현뚜리뽕 🖸	2023.05.10.	214

'월급쟁이 재테크 연구' 카페에 올라온 앱테크 관련 게시글

'월급쟁이 재테크 연구' 카페에서 앱테크 정보, 후기 확인하는 방법

① '월급쟁이 재테크 연구' 카페에 접속한다.

② 〈월재연 푼돈목돈〉 → 〈부수입방(부업, 앱테크 등)〉 게시판을 둘러본다.

29 안전자산의 대표주자는 금! 금테크 방법

경제상황이 불안하다면? 금테크에 주목!

금에 투자하는 것을 금테크(금+재테크)라고 한다. 금테크를 활용하면 불안한 글로벌 경제상황에서 소중한 내 돈을 금으로 바꿔서 안전하게 지킬 수 있다. 또한 금값이 쌀 때 구입 또는 투자한 후 금값이 오르면 수익을 얻을 수 있다.

금테크 방법은 ① 골드바, ② KRX금시장, ③ 금통장, ④ 금펀드, ⑤ 금ETF가 있다. 하나씩 차례대로 알아보자.

금테크 1 | 골드바

골드바는 은행, 귀금속 전문상가, 홈쇼핑, 인터넷 등에서 살 수 있다. 골드바의 종류는 10g, 37.5g, 50g, 100g, 1kg 등이 있는데, 최근에는 1돈(3.75g)짜리 골드바까지 출시되었다. 골드바를 구입할 때는 제조사, 순도, 중량, 보증기관 마크를 반드시 확인해야 한다. 왜냐하면 순도·중량이 미달되거나 보증서가 없을 수도 있기 때문이다.

골드바는 통상 살 때 5~7%, 팔 때 5%의 수수료가 붙는다. 또한 실물로 수령시 부가가치세 10%를 내야 한다. 따라서 골드바는 구입 후 금값이 최소 20% 이상 올라야 수익을 기대할 수 있다는 점에 유의하자.

골드바는 금을 실물로 갖고 있다는 심리적 안정감을 주고, 현금화가

용이하며, 매매차익에 대해 비과세가 적용된다는 것이 장점이다. 하지만 단기간에 높은 수익을 기대하기는 어렵기 때문에 안전자산을 확보한

잠|깐|만|요

골드바 구입할 때 반드시 확인할 4가지

1 | 제조사

세계에서 가장 큰 금시장 중 하나인 런던귀금속거래소(LBMA)에 등록된 유일한 국내 기업인 LS-Nikko동제련(주)에서 제조한 골드바가 가치가 높다. 은행에서 판매하는 골드바는 대부분 이 회사의 제품이다. 한국조폐공사에서 품질을 인증하는 자체 브랜드인 오롯(ORODT) 골드바도 국제적으로 신뢰도를 인정받을 수 있다.

2 | 순도

국제 표준 순도는 99.99%다. 9가 4개라서 포나인(Four Nine)이라고 부르며 999.9라고도 표기한다. 간혹 순도 미달인 불량 골드바도 발견되므로 믿을 수 있는 곳에서 사는 것이 좋다. 불량 골드바는 분석료, 순도를 높이기 위한 비용 등이 발생하기 때문에 제값을 받기 어렵다는 점에 유의하자.

3 | 중량

골드바의 중량은 돈과 직결된다. 따라서 1g의 미세한 차이라도 중량을 제대로 확인하지 않으면 손해를 볼 수 있다. 투자용으로 가장 선호하는 골드바 중량은 100g, 1kg이다. 1돈(3.75g)짜리 골드바는 은행(신한, 농협, 부산, 제주 등) 판매수수료가 17%로 상대적으로 높기 때문에 투자보다는 돌잔치 등의 선물용으로 적합하다.

4 | 보증기관 마크

품질이 보증된 골드바인지 확인하자. 제대로 된 품질을 갖춘 골드바를 구입해야만 되팔 때 손해가 발생하지 않으므로 반드시 인증된 보증기관의 마크가 있는지 살펴봐야 한다. 은행에서 판매하는 골드바는 대부분 ㈜한국금거래소쓰리엠이 품질을 보증한다.

다는 생각으로 접근하는 것이 바람직하다. 또한 동일한 순도·중량의 골드바라도 수수료나 마진 등에 따라 판매처별로 가격이 차이가 나기 때문에 가격을 꼼꼼히 비교해본 후 구입해야 한다.

금테크 2 | KRX금시장

KRX금시장은 정부의 금거래 양성화 정책에 따라 한국거래소가 운영하는 금현물시장이다. KRX금시장에서 금거래를 하려면 회원사인 증권사에 가서 금계좌를 개설해야 한다. 금계좌를 개설한 후 HTS(Home Trading System, 홈트레이딩시스템), 모바일, 전화, 방문 등을 통해서 주식처럼 거래하면 된다.

KRX금시장의 장점은 1g 단위로 거래하므로 5만원 내외의 소액투자가 가능하고, 장내거래시 양도소득세와 부가가치세가 면제(증권사 온라인 수수료 0.3% 내외는 발생)된다는 것이다. 또한 매도·매수자가 동시에 거래에 참여해 투명한 시장가격이 형성되고 런던귀금속거래소(LBMA), 한국조폐공사에서 품질을 인증하는 순도 99.99% 금만 거래되는 것도 장점이다. 금계좌를 개설한 증권사를 통해 금을 실물로 인출하는 것도 가능하다. 다만 인출까지 약 2일이 소요되고 부가가치세 10%가 부과된다.

KRX금시장 매매제도

- **거래(호가)단위** : 1g
- **인출단위** : 100g, 1kg
- **매매시간** : 09:00~15:30
- **체결방법** : 실시간 경쟁매매(주식과 동일), 가격과 거래량 실시간 공개
- **회원 증권사** : 삼성증권, 신한투자증권, NH투자증권, 한국투자증권, 키움증권, KB증권, 대신증권, 미래에셋증권, 유안타증권, 하나증권, SK증권, 현대차증권

금테크 3 | 금통장

금통장은 은행에 돈을 예치하면 국제 금시세를 달러당 원화가치로 환산해 금으로 적립할 수 있는 골드뱅킹 상품이다. 은행의 예적금통장과 다른 점이라면 현금 대신 금을 자유롭게 입출금하고, 이자 대신 금값이 올라야만 수익을 얻을 수 있다는 것이다. 금통장은 신한·우리·KB국민은행 등에서 만들 수 있다.

금통장의 장점은 도난 위험이 없고 실물거래를 하지 않더라도 자유롭게 금에 투자할 수 있다는 것이다. 다만 예금자보호가 되지 않고 매매차익에 대해 배당소득으로 15.4%의 세금이 부과된다. 실물 금을 인출 요청할 수도 있다. 금을 실물로 찾을 경우 부가가치세 10%와 실물수수료(1~5% 내외)가 발생하므로 금값이 최소 15% 이상 올랐을 때 수익을 기대해볼 수 있다는 점에 유의하자. 따라서 금통장은 환율을 고려하되 금값 상승기에 만들어서 소액으로 중장기투자하는 것이 바람직하다.

신한은행의 신한골드리슈골드테크

KB국민은행의 KB골드투자통장

우리은행의 우리골드투자

구분	신한은행	우리은행	KB국민은행
금통장명	신한골드리슈골드테크	우리골드투자	KB골드투자통장
거래방법	수시입출금식	수시입출금식	수시입출금식
거래채널	영업점, 인터넷·스마트뱅킹	영업점, 인터넷·스마트뱅킹	영업점, 인터넷·스마트뱅킹
최소거래량	0.01g	0.01g	0.01g
예금자보호	×	×	×
특징	스프레드* 우대 서비스 • 예약·반복 매매시 : 50% • 자동이체시 : 40% • 인터넷뱅킹 거래시 : 30%	환율우대 서비스 • 인터넷·스마트뱅킹 거래시 : 30% • 자동이체·골드적립 이체시 : 30%	별도 우대 서비스 없음

*금 기준가와 매매가의 차이

금테크 4 | 금펀드

금펀드는 금광업, 귀금속과 관련된 기업의 주식에 투자하는 펀드를 말한다. 금펀드의 장점은 소액투자가 가능하고 상대적으로 높은 수익률을 기대해볼 수 있다는 것이다. 특히 안전자산에 대한 선호가 급증하는 시기에는 주식형펀드의 수익률 상위권에 포진될 정도로 금펀드가 강세를 띤다. 금펀드는 간접투자상품으로, 금값 이외에 환율, 기업 실적 등에 많은 영향을 받는다. 따라서 단순히 금값이 올랐다고 반드시 수익성이 높아지는 것은 아니며, 환율이 낮아질 경우 손실이 발생할 수도 있다는 점에 유의하자.

대표적인 금펀드로는 하이월드골드증권자투자신탁[주식-재간접]

(UH)(A), IBK골드마이닝증권자투자신탁1호[주식](A), 신한골드증권투자신탁1호[주식](A) 등이 있다. 금펀드는 운용수수료(1~1.5% 내외)가 발생하며 배당소득세 15.4%가 부과된다.

금테크 5 | 금ETF

tip

레버리지, 인버스에 대한 용어설명은 207쪽 참고.

금ETF는 금값의 움직임을 반영해 금 선물에 투자하는 상품으로 특정 기초지수를 따른다. 금ETF의 종류는 크게 KODEX골드선물(H), ACE골드선물레버리지(합성H), KODEX골드선물인버스(H), TIGER골드선물(H) 등이 있다. 금ETF 이름 뒤에 붙는 H는 금 선물가격 흐름만 반영하기 위해 환율을 고정시키는 환헤지(Foreign Exchange Hedge)를 의미한다.

▼ 주요 운용사별 금ETF 비교

구분	KODEX골드선물(H)	ACE골드선물레버리지(합성H)	KODEX골드선물인버스(H)	TIGER골드선물(H)
운용사	삼성자산운용	한국투자신탁운용	삼성자산운용	미래에셋자산운용
상장일	2010.10.1	2015.7.28	2017.11.9	2019.4.18
기초지수	S&P GSCI Gold Index(TR)	S&P WCI Gold Excess Return Index	S&P GSCI GOLD Index Excess Return	S&P GSCI Gold Index(TR)
형태	수익증권형	수익증권형	수익증권형	수익증권형
총보수	0.68%	0.49%	0.45%	0.39%
특징	미국상품거래소(COMEX)에 상장된 금 파생상품에 주로 투자	2배의 수익을 낼 수 있으므로 금값이 비싸졌을 때 유리	금값이 떨어질 때 역으로 수익 1배	미국상품거래소(COMEX)에 상장된 금 파생상품에 주로 투자

금 현물에 투자하는 금ETF는?

ACE KRX금현물ETF(운용사: 한국투자신탁운용, 상장일: 2021.12.15, 총보수: 0.5%)로, 국내 KRX 금시세를 따른다. 금 현물에 투자하는 금ETF는 금 선물에 투자하는 금ETF(KODEX골드선물(H)/TIGER골드선물 (H) ETF)보다 환율이 높아지는 시기에 상대적으로 유리하다.

금ETF의 장점은 소액투자가 가능하며 환헤지를 통해 환율변동의 위험을 제거할 수 있다는 것이다. 또한 주식처럼 언제든 매수 또는 매도할 수 있으며, 보수비용(0.5% 내외)이 저렴하다는 것도 장점이다. 하지만 금 현물가격과 금 선물가격 차이로 인한 추적오차가 발생해 금을 현물로 직접 투자했을 경우와 수익률 차이가 발생할 수 있다. 이러한 위험을 롤오버(Roll Over)라고 한다. 기초지수를 얼마나 잘 추적하는지를 나타내는 추적오차율이 작을수록 금ETF가 잘 운용된다고 할 수 있다.

롤오버

선물은 미래 어느 시점에 현물을 거래할 것을 약속하는 것이다. 선물 만기가 되면 그다음 선물로 갈 아타게 되는데, 이를 롤오버라고 한다. 즉 선물은 만기 때마다 롤오버를 해줘야 하는데, 이 과정에서 거래수수료 등이 발생해 현물투자와 차이가 생기게 된다. 따라서 실제 금값은 오르고 있는데 내가 투자한 금ETF 수익률은 그만큼 오르지 못하는 경우가 발생할 수 있다.

또한 순자산가치(NAV : Net Asset Value)와 시세의 차이를 나타내는 괴리율로 저평가 또는 고평가되었는지 판단(예 : 괴리율이 작으면 저평가, 크면 고평가)할 수 있다.

금테크를 하면서 꼭 실천하고 명심해야 할 행동지침은 다음과 같다.

행동지침 1 | 매일 기록하기

매일 금값을 확인하고 기록하자. 금값은 수요·공급량, 금리, 환율 등 매우 다양한 요인이 얽혀서 결정되므로 금값이 오를지 내릴지 족집게처럼 정확하게 맞추기란 힘들다. 따라서 금값의 변동에 발빠르게 대응하는 능력을 키우는 것이 핵심인데, 이를 위해서 매일 금값을 확인하는 작업이 중요하다.

나아가 단순히 금값을 확인하는 것에 그치지 말고 가계부 등에 기록해보길 바란다. 왜냐하면 눈으로 확인하는 것보다 손으로 기록하는 것이 기억에도 오래 남고 습관으로 만들어주기 때문이다.

행동지침 2 | 보험 수단으로 접근하기

금은 안전자산이라는 것을 잊지 말자. 금테크로 많은 돈을 벌겠다는 생각보다 경제위기가 찾아올 때를 대비하기 위한 보험이라는 마음으로 접근해야 한다. 만약 수익을 목적으로 한다면 중장기적인 분산투자 포트폴리오(금테크 비중 10~15%) 측면에서 시작하는 것이 바람직하다.

▼ 금테크 5가지 방법 비교

구분	골드바	KRX금시장	금통장	금펀드	금ETF
수수료	살 때 5~7%, 팔 때 5%	0.2% 내외 (온라인수수료)	1~5% 내외	1~1.5% 내외	0.5% 내외
세금	부가가치세 10%	장내거래시 면제, 실물인출시 부가가치세 10%	배당소득세 15.4%, 실물인출시 부가가치세 10%	배당소득세 15.4% (해외펀드 비과세대상인 경우 면제)	
금융소득종 합과세대상	×	×	○	○	○
판매(가입)	은행, 귀금속 전문상가, 홈쇼핑 등	KRX금시장 회원 증권사	은행	증권사	증권사

30

달러가 강세일 땐 환테크!
환테크 방법

환테크에는 달러가 적합! 환차익을 노리자

외화가 쌀 때 사서 비쌀 때 되팔아 환차익(환율 차
이로 인한 수익)을 올리는 것을 환테크(환율＋재테크)라고
한다. 환테크에 적합한 외화는 대표적인 안전자산
인 달러다. 달러를 활용해 환테크하는 방법은 ①
달러 매입, ② 달러통장, ③ 달러RP, ④ 달러
ETF, ⑤ 달러보험이 있다.

환차익을 노리는 환테크

환테크 1 | 달러 매입

달러가 쌀 때 사서 달러가 비쌀 때 환전하는 방법이다. 가장 간단하지
만 투자로는 적합하지 않다. 왜냐하면 1만달러를 초과할 경우 자동으로
국세청에 통보되고, 매매기준율에 환전수수료(1.75% 내외)가 붙어서 적용
받는 환율도 높기 때문이다. 하지만 해외여행을 계획 중이라면 소소하
게 활용 가능하기 때문에 꽤 유용한 방법이 될 수 있다.

참고로, KB국민은행 리브(Livv) 앱, 우리은행 위비뱅크 앱 등 은행의
모바일 환전 서비스를 활용하면 최대 90%까지 환율우대를 받을 수 있
어 달러를 조금이라도 더 살 수 있다. 달러 수령은 지정한 수령점에서
본인만 가능하다. 또한 은행별 환전 이벤트를 활용하면 환율우대뿐만

아니라 추가혜택(데이터로밍, 유심 할인, 면세점 할인 등)까지 받을 수 있다.

환테크 2 | 달러통장

달러통장은 은행에 입금한 돈(원화)을 달러로 자동환전하는 외화예금을 말한다. 외화보통예금과 외화정기예금 중 선택해서 만들 수 있으며, 1인당 5,000만원까지 예금자보호를 받을 수 있다.

- **외화보통예금** : 수시입출금이 가능하나 금리혜택이 거의 없다.
- **외화정기예금** : 만기를 설정해서 예치하는 거치식 통장으로, 금리혜택이 있다.

하나은행의 밀리언달러통장, 신한은행의 외화체인지업예금, SC제일은행의 초이스외화예금 등 은행별로 다양한 달러통장이 있지만 환율우대를 받으려면 주거래은행에서 만드는 것이 유리하다.

하나은행 밀리언달러통장　　　신한은행 외화체인지업예금　　　SC제일은행 초이스외화예금

---

tip

집에 남은 달러가 있다면?

마냥 집에 보관하지 말고 달러통장에 넣어두는 것이 좋다. 은행은 대부분 달러통장에 원화가 아닌 달러를 입출금할 경우 환전수수료를 부과하지 않는다. 또한 소소하더라도 이자수익과 환차익을 얻을 수 있고, 도난을 걱정할 필요도 없다.

달러통장의 장점은 이자수익 이외에 환율이 오를 경우 환차익까지 얻을 수 있다는 것이다. 환차익은 비과세지만 이자수익에 대해서는 예적금통장과 동일하게 이자소득세 15.4%를 내야 하며, 환율이 떨어질 경우 투자손실이 발생할 수도 있다는 점에 유의하자.

환테크 3 | 달러RP

RP(Repurchase Agreement)는 환매조건부채권을 말한다. RP를 원화가 아닌 달러로 취급하는 상품이 달러RP다. 달러RP는 증권사에 돈을 맡기면 달러표시채권에 투자해 발생한 수익을 되돌려주는 구조로 되어 있다. 달러RP의 종류는 수시입출금형, 약정형, 특판형이 있다.

- **수시입출금형** : 수시입출금이 가능하나 약정형에 비해 금리가 낮다.
- **약정형** : 약정기간(통상 1주일~1년)을 정해야 하며, 가입할 때 확정금리가 정해진다.
- **특판형** : 증권사들이 신규고객 유치를 위해 한시적으로 출시하며, 금리가 가장 높다.

달러RP의 장점은 환차익(비과세)을 얻을 수 있을뿐더러 달러통장보다 높은 이자수익을 받을 수 있다는 것이다. 달러RP는 주식·채권투자보다 안정성을 높이고 싶거나 단기로 운용 가능한 여윳돈을 달러에 투자하고 싶은 분들에게 적합하다. 다만 달러통장처럼 달러가 하락하면 투자손실이 발생할 수 있다는 점에 유의하자. 달러RP는 증권사(방문, 홈페이지, HTS 등)를 통해서 가입할 수 있다.

환테크 4 | 달러ETF

달러ETF는 달러 가치의 움직임에 따른 환차익을 노려볼 수 있는 투자상품이다. 달러ETF의 종류는 크게 KODEX미국달러선물, KODEX미국달러선물레버리지, TIGER미국달러선물인버스2X, KOSEF미국달러선물인버스 등이 있다.

▼ 주요 운용사별 달러ETF 비교

구분	KODEX미국달러 선물	KODEX미국달러 선물레버리지	TIGER미국달러 선물인버스2X	KOSEF미국달러 선물인버스
운용사	삼성자산운용	삼성자산운용	미래에셋자산운용	키움투자자산운용
상장일	2016.12.27	2016.12.27	2016.12.27	2011.4.1
기초지수	미국달러선물지수	미국달러선물지수	미국달러선물지수	미국달러선물지수
형태	수익증권형	투자회사형	투자회사형	수익증권형
총보수	0.25%	0.45%	0.47%	0.49%
특징	KRX미국달러선물 일별수익률의 배수 추종	2배의 수익을 낼 수 있으므로 달러가 오를 때 유리	달러가 떨어질 때 역으로 수익 2배	달러가 떨어질 때 역으로 수익 1배

달러ETF 이름 뒤에 붙는 레버리지(Leverage)는 '지렛대', 인버스(Inverse)는 '반대'라는 뜻이다. 레버리지형 달러ETF는 미국달러선물지수 상승률의 2배 수익을 얻을 수 있고, 인버스형 달러ETF는 미국달러선물지수가 하락하면 역으로 수익을 얻을 수 있다. 다만 레버리지형이든 인버스형이든 달러ETF는 위험성이 크기 때문에 안정추구형 투자성향을 가진 월급쟁이라면 무턱대고 덤벼서는 안된다.

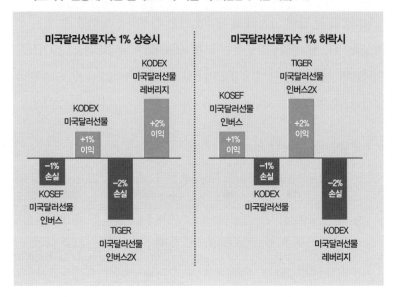

달러ETF의 장점은 환율 변화에 빠르게 대응할 수 있고 환율의 방향성(달러 상승장 또는 하락장)에 따른 투자를 할 수 있다는 것이다. 또한 주식처럼 언제든 매수·매도가 가능하며 보수비용(0.3~0.6% 내외)이 저렴하다.

환테크 5 | 달러보험

보험료를 달러로 납입하고 보험금도 달러로 수령하는 상품이다. 달러보험의 장점은 환율이 오르면 환차익을 올릴 수 있다는 것이다. 또한 납입금(5,000만원 이하)에 대해서 비과세혜택을 받을 수 있고, 원화 보험상품보다 공시이율이 높게 책정된다. 다만 보험료 납입시 환율이 오르면 보험료 부담이 증대되고 보험금 수령시 환율이 떨어지면 손해를 볼 수 있다는 점에 유의하자. 또한 10년 이상 유지하지 못하면 비과세혜택을 받을 수 없고, 중도해지시 해약환급금이 원금보다 적을 수 있다.

따라서 달러보험을 단기적인 환테크 수단으로 활용하는 것은 아주 위험하다. 달러보험은 환율변동 리스크를 충분히 숙지한 후 장기적인 보험상품 측면에서 접근하는 것이 바람직하다. 참고로, 외국계 보험사(메트라이프생명, AIA생명, 라이나생명 등)를 통해 달러보험에 가입할 수 있다.

tip ....

환율과 금값의 상관관계

통상 환율은 금값과 반대로 움직인다. 달러가 약세라면 금값은 올라가고 달러가 강세라면 금값은 내려간다. 다만 갑작스런 경제위기가 오면 환율과 금값이 동시에 올라가기도 한다.

욕심은 금물! 환테크는 비상금을 마련하는 용도로 활용

환율은 양국의 물가·금리, 경제상황 등 복합적인 요인에 의해 변동된다. 더욱이 월급쟁이들은 환율 전문가가 아니므로 환테크로 엄청난 환차익을 올리겠다고 욕심을 부려서는 안된다. 환테크는 해외여행·유학 등을 준비 중이거나 원화 이외에 달러로 비상금을 마련하는 용도로 부담 없이 활용하는 것이 바람직하다. 또한 분할매도·매수를 통해서 환율변동 리스크를 최소화해야 한다.

맘마미아의 '성공적인 환테크' 행동지침 3

1 | 환테크로 엄청난 환차익 올리겠다는 욕심 부리지 않기

2 | 해외여행·유학을 준비하거나 달러 비상금을 마련하는 용도로 활용하기

3 | 분할매도·매수를 통해서 환율변동 리스크 최소화하기

31

온투업(옛 P2P) 투자 정복하기

새로운 1.5금융의 탄생, 온투업(옛 P2P)

P2P는 Peer To Peer의 줄임말로, 대출자(돈이 필요한 개인 또는 기업)와 투자자를 연결해주는 금융직거래 서비스다. 즉 대출을 받을 때 은행을 거치지 않고 온라인플랫폼을 통해 투자자로부터 직접 돈을 조달받는 형태다. 또한 불특정 다수의 사람들이 돈을 모아 대출자에게 투자하는 크라우드펀딩(Crowd Funding)의 한 종류다. P2P는 온투법(온라인투자연계금융업법)을 통해 정식 금융산업으로 인정받으면서 명칭도 '온투업(온라인투자연계금융업)'으로 새롭게 변경되었다.

▼ 온투업(옛 P2P)

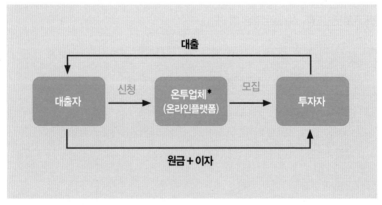

* 온투업체는 자금중개를 담당하며 중개수수료 수익을 얻는다.

tip

크라우드펀딩

대중을 뜻하는 '크라우드(Crowd)'와 자금조달을 뜻하는 '펀딩(Funding)'이 합쳐진 말이다. 즉 많은 사람들으로부터 돈을 마련한다는 뜻이다. 크라우드펀딩은 크게 기부형, 투자형, 대출형으로 나눠진다.

- **기부형** : 문화예술상품, 창작활동 등에 금전적인 보상 없이 순수하게 기부한다.
- **투자형** : 벤처기업, 개발프로젝트 등에 투자해 투자지분을 보상받는다.
- **대출형** : P2P처럼 돈을 빌려주고 나중에 이자와 함께 되돌려받아 수익을 낸다.

온투업(옛 P2P)은 크게 신용대출상품, 담보대출상품으로 나뉜다.

▼ **온투업(옛 P2P) 종류**

구분	신용대출상품	담보대출상품	
투자 형태	개인채권투자	기업투자	부동산투자
담보 종류	개인신용	동산 (주식, 매출채권 등)	부동산 (주택, 건물, 토지 등)
대출자	돈이 필요한 직장인, 사업자금이 필요한 개인사업자	기업	건설업자, 부동산개발 사업자
특징	• 개인의 신용을 담보로 하기에 원금회수에 문제가 생길 수 있다. • 여러 상품에 분산투자 하는 것이 바람직하다.	• 개인채권투자에 비해 상환기간이 짧다. • 원금회수에 문제가 생기면 담보를 매각 해 손해를 보상받을 수도 있다.	• 타 상품에 비해 수익률이 가장 높다. • 부동산 경기침체로 부실대출이 커지면 투자손실을 볼 수 있다.

담보대출상품 중 특히 부동산투자가 인기가 높다. 왜냐하면 부동산투자는 소액투자가 가능하고 은행 금리를 훌쩍 뛰어넘는 높은 수익률을 기대해볼 수 있기 때문이다.

하지만 연수익률 10~20%라는 꿈같은 수익을 거져먹기가 어디 쉽겠는가! 부실대출이 커지고 연체율이 급증하면 투자손실을 볼 수도 있다. 또한 우후죽순으로 부동산 담보대출을 주력으로 하는 온투업체(온라인투자연계금융업체)가 늘어나고 있는데, 소규모라서 파산하거나 사기꾼들이 유입되는 경우도 있다. 위험에 노출되지 않도록 다음 행동지침을 참고하자.

행동지침 1 | 투자수익과 원금이 보장되지 않음을 명심하기

대출상환이 제대로 이루어지지 않으면 투자수익은커녕 원금을 몽땅 잃어버릴 위험도 있다. High Risk, High Return! 이 말을 잊지 말자. 어떤 투자상품이든 수익성이 높으면 위험성도 크게 마련이다. 온투업(옛 P2P)도 예외가 아니다.

행동지침 2 | 세금, 중개수수료, 투자한도가 있음을 명심하기

온투업(옛 P2P)투자수익에 대해서 15.4%(소득세 14%+지방세 1.4%)의 세금을 내야 하며 온투업체의 온라인플랫폼에 대한 중개수수료(1~3% 내외)를 부담해야 한다. 또한 개인투자자의 경우 투자한도는 3,000만원으로 제한되어 있다.

온투업(옛 P2P)이 새로운 투자수단인 것은 분명하다. 또한 온투법(온라인투자연계금융업법) 시행으로 제도권에 편입되었다. 하지만 묻지마 투자는 금물이다. 따라서 반드시 믿을 만한 온투업체를 선정해야 하며, 제대로 된 온투업(옛 P2P) 이해 없이 고수익만 쫓아서 덜컥 뛰어들어서는 안된다는 것을 꼭 명심하자.

선택한 온투업체가 믿을 만한지 아닌지는 어떻게 판단할 수 있을까? 다음 3가지가 다 해당된다고 해서 반드시 믿을 만하다고는 할 수 없지만, 다음 3가지 중 1개도 해당되지 않는 경우에는 다시 한 번 투자를 고려하자.

온투업체 선정시 체크리스트	yes	no
1	금융감독원에 등록된 업체인가?	☐	☐
2	온라인투자연계금융협회 소속인가?	☐	☐
3	연체율이 낮고 평판이 좋은가?	☐	☐

체크 1 | 금융감독원에 등록된 업체인가?

금융감독원에 온투업 등록 신청서를 낸 후 심사를 거쳐 등록허가를 받아야만 온투업체를 운영할 수 있다. 따라서 온투업체를 선정할 때는 최우선적으로 금융감독원에 등록되었는지를 확인해야 한다. 금융감독원 등록여부는 금융소비자정보포털 파인(fine.fss.or.kr) 사이트에서 제도권 금융회사를 조회하면 알 수 있다. 조회할 때는 정확한 온투업체명(예 : 에잇퍼센트)을 입력해야 한다. 참고로, 한국 1호 온투업체로 정식 등록한 곳은 피플펀드, 8퍼센트, 렌딧 등이다.

파인 사이트 → 〈금융회사 정보〉 → 〈제도권 금융회사 조회〉

체크 2 | 온라인투자연계금융협회 소속인가?

온라인투자연계금융협회는 온투업계의 건전한 발전을 위해 설립된 곳이다. 온투업계가 온라인투자연계금융협회 회원사라면 윤리경영 서약을 하고 대출내역(누적대출액, 대출잔액 등) 공유, 공시자료 발표 등의 준칙을 지켜야 하므로 다른 곳보다 안전하다고 할 수 있다. 온라인투자연계금융협회 소속 여부는 온라인투자연계금융협회(mla.or.kr) 사이트의 〈회원사 정보〉 → 〈회원사 소개〉에서 확인할 수 있다.

체크 3 | 연체율이 낮고 평판이 좋은가?

연체율은 원금 또는 이자가 30일 이상 연체된 대출잔액을 총 대출잔액으로 나눠서 계산한다. 연체율이 몇 % 정도인지는 각 온투업체 사이트에 있는 공시자료를 통해 확인할 수 있다. 연체율이 높으면 당연히 부실대출 위험이 크다.

온라인투자연계금융협회 사이트 → 〈회원사 정보〉 → 〈회원사 소개〉

연체 현황				월별 ▼	2023.03 ▼
	30일 이상 연체대출 채권			3개월 이상 연체대출 채권	
상품 유형	연체 채권 잔액	차입자 수	연체율*	연체 채권 잔액	차입자 수
개인신용	428,771,621원	37명	1.87%	165,673,382원	18명
부동산 담보	7,784,794,926원	28명	8.94%	1,745,030,232원	9명
부동산 PF	0원	0명	0.00%	0원	0명
법인신용	410,734,729원	1명	86.78%	410,734,729원	1명
어음 · 매출채권 담보	0원	0명	0.00%	0원	0명
기타 담보	0원	0명	0.00%	0원	0명
합계	8,624,301,276원	66명	7.77%	2,321,438,343원	28명

8퍼센트 사이트 → 〈사업공시〉 → 〈취급현황〉 → 〈연체 현황〉

또한 인터넷 커뮤니티 등에 올라온 온투업체별 평판을 살펴보는 것도 좋다. 카페에도 "○○업체에서 투자금을 회수하지 못했다", "○○업체에 소소하게 투자해서 수익금을 받았다" 등 다양한 온투업(옛 P2P)투자 경험담이 올라오고 있으니 한 번쯤 살펴보면 도움이 될 것이다.

잠|깐|만|요

온투업(옛 P2P), 부동산 상품유형과 특징

부동산 상품유형은 크게 일반담보과 PF로 나뉜다. 일반담보는 토지, 건물 등을 담보로 자금을 조달하는 형태이며, PF는 특정 사업의 미래에 발생할 현금흐름을 담보로 자금을 조달하는 형태다. 둘의 가장 큰 차이는 대출 시점에 담보가 완성되었는지 여부다. 참고로, PF는 Project Financing(프로젝트 파이낸싱)의 줄임말이다.

부동산 상품유형에서 가장 종류가 다양하고 많이 알려진 형태는 PF다. 왜냐하면 일반담보가 PF에 비해 안정성은 높지만 수익률이 낮기 때문이다. PF는 자금조달 유형, 사업 진행 정도, 특성 등에 따라 브릿지(Bridge)대출, 건축자금대출, 유동화(ABL, Asset Backed Loan)대출, 준공자금대출로 나눌 수 있다. 참고로, 수익률은 브릿지대출이 가장 높고, 안정성은 준공자금대출이 가장 높다.

- **수익률 순위** : 브릿지대출 〉건축자금대출 〉유동화대출 〉준공자금대출
- **안정성 순위** : 준공자금대출 〉유동화대출 〉건축자금대출 〉브릿지대출

어떤 부동산P2P에 투자할 것인지 고민이 될 것이다. 하지만 힘들게 모은 돈을 거창한 사업계획만 있을 뿐 아직 땅이 없거나 건물도 지어지지 않은 프로젝트에 선뜻 투자할 수 있겠는가! 안정추구형 투자성향을 가진 월급쟁이라면 확실하게 눈에 보이는 담보가 있는 부동산상품유형부터 접근하는 것이 바람직하며, 주요 확인사항을 충분히 따져본 후 신중하게 투자를 결정하길 바란다.

▼ **온투업**(옛 P2P), **부동산 상품유형별 확인사항**

구분	일반담보	PF
종류	• 주거용 부동산(아파트, 오피스텔 등) 대출 • 상업용 부동산(상가 등) 대출 • 기타 부동산(공장 등) 대출	• 브릿지대출 • 건축자금대출 • 유동화대출 • 준공자금대출
담보 형태	완성된 담보	미완성 담보

구분	일반담보	PF
확인사항	① 입지 • 수요가 뒷받침(교통 등)되는 아파트인가? • 장사가 될 만한 곳에 있는 상가인가? ② LTV* • 담보가치 기준(시세나 감정가) 확인 : 감정가보다 시세가 높기 때문에 감정가 기준이라면 보다 보수적으로 본 것이다. • 인근 지역 유사 물건의 낙찰가율과 비교 ③ 환가성(매물이 팔리는 가능성) • 크기, 위치, 목적 등 확인 • 소형이 대형보다, 도심이 외곽보다 유리하다. • 주거용이 상업용보다 유리하다. • 상업용이 공업용보다 유리하다.	① 브릿지대출 • 반드시 사업성 검토 • 특히 지역주택조합 관련 사업은 주의 ② 건축자금대출 • 대환, 임대, 분양 가능성 등 확인 ③ 유동화대출 • 분양률, 공정률, 중도금 기표 여부 확인 • 특히 상업용은 미분양에 주의 ④ 준공자금대출 • 시공사가 바뀌지 않았는지 확인

*LTV(Loan To Value ratio, 주택담보비율) : 주택 등을 담보로 돈을 빌려줄 때 담보물건의 실제가치 대비 대출금액 비율

32 더 강력한 21일 강제저축! 금연적금, 암적금

강제저축에 '건강'이란 동기를 부여하자!

〈둘째마당〉19장에서 선저축 후지출 습관을 기르는 방법으로 '21일 강제저축'을 설명했다. 21일 강제저축이란? 공돈을 찾아내서 공돈적금을 만든 후 21일 단위로 계속 반복해서 저축하는 재테크 방법이다.

그럼 어떻게 하면 21일 강제저축을 더욱 강력하게 실천하게끔 만들 수 있을까? 가장 좋은 방법은 강한 동기부여를 하는 것이다. 강한 동기부여를 할 수 있는 것 중에는 대표적으로 '건강'이 있다.

"한 달 살기도 빠듯해요!"

"저축할 여유가 없다니까요!"

이렇게 않는 소리를 하지만 만약 저축하지 않으면 건강을 잃고 목숨이 위태롭다고 하면? 아마 10명 중 10명 다 어떠한 방법을 찾아서라도 저축을 할 거라고 생각한다.

'21일 강제저축+건강=?' 이렇게 21일 강제저축과 건강을 결합하면 더욱 강력하게 실천할 수 있는 공돈적금을 설계할 수 있다. 대표적인 예로 금연적금과 암적금을 소개한다.

담배를 피운다면? 금연적금 만들기

월급쟁이들은 대부분 1월이면 금연을 결심한다. 하지만 대부분 작심

삼일로 끝나서 실제 금연까지 성공하는 월급쟁이는 그리 많지 않다. 또한 직장생활하면서 받는 과도한 스트레스는 더욱 담배를 끊기 힘들게 만든다.

필자도 여러 차례 금연을 시도했지만 번번이 실패했는데, 재테크로 담배를 한번 끊어봐야겠다는 생각을 줄곧 갖고 있었다. 따라서 공돈적금의 이름을 '금연적금'으로 명명하고, 하늘로 사라지는 담뱃값을 잡기 위해 21일 강제저축을 시작했다. 5월 5일 어린이날에 가족들과 시간을 보내면서 지금까지 피운 담배 양과 그동안의 물가상승률을 감안해서 계산을 해보았다. 21,780,000원! 2,000만원이 넘는 돈이 담배연기와 함께 허공으로 사라졌다.

준비물

① 적금통장 ② 금연일지 ③ 연필 또는 볼펜

5월 5일 어린이날! 금연적금을 시작하기로 결심하고, 며칠 뒤 점심시간에 시간을 내서 IBK기업은행에 방문해 '평생금연적금'통장을 만들었다.(현재 판매중단) 참고로, 아쉽지만 최근에 국가금연 지원서비스와 연계하여 금연에 특화된 적금(예 : 하나은행 금연성공적금, 부산은행 담뱃값적금)의 판매가 중단되었다. 하지만 굳이 금연에 특화된 적금이 아니어도 관계없다. 본인의 조건과 상황에 맞는 자유적금을 선택해서 금연적금으로 활용하면 된다.

tip ··
금연적금
토스뱅크 키워봐요적금, 카카오뱅크 자유적금 등을 금연적금으로 활용할 수 있다.

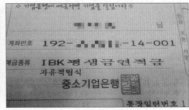

맘마미아의 금연적금 통장

정말 눈물겨웠던 8일간의 금연일지를 과감히 공개한다. 물론 금연을
도와주는 각종 앱들이 많지만 역시 아날로그로 기록하는 게 가장 좋은
것 같다.

금연 1~3일차

가장 힘든 시기였
다. 금연한다고 하니
까 누가 목캔디를 주
었는데 크게 도움이
안되었다. 식욕이 상
승하고 머리가 멍해

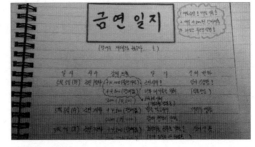

금연일지 1~3일차

지면서 잠도 안 오는 등 신체적인 변화가 크게 일어났다.

금연 4~8일차

첫 술자리에서 금연에 성공한 것은 강한 자신감을 갖게 해주었다. 또한 신체적으로 긍정적인 변화가 일어나기 시작했다. 하지만 여전히 담배 생각이 났다.

총 8일 동안 금연을 통한 강제저축을 실시해서 모은 돈은 총 46,000원이다. 이렇게 매일 4,500원씩 강제저축하면 1년 뒤에는 1,639,860원(이자 포함)을 모을 수 있다. 현재도 꾸준하게 금연적금을 통해 21일 강제저축을 실천하고 있는데, 만약 담배를 피우는 월급쟁이들이라면 이번 기회에 과감하게 금연을 선언해보길 바란다.

금연일지 4~8일차

담배를 안 피운다면? 암적금 만들기

암이라는 것은 정말 무서운 병인 것 같다. 요즘엔 대부분 월급쟁이들이 실비보험에 암특약을 추가하거나 전문 암보험에 가입하지만, 보험은 일단 암이 발병한 후 사후보장 성격의 보장성 자산이라고 할 수 있다.

따라서 암이 발병하기 전에 종합건강검진을 정기적으로 받는 것이 중요한데, 아쉽게도 종합건강검진은 보험이나 실비 처리가 되지 않는다. 물론 종합건강검진을 지원해주는 직장이 대부분이지만 정작 암에 대한 검진항목은 빠져 있는 경우가 많으며, 건강보험공단의 건강검진도 암에

221

대한 검진항목은 나이별로 차등해서 지원해주고 있는 실정이다.

잠|깐|만|요

금연적금 도우미, 금연 앱

1 | 금연길라잡이

보건복지부 산하 국립암센터에서 출시한 금연 앱으로, 매일 금연일기를 작성할 수 있다. 금연을 위한 주요 정보(금단증상, 운동, 흡연 욕구 조절 등)를 제공하고 있으며, 커뮤니티 공간인 〈공감마당〉을 통해 서로 위로, 칭찬 등을 나눌 수 있다. 앱을 통해 보건소 금연클리닉과 금연 상담전화(1544-9030)로 바로 연결되어 상담도 가능하다.

2 | 금연일지

매일 금연일기를 작성할 수 있으며, 흡연량을 체크해서 유해물질 흡입량, 수명단축시간, 낭비시간 등이 자동계산된다. 또한 많은 사람들에게 호응을 얻은 금연일기는 베스트 게시글로 선정되어 금연 성공기를 함께 나눌 수 있다.

3 | 금연도우미

본인의 흡연력(하루에 피는 흡연량, 담뱃값 등)을 작성하면 금연날짜가 카운트된다. 그동안 흡연으로 잃은 것(돈낭비, 생명손실 등)과 금연을 통해 얻는 대가(돈과 수명)를 보여주기 때문에 금연의지를 높이는 데 도움이 된다. 또한 금연재테크를 통해 자신에게 선물을 주는 기능도 있다.

금연도우미

건강보험공단 암검사 지원대상

1 | **위암** : 만 40세 이상 남녀, 2년마다

2 | **대장암** : 만 50세 이상 남녀

3 | **간암** : 만 40세 이상 남녀
  - 해당 연도 전 2년간 보험 급여내역 간암발생고위험군
  - 과년도 일반건강검진의 B형 간염 표면항원검사 또는 C형 간염 항체검사
    결과 양성인 자 중 만 40세 이상인 자

4 | **유방암** : 만 40세 이상 여성, 2년마다

5 | **자궁경부암** : 만 20세 이상 여성, 2년마다

최소 2년마다 암 관련 종합건강검진을 받아볼 필요가 있다. 만약 직장 또는 건강보험공단에서 지원을 받지 못하는 경우라면? 결국 본인 스스로 돈을 내서 암 관련 종합건강검진을 받아야 하는데, 그러면 비용이 부담스럽거나 건강을 자신하다 보니 대수롭지 않게 넘기는 경우가 많다. 하지만 실제 주변만 봐도 30대 중반임에도 불구하고 몸이 이상해서 병원에 갔는데 암 관련 조직검사를 받은 분, 목에 작은 혹이 여러 개 생겼는데 아직은 아니지만 이후 암으로 커질 수도 있어서 1년마다 정기적으로 검사를 받아야 하는 분도 있다.

결국 소 잃고 외양간 고치는 꼴이 되지 않으려면 본인과 가족들을 위한 별도의 암 관련 종합건강검진을 위한 돈을 마련해두는 것이 필요하다. 따라서 이러한 용도의 돈을 마련하기 위한 적금 이름을 '암적금'이라고 명명하고 21일 강제저축을 실천해보면 어떨까?

이상으로 '건강'이라는 강한 동기부여를 통해 21일 강제저축을 더욱 강력하게 실천하게끔 해줄 수 있는 금연적금과 암적금을 소개했다. 마지막으로, 이렇게 1년 동안 모은 돈은 다음 '금연·암적금 활용하기' 행동지침을 참고해 건강을 위해 투자하거나 효율적으로 굴려보길 바란다.

돈도 모으고,
건강도 챙기고!

33 매월 통장 1개씩, 12개 통장 풍차돌리기

1년 후 매월 통장 만기, 복리효과 극대화!

지금까지는 소소하지만 재미있게 할 수 있는 절약과 저축법에 대해 살펴봤다. 이제는 인내와 노력이 많이 필요하지만 보람된 저축법에 대해 언급하려 한다.

월급쟁이라면 누구나 "어떻게 돈을 모을까?" 많은 고민을 하게 마련이다. 혹시 '12개 통장 풍차돌리기'를 들어본 적 있는지? 풍차는 바람의 힘을 이용해 날개가 회전하면서 에너지를 얻는 기계다. "갑자기 웬 풍차?" 할 수 있겠다. '12개 통장 풍차돌리기'란 매월 적금통장을 1개씩 만들어 가면서 1년에 총 12개의 통장을 풍차처럼 돌리는 재테크 방법이다. 이 방법이 과연 어떤 장점을 갖고 있을까?

12개 통장 풍차돌리기 장점

1 | 1년 후 매월 통장 1개씩 만기가 되어 '원금+이자'를 받는다.
2 | 만기 때 받는 '원금+이자'를 또다시 통장에 저축해 복리효과를 노린다.
3 | 매월 일정 금액을 저축하고 소비와 지출을 통제하며 절약을 실천한다.

가끔 보면 '12개 통장 풍차돌리기'를 잘못 설명하거나 너무 어렵게 설명해둔 자료들이 있는데, 여기서는 최대한 알기 쉽게, 정확하게 설명하고자 한다.

1단계 | 적금 풍차돌리기(1년차)

먼저 12개 통장 풍차돌리기의 1단계는 '적금 풍차돌리기'다. 즉 1월에 만기 1년 10만원짜리 적금통장을 만들고, 2월에도 만기 1년 10만원짜리 적금통장을 만드는 식이다. 이러한 방법으로 12월까지 매월 만기 1년 10만원짜리 적금통장을 만들면 만기 1년 10만원짜리(이자 제외) 적금통장 총 12개를 갖게 된다. 참고로, 매월 적금통장 개수가 1개씩 늘기 때문에 매월 저축금액이 10만원씩 늘어난다는 점에 유의해야 한다.

이렇게 1년간 만기 1년 10만원짜리 적금통장 총 12개를 만들면 다음 해 1월에 첫 번째 적금통장이 만기(120만원+이자)가 된다. 그리고 그 뒤로 풍차가 돌아가듯이 두 번째, 세 번째…… 마지막 열두 번째까지 매월 적금통장이 1개씩 만기가 되는데, 이러한 방법을 '적금 풍차돌리기'라고 한다.

▼ 1단계 적금 풍차돌리기(가입)

구분	1월	2월	3월	4월	5월	6월	7월	8월	9월	10월	11월	12월
적금 1	가입											→
적금 2		가입										→
적금 3			가입									→
적금 4				가입								→
적금 5					가입							→
적금 6						가입						→
적금 7							가입					→
적금 8								가입				→
적금 9									가입			→
적금 10										가입		→
적금 11											가입	→
적금 12												가입
적금통장 개수	1	2	3	4	5	6	7	8	9	10	11	12

▼ 1단계 적금 풍차돌리기(결과) (단위 : 만원)

구분	1월	2월	3월	4월	5월	6월	7월	8월	9월	10월	11월	12월
적금 1	10	10	10	10	10	10	10	10	10	10	10	10
적금 2		10	10	10	10	10	10	10	10	10	10	10
적금 3			10	10	10	10	10	10	10	10	10	10
적금 4				10	10	10	10	10	10	10	10	10
적금 5					10	10	10	10	10	10	10	10
적금 6						10	10	10	10	10	10	10
적금 7							10	10	10	10	10	10
적금 8								10	10	10	10	10
적금 9									10	10	10	10
적금 10										10	10	10
적금 11											10	10
적금 12												10
합계 (이자 제외)	10	20	30	40	50	60	70	80	90	100	110	120

2단계 | 예금 풍차돌리기(2년차)

그렇다면 순차적으로 만기가 돌아오는 적금통장 12개의 원금(각 120만원)과 이자는 어떻게 해야 할까? 일부 카페 회원들도 상당히 헷갈려하는 부분이기도 한데, 이때부터는 적금이 아니라 '예금 풍차돌리기'를 해줘야 한다. 또한 예금 풍차돌리기를 할 때는 적금 풍차돌리기를 하면서 매월 저축금액을 10만원씩 늘리던 습관을 그대로 유지해줘야 한다는 점에 유의하자.

1단계 적금 풍차돌리기의 만기가 시작되는 1년 후부터는 순차적으로 1년짜리 예금통장을 만들면 된다. 즉 1월에 첫 번째 만기된 적금통장의 만기금(120만원+이자)에 10만원을 추가해서 만기 1년짜리 예금통장을 만든다. 그리고 2월에도 만기 1년짜리 예금통장을 만들어서 두 번째 만기된 적금통장의 만기금(120만원+이자)에 10만원이 아니라 20만원을 추가해서 저축한다.

이러한 방법으로 12월까지 예금통장을 만들면 만기 1년짜리 예금통장을 총 12개 갖게 된다. 적금 풍차돌리기와 동일하게 매월 예금통장에 추가로 저축금액을 10만원씩 늘려줘야 한다는 점에 유의하자.

---

tip

풍차돌리기 한 달 평균 저축액은 65만원!

1년차 적금 풍차돌리기와 2년차 예금 풍차돌리기 모두 1월 10만원, 2월 20만원, 3월 30만원, 4월 40만원, 5월 50만원, 6월 60만원, 7월 70만원, 8월 80만원, 9월 90만원, 10월 100만원, 11월 110만원, 12월 120만원을 저축한다. 즉 1년에 780만원, 평균해서 매월 65만원을 저축하는 셈이다.

▼ 2단계 예금 풍차돌리기(가입)

구분	1월	2월	3월	4월	5월	6월	7월	8월	9월	10월	11월	12월
예금 1	가입											→
예금 2		가입										→
예금 3			가입									→
예금 4				가입								→
예금 5					가입							→
예금 6						가입						→
예금 7							가입					→
예금 8								가입				→
예금 9									가입			→
예금 10										가입		→
예금 11											가입	→
예금 12												가입
예금통장 개수	1	2	3	4	5	6	7	8	9	10	11	12

▼ 2단계 예금 풍차돌리기(결과) (단위 : 만원)

구분	1월	2월	3월	4월	5월	6월	7월	8월	9월	10월	11월	12월
예금 1	130+이자											→
예금 2		140+이자										→
예금 3			150+이자									→
예금 4				160+이자								→
예금 5					170+이자							→
예금 6						180+이자						→
예금 7							190+이자					→
예금 8								200+이자				→
예금 9									210+이자			→
예금 10										220+이자		→
예금 11											230+이자	→
예금 12												240+이자
합계 (이자 제외)	130	140	150	160	170	180	190	200	210	220	230	240

이렇게 1년 동안 만기 1년짜리 예금통장을 총 12개 만들면 다음 해 1월부터 풍차가 돌아가듯이 첫 번째, 두 번째…… 마지막 열두 번째까지 매월 1개씩 예금통장 만기가 돌아오는데, 이러한 방법을 '예금 풍차 돌리기'라고 한다.

결국 '12개 통장 풍차돌리기'는 처음에는 '적금 풍차돌리기'로 시작해서 일정 목돈을 모은 후에는 '예금 풍차돌리기'로 갈아타는 재테크 방법이다. 또한 원금과 이자를 또다시 저축해서 복리효과를 극대화하는 것이 최대 장점이라고 할 수 있다.

물론 적금 풍차돌리기가 끝난 후에 또다시 적금 풍차돌리기를 반복할 수도 있다. 즉 만기 적금통장의 만기금(120만원+이자)을 새로운 적금통장 12개에 12등분하고 매월 10만원씩 저축금액을 늘려주면 된다. 이 외에도 다양한 방법으로 응용할 수 있다는 것을 참고하길 바란다.

맘마미아의 '12개 통장 풍차돌리기' 행동지침 3

1 | 1년차 적금 풍차돌리기 – 매월 만기 1년짜리 적금통장 만들기
2 | 2년차 예금 풍차돌리기 – 1년 후 매월 만기 1년짜리 예금통장 만들기
3 | 3년차 이후부터는 1년차 내용을 반복하기

1년차에 적금통장 만들 때 금리 비교는 필수다. 적정한 저축금액을 산정해서 1년 동안 만기 1년짜리 적금통장 총 12개를 만들되 중도해지는 금물이다. 2년차에는 전년 풍차돌리기 만기금을 다시 저축한다. 1년 동안 만기 1년짜리 예금통장 총 12개를 만들되 역시 중도해지는 금물!

통장 풍차돌리기의 단점과 주의할 점

하지만 과연 12개 통장 풍차돌리기는 장점만 있는 것일까? 그럼 단점은 과연 무엇일까? 아무래도 매월 적금 또는 예금을 만들어야 하기 때문에 금리가 떨어지는 하락기에는 상대적으로 복리효과가 줄어들어 오히려 손해를 볼 수도 있다. 즉 금리가 떨어지기 전에 만기 2년 이상의 적금 또는 예금에 장기간 돈을 묶어두는 것이 더 유리할 수도 있다.

또한 12개 통장 풍차돌리기의 복리효과를 극대화하면서 제대로 완성하려면 최소 3년 이상 꾸준하게 실천해줘야 한다. 단지 1년 후에 매월 돌아오는 만기 적금통장을 갖는 기쁨에 만족한 채 풍차돌리기를 중단하거나 만기금을 그냥 써버리면 안된다.

내 입맛에 맞는 '12개 통장 풍차돌리기' 응용법

현재 카페에 〈[자랑] 적금예금통장〉 게시판을 두어 많은 회원들이 12개 통장 풍차돌리기 행동지침을 꾸준하게 실천하면서 인증샷을 올리고 있다. 회원들이 12개 통장 풍차돌리기를 위한 통장을 만들 때 "발사"라는 표현을 많이 쓴다. "풍차 1호 발사했어요!", "풍차 3호 발사하고 4호 대기 중입니다" 식의 얘기를 많이 하는데, 왠지 풍차가 로켓이 된 느낌이라 풍차돌리기가 더욱 재미있게 느껴진다.

4360617	26주차 10개와 풍차 적금진행중~~~ ⓐ [4]	럭키동자승 ⓐ	2023.05.09.	469
4354832	카뱅 26주 풍차 9주차 10개(만원증액) 순항중_ ⓐ [4]	승민빠 ⓐ	2023.05.04.	217
4353026	(파일수정) 카뱅 26주적금 풍차돌리기용 주차별 입금액 계산기입니다. ⓐ 🔗 [8]	불곡 ⓐ	2023.05.03.	394
4352763	카뱅 26주 적금 풍차 완성했어요! ⓐ [16]	불곡 ⓐ	2023.05.03.	343
4351490	이번달도 예금풍차 ⓐ	엄마물고기 ⓐ	2023.05.02.	328

'월급쟁이 재테크 연구' 카페에 올라온 풍차돌리기 관련 게시글

그런데 풍차돌리기는 매월 통장을 1개씩, 1년 동안 총 12개의 통장을 만들어야 한다는 고정관념을 갖고 있는 경우가 종종 있다. 풍차돌리기는 반드시 1년에 12개 통장을 만들어야 성공하는 것이 아니다. 본인의 조건과 상황에 맞게끔 적절하게 1년 동안 만들 수 있는 통장 개수를 결정하면 된다.

예를 들어 매월 저축하는 것이 부담스럽다면 2개월 또는 3개월에 1개씩 통장을 만들어도 상관없다. 본인이 부담스럽지 않고 꾸준하게 실천할 수 있는 기간을 설정해서 그 기간에 맞게끔 통장 개수를 결정해서 풍차돌리기를 하면 된다. 즉 12개 통장 풍차돌리기가 아니라 4개 통장 또는 6개 통장 풍차돌리기를 실천해도 된다.

풍차돌리기는 결국 3년 이상 꾸준하게 실천해줘야 복리효과가 극대화되고 제대로 완성되므로, 본인의 조건과 상황을 무시한 채 무조건 1년에 12개 통장을 만들려고 하면 자칫 몇 개월도 안되어서 중도포기할 가능성이 매우 크다.

또한 처음부터 무리하게 저축금액을 높게 산정해서 풍차돌리기를 하는 것도 금물이다. 왜냐하면 결국 매월 시간이 갈수록 통장 개수가 늘어나서 저축금액도 늘어나기 때문에 나중에는 부담이 꽤 클 수도 있다. 처음에는 최대한 저축금액을 적절하게 산정해서 반드시 꾸준히 실천할 수 있도록 하는 것이 중요하다. 꼭 기억하길 바란다.

34 매주 1,000원씩 늘려가는 52주 적금

실천을 부르는 52주 적금 계획표

카페에 처음으로 '52주 적금'을 소개한 후 정말 많은 회원들이 52주 적금을 실천하면서 목돈을 모아나가고 있다. 그럼 52주 적금이란 무엇일까? 52주! 즉 1년이다. 적금통장을 1개 만든 이후에 매주 자유롭게 52주(1년) 동안 저축하는 재테크 방법이다. 52주 적금의 장점은 다음과 같다.

tip
52주 적금에 대한 의견을 나누는 게시판은 '월급쟁이 재테크 연구' 카페 → 〈[자랑] 적금예금통장〉이다.

52주 적금의 장점

1 | 올바른 저축습관을 기를 수 있다.
2 | 재미있게 돈을 모아나갈 수 있다.
3 | 일반 적금에 비해서 이자를 더 받을 수 있다.

다음은 필자가 엑셀로 제작해서 카페에 올려둔 '52주 적금 계획표'인데, 매주 저축금액, 계획날짜, 저축날짜를 기입하고 달성/미달성을 체크할 수 있도록 제작한 것이다. 많은 회원들이 다운받아서 활용하고 있다.

▼ 52주 적금 계획표(순방향 방식) (단위 : 원)

회차	저축금액	계획날짜	저축날짜	확인	회차	저축금액	계획날짜	저축날짜	확인
1	1,000	2024.1.2		달성/미달성	27	27,000	2024.7.2		달성/미달성
2	2,000	2024.1.9		달성/미달성	28	28,000	2024.7.9		달성/미달성
3	3,000	2024.1.16		달성/미달성	29	29,000	2024.7.16		달성/미달성
4	4,000	2024.1.23		달성/미달성	30	30,000	2024.7.23		달성/미달성
5	5,000	2024.1.30		달성/미달성	31	31,000	2024.7.30		달성/미달성
6	6,000	2024.2.6		달성/미달성	32	32,000	2024.8.6		달성/미달성
7	7,000	2024.2.13		달성/미달성	33	33,000	2024.8.13		달성/미달성
8	8,000	2024.2.20		달성/미달성	34	34,000	2024.8.20		달성/미달성
9	9,000	2024.2.27		달성/미달성	35	35,000	2024.8.27		달성/미달성
10	10,000	2024.3.5		달성/미달성	36	36,000	2024.9.3		달성/미달성
11	11,000	2024.3.12		달성/미달성	37	37,000	2024.9.10		달성/미달성
12	12,000	2024.3.19		달성/미달성	38	38,000	2024.9.17		달성/미달성
13	13,000	2024.3.26		달성/미달성	39	39,000	2024.9.24		달성/미달성
14	14,000	2024.4.2		달성/미달성	40	40,000	2024.10.1		달성/미달성
15	15,000	2024.4.9		달성/미달성	41	41,000	2024.10.8		달성/미달성
16	16,000	2024.4.16		달성/미달성	42	42,000	2024.10.15		달성/미달성
17	17,000	2024.4.23		달성/미달성	43	43,000	2024.10.22		달성/미달성
18	18,000	2024.4.30		달성/미달성	44	44,000	2024.10.29		달성/미달성
19	19,000	2024.5.7		달성/미달성	45	45,000	2024.11.5		달성/미달성
20	20,000	2024.5.14		달성/미달성	46	46,000	2024.11.12		달성/미달성
21	21,000	2024.5.21		달성/미달성	47	47,000	2024.11.19		달성/미달성
22	22,000	2024.5.28		달성/미달성	48	48,000	2024.11.26		달성/미달성

회차	저축금액	계획날짜	저축날짜	확인	회차	저축금액	계획날짜	저축날짜	확인
23	23,000	2024.6.4		달성/미달성	49	49,000	2024.12.3		달성/미달성
24	24,000	2024.6.11		달성/미달성	50	50,000	2024.12.10		달성/미달성
25	25,000	2024.6.18		달성/미달성	51	51,000	2024.12.17		달성/미달성
26	26,000	2024.6.25		달성/미달성	52	52,000	2024.12.24		달성/미달성
합계	351,000				합계	1,378,000			

tip

52주 적금 계획표

'월급쟁이 재테크 연구' 카페에서 회원가입 → 〈월재연 필독글!!〉 → 〈재테크 비밀필살기〉 게시판 → "52주 적금 풍차돌리기 하는 법[엑셀 계획표 제공]" 게시글 → 첨부파일(52주 적금계획표_by 월급쟁이 재테크 연구카페.xls) 다운받은 후 열면 끝!

시작은 1,000원이지만 끝은 1,378,000원

앞의 적금 계획표에서 본 것처럼 52주 적금은 1주차에는 1,000원으로 시작해서 매주 1,000원씩 늘려가면서 마지막 52주에는 52,000원을 저축하는 방법(순방향 방식)이다. 하지만 역으로 1주에 52,000원으로 시작해서 매주 1,000원씩 줄여가면서 마지막 52주에 1,000원을 저축하는 방법(역방향 방식)도 있다. 또한 매주 저축금액을 1,000원에서 52,000원 사이에서 자유롭게 선택해서 저축하는 방법(혼합방향 방식)도 있다. 즉 52주 적금은 운영방식에 따라 순방향 방식, 역방향 방식, 혼합방향 방식으로 나눌 수 있다.

물론 이자를 조금이라도 더 받기 위해서는 역방향 방식의 52주 적금이 가장 좋다. 왜냐하면 적금이자는 저축한 금액에 대해 만기까지 남은 기간을 감안해서 계산되기 때문이다.

하지만 월급쟁이 재테크 1년차라면 52주 적금을 순방향 방식으로 운영하는 것이 바람직하다. 왜냐하면 비록 이자를 역방향 방식에 비해 적게 받긴 하지만, 올바른 저축습관을 기르고 재미있게 돈을 모아나가면서 끝까지 완성할 가능성이 훨씬 크기 때문이다.

자칫 역방향 방식의 52주 적금을 운영하면 끝까지 완성하지 못하고 중간에 포기할 가능성이 매우 크다. 왜냐하면 아직 올바른 저축습관이 충분히 길러지지 않은 월급쟁이 재테크 1년차로서는 저축금액이 갈수록 줄어드는 역방향 방식에서는 돈을 조금씩 모아나가는 재미를 찾기가 어렵기 때문이다. 따라서 역방향 방식의 52주 적금은 올바른 저축습관이 충분히 길러진 월급쟁이 재테크 고수들이 보다 많은 이자를 받기 위해서 운영하는 것이 바람직하다.

또한 혼합방향 방식의 52주 적금도 매주 저축금액이 변경되기 때문에 계획적인 지출통제와 저축관리가 가능한 재테크 고수들에게 적합하며, 월급쟁이 재테크 1년차한테는 그리 적합하지 않다.

매주 1,000원씩 늘려나가는 '52주 적금 완성하기' 행동지침을 실었으니 참고해서 꼭 실천해보기 바란다. 비록 첫 시작은 1,000원이지만 52주가 지나면 무려 '1,378,000원+이자'라는 목돈을 모을 수 있으며, 올바른 저축습관까지도 함께 기를 수 있다.

tip ....

카카오뱅크 26주 적금

카카오뱅크 26주 적금은 총 26주(6개월) 동안 매주 1,000원~1만원씩 증액하면서 저축할 수 있는 상품이다. 만약 52주가 너무 길다면 카카오뱅크 26주 적금에 도전해보자. 다만 매주 저축금액을 줄여나가는 역방향 방식이나 매주 저축금액을 자유롭게 조정하는 혼합방향 방식은 지원되지 않는다는 것에 유의하자.

행동지침 1 | 자유적립식 적금통장 만들기

매주 저축금액을 변경해야 하기 때문에 정액적립식이 아닌 자유적립식 적금통장을 만들어야 한다. 주거래은행에서 가장 금리가 높은 자유적립식 적금통장을 선택하는 게 좋다.

행동지침 2 | 만기를 13개월로 설정하기

마지막 52주 저축금액에 대한 이자를 받기 위해서는 만기를 12개월이 아닌 13개월로 설정해야 한다. 가끔 실수하는 부분이므로 꼭 유의하길 바란다.

행동지침 3 | 1주 1,000원 → 매주 1,000원씩 늘려 저축하기

앞에 소개한 52주 적금 계획표를 활용해서 매주 저축금액, 계획날짜, 저축날짜를 기입하고 달성/미달성을 체크하자.

'채은맘'님의 역방향 52주 적금 성공사례

52주 적금의 치명적인 단점이라고 하면 바로 매주 저축하는 번거로움이다. 특히 20 주, 30주가 넘어가면 번거롭다는 이유로 계획한 저축날짜를 놓치는 경우가 생긴다. 하지만 자칫 1주라도 저축이 지연되면 52주 적금 운영이 틀어질 위험이 크다. 따라서 카페 회원들은 계획한 저축날짜를 놓치지 않기 위해서 매주 인증샷을 올리고 응원, 축 하, 격려 등을 함께 나누면서 52주 적금 완성하기 행동지침을 꾸준하게 실천하고 있 다. 이렇게 52주 적금 완성하기는 혼자보다는 함께할 때 더욱 힘이 나고 효과적이라 고 할 수 있다.

앞에서 소개한 52주 적금 계획표는 매주 1,000원씩 늘려나가는 순방향 방식으로 구 성되어 있다. 따라서 역방향 방식은 어떻게 운영되는지 궁금할 것 같아 52주 적금을 역방향 방식으로 운영하고 있는 '채은맘'님의 사례를 소개할까 한다. 참고로, '채은맘' 님은 올바른 저축습관이 충분히 길러진 재테크 고수다.

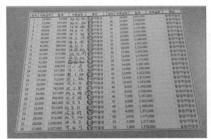

'채은맘'님의 52주 적금 계획표와 적금통장

'채은맘'님은 이 52주 적금 계획표를 다이어리에 끼워놓고 매주 꺼내서 저축날짜, 달 성/미달성을 체크하는데, 1주를 52,000원으로 시작해서 매주 1,000원씩 줄여가면서 운영 중이다. 처음에는 "매주 저축하는 일이 좀 귀찮지 않을까?", "매주 저축할 수 있 을까?" 하는 걱정도 했지만 벌써 26주차까지 진행했다고 한다.

사실 역방향 방식의 52주 적금은 딱 절반인 26주차까지 꾸준하게 저축하는 것이 핵심 이다. 왜냐하면 27주차부터는 저축금액이 26,000원 이하로 점점 줄어들게 되어 큰 부 담이 없기 때문이다. 분명 '채은맘'님은 52주 적금을 끝까지 완성할 거라고 본다. 진심 으로 다시 한 번 응원한다. '채은맘'님, 파이팅!

35 저축액 확 늘려주는 18개월 적금 도전!

100원으로 시작, 매월 2배 증가! 18개월간 1,300만원 목표!

필자는 웬만한 재테크 방법은 모두 시도하고 실천해서 성공해봤지만 지금까지도 유일하게 성공하지 못한 재테크 방법이 하나 있다. 바로 '18개월 적금'이다. 이 방법은 만기 18개월짜리 적금통장을 1개 만든 후, 첫 달 100원으로 시작해서 매월 저축금액을 2배씩 늘려가는 재테크 방법이다.

"100원? 별거 아니잖아!" 하고 우습게 생각할 수도 있는데, 다음 표를 참고하길 바란다.

▼ 18개월 적금표 (단위 : 원)

개월	저축금액	개월	저축금액	개월	저축금액
1	100	7	6,400	13	409,600
2	200	8	12,800	14	819,200
3	400	9	25,600	15	1,638,400
4	800	10	51,200	16	3,276,800
5	1,600	11	102,400	17	6,553,600
6	3,200	12	204,800	18	13,107,200

12개월까지는 약 20만원 수준이므로 큰 부담이 없지만 15개월째는 약 164만원, 18개월째는 무려 약 1,300만원이다. 즉 푼돈 100원으로 시작했지만 18개월째에는 1,300만원이라는 어마어마한 금액을 저축해야 한다.

"18개월 적금! 뭐가 이렇게 황당한가요?" 생각할 수도 있지만, 찬찬히 들여다보면 자칫 잊고 있었던 매우 중요한 돈 모으기의 기본을 깨달을 수 있다. 아무리 안 입고, 안 먹고, 안 쓴다고 하더라도 사실상 쥐꼬리만한 월급으로 18개월 적금에 성공하기란 거의 불가능하다.

그럼 어떻게 하면 18개월 적금에 성공할 수 있을까? 결국 18개월 적금은 저축금액을 어마어마하게 늘려줘야 하기 때문에 새로운 수입원을 생각하게 되고 수입을 늘리기 위한 고민을 하게끔 만들어준다.

절약은 물론 수입창출을 고민하게 해주는 미션!

일반적으로 돈 모으기의 기본은 절약이다. 즉 불필요한 지출을 최대한 합리적으로 줄이는 것이다. 하지만 무조건 지출만 줄이는 것이 능사일까? 역으로 수입을 늘리는 것도 매우 중요하다. 왜냐하면 지출을 줄이면서 수입을 함께 늘려주었을 때 돈 모으기의 시너지효과가 더욱 높아지기 때문이다.

하지만 월급쟁이들은 정작 수입을 늘리려는 노력은 잘 하지 않는다. 지금까지 수입을 늘리기 위한 노력을 얼마나 간절하게 했는지 한번 곰곰히 생각해보길 바란다. 주말에 하루 종일 TV만 붙들고 있는 월급쟁이도 많다. 하지만 예를 들어 주말에 TV 보는 시간을 1시간 정도 줄이고 수입을 늘리기 위한 노력에 1시간을 투자했다면 과연 어땠을까? 분명 어떤 형태로든 노력의 결과로 수입이 늘어났을 거라고 본다.

수입을 늘리기 위한 노력을 하지 않으면 결국 직장에서 은퇴하기 전까지 쥐꼬리만한 월급의 한도를 절대 벗어날 수 없다. 고만고만한 수입에 만족하면서 살아가는 월급쟁이가 되지 말길 바란다. 다음은 수입을 늘리기 위해 고민할 만한 여러 가지 방법이다.

월급쟁이가 수입을 늘리기 위한 방법

1 | 자격증 취득 또는 어학 공부 등을 통해 연봉을 올린다.
2 | 힘들다는 이유로 포기한 맞벌이를 시작한다.
3 | 직장에서 열심히 일해서 좋은 평가를 받고 특진한다.
4 | 잘하고 좋아하는 일을 개발해서 부수입을 올린다.

위의 방법 외에도 월급쟁이들이 수입을 늘릴 수 있는 방법은 여러 가지가 있을 것이다. 본인의 조건과 상황에 맞게 수입을 늘릴 수 있는 방법을 생각하고 고민해서 찾아보길 바란다.

"수입을 늘리기 위한 노력! 한 번도 하지 않았네요. 반성합니다."

"그동안 절약만 했는데, 많은 동기부여가 될 것 같아요."

"수입을 늘린다! 불가능하다 생각했는데, 고민해서 찾아봐야겠어요."

필자가 카페에 처음으로 18개월 적금을 소개했을 때 회원들이 얘기한 내용이다. 물론 18개월 적금은 반드시 실천해야 하는 행동지침은 아니다. 하지만 18개월 적금에 도전하면 분명 지출을 줄이는 것도 중요하지만 수입을 늘리기 위한 노력을 하는 것도 중요하다는 사실을 절실하게 깨달을 수 있다. 또한 수입을 늘려야 한다는 강력한 목표가 생기면 정말 신기하게 수입이 늘어나는 결과도 경험할 수 있을 거라고 생각한다.

18개월 적금의 마지노선은 14개월이다. 15개월부터는 갈수록 어마어마한 금액을 저축해야 하기 때문에 14개월 안에 반드시 새로운 수입원을 찾아서 수입을 늘려주는 것이 핵심이다.

마지막으로, 끝까지 성공하든 중간에 중단하든 한번쯤은 꼭 18개월 적금에 도전해보길 바란다. 18개월 적금을 끝까지 성공한 월급쟁이가 꼭 탄생하기를 기원해본다.

실천!
예적금 가입

월급쟁이에게 만만한
돈 불리기

혹하는 고금리 예적금, 은행 꼼수부터 피하자

월급쟁이가 가장 먼저 떠올리는 금융상품

지금까지 왕초보 월급쟁이를 위해 절약, 저축, 돈 모으기에 관한 기본기를 설명했다. 이제부터는 본격적으로 다양한 금융상품을 이용해 재테크하는 법을 구체적으로 살펴보도록 하자.

월급쟁이들이 재테크를 떠올릴 때 가장 만만하게 접근하는 게 바로 예금과 적금이 아닐까? 왜냐하면 원금손실의 위험이 없을뿐더러 정해진 만기만 채우면 일정한 이자수익까지 기대할 수 있기 때문이다.

카페 회원들이 예금, 적금 관련해서 자주 질문하는 내용 중 가장 자주 나오는 게 바로 '금리'다. 주변을 둘러보면 은행들의 각종 고금리 예적금 광고를 심심치 않게 볼 수 있는데, 요즘 같은 저금리 시대에 "정말일까?" 의심이 들 정도로 높은 금리를 제공하는 예적금이 있다고 광고하고

있다. 하지만 많은 월급쟁이들이 광고에 휘둘려 낭패를 보는 경우가 많다. 왜냐하면 은행들이 숨겨둔 다양한 '함정'이 있는 경우가 많기 때문이다.

고금리를 준다고 광고하는 상품들

고금리 예적금, 함부로 가입하지 말 것!

은행들은 어떻게 돈을 벌까? 한마디로 '이자 장사'를 한다고 할 수 있다. 은행의 매우 중요한 수익은 바로 '예대마진'이다. 예대마진이란 대출이자에서 예금이자를 뺀 차액인데, 최근 기준금리 인하로 대출이자가 급격히 낮아지고 있다. 그런데 예금이자를 높게 주면 어떻게 될까? 그러면 예대마진이 줄어서 은행의 수익도 줄어들게 된다.

은행들은 절대 자선단체가 아니다. 본인들의 수익이 줄어드는 것을 감수하면서 월급쟁이들에게 절대 높은 이자를 주지 않는다. 시중은행을 포함한 대한민국에 존재하는 모든 은행이 그렇다. 따라서 시중은행의 고금리 예적금! 일단 의심의 눈초리로 바라봐야 한다. "왜 이렇게 높은 금리를 줄까?" 생각하며 숨겨진 함정을 꼼꼼하게 들여다봐야 하는 것이다.

꼼수 1 | 기본금리는 낮고 우대금리를 높게 주는 형태

은행 고금리 예적금의 함정은 과연 무엇일까? 첫째, 기본금리는 낮고 우대금리를 높게 주는 형태가 많다. 금리는 기본금리와 우대금리를 합한 것이다. 기본금리는 만기만 채우면 조건에 상관없이 무조건 받는 금리지만, 우대금리는 반드시 일정 조건을 충족해야만 받을 수 있는 금리다.

예를 들어 ○○은행에서 "연 5.0% 고금리 적금이 있습니다" 하고 광고하면 월급쟁이들은 대부분 눈에 보이는 '연 5.0%'만 생각하고 덜컥 해당 적금에 가입해버린다.

하지만 연 5.0%라는 금리를 꼼꼼하게 따져보면 기본금리는 연 2.0%에 불과하고 우대금리를 연 3.0%로 높게 설정해둔 경우가 대부분이다. 즉 은행에서 요구하는 일정 조건을 충족해야만 우대금리 연 3.0%를 더 받을 수 있고, 이런 우대금리를 전부 다 받았을 때 비로소 연 5.0% 금리가 본인의 것이 되는 구조다. 하지만 안타깝게도 우대금리 적용 조건은 월급쟁이들이 손쉽게 충족시키기에는 너무나 까다롭고 복잡하게 구성되어 있다.

꼼수 2 | 우대금리 기준이 너무 가혹해

① 신용카드를 마구 긁어대야 가능

해당 은행 카드사의 신용카드를 일정 금액 이상 사용해야만 우대금리를 적용한다는 조건이 붙는 경우가 많다. 예를 들어 ○○적금은 가입 직전 1년간 사용한 신용카드 이용금액이 100만원이었다면, 적금 가입 후에는 신용카드 추가 이용금액이 500만원 이상인 경우에만 연 3.0%의 우대금리(월 저축금액 20만원 기준)를 주는 형태로 되어 있다.

지출을 줄이고 합리적으로 소비를 통제하기 위해서는 신용카드를 자르고 체크카드 사용을 생활화하는 것이 재테크의 기본이다. 그런데 연 3.0%의 우대금리를 받기 위해서 오히려 신용카드를 평소보다 더 긁어대면서 이용금액을 늘리는 것이 과연 현명한 선택일까? 연 3.0%라는 우대금리를 앞세워서 연회비, 연체이자 등 신용카드의 부가수익을 얻기 위한 은행의 꼼수가 아닐까?

② 특정 금융상품에 추가로 가입 조건

수시입출금식 예금통장, 월급통장, 주택청약종합저축, 보험(공제) 등 특정 금융상품에 추가로 가입해야만 우대금리를 적용한다는 조건이 붙는 경우도 많다. 예를 들어 ○○예금은 수시입출금식 예금통장에 추가로 가입할 경우 연 0.3%의 우대금리를 주는 형태로 되어 있다.

물론 "수시입출금식 예금통장? 까짓것, 하나 만들지 뭐!" 생각할 수도 있다. 하지만 꼼꼼하게 들여다보면 통장 하나 만드는 데 그치지 않고 각종 공과금을 자동이체해야 하고, 카드 이용실적을 만족시켜줘야 한다. 과연 연 0.3%의 우대금리를 받기 위해서 수시입출금식 예금통장을 추가로 만드는 것이 현명한 선택일까? 공과금 자동이체 계좌를 불필요하게 바꾸고, 통장 갯수만 늘어나서 관리도 힘들고, 신용카드만 더 긁어대는 결과를 초래하지 않을까?

꼼수 3 | 고금리 적용 한도액이 낮아 실제 이득은 미미

아무리 금리가 높다고 하더라도 저축할 수 있는 한도금액 자체가 낮으면 이자수익이 그리 높지 않다. 예를 들어 만기 1년짜리 연 5.0% 적금과 연 2.0% 적금이 있다고 할 경우, 매월 100만원씩 저축하면 이자수익의 차이는 164,970원으로 매우 크다. 하지만 매월 10만원씩 저축하는 경우에는 이자수익의 차이가 16,497원으로 그리 크지 않다.

▼ 저축액에 따른 이자수익의 차이(만기 1년, 세후이자 기준)

구분	매월 10만원씩 저축하는 경우		구분	매월 100만원씩 저축하는 경우	
금리	2%	5%	금리	2%	5%
이자수익	10,998원	27,495원	이자수익	109,980원	274,950원
차액	16,497원		차액	164,970원	

그런데 많은 월급쟁이들이 한도액을 꼼꼼히 따져보지 않은 채 단순히 눈에 보이는 연 5.0%와 연 2.0%의 금리 차이인 연 3.0%에만 집착한다. 그리고 막연하게 높은 이자수익을 얻을 수 있을 거란 착각에 빠지는 경우가 많다.

안타깝게도 대부분의 은행 고금리 예적금이 저축할 수 있는 한도액 자체가 낮아서 생각한 것만큼 금리 차이에 의한 높은 이자수익을 기대하기 힘들다. 결국 고금리를 앞세워서 월급쟁이들을 착각하게 만들기 위한 은행의 꼼수는 아닐까?

꼼수 4 │ 만기시 받는 금리의 착시효과

고금리 적금일수록 눈에 보이는 금리에만 집착해서 정작 이자를 꼼꼼히 정확하게 계산하지 않는 경우가 많다. 예를 들어 월 100만원씩 연 5.0% 만기 1년짜리 적금에 가입하는 경우 받을 수 있는 이자는 얼마일까? 일부 월급쟁이는 다음과 같이 계산한다.

> **100만원 × 5.0% × 12개월 = 60만원**
> (그런데 이 계산은 틀렸다! 정확한 이자 계산은 다음 쪽 참고)

적금의 이자 계산법은 생각보다 복잡하다. 적금은 매월 저축한 금액에 대해 만기까지 남은 개월수를 감안해서 이자를 계산한다.

또한 은행이 얘기하는 금리는 모두 세전금리 기준이기 때문에 세금 명목으로 이자소득세 15.4%(소득세 14%+주민세 1.4%)를 내게 되면 실제 세후이자는 274,950원(자세한 계산은 다음 쪽 표 참고)이다. 즉 단순하게 계산한 이자와는 많은 차이가 발생하게 된다.

"이것도 은행의 꼼수인가?" 하고 생각할 수 있는데, 은행 입장에서는

세전금리, 세후금리

금리를 따질 때는 세금을 떼기 전 금리(세전금리)인지, 세금을 뗀 후 금리(세후금리)인지 확인하는 게 반드시 필요하다.

돈을 맡기지 않은 기간에는 이자를 주지 않는 것이 당연하다. 따라서 고금리 적금에 가입하기 전에 직접 적금 이자를 계산해보거나 은행 직원에게 세후 기준으로 적금 이자가 얼마인지 정확하게 물어봐야 한다. 단순히 눈에 보이는 금리 숫자에만 집착해서 예금과 동일하게 이자가 계산된다고 생각해서는 안되며, 적금 이자 계산법을 기본적으로 꼭 알고 있어야 한다.

▼ 적금 이자 계산법 (단위 : 원)

개월	저축금액	금리	이자	계산법
1	1,000,000	5%	50,000	= 1,000,000 × 5% × (12/12개월)
2	1,000,000	5%	45,833	= 1,000,000 × 5% × (11/12개월)
3	1,000,000	5%	41,667	= 1,000,000 × 5% × (10/12개월)
4	1,000,000	5%	37,500	= 1,000,000 × 5% × (9/12개월)
5	1,000,000	5%	33,333	= 1,000,000 × 5% × (8/12개월)
6	1,000,000	5%	29,167	= 1,000,000 × 5% × (7/12개월)
7	1,000,000	5%	25,000	= 1,000,000 × 5% × (6/12개월)
8	1,000,000	5%	20,833	= 1,000,000 × 5% × (5/12개월)
9	1,000,000	5%	16,667	= 1,000,000 × 5% × (4/12개월)
10	1,000,000	5%	12,500	= 1,000,000 × 5% × (3/12개월)
11	1,000,000	5%	8,333	= 1,000,000 × 5% × (2/12개월)
12	1,000,000	5%	4,167	= 1,000,000 × 5% × (1/12개월)
합계			325,000	

여기서 50,050원(이자소득세 15.4%) 빼면
실제 이자는 274,950원

은행 월복리적금의 함정

재테크를 공부하다 보면 자주 듣게 되는 용어가 '복리'인데, 천재 물리학자인 아인슈타인이 복리를 놓고 "세계의 여덟 번째 불가사의"라고 경이로움을 표시하기도 했다. 그럼 과연 복리란 무엇일까? 은행이 이자를 주는 방법은 크게 단리와 복리가 있다. 단리는 원금에 대해서만 이자를 주지만, 복리는 이자를 포함시킨 원금에 대해 이자를 주는 것을 말한다. "이자 차이가 얼마나 날까?" 생각할 수도 있지만, 20~30년이 지난 후에 단리와 복리의 이자 차이는 어마어마하게 커진다. 정말 '복리의 마법'이라고 불릴 만하다.

따라서 은행 월복리적금이라고 하면 일단 엄청 높은 이자를 받을 거라고 생각된다. 하지만 정말 그럴까? 물론 연 3% 금리에 만기 3년 기준으로 단리적금과 월복리적금에 매월 20만원씩 저축하는 경우 분명 이자 차이가 발생하게 된다. 당연히 월복리적금이 이자가 더 높다. 하지만 비록 단리라고 하더라도 금리가 0.1%만 높아지면 월복리적금과 거의 비슷한 이자 수준이 된다.

▼ 단리 vs 복리 이자 비교(만기 3년, 세후이자 기준)

구분	3% 단리	3% 월복리	구분	3% 단리	3.1% 단리
저축금액	매월 20만원	매월 20만원	저축금액	매월 20만원	매월 20만원
원금+이자	7,481,718원	7,490,112원	원금+이자	7,481,718원	7,491,109원
차액	8,394원		차액	9,391원	

현재 은행 월복리적금의 만기는 대부분 3년이다. 복리의 마법을 체감하기에 3년이라는 기간은 턱없이 짧다. 따라서 만약 단리적금이지만 금리가 월복리적금보다 0.2% 높다면? 차라리 단리적금에 가입하는 게 더 유리하다.

'복리의 마법'이라는 이름 뒤에 숨겨진 월복리적금의 함정을 조심하자. 정말 복리의 마법을 제대로 체감하려면 20~30년이라는 기간이 필요하다는 것을 기억하길 바란다.

결론! 지출을 줄여 저축 여력 높이는 게 최고 이득!

문제는 이러한 함정을 알면서도 일단 가입하고 보자는 월급쟁이들이 많다는 것이다. 본인에게 맞지도 않는 조건을 무리하게 충족시키면서 은행 고금리 예적금에 집착하는 것보다 불필요한 지출을 합리적으로 줄여서 저축 여력을 높이기 위한 노력을 하는 것이 훨씬 바람직하다. 저축액 자체를 높이는 게 결과적으로 금리를 높이는 최고의 방법이다. 매월 10만원씩 저축하고 있었다면? 저축 여력을 매월 20만원으로 높이면 연 2%가 아니라 연 4% 적금에 가입한 효과를 기대할 수 있다. 즉 저축 여력 자체를 높인 후 중도해지 없이 반드시 만기를 채우는 것이 곧 고금리 예적금에 가입하는 것이라고 생각하면 된다.

▼ 금리 vs 저축금액 효과 비교(만기 1년, 세후이자 기준)

구분	금리 기준		구분	저축금액 기준	
금리	2%	4%	금리	2%	2%
저축금액	매월 10만원	매월 10만원	저축금액	매월 10만원	매월 20만원
이자수익	10,998원	21,996원	이자수익	10,998원	21,996원
차액	10,998원		차액	10,998원	

시중은행 예적금 가입시 주의사항

1 | 은행 고금리 예적금의 꼼수를 조심한다.

2 | 저축 여력 자체를 높이는 게 고금리 예적금에 가입하는 것과 마찬가지다.

카페의 시중은행 신상품 정보 게시판 활용하기

아직 시중은행 예적금 신상품 정보를 한곳에 모아놓은 곳은 없다. 항상 일과 시간에 쫓기는 월급쟁이들이 단순히 시중은행 신상품 정보를 확인하기 위해서 발품이나 마우스품을 판다? 그리 효율적인 방법이라고 보기 어렵다.

가장 효율적인 방법은 〈둘째마당〉 20장을 참고해서 매일 출근길에 경제뉴스를 읽는 것이다. 왜냐하면 경제뉴스 중 '금융' 분야에 시중은행 신상품 정보가 실시간으로 올라오기 때문이다. 따라서 경제 공부를 한다는 생각으로 매일 경제뉴스를 읽다 보면 자연스럽게! 발빠르게! 시중은행 신상품 정보도 확인할 수 있다.

그래도 "시중은행 신상품 정보를 모아두어 한눈에 볼 수 있다면 더 편리하지 않을까?" 이런 생각이 들 수도 있다. 필자도 이런 생각을 했고, 오랜 고민 끝에 카페에 시중은행 신상품 정보를 볼 수 있도록 별도의 게시판을 만들어서 운영하고 있다. 현재 많은 카페 회원들이 시중은행 신상품 정보를 올리고 의견도 나누면서 보다 손쉽게! 편리하게! 정보를 공유하고 있다. 푼돈이 모이면 목돈이 되듯이, 흩어져 있는 소소한 정보들도 모이면 결국 가치 있고 의미 있는 정보가 된다.

〈월재연 금융정보〉 게시글

 카페 길라잡이

'월급쟁이 재테크 연구' 카페에서 시중은행 신상품 정보 찾는 방법

① '월급쟁이 재테크 연구' 카페에 접속한다.
② 〈월재연 금융정보〉 메뉴에서 은행별 게시판을 확인한다.

37 더 안전한 저축은행, 더 높은 금리를 찾아서!

저축은행 사태 이후 불안한 저축은행

시중은행은 상대적으로 금리가 낮아서 한 푼이라도 이자를 더 많이 받기 위해 저축은행으로 눈을 돌리는 금리노마드(금리+노마드(Nomad, 유목민))족인 월급쟁이들이 많다. 시중은행보다 단 0.1%라도 금리가 높다는 것은 분명히 저축은행만의 매력이며 장점이다.

하지만 저축은행이라고 하면 떠오르는 이미지는 '불안하다' 또는 '못 믿겠다'가 아닐까 한다. 특히 2011년 저축은행 사태 이후 지금까지 끊임없이 부실경영으로 논란이 일고 있기 때문에 더욱 이러한 불안과 불신이 가중되지 않나 싶다.

---

tip

2011년 저축은행 사태

부산저축은행 등을 비롯한 여러 저축은행이 부실경영으로 도미노처럼 무너지면서 집단으로 영업정지된 사건을 말한다. 해당 저축은행에 돈을 예치해둔 사람들의 대규모 예금인출 사태인 뱅크런(Bank Run)이 발생하기도 했다. 필자도 이런 상황이라면 내 돈을 제대로 돌려받지 못할 수 있다는 불안과 공포로 인해 당장 해당 저축은행으로 달려갔을 것 같다.

그럼 왜 이런 사태가 발생하게 된 걸까? 저축은행은 1972년 서민과 중소기업의 금융편의를 위해 설립된 지역금융기관으로, 2002년 '상호신용금고'에서 '상호저축은행'으로 명칭이 변경되었다. 아무래도 '금고'

보다는 '은행'이라는 이름이 붙어서 신뢰도가 올라갔을 것이다.

또한 예금자보호한도가 1인당 2,000만원에서 시중은행과 동일하게 1인당 5,000만원으로 확대되면서 많은 사람들이 저축은행에 돈을 예치하기 시작했고 조금씩 덩치가 커지게 되었다. 그리고 2005년 88클럽(BIS자기자본비율 8% 이상, 고정이하여신비율 8% 이하)인 우량저축은행에 80억원 이상 대출하게끔 대출한도 제한이 완화되었고, 2010년에는 아예 '상호'라는 이름까지 뗄 수 있게 해주었다.

이후 덩치가 커진 저축은행은 부동산 PF대출 같은 위험성이 높은 분야로 업무를 확대하다가 부실의 길을 걷게 되었고, 결국 2011년 저축은행 사태를 초래하게 되었다.

- **BIS자기자본비율** : BIS(Bank for International Settlement, 국제결제은행)가 정한 위험자산 대비 자기자본비율. 최소 8% 이상 유지하게끔 기준이 마련되어 있고, 비율이 높을수록 안전하다.
- **고정이하여신비율** : 은행이 빌려주는 돈 중 고정이하여신(부실채권)이 차지하는 비율. 비율이 낮을수록 은행의 자산건전성이 높다.

그럼 "저축은행은 왜 시중은행보다 금리가 높을까?" 이런 궁금증이 생길 수 있겠다. 그 이유는 여러 가지가 있지만, 가장 큰 이유는 저축은행은 시중은행보다 인지도가 낮기 때문에 결국 높은 금리를 앞세워서 보다 많은 돈을 예치하기 위함이라고 할 수 있다.

저축은행 지표로 우량저축은행 찾기

저축은행이 시중은행보다 높은 금리를 적용해서 보다 많은 이자를 주는 이유에는 '위험성이 높다'는 것이 전제되어 있다. 즉 저축은행 이자가 높은 것은 일종의 위험수당이 포함되어 있기 때문이다. 그러므로 월급쟁이들은 경영이 건전하고 탄탄한 우량저축은행을 찾아서 소중한 돈을 넣어두어야 한다. 여기에 우량저축은행을 선별하기 위한 대표적인 지표를 적어두었으니, 자신이 가입하려는 저축은행의 지표가 어떤지 사전에 저축은행중앙회 소비자포털(fsb.or.kr/cps_index.act)에서 확인해보길 바란다.

저축은행중앙회 소비자포털 사이트 → 〈공시정보〉 → 〈경영공시〉

지표 ① 88클럽

'88클럽'이란 BIS자기자본비율이 8% 이상이며 고정이하여신비율이 8% 이하인 저축은행을 말한다. 하지만 2011년 저축은행 사태가 발생했을 때도 88클럽에 속한 저축은행이 상당수 포함되어 있었기 때문에 절대적인 지표라고 보기는 어렵다.

BIS자기자본비율과 고정이하여신비율은 저축은행중앙회에서 소비자포털의 〈경영공시〉 메뉴를 통해 확인할 수 있다. 〈경영공시〉를 클릭하면 전국의 저축은행 목록이 나온다. 여기서 해당 저축은행을 클릭하면 해당 저축은행의 홈페이지로 이동해서 '요약 경영공시'를 확인할 수 있다. 요약 경영공시는 영업개황, 재무현황, 손익현황, 기타로 구성되어 있는데, BIS자기자본비율과 고정이하여신비율은 기타에서 확인할 수 있다.

지표 ② 자기자본비율, 당기순이익

BIS자기자본비율은 자칫 왜곡될 위험을 안고 있는 지표다. 왜냐하면 BIS자기자본비율은 위험자산 대비 자기자본비율을 말하는데, 저축은행에서 후순위채권을 발행하면 BIS자기자본비율을 손쉽게 높일 수 있기 때문이다.

후순위채권은 기업이 망할 경우 다른 채권자의 부채를 청산한 후 그다음에 갚아도 되는 채권이다. 즉 돈을 되돌려받는 순위가 가장 늦은 채권이다. 후순위채권은 일정 조건(만기 5년 이상 등)을 충족하면 부채가 아닌 보완자본으로 인정받을 수 있다. 즉 부채는 부채지만 굳이 부채라고 얘기하지 않아도 되는 부채인 것이다. 따라서 저축은행에서 후순위채권을 발행하면 부채가 줄어들고 자기자본비율이 올라가기 때문에 BIS자기자본비율이 높아지게 된다.

따라서 순수한 자본금을 나타내는 지표인 자기자본비율이 5%가 넘어가는지를 확인해봐야 한다. 자기자본비율은 부채 성격이 있는 후순위채권을 보완자본으로 인정하지 않는 지표이며, 일반적으로 5% 이상인 경우 안정적이라고 판단한다.

그리고 과거 3년 동안 당기순이익을 냈는지를 확인할 필요가 있다. 참고로, 과거 1년 정도 높은 당기순이익을 냈다고 해서 우량저축은행이라고 판단해서는 안된다.

tip

• **자기자본비율** : 총자산 중 자기자본이 차지하는 비율. 재무구조의 건전성을 가늠할 수 있다. 높을수록 돈을 빌리지 않고 은행(기업) 운영을 할 수 있으므로 은행(기업)의 재무구조가 탄탄하다는 것을 의미한다. 자기자본비율은 저축은행중앙회의 〈경영공시〉를 통해 확인할 수 있다.
• **당기순이익** : 은행(기업)의 일정 기간 순이익. 해당 은행(기업)이 번 돈에서 각종 비용을 빼고 남은 순수한 이익을 말한다.

지표 ③ 대출 포트폴리오, PF 대출규모

재테크에서 투자 포트폴리오를 분산해서 수립하듯이 저축은행도 대출 포트폴리오를 분산하고 있는지 확인해야 한다. 한 군데에만 돈을 빌려준 저축은행은 위험하다. 소액대출, 채권, 해외사업 등 다양한 곳에 돈을 빌려준 저축은행이 상대적으로 안전하다. 또한 2011년 저축은행 사태의 가장 큰 주범이라고 할 수 있는 PF대출이 20%를 넘어가는 저축은행은 되도록 피하는 것이 위험성을 줄일 수 있다. PF대출의 규모도 자기자본비율과 동일하게 저축은행중앙회 소비자포털의 〈경영공시〉를 통해 확인할 수 있다.

tip

PF대출

자금조달의 기초를 신용·담보에 두지 않고 프로젝트 자체의 경제성에 두고 돈을 빌려주는 것.

지표 ④ 지점수, 자산규모

지점수가 많으면 상대적으로 재무구조가 탄탄하다고 볼 수 있으며, 자산규모가 큰 저축은행일수록 더욱 안정적으로 운영된다는 뜻이므로 총자산을 확인해야 한다. 지점수와 자산규모도 역시 저축은행중앙회소비자포털의 〈경영공시〉를 통해 확인할 수 있다.

하지만 이렇게 복잡한 지표를 참고 삼아 우량저축은행을 선별하기는 힘들다. 이제부터 저축은행에 돈을 맡길 때 구체적인 실천은 어떻게 해야 하는지 알아보자.

저축은행에 2,000만원 이내로 넣어야 하는 이유

"저축은행도 시중은행과 동일하게 예금자보호가 되지 않나요?"

"1인당 5,000만원 이하로 돈을 넣어두면 저축은행이 부도 나도 상관없는 것 아닌가요?"

가끔 이런 질문을 하는 카페 회원들이 있다. 저축은행은 원금과 이자를 합쳐서 1인당 5,000만원까지 시중은행과 동일하게 예금자보호법에 따라 보장을 받을 수 있다. 1인당 5,000만원 초과 금액은 예금자보호 대상에서 제외된다. 따라서 1인당 5,000만원까지는 저축은행에 돈을 넣어두어도 안전하다고 생각할 수 있다.

그런데 부도가 난 저축은행이 빠르게 정상화되지 않거나 새로운 인수자가 나타나서 매각이 빠르게 진행되지 않을 경우에는 통상 약 3개월 후 영업이 재개되어야 돈을 돌려받을 수 있다. 따라서 자칫 몇 개월 동안 돈이 묶여버리기 때문에 기회손실비용이 발생할 수 있다. 왜냐하면 5,000만원이라는 돈을 몇 개월 동안 단기금융상품을 통해 굴릴 수 있었던 기회를 잃어버리는 꼴이기 때문이다.

따라서 차라리 1인당 5,000만원이 아니라 2,000만원 이하로 여러 군데 저축은행에 분산해서 넣어두는 것이 훨씬 효율적일 수 있다. 예를 들어 남편과 부인이 통장을 각각 따로 만들어서 A저축은행에 2,000만원, B저축은행에 2,000만원으로 분산해서 총 4,000만원을 넣어두는 것이다. 이렇게 하면 긴급하게 돈이 필요한 분들을 위해 마련된 '가지급금 신청'을 활용해서 보다 빠르게 돈을 돌려받을 수 있다. 가지급금은 1인당 최대 2,000만원까지 지급되며, 5,000만원 초과 금액은 원금의 40%(최대 5,000만원)까지 지급하고 있다.

결국 저축은행은 예금자보호법에 대한 정확한 이해를 바탕으로 사전에 우량저축은행인지를 잘 판단해서 소중한 돈을 철저하게 분산해서 안정성을 확보하는 것이 매우 중요하다. 또한 단순히 저축은행이 금리가 높다는 이유만으로 "일단 가입부터 하자"고 성급하게 결정해서는 안된다. 왜냐하면 저축은행이 부도가 날 경우 비록 예금자보호법에 따라 돈을 안전하게 돌려받는다고 하더라도 그로 인해 받은 정신적 고통은 절대 돈으로 환산해서 돌려받을 수 없기 때문이다.

시중은행, 저축은행 예금 쪼개기 — 5:3:2 법칙

마지막으로! 그럼 시중은행이 좋을까, 저축은행이 좋을까? 시중은행은 금리는 낮지만 안정성이 높고, 저축은행은 금리가 높지만 안정성이 낮다. 각각 장단점을 갖고 있는데 카페 회원들을 대상으로 여러 번 투표를 진행한 적이 있다.

"만약 1,000만원이 있다면 시중은행과 저축은행 중 어떤 은행에 돈을 넣어둘 건가요?"

이런 주제로 투표를 진행했는데, 과연 결과가 어떻게 나왔을까? 저축은행이 53%, 시중은행이 47%로 저축은행에 대한 선호도가 조금 높았다. 물론 이는 절대적인 지표는 아니며, 금액에 따라 달라질 수 있으니 참고자료로만 활용하길 바란다. 결국 시중은행이든 저축은행이든 본인의 재무상황, 투자성향 등을 감안해서 본인에게 가장 잘 맞는 은행을 선택하는 것이 바람직하다.

또한 '5:3:2 법칙'을 활용해서 은행별로 분산해서 쪼개기를 하는 것도 효과적이다. 예를 들어서 1,000만원을 예금에 넣어둘 경우 다음과 같이 쪼개는 것이다.

수익성과 안정성을 분산시켜주는 효과도 있지만, 갑작스럽게 급전을 써야 하는 경우 필요한 금액만큼 중도해지(예 : 200만원이 필요한 경우 3번 C저축은행 예금만 중도해지)를 하면 되기 때문에 나머지 예금은 만기까지 유지할 수 있다.

잠 | 깐 | 만 | 요

농협중앙회(제1금융권)와 단위농협(제2금융권) 구별하기

금융상품 공부를 하다 보면 제1금융권, 제2금융권, 제3금융권이라는 말을 자주 접한다. 과연 어떤 의미를 담고 있는 말일까?

제1금융권은 주요은행, 지방은행, 특수은행을 지칭하며, 흔히 알고 있는 시중은행(KB국민, 우리, 신한, IBK기업 등)을 포함한다. 가장 많은 분들이 이용하기 때문에 자연스럽게 제1금융권이라는 이름이 붙여졌다.

제2금융권은 저축은행, 보험사, 증권사, 상호조합은행(농협, 신협, 새마을금고 등), 카드사 등을 지칭하는 말이다. 제3금융권은 대부업 등 비공식적인 금융활동을 하는 사금융, 즉 사채업이라고 생각하면 이해가 빠르다.

그런데 많은 월급쟁이들이 헷갈리는 부분이 바로 농협이다. 농협의 경우 농협중앙회는 제1금융권이지만 단위농협은 제2금융권이다. 농협중앙회와 단위농협을 같은 기관이라고 생각할 수도 있지만, 정확하게 따지면 엄연히 다른 기관이라고 할 수 있다. 간판을 보면 간단하게 구분할 수 있다. 농협중앙회는 간판에 'NH농협은행'이라고 적혀있고, 단위농협은 간판에 '○○농협'이라고 적혀 있다.

단위농협은 해당 지역에서 운영하는 것이며 이러한 단위농협이 힘을 합쳐 모여서 만든 것이 농협중앙회다. 또한 농협중앙회에서 돈을 모아서 만든 것이 바로 NH농협은행이다. 그동안 농협중앙회와 단위농협이 헷갈렸다면? 간판을 유심히 보면 구분할 수 있다.

농협중앙회는 제1금융권

단위농협인 순천농협은 제2금융권

38 월급쟁이의 CMA통장 200% 활용법

월급쟁이들이 CMA통장을 만드는 이유

CMA통장이란 무엇일까? CMA는 Cash Management Account 의 줄임말로, 종합자산관리계좌다. 국공채, 기업어음(CP), 양도성예금 증서(CD), 환매조건부채권(RP) 등의 단기상품에 투자해서 발생한 수익을 되돌려준다. 참고로, CMA통장은 증권사, 종합금융회사(종금사) 등에서 만들 수 있다. 하지만 예외적으로 은행과 증권사를 동시에 갖고 있는 금융지주회사에서 시너지효과를 극대화하기 위해 은행의 수시입출금식 예금통장과 증권사 CMA계좌를 연결해서 만든 복합금융상품인 경우에는 은행에서도 CMA통장을 개설할 수 있다.

> **tip**
>
> **예금통장 + CMA**
>
> 현재 '하나은행 Big Pot 통장'과 '하나금융투자 Big Pot CMA'가 은행의 수시입출금식 예금통장과 증권사 CMA계좌를 연결해서 만든 복합금융상품이다.

그럼 CMA통장의 장점은 무엇일까? 왜 많은 월급쟁이들이 CMA통장을 만들려고 할까?

장점 1 | 입출금이 자유롭다

은행 수시입출금식 예금통장과 비교할 수는 없지만 그래도 은행 자동화기기(CD, ATM)나 인터넷뱅킹을 통해서 자유롭게 입출금할 수 있고 계좌이체도 가능하다. 단, 은행에서 발급한 인증서(은행, 보험용)로는 불가능하기 때문에 증권용 인증서(증권, 보험용)를 발급받아야 한다.

또한 은행계좌에 연계해서 현금카드, 체크카드 발급도 가능하다. 한마디로 '은행 수시입출금식 예금통장=증권사 CMA통장'이라고 생각하면 이해가 빠를 것이다.

다양한 CMA통장들

장점 2 | 단 하루만 맡겨도 이자를 준다

CMA통장 금리가 연 2.3%라고 한다면 하루에 0.00630137%(연 2.3%×1/365)의 이자가 발생한다. 물론 이자소득세 15.4%(소득세 14%+주민세 1.4%)를 제외하고 받기는 하지만, 아주 잠깐 목돈이 있을 때 맡겨두면 좋다.

장점 3 | 은행 예금통장에 비해서 금리가 높다

은행 수시입출금식 예금통장은 자유로운 입출금이 가능하지만 금리

▼ CMA통장 금리비교(2024.10 기준)

금융기관	CMA 이름	CMA 종류	주요 특징
삼성 증권	CMA+	• RP형 : 확정금리(연 3.0%) • MMF형 : 실적배당(운용수익률) • MMW형 : 실적배당 (사전에 협의된 이자율로 투자됨)	은행 자동화기기 출금 및 온라인 이체 수수료가 면제되며 공과금, 관리비 등 자동납부 서비스 제공
유안타 증권	W-CMA	• RP형 : 확정금리(연 3.1%) • MMF형 : 실적배당(운용수익률) • MMW형 : 실적배당 (사전에 협의된 이자율로 투자됨)	CU에 설치된 자동화기기(NICE), 세븐일레븐에 설치된 자동화기기(롯데ATM) 출금수수료 면제
우리 투자 증권	우리 WON CMA Note	종금형 : 변동금리 • 1천만원 이하 : 연 3.1% • 1천만원 초과 : 연 2.9% (매일의 예금 최종 잔액 구간별로 금리가 다르게 적용됨)	1인당 5,000만원까지 예금자보호
KB 증권	KB CMA	• RP형 : 확정금리(연 3.0%) • 발행어음형 : 확정금리(연 2.9%) • MMF형 : 실적배당(운용수익률) • MMW형 : 실적배당 (사전에 협의된 이자율로 투자됨)	롯데ATM(세븐일레븐, 롯데마트 등), 모든 은행 온라인·자동화기기 출금수수료 면제
신한 투자 증권	신한 명품 CMA	• RP형 : 확정금리(연 2.95%) • MMF형 : 실적배당(운용수익률) • MMW형 : 실적배당 (사전에 협의된 이자율로 투자됨)	신한명품 CMA 신용/체크카드 발급시 부가혜택(주유 영화 요식업 할인 등) 제공
한국 투자 증권	CMA	• RP형 : 확정금리(연 3.0%) • MMF형 : 실적배당(운용수익률) • MMW형 : 실적배당(사전에 협의된 이자율로 투자됨)	급여 자동납부와 공과금 자동이체(CMS/지로)가 가능하고 잔고부족 사전 알림 서비스 제공

※ RP형의 금리, 우대 조건은 시장금리 상황 등에 따라 변동될 수 있다.

※ 자료 : 각 증권사 홈페이지

가 매우 낮다. 하지만 CMA통장은 자유로운 입출금이 가능하면서도 금리가 상대적으로 높다. CMA통장 금리는 기간별 차이를 두는 경우도 있고 차이가 없는 경우도 있으니, 본인의 운영기간을 잘 고려해서 기간별 금리 비교를 하는 것이 좋다. 단, CMA통장은 은행 예금처럼 1년 이상 오랫동안 돈을 넣어둔다고 해서 금리가 올라가는 구조가 아니기 때문에 단기자금 운용처로 활용하는 것이 좋다.

CMA통장 종류 ─ 종금, RP, MMF, MMW

CMA통장은 운용대상에 따라 유형을 크게 종금형, RP(Repurchase Agreement)형, MMF(Money Market Fund)형, MMW(Money Market Wrap)형으로 나눌 수 있다. CMA통장의 유형별 특징, 장점, 단점 등이 다르므로 사전에 제대로 알아둘 필요가 있다.

종금형은 확정금리 상품으로 국공채, CP, CD 등에 투자한다. 예금자보호가 되는 대신 단기간 예치시 수익이 낮다.

RP형은 확정금리 상품으로 국공채와 우량회사채에 투자한다. 예금자보호는 안되지만 금리상승기에는 MMF형보다 수익이 좋다.

MMF형은 실적배당 상품으로 단기국공채, CP, CD 등에 투자한다. 금리하락기에 RP형보다 수익이 좋다. 하지만 국공채 편입률이 낮아서 CP, CD 등에 많이 투자하면 안정성이 떨어진다는 단점이 있다.

MMW형 역시 실적배당 상품으로 채권, CP, CD 등에 투자한다. 예금자보호가 안되며 일복리 운영으로 장기간 예치시 유리하다. 하지만 일반적으로 다른 CMA상품보다 수익이 낮다.

- **CP** : Commercial Paper의 줄임말. 우량기업이 자금조달을 목적으로 발행하는 무담보 단기어음. 일반적으로 '기업어음'이라고 부르며, 단기자금조달을 위해 발행한다.
- **CD** : Certificate of Deposit의 줄임말. '양도성예금증서'라고 부른다. 은행 정기예금에 양도성을 부여한 것으로, 금융시장에서 매매가 가능하다. CD금리는 단기금리의 기준금리로 활용된다.
- **국공채** : 국가가 돈을 조달하기 위해 발행한 단기·장기채권.
- **채권** : 정부, 공공기관, 주식회사 등이 시장에서 거액의 자금을 조달하기 위해 발행하는 차용증서.

▼ CMA통장 유형별 비교

구분	종금형	RP형	MMF형	MMW형
특징	확정금리	확정금리	실적배당	실적배당
투자대상	국공채, CP, CD 등	국공채, 우량회사채 등	단기국공채, CP, CD 등	채권, CP, CD 등
예금자보호	○	×	×	×
장점	예금자보호 가능	확정금리 적용	금리하락기에 RP형보다 수익이 좋다.	일복리 운영으로 장기예치시 유리
단점	단기예치시 수익이 낮다.	금리상승기에 MMF형보다 수익이 좋다.	국공채 편입률이 낮으면 안정성이 떨어진다.	다른 유형보다 수익이 낮다.

최근 인기 있는 CMA통장 유형은 RP형

그럼 과연 어떤 유형의 CMA통장이 가장 좋을까? 카페 회원들도 콕 집어서 어떤 유형의 CMA통장이 가장 좋은지 많이 궁금해한다. 그래서 카페 회원들이 주로 만드는 CMA통장 유형을 정리해서 통계를 내보았다. 물론 많은 사람들이 만든 CMA통장 유형이 상대적으로 좋기는 하겠지만 절대적인 지표는 아니니 본인의 조건과 상황에 맞는 유형으로 CMA통장을 만드는 것이 바람직하다.

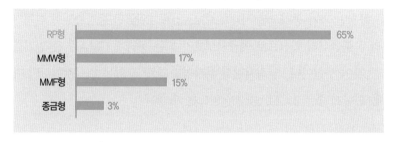

▼ '월급쟁이 재테크 연구' 카페 회원들의 CMA통장 유형

- RP형 65%
- MMW형 17%
- MMF형 15%
- 종금형 3%

아무래도 RP형이 확정금리를 제공한다는 장점이 있어서 많은 카페 회원들이 활용하고 있다. 또한 한국은행 기준금리가 올라가면 확정금리도 대부분 함께 올라간다. 다만 확정금리는 CMA통장에 가입할 때 정해지기 때문에 오른 확정금리를 적용받기 위해서는 일단 돈을 뺐다가 다시 넣어야 하는 불편함이 있다.

반면 MMF형은 MMF 수익률에 따라 수익이 달라지며, MMW형은 초단기로 운영되어서 한국증권금융에서 운용하는 일일정산 방식으로 일복리효과를 노려볼 수 있다. 마지막으로, 종금형은 CMA통장 유형 중 유일하게 1인당 5,000만원까지 예금자보호를 받을 수 있지만 상품 종류가 적다.

tip

예금자보호 CMA통장

'우리투자증권 우리 WON CMA Note'는 예금자보호가 되는 CMA통장이다. 종금형이었던 'The CMA Plus'는 메리츠종금증권의 종합금융업무 종료로 2019년 4월 3일부로 신규가입이 불가하다.

"그런데 종금형이 아닌 CMA통장의 경우 예금자보호를 받을 수 없는데, 그러면 위험하지 않나요?"

가끔 이런 질문을 하는 회원들도 있다. 물론 CMA는 기본적으로 예금자보호대상이 아니지만 국공채, 우량 기업채 등에 투자하기 때문에 파산할 가능성이 거의 없다고 봐야 한다. 또한 극단적으로 해당 증권사가 파산하더라도 한국예탁결제원 등에 고객담보자산을 보관하는 등 별도의 보호조치를 취하고 있다.

하지만 과거 동양그룹 사태로 CMA업계 1위였던 동양증권이 휘청거리자 불안심리 확산으로 예금자보호가 되는 종금형 CMA가 큰 인기를 끈 것이 사실이니, 안정지향적 투자성향을 갖고 있는 월급쟁이라면 마음 편하게 종금형 CMA통장을 만드는 게 좋다.

CMA통장 어디에 활용할까? 비상금통장!

주로 월급통장, 비상금통장, 단기자금 운용처로 활용하는 것이 좋은데, CMA통장의 특징과 장점을 감안하면 가장 이상적인 활용처는 비상금통장이다. 따라서 CMA통장은 유형도 중요하지만 금리와 수수료 면제혜택 등도 함께 따져봐야 한다.

특히 금리보다는 이체·출금수수료 면제혜택이 좋은 CMA통장을 만드는 것이 훨씬 효율적이라고 할 수 있다. 왜냐하면 현재 CMA통장별 금리 차이는 0.1~0.2% 수준인데, 1년 동안 500만원을 넣어둘 경우 세후이자 차이가 4,200~8,500원이다. 한 달로 환산하면 겨우 350~710원 수준이다. 반면 수수료는 많게는 한 번에 1,000원 정도 발생하기 때문에 CMA통장의 이체·출금수수료 면제혜택을 집중적으로 비교해보길 바란다.

출근길복습

CMA통장 개설 전 주의사항

1 | CMA통장의 이상적인 활용처는 비상금통장이다.
2 | CMA통장은 금리보다는 이체·출금수수료 면제혜택을 비교하는 것이 더 중요하다.

268

단기자금 운용처, MMF와 MMDA

1 | MMF의 장점과 단점

MMF는 Money Market Fund의 줄임말로, 초단기채권이나 국공채 등 단기금융상품에 투자하는 펀드다. MMF의 장점은 CMA처럼 단 하루만 돈을 넣어두어도 운용실적에 따른 수익금을 받을 수 있다는 것이다. 또한 CMA통장처럼 입출금이 자유롭기 때문에 일종의 수시입출금식 펀드통장이라고 이해하면 된다. 우량채권, 국공채 등에 투자하기 때문에 안정성이 높다는 것도 장점이다.

하지만 비록 안정성이 높은 우량채권, 국공채 등에 투자하더라도 펀드이기 때문에 손실이 날 수 있다는 점은 유의해야 한다. 예를 들어 금리상승기에는 채권 가치가 하락해서 손실위험성이 증가할 수 있다. 그리고 MMF의 단점은 안정성이 높은 만큼 수익률이 낮다는 것이며, 입출금이 자유로운 반면 카드 발급이 안되기 때문에 자동화기기(CD, ATM)를 활용할 수 없다.

2 | MMDA의 장점과 단점

MMDA는 Money Market Deposit Account의 줄임말로, 은행들이 MMF에 대응하기 위해 출시한 금융상품이라고 할 수 있다. MMDA의 장점은 CMA처럼 입출금이 자유로우면서 시장금리를 기준으로 이자를 지급받을 수 있다는 것인데, 고금리 수시입출금식 예금통장이라고 이해하면 된다. 또한 원금손실의 위험이 없고 예금자보호를 받을 수 있다는 것도 장점이다.

MMDA의 단점은 통상 최소 가입금액이 500만원 이상이며, 은행마다 차이가 있지만 거의 1억원 이상을 넣어두어야만 연 1.0% 이상의 금리를 적용받을 수 있다는 것이다. 또한 수수료 면제혜택이 거의 없다는 것도 단점이다.

39 노후대비용 개인연금
— 연금저축, 연금보험

적정 노후생활비는 월 210만원, 국민연금만으론 부족!

여러분은 노후를 위해 무엇을 준비하고 있는가? 대부분 제일 먼저 떠올리는 것이 국민연금이 아닐까 한다. 국민연금은 정부가 국민들의 노후대비를 위해서 마련한 제도인데, 월급쟁이라면 강제적 또는 반강제적으로 가입한 상태다. 하지만 "국민연금 기금이 2060년쯤에는 고갈될 것이다", "내가 연금을 받을 나이에 과연 기금이 남아 있을까?" 등 국민연금에 대한 논란과 불신이 많은 것이 사실이다.

과연 국민연금만으로 행복하고 돈 걱정 없는 노후생활이 가능할까? 국민연금연구원(institute.nps.or.kr) 통계자료를 보면 국민연금 월평균 수령액은 847,830원이다. 일반적으로 은퇴 후 적정 노후생활비를 은퇴 전 생활비의 70%라고 보는데, 한국외대 박명호 교수팀 설문조사 결과를 보면 적정 노후생활비는 월 210만원이다.

▼ 적정 노후생활비

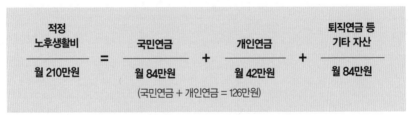

적정 노후생활비 월 210만원	=	국민연금 월 84만원	+	개인연금 월 42만원	+	퇴직연금 등 기타 자산 월 84만원
		(국민연금 + 개인연금 = 126만원)				

※ 개인연금은 40세 가입, 연금저축 월 34만원(연 400만원 기준), 10년 납입, 연금 수령기간 20년인 경우

결국 국민연금, 퇴직연금 등 기타 자산을 합치더라도 적정 노후생활비인 월 210만원에 턱없이 부족하기 때문에 개인연금에 가입해서 부족한 노후생활비를 충당해야 한다는 결론이 나온다. 그리고 고령화는 갈수록 심해지고 있다. 국민연금을 받을 노인인구는 증가하지만 정작 국민연금을 내야 할 젊은이들은 줄어들고 있는 상황이다.

▼ **전체 인구 중 65세 이상 노인인구 비율** (단위 : 만명)

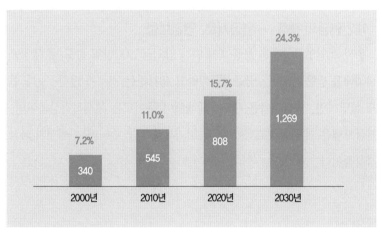

※ 자료 : 통계청

노후대비를 위한 필수 상품 — 개인연금

물론 노후에 엄청난 유산을 상속받거나 기적처럼 로또에 당첨되면 얘기가 달라지겠지만, 대부분 월급쟁이들한테는 희망사항일 뿐이다. 그러니 이제 국민연금이나 퇴직연금만 바라보고 있을 게 아니라 월급쟁이들 스스로 은퇴 이후의 노후대비를 해나가야 한다. 결국 개인적으로 노후대비를 보완하기 위해서 필수로 가입을 고려해봐야 하는 금융상품이 바로 개인연금이라고 할 수 있다.

하지만 막상 개인연금에 가입하려고 하면 생각 외로 종류가 너무 많아서 서서히 머리가 아프기 시작한다. 그래서 제대로 따져보지도 않은 채무작정 특정 개인연금에 가입했다가 노후대비는커녕 중도해지 등으로 불이익을 당하는 월급쟁이들이 많다. 따라서 사전에 개인연금이란 무엇인지, 어떤 종류가 있는지, 어떤 특징이 있는지 등을 충분히 공부한 후 본인에게 가장 적합한 개인연금에 가입하는 게 중요하다.

개인연금의 종류 — 연금저축, 연금보험

우선 개인연금상품은 뭉뚱그려 연간 납입금 600만원 한도 내 세액공제혜택을 받을 수 있는 금융상품이라고 생각하는 경우가 많다. 보다 쉽게 설명하면, 연금저축은 세액공제혜택이 주어지는 세제적격상품이며, 연금보험은 세액공제혜택이 없고 비과세혜택만 주어지는 세제비(非)적격상품이다.

> tip ·······························
>
> **세액공제혜택**
> 연금저축은 연말정산을 통해 세액을 곧바로 공제받지만 나중에 연금을 받을 때 세금을 물게 된다. 반면 연금보험은 연말정산을 통해 세액공제는 못 받아도 나중에 연금을 받을 때 비과세혜택을 받는다.

① 연금저축

연금저축은 최소 5년 이상 유지하고 만 55세 이후 연금으로 수령할 수 있으며 납입한도는 연간 1,800만원이다. 연간 납입금 600만원 한도 내에서 12%에 해당하는 금액을 소득에 상관없이 세액공제혜택을 받을 수 있기 때문에 노후대비뿐만 아니라 절세효과를 함께 노려볼 수 있다.

▼ 연금저축 절세효과

연간 납입금	세액공제율	절세효과
600만원	12%	720,000원(600만원 x 12%)

※ 종합소득금액 4,500만원(총급여액 5,500만원) 초과 기준

참고로, 2023년 연말정산 보완책의 일환으로 총급여 5,500만원 이하 근로자나 종합소득금액 4,500만원 이하인 가입자는 12%가 아닌 15%의 세액공제율을 적용받을 수 있다. 다만 연금수령시에는 연령에 따라 저세율로 연금소득세가 3.3~5.5% 부과된다.

또한 가입한 연금저축상품이 불만족스러운 경우 계좌이체제도를 활용해서 다른 연금저축상품으로 갈아타는 것도 가능하다. 하지만 무작정 갈아타지 말고 수익률, 수수료율 등을 꼼꼼하게 비교한 후에 결정하는 게 좋다.

연금저축의 종류는 크게 연금저축펀드(자산운용사), **연금저축보험**(보험사)으로 나누어진다. "똑같은 연금저축 아닌가요?" 생각할 수 있지만, 취급기관에 따라 납입방법, 수익률, 연금 지급방식 등이 다르기 때문에 정확하게 이해하고 있어야 한다.

연금저축펀드는 주식투자 비중을 선택할 수 있어서 수익률을 높일 수 있지만 변동성이 커서 원금손실의 위험성이 있다. 연금저축보험은 매월 납입한 보험료에서 사업비를 차감한 금액에 공시이율을 적용해서 적립되지만 계약 해지시 환급금이 납입금보다 적을 수 있으므로 유의해야 한다.

▼ 연금저축 종류

구분	연금저축펀드	연금저축보험	
취급기관	자산운용사	생명보험사, 농협, 신협, 수협, 우체국	손해보험사
납입방법	자유납입	정액납입	정액납입
수익률	실적배당	공시이율	공시이율
연금 지급방식	확정기간형	확정기간형, 종신연금형	확정기간형
예금자보호	×	1인당 5,000만원	1인당 5,000만원
상품 종류	주식형, 혼합형, 채권형	금리연동형*, 금리고정형	금리연동형*

* 적립금액에 적용되는 이율이 매월 변동되는 형태

※ 연금저축신탁(은행)은 2018.1.1부터 판매 중지

연금저축펀드는 납입금액과 납입시기를 자유롭게 정할 수 있지만 연금저축보험은 정액납입식이다. 따라서 정기적으로 납입이 어려운 경우라면 연금저축보험보다는 연금저축펀드에 가입하는 게 좋다. 그리고 연금저축보험은 납입기간 동안 정기적으로 납입이 가능한 금액을 합리적으로 잘 결정해야 한다.

또한 연금저축은 공적연금을 제외하고 연간 연금수령액이 1,200만원을 초과한 경우에는 다음 연도 5월에 종합소득신고를 해야 하며, 중도해지시에는 납입금에 대해 소득세 16.5%가 부과된다는 것에 유의해야 한다.

② 연금보험

연금보험은 세액공제혜택은 없지만 10년 이상 유지시 보험차익 비과세혜택을 받을 수 있으며, 연금수령시 연금소득세가 부과되지 않는다.

우선 **납입방법에 따라** 적립식형, 거치식형, 즉시형으로 나누어진다. 적립식형은 통상 10년 이상 매월 일정 금액을 납입하는 형태이며, 거치식형은 한번에 납입하는 형태다. 즉시형은 거치식형과 유사하지만 한 달 후에 바로 연금을 받을 수 있다. 월급쟁이들에게는 적립식형 연금보험이 적합하며, 은퇴를 코앞에 두고 있다면 즉시형 연금보험이 좋다.

그리고 **지급방법에 따라** 종신형, 확정형, 상속형으로 나누어진다. 종신형은 살아 있는 동안 평생 연금을 받는 형태이며, 확정형은 기간을 나눠서 연금을 받는 형태다. 상속형은 연금을 받되 사망할 경우 유가족에게 상속자금으로 물려줄 수 있지만, 원금은 그대로 두고 이자만 지급받기 때문에 상대적으로 연금의 규모가 적다.

또한 **운영방법에 따라** 공시이율형인 연금보험과 투자수익형인 변액연금보험으로도 나눌 수 있다. 변액연금보험은 보험료의 일부를 펀드처럼 투자하는 변액보험의 일종이며, 적절한 관리를 통해 물가 이상의 수익률을 기대해볼 수 있다.

---

tip

연금보험은 부부형이 유리

연금보험은 만약 종신형에 가입할 경우 일찍 사망하면 손해이기 때문에 개인형보다는 부부형을 선택하는 게 유리하다. 왜냐하면 부부형은 부부 중 어느 한쪽이 살아 있을 때까지 계속해서 연금을 받을 수 있기 때문이다.

나에게 적합한 개인연금 찾기 4단계

"개인연금! 종류가 엄청 많고 이름도 비슷해서 뭐가 어떻게 다른지 잘 모르겠어요!"

"개인연금! 가입하려고 하는데 연금저축이 좋을까요, 연금보험이 좋을까요?"

▼ 연금보험 특징

취급기관	생명보험사
납입방법	적립식형, 거치식형, 즉시형
납입한도	회사마다 다르다.
수익률	공시이율(단, 변액연금보험은 투자수익)
연금 지급시기	통상 45세 이상부터 지급
연금 지급방식	종신형, 확정형, 상속형
세제혜택	10년 이상 유지시 보험차익 비과세(중도해지시 이자소득세 15.4% 과세)
상품 종류	연금보험(공시이율형), 변액연금보험(투자수익형)

　카페 회원들이 개인연금 관련해서 자주 질문하는 내용인데, 특히 콕 집어서 어떤 취급기관의 어떤 개인연금이 가장 좋은지를 많이 궁금해한다. 하지만 말하기 어려운 부분이 있다. 왜냐하면 본인의 재무상황을 고려한 납입금액, 납입기간, 투자성향 등에 따라 적합한 개인연금의 종류가 달라지며 추가로 수익률, 수수료율, 재무안정성 등을 종합적으로 판단해서 결정해야 하기 때문이다. 따라서 다음 쪽의 순서도를 참고해 본인에게 맞는 개인연금을 올바르게 선택해보길 바란다.

1단계 | 세제혜택을 결정한다

　먼저 세제혜택 면에서 연말정산 세액공제혜택을 받을 것인지, 연금수령시 보험차익 비과세혜택을 받을 것인지부터 결정해야 한다. 또한 연금소득 과세 여부도 함께 따져서 연금저축과 연금보험 중에서 선택하면 된다.

▼ 나에게 맞는 개인연금 찾기 순서도

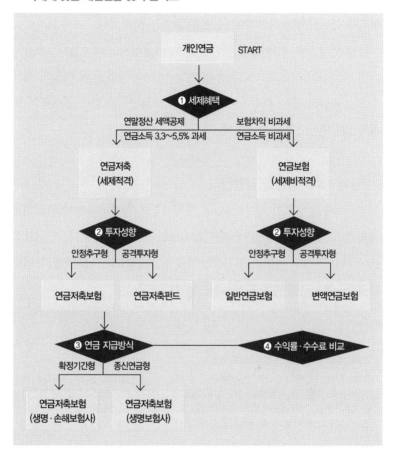

만약 연말정산 때 세금을 토해내고 있는 경우라면 연금보험보다는 연금저축을 선택해서 세액공제혜택부터 챙기는 것이 우선이다. 또한 세액공제혜택을 통해 되돌려받은 세금, 즉 연말정산환급금을 연금저축에 추가납입함으로써 보다 많은 세금을 되돌려받는 선순환구조를 만들 수도 있다. 그리고 총급여 5,500만원 이하인 경우에도 13.2%가 아닌

16.5%의 세액공제율을 적용받을 수 있기 때문에 연금보험보다는 연금저축을 선택해서 세액공제혜택을 극대화하는 것이 좋다.

반면 연금저축 이외에 연말정산 전용 금융상품(크라우드펀딩, 보장성보험 등)에 가입하고 효율적으로 활용해 연말정산 때 일정 금액 이상의 세금을 되돌려받고 있는 경우라면 연금저축보다는 연금보험을 선택해서 보험차익과 연금소득 비과세혜택을 노려보는 것이 좋다.

2단계 | 투자성향을 감안한다

연금저축을 선택한 경우 본인의 투자성향이 공격투자형이라면 연금저축펀드, 안정추구형이라면 연금저축보험을 선택하면 된다. 연금보험을 선택했을 경우 본인의 투자성향이 공격투자형이라면 변액연금보험, 안정추구형이라면 일반연금보험을 선택하면 된다.

tip

납입방법에 따라 연금저축 종류를 선택하려면?

자유적립식으로 납입하고 싶다면 연금저축펀드, 정액적립식으로 납입하고 싶다면 연금저축보험을 선택하면 된다. 다만 납입방법보다는 본인의 투자성향을 우선해야 한다. 정액으로 납입할 자신이 없다는 이유로 본인의 투자성향이 안정지향적인데도 그걸 무시하고 자유적립식인 연금저축펀드를 선택했다가 나중에 원금손실이라도 발생하면, 돈을 떠나서 정신적인 고통이 상당할 것이다. 다음 예시를 보자.

- **납입방법** : 자유적립식으로 납입하고 싶다 → 연금저축펀드
- **투자성향** : 안정적으로 투자하고 싶다 → 연금저축보험

우선순위는 '투자성향 〉 납입방법'이므로 예시의 투자자는 연금저축펀드보다 연금저축보험을 선택하는 것이 바람직하다.

3단계 | 연금 지급방식을 결정한다

연금저축은 연금 지급방식을 확정기간형 또는 종신연금형 중에서 결정해야 한다. 참고로, 연금보험은 연금 지급방식을 종신형 또는 확정형 또는 상속형 중에서 선택하면 된다.

4단계 | 수익률, 수수료율, 재무건전성을 비교한다

수익률, 수수료율 등을 비교해보고 재무건전성, 고객만족도가 높은 가장 믿을 만한 취급기관을 선택하면 된다. 수익률, 수수료율, 취급기관 정보는 금융감독원, 은행연합회, 금융투자협회, 생명보험협회, 손해보험협회 홈페이지의 〈연금저축 비교공시〉 메뉴에서 확인할 수 있다.

마지막으로, 개인연금은 중도해지시 소득세 부과 등 불이익을 당할 수 있으므로 본인의 재무상황을 고려해서 납입금액과 납입기간을 올바르게 결정해서 중도해지를 하지 않는 것이 가장 중요하다.

또한 "나는 아직 젊은데 벌써부터 노후대비를 할 필요가 있나?" 이렇게 생각하지 말길 바란다. 나이가 들수록 그만큼 노후대비에 대한 부담이 커지므로, 젊었을 때부터 개인연금을 활용해서 조금씩 차근차근 노후대비를 시작하길 바란다.

종잣개복습

노후대비 점검사항

1 | 행복하고 돈 걱정 없는 노후를 위해서 개인연금 가입은 선택이 아닌 필수다.
2 | 노후대비는 한 살이라도 젊을 때 본인 스스로 시작해야 한다.

연금저축 비교공시 확인하는 사이트

1 | 금융감독원(www.fss.or.kr)

모든 금융회사의 공시 내용 조회가 가능하다. 금융소비자정보포털 파인(fine.fss.or.kr)
→ 통합연금포털 → 〈연금저축 비교공시〉 → 권역, 수령기간, 수수료구조 등 선택 후
조회

금융감독원 금융소비자정보포털 파인

2 | 금융투자협회(www.kofia.or.kr)

자산운용사(증권사)의 공시 내용만 조회 가능하다. 메인화면 하단의 〈전자공시시스템〉
→ 〈투자자〉 → 〈금융상품〉 → 연금저축펀드 선택 후 조회

3 | 생명보험협회(www.klia.or.kr)

생명보험사의 공시 내용만 조회 가능하다. 〈소비자〉 → 〈공시실〉 → 메인화면 좌측
〈상품비교공시〉 → 〈연금저축〉 → 보험회사, 비교항목 등 선택 후 조회

4 | 손해보험협회(www.knia.or.kr)

손해보험사의 공시 내용만 조회 가능하다. 〈공시/자료실〉 → 메인화면의 왼쪽 〈상품
비교공시〉 → 〈연금저축 비교공시〉 → 〈비교공시표보기〉 → 보험회사, 채널종류 등 선
택 후 조회

잠|깐|만|요

알쏭달쏭 변액보험 종류 3가지

변액연금보험은 앞에 '변액'이라는 말이 붙어 있다. 그럼 과연 변액보험이란 무엇일까? 많은 월급쟁이들이 상당히 헷갈려하는데, 아주 쉽게 설명하자면 보험료의 일부를 펀드처럼 투자하는 보험이라고 이해하면 된다. 즉 변액보험은 보험료에서 사업비, 각종 수수료 등을 뺀 나머지를 주식, 채권 등에 펀드처럼 투자하는 보험이다.

▼ 변액보험의 종류

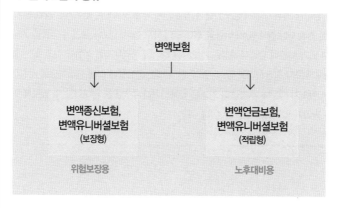

1│변액종신보험

변액종신보험은 사망보장이 주목적이며 사망보험금을 투자실적에 따라 증가시킬 수 있고, 투자실적이 나쁜 경우에도 최저사망보험금은 보증해준다. 즉 변액종신보험은 보장 성격과 투자 성격을 동시에 갖고 있는 보험이라고 할 수 있다. 일반종신보험 가입을 생각하면서 보다 많은 사망보험금을 받기를 기대하는 월급쟁이에게 적합하다고 할 수 있다.

참고로, 최근에는 중도해지를 최소화하기 위한 변액유니버셜종신보험도 출시되었다. '유니버셜'은 납입한 보험료의 해약환급금 범위에서 중도인출해서 사용할 수 있는 기능이라고 보면 된다.

2 | 변액연금보험

변액연금보험은 노후대비가 주목적이며 가입시 지정한 나이 때부터 매월 연금을 받을 수 있다. 또한 변액유니버셜보험에 비해 상대적으로 사업비가 낮은 편이며 안전자산(채권 등)에 50% 이상 우선투자하기 때문에 안정적인 노후자금 마련이 필요하고 안정추구형 투자성향을 갖고 있는 월급쟁이에게 보다 적합하다고 할 수 있다.

3 | 변액유니버셜보험

변액유니버셜보험은 입출금이 자유로운 보험으로, 중간에 갑작스럽게 돈이 필요한 경우 해약환급금 범위 내에서 중도인출이 가능하며, 매월 보험료를 줄이거나 늘릴 수 있다. 또한 투자자산(주식 등)의 비중을 최대 95%까지 높여서 보다 높은 수익률을 기대해볼 수 있기 때문에 현금유동성을 확보해야 하거나 공격투자형 성향을 갖고 있는 월급쟁이에게 보다 적합하다고 할 수 있다. 단, 변액연금보험에 비해 상대적으로 사업비가 높은 편이기 때문에 추가납입 기능을 활용하거나 수익률을 극대화할 수 있도록 정기적인 관리가 필요하다고 할 수 있다.

변액보험 과연 좋은가, 나쁜가?

변액연금보험의 낮은 수익률과 높은 사업비로 인해서 많은 논쟁이 일기도 했다. 금융소비자연맹이 《K-컨슈머리포트(변액연금보험 수익률 비교공시)》를 통해 변액연금보험의 평균수익률이 지난 10년간 소비자물가상승률인 3.19%를 밑돌았다고 발표하자 생명보험협회가 수익률 산출 오류를 지적하면서 강하게 반발한 것이다. 즉 누구 말이 맞는지에 대한 진실공방이 시작되었다. 변액보험 수익률을 둘러싼 금융소비자연맹과 생명보험협회의 입장 차이는 크게 다음과 같다.

▼ 변액연금보험 입장 차이

구분	금융소비자연맹 입장	생명보험협회 입장
수익률	매월 20만원씩 10년간 2,400만원을 보험료로 납입한 경우를 기준으로 수익률을 산출했다.	특정 시점에서 1가지 조건을 적용해서 수익률을 산출하는 것은 문제가 있다.
사업비	과다한 사업비로 매년 4% 수익률이 나와도 10년 후 해지하면 원금손실 발생할 가능성이 매우 크다.	초기에는 사업비가 많이 들어가지만 기간이 길어지면 다른 자산운용상품에 비해 사업비가 많지 않다.

- **수익률** : 금융소비자연맹은 '월 20만원, 10년 납입'이라는 동일조건을 적용해서 수익률을 산출했지만 생명보험협회는 가입시점, 운용기간, 납부방법 등에 따라 수익률이 달라지기 때문에 특정 시점에 1가지 조건을 적용해서 수익률을 산출하는 것은 문제가 있다고 반발했다.
- **사업비** : 금융소비자연맹은 사업비가 높아서 10년 후 해지하더라도 대부분 변액연금보험(약 39%)에서 원금손실 발생 가능성이 높다고 했지만, 생명보험협회는 비록 초기에는 높은 사업비를 내야 하지만 공제기간(통상 7년)이 지나면 더 이상 사업비를 내지 않아도 되기 때문에 장기간(10년 이상) 운용할 경우 변액연금보험이 상대적으로 펀드 등에 비해 유리할 수도 있다고 반발했다.

결국 금융소비자연맹과 생명보험협회 간의 치열한 논쟁은 서로 한발짝 물러나면서 어느 정도 일단락이 되었다. 금융소비자연맹은 수익률 산출과정의 오류를 일부 인정했으며, 생명보험협회는 변액연금보험의 수익률과 사업비 등의 정보를 보다 손쉽고 투명하게 확인할 수 있도록 공시제도를 개선하기로 했다.

카페 회원들 사이에서도 변액연금보험에 대한 논쟁이 일어나기도 했는데, 필자에게도 "변액연금보험! 과연 좋은가요, 나쁜가요?" 하는 질문을 많이들 했다.

변액연금보험 수익률은 먼저 보험료 구성을 정확하게 이해할 필요가 있다. 변액연금보험에 납부한 보험료는 크게 저축보험료, 위험보험료, 부가보험료로 구분된다. 저축보험료는 주식, 채권 등에 펀드처럼 투자하기 위해 사용되며, 위험보험료는 사망, 질병 등을 보장하기 위해 사용된다. 그리고 부가보험료는 사업비, 수수료 등으로 사용된다. 즉 변액연금보험의 보험료 전부를 투자금으로 봐서는 안된다. 따라서 단순히 납부한 보험료를 기준으로 해서 수익률을 계산하면 기대한 것보다 수익률이 낮을 수 있다. 또한 변액연금보험은 생명보험협회의 주장처럼 가입시점, 운용기간, 납부방법뿐만 아니라 펀드 운용방법에 따라서도 수익률이 크게 차이가 날 수 있다.

그래서 한마디로 "변액연금보험은 수익률이 얼마다", "변액연금보험은 좋다, 나쁘다" 콕 집어서 얘기하기가 매우 어렵다고 할 수 있다. 하지만 변액연금보험을 무조건 색안경을 끼고 바라봐서는 안된다. 왜냐하면 확실한 것은 변액연금보험은 장기간(10년 이상) 운용할 경우 노후자금 마련, 보험차익·연금소득 비과세혜택 등의 장점이 분명 발휘되기 때문이다.

결국 변액보험을 장기간(10년 이상) 운영할 자신이 없다면 애초부터 가입하지 않는 것이 맞다. 따라서 본인의 월급을 감안해서 부담스럽지 않도록 보험료의 규모를 잘 설정하는 것이 매우 중요하다. 또한 단순히 위험보장만을 원한다면 변액연금보험 대신 일반 보장성보험에 가입하는 게 바람직하다. 반면 물가상승에 의한 만기환급금의 가치하락을 우려하거나 추가적인 투자수익을 노린다면 변액연금보험을 활용하는 것이 좋다.

더불어 보험사측은 보다 투명하게 수익률을 공시하고 사업비에 대한 설명을 충분히 해줘야 하며, 만약 그렇지 않을 경우 정당하게 보험사측에 충분한 정보제공을 요구해야 한다.

은퇴 후 노후기간은 점점 길어지고 직장에서 일할 수 있는 기간은 점점 짧아지면서, 개인연금이 월급쟁이들의 노후대비를 위한 필수 상품이 되어버린 지금! 어쩌면 변액연금보험 논쟁은 필연적인 것인지도 모르겠다. 또한 이러한 논쟁을 통해 발생한 변액보험에 대한 불신과 불만을 영원히 잠재울 수 있도록 철저한 감독과 판매구조 개선 등 근본적인 대책이 지속적으로 마련되어 추진되었으면 하는 바람이다.

다섯째
마당

실천!
펀드투자

월급쟁이 재테크 1년차에게 권함

펀드의 실체부터 이해하자

펀드의 장점과 단점을 알고 시작하자

펀드는 예금보다 수익은 높고 주식보다 안전하기 때문에 월급쟁이 재테크 1년차에게 권하고 싶은 투자종목이다. 하지만 막상 펀드투자를 하려고 하면 막막한 게 사실이다. 사실 펀드라는 것은 너무 방대하기 때문에 단기간에 공부하기 힘들다. 그래서 필자는 월급쟁이들이 꼭 알아야 하는 내용 위주로 '펀드투자 성공 로드맵'을 만들어 단계별로 정리했고, 이를 알기 쉽게 설명하고자 한다.

▼ 맘마미아의 펀드투자 성공 로드맵

1단계 (기초과정)	2단계 (중급과정)	3단계 (고급과정)	4단계 (심화과정)	5단계 (실전투자)	성공
1. 펀드 장점 2. 펀드 세금	1. 펀드 종류 2. 펀드평가지표 3. 펀드 운용구조 4. 펀드평가회사	1. 펀드 비용 2. 펀드 이름 3. 펀드투자 원칙 4. 펀드 환매	1. ELS 2. ETF	1. 여유자금으로! 2. 소액으로!	

공부 시작 ▼

투자 실행 ▼

일단 펀드란 한마디로 여러 사람들의 돈을 모아서 전문가가 대신 투자해주는 금융상품이라고 할 수 있다. 그럼 펀드는 어디에 투자하는 금융상품일까? 주식·채권 같은 유가증권과 부동산·금·선박·비행기 같은 실물자산(Real Asset)에 투자하며, 국내·해외 등 전세계 구석구석까지 돈으로 바꿀 수 있는 대상에는 다 투자한다고 보면 된다. 그리고 펀드의 장점은 투자해서 발생한 수익금을 수익이 나는 만큼 투자자에게 돌려준다는 것이다.

tip

• **유가증권** : 재산을 쉽게 교환할 수 있도록 증서로 만든 것. 금융자산이 대표적이다.
• **실물자산** : 자산은 실물과 금융으로 나뉘는데, 말 그대로 실제 물건으로 보이는 것을 실물자산이라고 한다.

"이렇게 좋은 금융상품이 있다니? 당장 펀드투자를 해야겠다!"

이렇게 생각할 수도 있지만, 대한민국에 100% 완벽한 금융상품은 존재하지 않는다. 펀드의 치명적인 단점은 바로 원금손실의 위험이 있다는 것이다. 은행의 예금이나 적금은 원금손실 위험이 없는 반면, 펀드는 전문가가 대신 투자해주지만 원금손실이 발생할 수 있다. 예를 들어 펀드가 투자한 주식·부동산·금 등이 갑작스럽게 가격이 하락할 수 있으며, 금리가 상승할 경우엔 펀드가 투자한 채권의 가격이 하락할 위험도 있다. 이런 경우에는 당연히 원금손실이 발생하게 된다.

펀드는 수익이 나면 수익금이, 손실이 나면 손실금이 발생하기에 전형적인 실적배당형 금융상품이라고 할 수 있다. 즉 원금손실을 극도로 꺼리는 월급쟁이라면 펀드투자를 한 번 더 생각해봐야 한다.

그래도 펀드투자를 고려해야 하는 이유는 뭘까? 과연 펀드의 장점은 무엇일까?

펀드의 장점은 위 3가지라고 할 수 있다. 물론 그 외에 환금성이 좋다, 상대적으로 세금이 낮다 등의 장점도 있지만, 위 3가지가 펀드의 가장 중요하고 핵심적인 장점이라고 할 수 있다. 좀더 자세히 살펴보자.

장점 1 | 전문가가 대신 투자

먼저 전문지식과 경험이 풍부한 전문가를 통해 펀드를 운용하고 투자할 수 있기에 월급쟁이들은 일과 업무에만 집중할 수 있다. 하지만 전문가도 사람인 이상 원금손실을 볼 수 있는데다가 전문가에게 별도의 '보수'까지 지불해야 한다. 세상엔 공짜가 없으니까. 특히 펀드수익률은 뚝뚝 떨어지는데 보수만 따박따박 빠져나가면 "아이고, 아까운 내 돈!" 할 수도 있다. 결국 전문가가 대신 투자해준다는 것은 장점이 될 수도 있지만 반대로 단점이 될 수도 있다는 것에 유의해야 한다.

장점 2 | 분산투자 가능

펀드는 주식, 채권 등 다양한 종목에 분산투자를 할 수 있기 때문에 위험을 최소화하면서 안정적인 수익률을 기대해볼 수 있다.

하지만 분산투자는 펀드만이 가질 수 있는 장점일까? 예를 들어서 금리는 낮지만 안정적인 시중은행과 금리는 높지만 안정성이 떨어지는 저축은행에 여유자금을 나눠서 각각 예금에 가입하는 것도 분산투자의 한 형태라고 할 수 있으며, 여유자금을 적금·CMA·청약통장·펀드·연금 상품 등에 나눠서 운영하는 것도 분산투자의 한 형태라고 할 수 있다. 따라서 분산투자는 펀드의 장점이긴 하지만 펀드만이 가질 수 있는 장점이라고 보기는 어렵다.

장점 3 | 소액투자 가능

월급쟁이들이 1주당 수십만원이나 되는 LG화학이나 POSCO 주식에 직접투자한다는 것은 쉽지 않다. 하지만 펀드(예 : 대기업에 투자하는 펀드)를 통하면 단돈 10만원으로도 고가의 우량주식에 투자할 수 있다. 왜냐하면 펀드는 펀드투자자들이 투자비용을 나누어 부담하므로 그만큼 개인의 부담이 적어지기 때문이다. 따라서 소액투자가 가능하다는 것은 펀드만이 가질 수 있는 장점이라고 할 수 있다.

정리하자면, 펀드의 장점은 단돈 10만원으로도 다양한 종목에 분산투자를 할 수 있어서 투자위험이 줄어들고 안정적인 수익성을 보장받을 수 있다는 것이다. 즉 펀드를 통해 투자한 어느 종목의 주가가 낮아져 손실이 발생하더라도 다른 종목에서 수익이 발생하므로 주식 같은 직접투자에 비해 투자위험을 줄일 수 있으며, 전문가가 종목을 선택해 사고팔기 때문에 수익도 어느 정도 안정적으로 운영된다는 것이다.

결국 월급쟁이 왕초보들이 최소한의 안정성을 확보하면서 은행 금리 이상의 수익률을 기대해볼 수 있는 가장 손쉬운 재테크 방법이 바로 펀드투자라고 할 수 있다.

▼ 펀드 분산투자 개념도

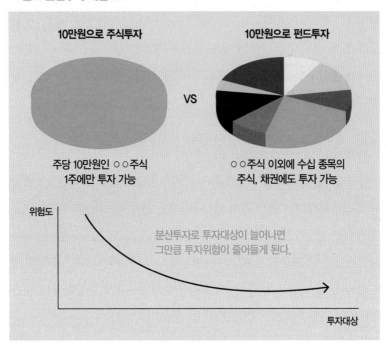

10만원으로 주식투자

VS

10만원으로 펀드투자

주당 10만원인 ○○주식
1주에만 투자 가능

○○주식 이외에 수십 종목의
주식, 채권에도 투자 가능

위험도

분산투자로 투자대상이 늘어나면
그만큼 투자위험이 줄어들게 된다.

투자대상

펀드투자 실체와 특징

1 | 펀드는 돈이 될 만한 것(주식, 채권, 부동산 등)에 어디든 투자하는 금융상품이다.

2 | 펀드투자를 해서 수익이 발생하면 돌려받는다. 단, 원금손실 위험이 있다.

3 | 펀드투자는 안정성과 수익성이라는 두 마리 토끼를 쫓을 수 있다.

4 | 펀드투자는 반드시 여유자금으로, 소액으로 조금씩 시작하는 것이 좋다.

 잠|깐|만|요

펀드 세금 줄이려면? 주식소득 중 매매차익 비중 늘리자!

유리지갑 월급쟁이들은 연말정산을 비롯해 세금에 관심이 많다. 하지만 정작 펀드의 세금에 대해서는 잘 모르는 경우가 종종 있다. 일단 대한민국 세금의 절대불변 원칙은 "소득이 있으면 세금을 내야 한다"는 것이다. 따라서 펀드투자를 통해서 소득이 발생했다면 세금을 내야 한다.

펀드투자를 통한 소득 중 주식에 투자했을 때는 매매차익, 배당소득이 발생하며, 채권에 투자했을 때는 매매차익, 이자소득이 발생한다. 다행스럽게 주식 매매차익은 과세에서 제외된다. 한마디로 주식 매매차익은 세금을 한푼도 안 내도 되지만, 나머지 소득에 대해서는 금융소득세인 15.4%(소득세 14%+주민세 1.4%)를 내야 한다.

▼ 펀드투자 소득에 대한 과세

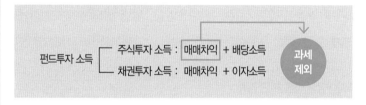

"그럼 세금을 안 낼 수 있는 방법은 없나요?"

이런 질문을 할 수도 있는데, 판매회사에서 펀드 환매 또는 결산시 세금을 미리 뗀 후 내주기 때문에 월급쟁이로서는 할 수 있는 게 없다. 결국 투자하는 펀드 중 과세 제외 항목인 주식투자 비율을 최대한 올리는 것이 상대적으로 세금부담을 덜 수 있는 방법이다.

알쏭달쏭 펀드 종류 감별하기

세상에, 펀드가 1만개가 넘다니!

"펀드 가입하려고 하는데, 어떤 게 좋을까요?"

"펀드의 펀 자도 모르는데 주식형? 혼합형? 채권형? 이게 무슨 뜻인가요?"

카페 회원들이 종종 질문하는 내용인데, 일단 펀드는 투자대상에 따라 크게 증권펀드, 부동산펀드, 실물펀드, 파생상품펀드, MMF, 재간

▼ 투자대상에 따른 펀드 종류

펀드	증권펀드	주식, 채권에 투자하는 펀드
	부동산펀드	부동산에 투자하는 펀드
	실물펀드	선박, 석유, 금 등 실물자산에 투자하는 펀드
	파생상품펀드	선물, 옵션 등 파생상품에 투자하는 펀드
	MMF (Money Market Fund)	초단기채권 등 단기금융상품에 투자하는 펀드
	재간접펀드	다른 펀드에 투자하는 펀드

접펀드로 구분할 수 있다. 가장 대표적인 것은 증권펀드이며, 월급쟁이들이 가장 많이 투자하는 펀드의 종류라고 할 수 있다. 따라서 벌써부터 어렵다고 책을 덮지 말고, 최소한 증권펀드에 대한 내용만이라도 정확하게 알고 넘어가길 바란다.

월급쟁이들이 많이 투자하는 증권펀드 3가지

증권펀드는 또다시 주식형, 혼합형, 채권형으로 나눌 수 있는데, 나누는 기준은 그냥 알기 쉽게 주식비율이 높은지, 채권비율이 높은지에 따라 나누어진다고 보면 된다.

▼ 증권펀드 종류

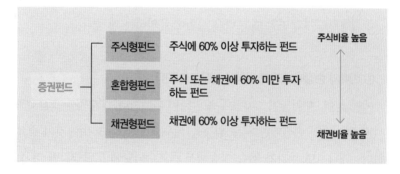

증권펀드 1 | 주식형펀드

주식에 60% 이상 투자하기 때문에 주가상승에 따른 높은 수익을 기대해볼 수 있다는 것이 장점이다. 하지만 반대로 주가가 하락할 경우에는 손실을 보게 될 위험도 크기 때문에, 고수익과 고위험을 동시에 갖고 있는 펀드라고 할 수 있다.

위험이 크다고 해서 무조건 기피할 필요는 없다. 왜냐하면 주가라는 것은 항상 상승과 하락을 반복하기 때문에 중장기적인 관점에서 분산을 통한 위험관리를 해나가면 충분히 높은 수익을 올릴 수 있기 때문이다. 수익이란 것은 결국 마지막 순간, 즉 팔고 나갈(환매) 때 결정되니까 말이다. 실제 카페를 둘러봐도 주식형펀드 투자 초기에 수익률이 낮았지만 꾸준한 위험관리를 통해 은행 적금에 비해 몇 배의 수익을 올린 회원들이 많다.

주식형펀드에 투자할 때는 다음 사항에 유의하는 게 좋다.

① 환매와 손절매에 대한 원칙을 세우고 지킨다

예를 들어 "수익률이 ○○%에 도달하면 환매한다", "수익률이 ○○%까지 떨어지면 손절매한다"는 원칙을 세우고 반드시 지키는 것이 중요하다. 왜냐하면 주가가 계속 상승해서 목표수익률에 도달했지만 더 오를지도 모른다는 욕심 때문에 환매를 미루다가 결국 손실을 보거나, 수익률이 계속 떨어짐에도 미련이 남아 손절매를 못하고 있다가 더 큰 손실을 보는 경우가 많기 때문이다.

물론 혼합형펀드, 채권형펀드에도 적용되는 내용이지만, 특히 고수익과 고위험을 동시에 갖고 있는 주식형펀드는 반드시 환매와 손절매에 대한 원칙을 세워두고 철저하게 지키는 것이 매우 중요하다.

② 투자시점을 분산한다

주식형펀드의 핵심은 '위험관리'라고 할 수 있다. 예를 들어 무리하게 자금을 끌어모아 주식형펀드에 투자해서 단기간 높은 수익을 올려야겠다고 생각하면 심리적으로 조급해진다. 만약 주가등락이 단기간에 요동치게 될 경우 최적의 환매시점을 잡을 수 있을까? 주가를 정확하게 예측한다는 것은 거의 불가능에 가깝기 때문에 결국 손실을 보게 될 가능성이 매우 크다.

tip

적립식펀드

매월 일정 금액을 펀드에 투자하는 것. 그러면 매입단가평준화효과를 통해 위험관리를 할 수 있다. 자세한 내용은 44장 참고.

따라서 투자시점을 분산할 필요가 있다. 즉 중장기적인 투자 마인드를 갖고 매월 여유자금을 정기적으로 투자하는 적립식펀드로 접근하는 게 좋다. 이것은 수입이 일정한 월급쟁이들에게 적합한 투자방식이기도 하다.

③ 보유주식과 업종을 확인하고, 운용스타일을 고려한다

같은 자산운용회사의 주식형펀드라 하더라도 보유주식과 업종에 따라 운용성과가 달라질 수 있으므로, 보유주식 Top 10과 업종별 투자비중은 기본으로 확인해야 한다.

tip

자산운용회사

뮤추얼펀드에 모인 돈을 운용하는 주식회사. 자본금이 70억원 이상, 운용전문인력이 5인 이상이어야 한다.

주식의 종목수도 확인하는 게 좋은데, 단순히 종목수가 많다고 분산투자 효과로 위험이 줄어드는 것이 아니므로 펀드규모(대형, 중형, 소형)에 맞게끔 종목수가 적당한지를 따져봐야 한다. 왜냐하면 자칫 운용하는 종목수가 너무 많을 경우 관리에 선택과 집중이 어려워질 수 있기 때문이다.

펀드규모는 펀드에 투자한 금액! 즉 펀드설정액으로 구분할 수 있다. 일반적으로 펀드설정액이 100억원 미만이면 소형, 100~1,000억원 정도면 중형, 1,000억원 이상이면 대형, 5,000억원 이상이면 초대형이라고 보면 된다. 펀드규모가 클수록 분산투자해서 운용하기에 유리하지만 시장의 변화에 탄력적으로 대응하는 것이 어렵다. 반면 펀드규모가 작을수록 시장의 변화에 발빠른 대응이 가능하지만 투자자금이 여의치 않고 상대적으로 받는 보수도 적어서 자산운용회사가 관리를 소홀히 할 우려가 있다.

월급쟁이 재테크 1년차라면 중형 이상의 펀드를 선택하는 것이 가장 무난하다. 펀드규모에 따른 보유종목수는 소형 펀드는 20~50개, 중형 이상인 펀드는 60~70개가 적당하다고 할 수 있지만, 절대적인 기준은 아니며 펀드의 스타일(운용전략)과 종류 등에 따라 달라질 수 있으므로 참고만 하길 바란다.

또한 주식형펀드는 스타일(운용전략)에 따라 배당형, 가치형, 성장형으로 나눌 수 있는데, 자신이 주가등락에 민감하게 반응하는 스타일이면 성장형, 주가등락에 크게 신경쓰고 싶지 않다면 배당형펀드나 가치형펀드를 선택하는 것이 좋다.

tip ···

• **배당형펀드** : 배당(주식 소유자에게 지분에 따라 이윤분배)을 많이 주는 주식에 투자하는 펀드
• **가치형펀드** : 실제 기업가치보다 저평가된 주식에 주로 투자하는 펀드
• **성장형펀드** : IT산업 등 급성장이 예상되는 산업에 주로 투자하는 펀드

증권펀드 2 | 혼합형펀드

주식과 채권에 분산되어 있기 때문에 수익성과 안정성을 함께 노려볼 수 있다는 것이 장점이다. 주식이 많으면 수익은 높지만 위험이 크고, 채권이 많으면 수익은 낮지만 위험이 낮기 때문에, 결국 혼합형펀드는 주식형펀드보다는 안정성이 높고 채권형펀드보다는 수익성이 좋다고 할 수 있다. 혼합형펀드는 다시 주식에 50% 이상 투자하는 주식혼합형

펀드와 채권에 50% 이상 투자하는 채권혼합형펀드로 나눌 수 있다.

혼합형펀드에 투자할 때는 다음 사항에 유의하는 게 좋다.

① 주식과 채권의 투자비중을 확인한다

주식과 채권의 투자비중에 따라 수익성과 안정성이 다르기 때문에 사전에 주식투자비율이 몇 %인지, 채권투자비율이 몇 %인지 확인해야 한다.

② 구조가 합리적인지 판단한다

주식과 채권 이외에도 파생상품에 투자하거나 장외옵션 등 리스크가 큰 상품을 결합하는 혼합형펀드도 있기 때문에 유형과 특성이 매우 다양하다고 할 수 있다. 따라서 어떠한 구조로 되어 있는지를 잘 확인해 구조가 합리적인지 판단해야 한다.

증권펀드 3 | 채권형펀드

채권에 60% 이상 투자하기 때문에 주가가 하락하거나 금융시장이 불안한 경우에도 안정적인 수익성을 기대해볼 수 있다는 것이 장점이다. 채권이란? 국가, 지방자치단체, 공기업 등이 자금을 조달하기 위해 발행하는 일종의 차용증서라고 할 수 있다. 예를 들어 국가가 발행한 채권에 투자한다는 것은 국가에 돈을 빌려주는 것이므로 기본적으로 채권은 손실을 볼 위험이 아주 낮다고 할 수 있다. 국가가 망할 위험은 거의 없으니까.

하지만 채권을 발행한 기업이 파산하거나 금리상승으로 채권가격이 하락하게 되면 손실을 볼 위험도 발생하므로, 채권형펀드에 투자할 때는 다음 사항에 유의하는 게 좋다.

① 채권의 잔존만기를 고려한다

채권은 크게 단기채권과 장기채권으로 구분할 수 있는데, 금리변동에 대한 영향이 다르다. 기본적으로 채권의 가격은 금리와 반대로 움직인다. 즉 금리가 상승하면 채권가격은 떨어진다. 따라서 잔존만기가 짧은 단기채권이 장기채권에 비해 금리변동에 대한 영향을 덜 받는다고 할 수 있다. 만약 금리의 변동성이 심하거나 상승이 예측되는 상황이라면? 장기채권보다는 단기채권 위주의 채권형펀드에 투자하는 게 좋다.

tip

잔존만기

채권을 매매할 때 매매일로부터 만기일까지의 기간.

② 채권 종류와 신용등급을 확인한다

국채, 금융채, 회사채 등 보유한 채권 종류와 신용등급별 비중을 확인해야 한다. 채권의 신용등급이 낮으면 위험성이 크다고 볼 수 있기 때문에 신용등급별 보유비중을 확인해서 우량한 채권인지를 확인해야 한다. 일반적으로 신용등급이 BBB- 이상인 채권을 투자적격채권이라고 한다.

▼ **채권의 신용등급**

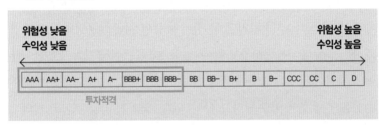

tip

채권 신용등급

채권을 발행한 국가 혹은 기업의 수익성과 위험성이 저마다 다르기 때문에 이를 평가해서 등급을 매긴 것을 말한다. 펀드평가회사(제로인, 모닝스타코리아 등) 사이트에 접속해서 해당 채권형펀드를 찾아 확인하면 된다. 579쪽 '[별첨 3] 채권 신용등급' 참고.

지금까지 증권펀드인 주식형·혼합형·채권형펀드에 대해서 알아봤다. "주식형? 혼합형? 채권형? 셋 중에서 어떤 펀드를 선택해야 하나요?" 하는 의문이 생길 수 있다. 일반적으로 자신의 투자성향을 감안해서 선택하는 것이 가장 무난하다고 할 수 있다. 다음의 투자성향 테스트를 통해 본인의 투자성향을 진단해보길 바란다. 참고로, 은행이나 증권사 홈페이지에서 제공하는 투자성향 테스트를 이용해도 좋다.

나의 투자성향은? — 투자성향 테스트

1 | 당신의 연령대는 어떻게 됩니까?

① 19세 이하 　　② 20~40세 　　③ 41~50세

④ 51~60세 　　⑤ 61세 이상

2 | 투자하고자 하는 자금의 투자 가능 기간은 얼마나 됩니까?

① 6개월 이내 　　② 6개월 이상~1년 이내 　　③ 1년 이상~2년 이내

④ 2년 이상~3년 이내 　　⑤ 3년 이상

3 | 다음 중 당신의 투자경험과 가장 가까운 것은 어느 것입니까? (중복 선택 가능)

① 은행의 예적금, 국채, 지방채, 보증채, MMF, CMA 등

② 금융채, 신용도 높은 회사채, 채권형펀드, 원금보존추구형 ELS 등

③ 신용도 중간 등급 회사채, 원금의 일부만 보장되는 ELS, 혼합형펀드 등

④ 신용도 낮은 회사채, 주식, 원금이 보장되지 않는 ELS, 시장수익률 수준의 수익을 추구하는 주식형펀드 등

⑤ ELW, 선물옵션, 시장수익률 이상의 수익을 추구하는 주식형펀드, 파생상품에 투자하는 펀드, 주식신용거래 등

4 | 금융상품 투자에 대한 본인의 지식 수준은 어느 정도라고 생각합니까?

① 매우 낮은 수준 : 투자 의사결정을 스스로 내려본 경험이 없는 정도

② 낮은 수준 : 주식과 채권의 차이를 구별할 수 있는 정도

③ 높은 수준 : 투자할 수 있는 금융상품의 차이를 대부분 구별할 수 있는 정도

④ 매우 높은 수준 : 금융상품을 비롯해 모든 투자대상 상품의 차이를 이해할 수 있는 정도

5 | 현재 투자하고자 하는 자금은 전체 금융자산(부동산 등 제외) 중 어느 정도의 비중을 차지합니까?

① 10% 이내   ② 10% 이상~20% 이내   ③ 20% 이상~30% 이내

④ 30% 이상~40% 이내   ⑤ 40% 이상

6 | 다음 중 당신의 수입원을 가장 잘 나타내는 것은 무엇입니까?

① 현재 일정한 수입이 발생하고 있으며, 향후 현재 수준을 유지하거나 수입이 증가할 것으로 예상

② 현재 일정한 수입이 발생하고 있으나, 향후 감소하거나 불안정할 것으로 예상

③ 현재 일정한 수입이 없으며, 연금이 주수입원

7 | 만약 투자원금에 손실이 발생할 경우 다음 중 감수할 수 있는 손실 수준은 어느 것입니까?

① 무슨 일이 있어도 투자원금은 보전되어야 한다.

② 10% 미만까지는 손실을 감수할 수 있을 것 같다.

③ 20% 미만까지는 손실을 감수할 수 있을 것 같다.

④ 기대수익이 높다면 위험이 높아도 상관하지 않겠다.

▼ 투자성향 테스트 항목별 점수표

구분	1	2	3	4	5	6	7
①	12.5점	3.1점	3.1점	3.1점	15.6점	9.3점	−6.2점
②	12.5점	6.2점	6.2점	6.2점	12.5점	6.2점	6.2점
③	9.3점	9.3점	9.3점	9.3점	9.3점	3.1점	12.5점
④	6.2점	12.5점	12.5점	12.5점	6.2점	—	18.7점
⑤	3.1점	15.6점	15.6점	—	3.1점	—	—

※ 항목별 중요도에 따라 가산점을 달리했다.

▼ 점수별 투자성향

점수	투자성향
20점 이하	안정형
20점 초과~40점 이하	안정추구형
40점 초과~60점 이하	위험중립형
60점 초과~80점 이하	적극투자형
80점 초과	공격투자형

자신의 투자성향이 공격투자형이라면 주식형펀드, 적극투자형이라면 주식혼합형펀드, 위험중립형이라면 채권혼합형펀드, 안정추구형이나 안정형이라면 채권형펀드에 투자하는 것이 좋다.

하지만 이제 첫발을 내딛은 월급쟁이 재테크 1년차라면? 비록 투자성향이 공격투자형이나 적극투자형으로 나왔더라도 채권형펀드에 분산투자해서 보다 안정적으로 시작해보길 제안한다.

우선 펀드투자를 배우고 공부한다는 생각으로 수익성보다는 안정성에 중점을 두어서 운영하되, 어느 정도 펀드투자에 대한 감이 잡히고 조금씩 눈이 뜨이면 그때 보다 공격적으로 주식형펀드 등에 투자해도 결코 늦지 않다고 생각한다.

예시 **분산투자 비율**
- 공격투자형인 경우 → 주식형펀드 : 채권형펀드 = 70% : 30%
- 적극투자형인 경우 → 주식형펀드 : 채권형펀드 = 60% : 40%

펀드투자! 물론 높은 수익을 올리는 것도 중요하지만 원금을 안전하게 지키는 것이 더욱 중요하다는 사실을 꼭 명심했으면 한다.

초보자가 알아야 할 펀드 종류와 투자 원칙

1 | 펀드투자를 시작하기 전에 최소한 주식형, 혼합형, 채권형 구분은 알고 있어야 한다.

2 | 자신의 투자성향을 감안해서 펀드를 선택하되, 되도록 안정적인 채권형펀드에도 분산투자하자.

 잠|깐|만|요

펀드 평가지표 5가지

펀드 위험 평가지표는 펀드평가회사(제로인, 모닝스타코리아 등) 사이트에 접속해서 해당 펀드를 선택한 후 성과와 위험분석(제로인), 위험과 등급(모닝스타코리아) 항목을 참고하면 확인할 수 있다.

- **제로인** : 펀드닥터(www.funddoctor.co.kr)
- **모닝스타코리아** : 모닝스타(www.morningstar.co.kr)

1 | 표준편차
과거수익률의 분포도로, 펀드의 안정성을 평가하는 지표다. 표준편차가 크면 상대적으로 펀드의 안정성이 떨어진다고 할 수 있다.

2 | 벤치마크(BM, Bench Mark)
펀드수익률을 평가하기 위한 지표다. 예를 들어 펀드수익률이 15%를 달성했는데 정말 펀드운용을 잘해서 수익률이 좋은 것인지, 단지 종합주가지수가 상승해서 덩달아 수익률이 좋아진 것인지 판단하기 어려운 경우가 있다. 따라서 이런 경우에 보다 정확하게 펀드수익률이 정말 좋은지 나쁜지 비교하기 위한 지표로 사용하는 것이 벤치마크다.

3 | 베타(β)
시장민감도로, 주식시장의 전체 가격변동에 펀드수익률이 반응하는 정도를 나타낸 지표다. 주가가 상승하는 시기라면 베타가 높을수록 좋고, 주가가 하락하는 시기라면 베타가 낮을수록 좋다.

4 | 샤프지수
펀드가 위험자산에 투자해서 얻은 초과수익의 정도를 나타내는 지표이며, 높을수록 좋다. 샤프지수를 구하는 공식은 다음과 같다.

$$샤프지수 = (펀드\ 평균수익률 - 무위험\ 평균수익률) / 표준편차$$

5 | 젠센의 알파

펀드 기대수익률에 비해 실제로 수익률을 얼마나 더 냈는지 알려주는 지표다. 젠센의 알파가 0보다 크다는 것은 기대수익률보다 실제 수익률이 더 높았다는 의미이며, 수치가 클수록 좋다.

잠|깐|만|요

펀드 종류, 이것만 더 알아두자

펀드의 종류는 또 어떤 것들이 있을까? 앞에서 펀드의 투자대상에 따른 종류를 설명했는데, 다음 기준에 의해서도 펀드를 나눌 수 있다. 혹시 나중에라도 잘 모르는 펀드가 나오면 이 부분을 읽어보면서 참고자료로 활용하길 바란다.

1 | 투자금 납입방식에 따른 분류

• **적립식펀드** : 매월 일정 금액을 정해진 날짜에 투자하는 펀드 (마치 적금처럼!)
• **거치식펀드** : 일정 금액을 한꺼번에 투자해서 일정 기간 넣어두는 펀드 (마치 예금처럼!)
• **임의식펀드** : 투자기간이나 금액을 정하지 않고 자유롭게 납입이 가능한 펀드

2 | 투자지역에 따른 분류

• **국내펀드** : 국내에서 발행된 주식, 채권 등에 투자하는 펀드
• **해외펀드** : 해외에서 발행된 주식, 채권 등에 투자하는 펀드

국내법에 의해 만들어진 것은 역내펀드, 외국법에 의해 만들어진 것은 역외펀드라고 한다.

3 | 스타일(운용전략)에 따른 분류

- **배당형펀드** : 배당을 많이 주는 주식에 주로 투자하는 펀드
- **가치형펀드** : 실제 가치보다 저평가된 주식에 주로 투자하는 펀드
- **성장형펀드** : IT산업 등 급성장이 예상되는 주식에 주로 투자하는 펀드
- **인덱스형펀드** : 종합주가지수 등 지수와 연계되어 운용되는 펀드
- **전환형펀드** : 2개의 펀드 간에 전환이 가능한 펀드
- **엄브렐러형펀드** : 3개의 펀드 간에 전환이 가능한 펀드

4 | 펀드자금 모집방법에 따른 분류

- **공모형펀드** : 일반투자자들을 대상으로 만들어진 펀드
- **사모형펀드** : 소수의 특정인들을 대상으로 만들어진 펀드

5 | 세제혜택에 따른 분류

- **절세형펀드** : 세금이 적게 부과되거나 전혀 부과되지 않는 펀드
- **소득공제형펀드** : 연말정산 때 소득공제혜택이 부과되는 펀드

6 | 투자자금 회수방법에 따른 분류

- **개방형펀드** : 언제든지 가입과 해지가 가능하고, 중도에 환매할 수 있는 펀드
- **폐쇄형펀드** : 일정 기간 동안 자금을 유치하며 만기까지 도중에 환매할 수 없는 펀드

7 | 추가가입 여부에 따른 분류

- **추가형펀드** : 기존 펀드에 언제든 추가로 가입하고 환매할 수 있는 펀드
- **단위형펀드** : 처음 일정 기간 동안 가입을 받고 그 이후에는 추가가입이 불가능한 펀드

펀드, 어디서 가입해야 하나?

"적금 가입하려고 갔다가 직원 권유로 은행에서 펀드 가입했어요."

"그냥 직장 인근에 있는 ○○증권사에서 최근 수익률이 좋다는 펀드에 가입했어요."

"친척이 ○○보험사에 다녀서, 친척을 통해서 펀드 가입했어요."

위와 같이 월급쟁이들은 대부분 은행, 증권사, 보험사를 방문해서 펀드에 가입한다. 그럼 펀드는 과연 어디서 가입하는 것이 가장 좋을까? 이 질문에 답을 찾기 위해서는 먼저 펀드 운용구조를 정확하게 이해할 필요가 있다.

일단 판매회사, 자산운용회사, 수탁회사 같은 이름들이 나오니까 머리가 아플 수도 있는데 "과연 내가 투자한 돈이 어떻게 흘러가고 관리될까?" 하는 관점에서 생각해보면 그리 어렵지 않게 이해할 수 있다.

월급쟁이들이 판매회사를 통해 펀드에 가입하면 판매회사는 투자자금을 수탁회사로 보낸다. 그리고 자산운용회사에서 펀드를 어떻게 투자하고 운용할지를 결정해서 수탁회사에 운용지시를 내린다. 그러면 수탁회사는 판매회사로부터 받은 투자자금을 보관하면서 자산운용회사의 운용지시에 따라 주식, 채권, 부동산 등을 사고팔면서 투자하게 된다.

판매회사는 은행, 증권, 보험사 등으로, 사람들한테 펀드를 설명하고

▼ 펀드 운용구조

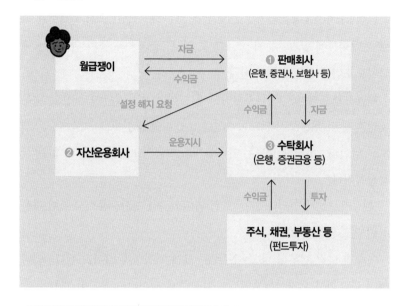

❶ **판매회사** : 펀드를 판매하는 회사로 은행, 증권, 보험사 등이 있다.
❷ **자산운용회사** : 펀드에 모집된 자금을 주식, 채권, 부동산 등에 투자해 수익을 얻도록
운용하는 회사
❸ **수탁회사** : 판매회사로부터 받은 자금을 보관하고 주식, 채권, 부동산 등을 사고팔면서
자산운용회사의 펀드운용을 감시하는 회사

판매하는 회사다. 자산운용회사는 펀드매니저들이 소속되어 있고 일반
적으로 ○○자산, ○○운용 등으로 불리는 회사다. 수탁회사는 판매회
사로부터 펀드자금을 맡아두고 자산운용회사가 지시하는 대로 펀드를
운용하는 회사다.

수탁회사의 존재 이유 — 예금자보호 안되는 펀드 속성 때문!

그럼 왜 자산운용회사가 스스로 돈을 보관하지 않고 굳이 복잡하게 따로 수탁회사에 맡겨두는지 궁금할 수 있다. 궁금증을 풀기 위해서는 예금자보호법을 알고 있어야 한다.

예금자보호법이란 예금보험공사에서 해당 금융기관이 파산할 경우 예금자가 피해를 보지 않도록 1인당 5,000만원 한도로 보장해주는 제도를 말한다. 하지만 펀드는 안타깝게도 예금자보호를 받을 수 없는 금융상품이다.

"예금자보호가 안된다고요? 그럼 판매회사나 자산운용회사 등이 파산하면 어떻게 되나요?"

이렇게 덜컥 겁부터 날 수 있는데, 크게 걱정하지 않아도 된다. 왜냐하면 판매회사나 자산운용회사가 파산하게 되더라도 투자한 자금은 수탁회사가 따로 안전하게 보관하고 있기 때문이다. 즉 수탁회사를 별도로 둬서 자산운용회사가 파산하건 판매회사가 파산하건, 투자한 자금을 안전하게 지켜주는 역할을 하게끔 만들어둔 것이라고 할 수 있다. 또한 극단적으로 수탁회사가 파산하는 경우라도 다른 수탁회사가 펀드에 있는 자금을 대신 보관하게끔 할 수 있기 때문에, 펀드가 예금자보호를 받을 수 없는 금융상품이라고 해서 크게 불안해할 필요는 없다.

정리하자면, 펀드는 예금자보호법에 의해 보호를 받는 것이 아니라 위와 같은 펀드 운용구조에 따라 보호를 받으며, 이런 보호의 중심에는 수탁회사가 있다고 생각하면 된다. 따라서 다소 복잡할 수 있지만, 수탁회사는 펀드 운용구조에서 꼭 필요한 존재라고 이해하면 된다.

계약 전 이것만은 꼭 알아두자

그럼 이번에는 판매회사를 방문하기 전에 꼭 기억해야 하는 사항을 알아볼까 한다. 일단 펀드에 가입하기 위해서 은행이든 증권사든 보험사든 판매회사를 방문하면 해당 직원이 열과 성을 다해 특정 펀드를 설명해준 후 은근슬쩍 펀드 계약서를 내밀 것이다. 특히 저금리 금융환경에 펀드수익률이 ○○% 이상 난다는 설명을 들으면 귀가 솔깃하는 게 사실이다. 따라서 얼떨결에 펀드 계약서에 덜컥 서명해버린 경험을 갖고 있는 월급쟁이도 많을 거라고 본다. 그런데 과연 올바르게 펀드 가입을 한 것일까?

최근 필자도 금연을 결심하고 관련 적금통장을 만들기 위해서 ○○은행에 방문해서 직원과 상담하다가 다음과 같은 경험을 한 적이 있다.

"고객님! 요즘엔 적금 금리가 낮아서 펀드가 좋아요! 펀드 하나 가입하는 건 어떠세요?"

"예? 펀드요? 무슨 펀드인데요?"

"고객님! 최근 ○○펀드가 수익률이 좋아요. 한 달에 10만원 정도로 한번 투자해보세요!"

"혹시 이 은행과 관련 있는 자산운용회사의 펀드인가요? 판매수수료는 몇 %인가요?"

잠시 침묵.

사실 바쁜 시간을 쪼개서 은행을 방문했기 때문에 빨리 볼일을 보고 가야 하는 상황이었다. 그런데 자꾸 펀드 가입을 권유해서 살짝 신경이 예민해져서 다소 단도직입적으로 질문을 던졌다. 은행을 나오면서 진열대에 있는 다양한 펀드 설명서를 보니까 역시나 대부분 이 은행과 관련이 있는 자산운용회사의 것들이었다.

앞에서 펀드 운용구조를 설명했지만, 결국 판매회사는 자산운용회사와 연결되어 있는 구조이기 때문에 어떻게 보면 해당 은행 입장에서는 본인들과 관련된 펀드를 적극 판매해서 많은 판매수수료를 얻는 것이 이익이니, 그런 행동이 당연할 수도 있다.

다양한 펀드 홍보책자들

그럼 모든 판매회사가 펀드 판매를 통해 본인들의 이익 챙기기에만 열을 올리는 걸까? 물론 그렇지는 않다. 고객의 재무상황, 투자성향 등을 고려해서 가장 적합한 펀드를 추천해주면서 고객에게 적합한 이유를 차근차근 설명해주는 판매회사도 많다. 따라서 모든 판매회사를 무조건 색안경을 끼고 바라볼 필요는 없다.

중요한 것은, 단지 수익률이 좋다는 판매회사 직원의 말만 믿고 펀드 계약서에 덜컥 서명해서 가입해버리면 안된다는 것이다. 특히 펀드의 불완전판매를 주의하길 바란다.

tip

불완전판매

은행, 증권사, 보험사 등 판매기관이 고객의 재무상황, 투자성향 등을 제대로 알지 못하고 판매하거나 고객에게 상품의 운용방법, 위험도, 손실 가능성 등을 제대로 알리지 않고 판매하는 것을 말한다. 예를 들어 고객의 재무상황, 투자성향 등과는 전혀 상관없는 펀드를 밑도 끝도 없이 수익률이 좋다는 이유만으로 가입하라고 하거나, 객관적인 정보를 바탕으로 펀드의 운용방법, 위험도, 손실 가능성 등을 충분하게 설명해주지 않았다면 불완전판매에 해당된다.

펀드판매회사 옥석 가리기 1 | 판매회사 평가결과 참고

일반인은 펀드매니저가 있는 자산운용회사나 자금을 관리하는 수탁회사 직원을 만날 기회가 없다. 주로 판매회사 직원을 만나서 펀드 상담을 하는데, 펀드판매회사 평가를 참고하면 도움이 된다.

먼저 금융감독원에서 실시하는 펀드 미스터리 쇼핑 결과를 참고하는게 좋다. 금융감독원(www.fss.or.kr) 홈페이지의 상단 메뉴 중 〈보도 알림〉 → 〈보도자료〉를 클릭한 후 검색창에 '미스터리'를 입력하면 펀드 미스터리 쇼핑 결과를 확인할 수 있다.

---

tip

펀드 미스터리 쇼핑

조사원들이 마치 펀드에 가입하는 것처럼 위장해서 판매회사를 점검하는 것을 말한다. 점검한 판매회사를 총 5개 등급(우수, 양호, 보통, 미흡, 저조)으로 평가하고 그 결과를 발표하고 있다. 하지만 최근에는 금융감독원도 판매회사들이 불완전판매로 인해 제재를 받은 사실을 고객에게 알리게끔 만들어놓은 제재공시를 방치하는 느낌도 좀 들고, 펀드 미스터리 쇼핑 결과도 제대로 업데이트되지 않는 것 같아 아쉬움이 남는다. 참고로, 일부 펀드평가회사에서도 펀드 미스터리 쇼핑을 실시하고 있다.

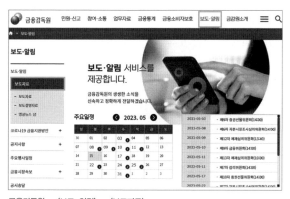

금융감독원 → 〈보도·알림〉 → 〈보도자료〉

'미스터리' 입력해서 검색

    또한 한국금융소비자보호재단(www.kfcpf.or.kr)의 판매회사 평가결과를 참고해도 된다. 한국금융소비자보호재단은 비영리기관으로, 펀드 불완전판매에서 투자자를 보호하기 위해 매년 판매회사를 총 4개 등급(최우수, 우수, 양호, 보통)으로 평가해 결과를 발표하고 있다.

    하지만 아무리 최우수 결과를 받은 판매회사라 하더라도 모든 직원들의 역량과 경험이 최우수인 것은 아니다. 분명 직원들 간에 차이가 발생하므로 외부기관의 평가결과는 참고자료로만 활용하길 바란다.

▼ 펀드판매회사 평가결과(2022년 기준)

평가결과	펀드판매회사
최우수(A+등급)	한화투자증권, 삼성증권, NH투자증권, 한국투자증권, 하나증권
우수(A등급)	하이투자증권, 광주은행, KB증권, 교보증권, 기업은행
양호(B등급)	현대차증권, 대신증권, DB금융투자, 삼성생명, 부산은행, 우리은행, 하나은행, 국민은행, SC제일은행, 경남은행
보통(C등급)	신한투자증권, 유안타증권, 신한은행, SK증권, 대구은행, 미래에셋증권, NH농협은행

※ 자료 : 한국금융투자자보호재단

펀드판매회사 옥석 가리기 2 | 발품 팔아 비교하기

역시 가장 좋은 방법은 스스로 발품을 팔면서 판매회사를 여러 군데 방문해 직접 상담을 받아본 후에 비교해보는 것이다. 물론 항상 일과 시간에 쫓기는 월급쟁이들이 발품을 판다는 것은 분명 쉽지 않겠지만, "소중한 내 돈을 투자했다 잃을 수는 없다"는 생각으로 조금만 부지런하게 발품을 팔아보길 바란다.

또한 펀드 상담을 받으면서 집중적으로 챙기고 물어봐야 하는 내용들을 미리 목록으로 만들어서 정리해보는 게 좋다. 아무런 준비 없이 무작정 판매회사를 찾아가봐야 직원들이 투자설명서를 읽으면서 설명할 때 구체적으로 무엇을 물어봐야 하는지도 잘 생각이 안 나고, 나중에는 들은 내용도 잊어버리기 일쑤다.

펀드 상담시 필수 질문

1 | 펀드 종류가 주식형인가, 혼합형인가, 채권형인가?

2 | 자산운용회사의 현황은? 펀드매니저는 믿을 만한가?

3 | 펀드의 스타일(운용전략)과 투자지역은?

4 | 판매수수료는 몇 %인가? 선취형인가, 후취형인가?

5 | 과거수익률 추이는? 손실이 발생할 경우 대응방법은?

6 | 총보수는 몇 %인가? 환매수수료는 몇 %인가?

7 | 주식 위주로 투자한다면 투자대상이 주로 어떤 종목인가?

위와 같이 질문 내용을 정리한 후 판매회사를 방문해서 펀드 상담을 받아보길 바란다. 또한 직원이 정말 친절하고 완벽하게 답변했다고 하더라도 절대 빠뜨리지 말고 꼭 물어봐야 하는 질문이 있다. 바로 "○○

펀드가 왜 저한테 적합한가요?" 하고 꼭 물어봐야 한다.

만약 객관적인 자료를 보여주면서 투자자의 재무상황, 투자성향 등에 맞게끔 추천 이유를 만족스럽게 설명한다면 다행이지만 제대로 설명하지 못하고 얼렁뚱땅 넘어가려고 한다면 더 이상 시간을 낭비하지 말고 "좀더 생각해볼게요" 하고 조용히 자리를 박차고 나오길 바란다.

또한 판매회사 여러 군데에서 펀드 상담을 받아본 후에 펀드평가회사의 사이트를 방문해서 추천받은 펀드를 다시 한 번 살펴보는 것도 좋다.

펀드 운용구조와 펀드 선택

1 | 펀드 운용구조를 정확하게 이해하고 있어야 한다.

2 | 판매회사 직원은 펀드 판매 전문가일 뿐이고, 펀드에 직접 투자하는 펀드매니저는 따로 있다.

3 | 판매회사의 펀드 불완전판매를 조심해야 한다.

4 | 펀드 상담을 할 때 펀드 추천 이유를 반드시 물어봐야 한다.

5 | 펀드 계약서에 서명하는 것은 신중해야 한다.

6 | 일과 시간에 쫓기더라도 조금 부지런히 발품을 팔아야 한다.

43 저렴한 펀드 수수료, 보수 조사하기

| 펀드투자 4단계 |

전문가가 나 대신 투자해주니 비용이 들어가네

펀드 상담을 하면서 판매회사 직원에게 펀드 비용도 반드시 물어봐야 한다.

"펀드 비용? 왜 펀드는 투자하면서 돈을 내야 하나요?"

이런 의문을 가질 수 있다. 앞에서 펀드는 여러 사람들의 돈을 모아서 전문가가 대신 투자해주는 금융상품이라고 했다. 또한 펀드 운용구조를 보면 판매회사, 자산운용회사, 수탁회사가 함께 연결되어 각 회사의 전문가들이 본인의 역할을 성실하게 수행하고 있다. 한번 생각해보자. "과연 이러한 전문가들이 공짜로 대신 투자를 해줄까?" 그들은 절대 자선사업가가 아니다.

일부 월급쟁이는 "펀드 비용? 그 정도 푼돈은 아깝지 않아요" 하고 생각할 수 있다. 하지만 펀드를 10년, 20년 이상 투자한다고 할 경우 펀드 비용의 차이가 정말 푼돈일까?

펀드 비용의 종류 — 수수료와 보수

펀드 비용은 크게 '수수료'와 '보수'가 있다. 수수료는 선취판매수수료, 후취판매수수료, 환매수수료로 나눌 수 있다. "수수료가 뭔가요?" 할 수도 있는데, 수수료는 펀드에 가입하면서 판매회사에 내는 비용이라고 할 수 있다.

선취판매수수료는 펀드 가입시 비용을 미리 내는 것이며, 후취판매수수료는 펀드 환매(펀드 해지시 돈 찾는 것)시 내는 것을 말한다. 수수료는 선택에 따라 딱 한 번만 내면 된다.

.... tip

환매수수료

펀드를 너무 일찍 환매할 때 일종의 패널티 형태로 내는 비용이다. 일반적으로 펀드를 90일 이전에 환매하면 환매수수료를 내야 한다.

▼ 펀드 수수료의 종류

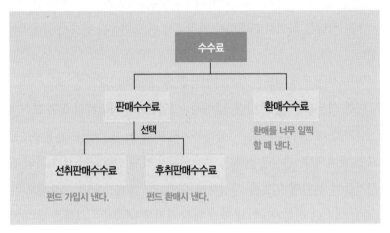

보수는 판매보수, 운용보수, 수탁보수로 나눌 수 있다. 즉 판매회사, 자산운용회사, 수탁회사에 펀드를 맡기는 대가로 정기적으로 내는 비용이라고 할 수 있다.

판매보수는 펀드 판매를 대행하는 판매회사에 내는 비용이며, 운용보수는 펀드 운용·관리를 대행하는 자산운용회사에 내는 비용이다. 수탁보수는 펀드 자금을 보관하는 수탁회사에 내는 비용이다.

▼ 펀드 보수의 종류

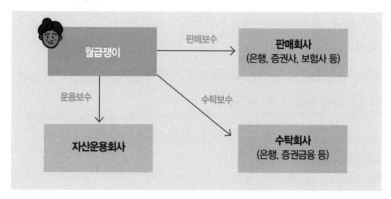

　"총보수가 1%인데, 그러면 매년 1%씩 내야 하는 건가요? 내는 기준은 원금 기준인가요?"

　카페 회원들이 이런 질문을 많이 한다. 펀드 보수는 연 단위로 명기되기 때문에 꽤 헷갈릴 수 있다. 펀드 보수는 환매시 계산되지 않고 매일 계산한다. 왜냐하면 주가변동에 따라 펀드 평가금액이 매일 변하기 때문에, 1년에 한 번 연 단위로 계산하면 정확하게 펀드 보수를 계산하기 어렵기 때문이다.

　총보수가 1%라고 하면? 간단하게 1%를 365일로 나누어주면 된다. 1%÷365일=0.00274%. 0.00274%라는 값이 나오는데 여기에 매일 펀드 평가금액을 곱해주면 된다. 예를 들어 조금 더 구체적으로 설명하면 다음과 같다.

> 첫째 날 평가금액이 1,000만원이라면? 보수는 1,000만원 × 0.00274% = 274원
> 둘째 날 평가금액이 980만원이라면? 보수는 980만원 × 0.00274% = 269원

이런 방법으로 매일 펀드 평가금액에서 0.00274%를 보수로 낸다고 보면 된다. 또한 보수는 매일 차감되면서 펀드 평가금액이 줄어들게 만드는데, 이를 반영하기 위해 차감되는 보수만큼 기준가격을 하락시키게 된다. 즉 기준가격은 결국 보수를 모두 반영한 금액이며, 펀드 평가금액 역시 보수를 차감해 계산된 금액이다.

대부분 월급쟁이들이 펀드투자를 하면 매일 계산되는 보수를 체감하기가 어렵다. 왜냐하면 보수는 매일 기준가격을 정할 때 차감하고 산출되기 때문이다. 계좌에서 보수가 직접 빠지지 않기 때문에 쉽게 체감하지 못하는 것이다.

중요한 것은, 펀드 비용인 수수료와 보수를 푼돈이라 여기지 말고 한 푼이라도 줄이기 위한 노력을 해야 한다는 것이다. 왜냐하면 수익률에 따라 다르긴 하지만 펀드 비용 차이가 1%이고 20년을 투자할 경우 무려 3,000만원이 넘는 비용을 더 내는 결과를 초래할 수 있기 때문이다. 우습게 본 1%가 결국 어마어마한 차이를 부른다. 따라서 다음 절약법을 잘 참고해서 1%라도 줄여보길 바란다.

수수료와 보수 절약법 1 | 총비용이 낮은 펀드 선택

같은 종류의 펀드인데 총비용이 높은 펀드를 선택하는 게 맞을까? 당연히 선택하지 않는 게 맞다. 총비용이 낮은 펀드를 선택하되 운용보수보다 판매보수가 낮은 펀드를 선택하는 것이 더 유리하다고 할 수 있다. 왜냐하면 운용보수보다 판매보수가 상대적으로 높으므로 판매보수가 낮은 펀드를 선택하면 총비용을 보다 효율적으로 낮출 수 있기 때문이다. 평균적인 펀드 보수를 정리해두었으니 참고하길 바란다.

▼ 펀드 보수의 평균 (단위 : %)

구분	판매보수	운용보수	수탁보수
주식형펀드	0.79	0.69	0.04
주식혼합형펀드	0.70	0.56	0.03
채권혼합형펀드	0.53	0.36	0.03
채권형펀드	0.29	0.20	0.03

※ 자료 : 금융투자협회

수수료와 보수 절약법 2 | 창구 가입보다 온라인 가입

창구가 있는 판매회사보다 온라인으로 가입하면 펀드 비용을 절약할 수 있다. 대표적으로 우리투자증권의 펀드슈퍼마켓(구, 한국포스증권)(https://fundsupermarket.wooriib.com)을 꼽을 수 있다. 이름처럼 자신에게 맞는 펀드를 스스로 선택해서 가입할 수 있고, 무엇보다 펀드 비용이 저렴하다는 것이 장점이다. 판매보수는 통상 주식형 0.35%, 주식혼합형 0.35%, 채권혼합형 0.25%, 채권형 0.15% 등으로 매우 낮게 책정되어 있다. 특히 펀드슈퍼마켓에서만 단독으로 판매하는 S클래스펀드는 선취판매수수료가 없고 판매보수도 오프라인 펀드 대비 1/3 수준에 불과하다.

펀드슈퍼마켓

펀드슈퍼마켓에서 펀드를 선택하고 구매하는 법은 다음 쪽 〈잠깐만요〉 참고.

펀드슈퍼마켓의 모든 서비스를 이용하려면 우리투자증권(펀드슈퍼마켓) 앱 또는 제휴은행(우리은행, 우체국)에서 계좌를 개설하면 된다. 제휴은행을 방문할 시간이 없는 월급쟁이라면 우리투자증권(펀드슈퍼마켓) 앱을 통해 모바일로 계좌를 개설하는 것이 간편하다.

tip

우리투자증권(펀드슈퍼마켓) 앱에서 모바일 계좌개설

앱 설치 → 계좌개설 → ID 등록 → 간편비밀번호 → 보안매체등록 → 완료
이용 가능시간은 7~22시(공휴일 포함)이고 모바일 계좌개설에 필요한 준비물(주민등록증 또는 운전면허증, 본인명의 휴대폰, 본인명의 타행 입출금계좌)을 챙기는 것도 잊지 말자.

tip

펀드슈퍼마켓의 새로운 주인이 된 우리투자증권

우리금융그룹이 우리종합금융과 펀드슈퍼마켓을 운영하는 한국포스증권을 합병하여 우리투자증권을 출범시켰다. 이로써 우리금융그룹은 10년만에 다시 증권업에 진출하게 되었으며 펀드슈퍼마켓은 우리투자증권으로 새롭게 출발하게 되었다.

펀드슈퍼마켓에서 펀드 구매하기

펀드슈퍼마켓에 계좌개설, 회원가입, 공인인증서 등록이 끝났다면 이제 본격적으로 펀드 쇼핑과 구매를 해야 한다. 물론 전쟁터에 나가기 전에 총알을 챙겨야 하듯이, 돈을 입금하는 것을 잊어서는 안된다.

우리은행, 우체국에서 우리투자증권 계좌를 개설한 경우에는 해당 은행의 연계된 입출금 계좌로 돈을 입금한 후 우리투자증권 계좌로 이체하면 된다. 우리투자증권(펀드슈퍼마켓) 앱에서 우리투자증권 계좌를 개설한 경우에는 돈을 우리투자증권 계좌로 바로 입금하면 된다.

그럼 펀드 쇼핑과 구매는 어떻게 하는 걸까? 수익률 상위, 판매액 상위, 조회 상위, 연령별 가입 상위 등 랭킹별로 쇼핑할 수 있으며 펀드 속성, 펀드 유형, 운용전략, 운용사 등을 직접 선택해서 쇼핑할 수도 있다. 하지만 이제 처음으로 펀드투자를 시작하는 월급쟁이 재테크 1년차라면 '펀드고수 따라하기' 기능을 활용해서 쇼핑하는 것이 좋다. 그리고 쇼핑 후 맘에 쏙 드는 펀드를 찾았다면 구매하면 된다.

❶ 펀드슈퍼마켓 상단 메뉴 중 〈펀드〉 → 〈펀드찾기〉 → 〈펀드고수 따라하기〉를 선택한다.

❷ 상위 1%의 펀드고수들이 가장 많이 보유한 펀드 순위를 알 수 있다. 펀드고수란, 최근 한 달 간 기준으로 누적수익률 상위 1% 고객을 말한다.

❸ 검색결과로 나온 펀드를 중심으로 유형, 규모, 수익률, 보수, 위험평가지표, 평가등급 등을 꼼꼼하게 분석하면 된다.

❹ 최종적으로 구매하고자 하는 펀드를 찾았다면 〈구매〉 버튼을 클릭하면 된다.

수수료와 보수 절약법 3 | 펀드의 클래스 확인

펀드 이름을 자세히 들여다보면 뒤에 A, B, C 등 알파벳이 붙어 있다. "이게 뭐지?" 생각하는 월급쟁이들이 많을 텐데, 펀드 수수료 체계를 유형별로 구분해둔 것이다.

▼ 펀드 클래스 유형과 특징

클래스 유형	특징
A	최초 가입시 선취판매수수료를 받으며 연간 보수가 낮은 펀드
B	펀드 환매시 후취판매수수료를 받으며 연간 보수가 낮은 펀드
C	선취·후취판매수수료를 받지 않는 대신 연간 보수가 높은 펀드
D	선취·후취판매수수료를 모두 받는 펀드
E	인터넷을 통해서만 가입이 가능한 펀드
F	금융기관투자가의 가입이 가능한 펀드
I	고액거래자 요건을 충족한 기관투자가 전용 펀드
W	랩어카운트 전용 펀드
S	펀드슈퍼마켓 펀드(판매보수+후취판매수수료)
P	연금저축펀드
T	소득공제장기펀드

2년 이상
중장기투자
추천!

2년 이내
단기투자
추천!

통상 월급쟁이들이 가입하는 펀드의 클래스는 A 또는 C라고 보면 된다. 2년 이상 중장기투자를 할 경우에는 클래스 A가 좋으며 2년 이내 단기투자를 할 경우에는 클래스 C가 좋다. 하지만 필자는 펀드투자는 수익성보다는 안정성에 중점을 두어야 한다고 생각하기 때문에 펀드투자는 2년 이상 중장기적인 관점에서 클래스 A를 선택해서 운영하는 것이 좋다고 생각한다.

펀드 비용 총정리

1 | 펀드 보수는 환매시 계산되지 않고 매일 계산된다.

2 | 펀드 비용을 한푼이라도 줄이기 위한 온라인 가입을 고려한다.

3 | 2년 이상 중장기투자는 클래스 A, 2년 이내 단기투자는 클래스 C를 선택한다.

 잠│깐│만│요

나는야 펀드감별사! 이름만 봐도 실체 파악

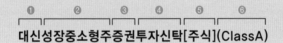

❶ ❷ ❸ ❹ ❺ ❻

대신성장중소형주증권투자신탁[주식](ClassA)

❶ **자산운용회사** : 펀드를 관리하고 운용하는 회사. 예시의 경우 대신운용

❷ **스타일(운용전략)** : 펀드를 어떻게 투자할 것인지에 대한 운용전략. 예시의 경우 성장중소형주에 집중적으로 투자하는 펀드

❸ **운용자산** : 펀드의 운용자산. 증권, 부동산, 특별자산 등이 대표적

❹ **법적속성** : 투자신탁이란 일반투자가로부터 자금을 모집한 후 증권, 부동산 등에 투자해 그 수익을 투자가에게 나누어주는 제도를 말한다. 펀드는 대부분 투자신탁이다.

❺ **운용대상** : 운용자산 중에서 주로 투자하는 대상. 예시의 경우 주식

❻ **판매수수료** : 펀드 수수료 체계를 유형별로 구분해둔 것. 예시의 Class A는 선취형

44 펀드투자 원칙을 정하자!

| 펀드투자 5단계 |

펀드에 가입해서 본격적인 투자를 하기 전에 월급쟁이들이 꼭 지켜야 하는 펀드투자 원칙은 무엇일까?

펀드투자 원칙 1 | 실패를 두려워하지 말자

예측하지 못한 경제상황으로 펀드수익률이 반토막이 났다고 좌절하지 않길 바란다. 내 펀드의 수익률이 반토막으로 결정되는 건 환매를 실행할 때다. 즉 끝날 때까지 끝난 게 아니라는 말이다. 환매하기 전까지 내 펀드의 수익률은 결정된 게 없다. 중요한 것은, 실패를 두려워하지 않는 자세를 갖는 것이다.

단, 처음부터 **어렵게 모아둔 목돈을 펀드투자에 올인하지 말고 반드시 여유자금으로** 시작하길 바란다. 또한 되도록 **소액으로** 투자하자. 그래야 심리적 안정감을 갖고 꾸준히 투자할 수 있다.

펀드투자 원칙 2 | 분산투자를 하자

앞에서 펀드투자는 높은 수익을 올리는 것도 중요하지만 원금을 안전하게 지키는 것이 더욱 중요하다고 말했는데, 위험관리를 위해서 반드시 분산투자를 해줘야 한다.

① 투자시점 분산 — 적립식

특히 위험이 큰 주식형펀드는 매월 일정한 여유자금을 정기적으로 투자하는 적립식펀드로 접근해서 투자시점을 분산해 위험을 줄이고 안정적인 수익성을 확보해야 한다. 마치 펀드를 적금처럼 운영한다고 생각하면 되는데, 적립식펀드의 장점은 매입단가평준화효과(Cost Averaging Effect)라고 할 수 있다.

즉 2월에 기준가격이 하락했을 때 펀드를 더 많이 매입하면 평균매입기준가격이 하락해서 수익성이 거치식(한꺼번에 투자하는 것)보다 훨씬 높으

▼ 매입단가평준화효과

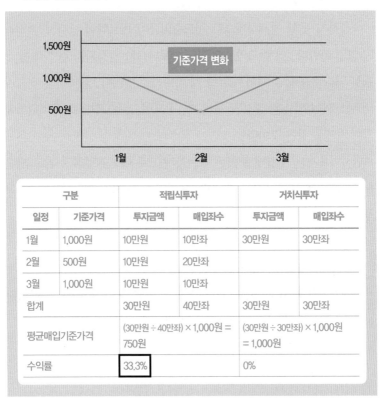

구분		적립식투자		거치식투자	
일정	기준가격	투자금액	매입좌수	투자금액	매입좌수
1월	1,000원	10만원	10만좌	30만원	30만좌
2월	500원	10만원	20만좌		
3월	1,000원	10만원	10만좌		
합계		30만원	40만좌	30만원	30만좌
평균매입기준가격		(30만원÷40만좌)×1,000원 = 750원		(30만원÷30만좌)×1,000원 = 1,000원	
수익률		33.3%		0%	

326

며, 기준가격의 등락시 위험을 줄이는 것과 동시에 보다 안정적으로 수익을 확보할 수 있다. 따라서 반드시 투자시점을 분산하는 원칙을 지키길 바란다.

② 투자지역 분산 — 국내, 해외

국내펀드와 해외펀드로 분산해서 투자하는 방법이다. 국가별로 분산투자하는 이유는 해외펀드가 국내펀드보다 더 좋은 수익성을 올릴 경우를 대비하기 위함이지만, 국내 주가가 급락할 경우도 대비하기 위함이다.

최근에는 글로벌 주식시장이 함께 움직이는 일종의 동조화현상을 보이는 경향이 있기 때문에 해외펀드로 분산투자하는 장점이 조금씩 줄어드는 형국이라고 할 수 있다. 또한 해외펀드는 최저 가입금액도 국내펀드보다 크며 환율, 환헤지 등 고려해야 하는 사항이 국내펀드에 비해 훨씬 많기 때문에 충분한 공부가 필수다.

따라서 무작정 해외펀드로 분산투자하지 말고 국내와 글로벌 주식시장의 동향을 감안해서 필요시 해외펀드로도 분산투자한다는 탄력적인 원칙을 세우길 바란다.

③ 투자대상 분산 — 주식형, 혼합형, 채권형

주식형, 혼합형, 채권형 등 여러 성격의 펀드에 분산해서 투자하는 방법이다. 한마디로 펀드 포트폴리오를 수립한다고 생각하면 되는데, 예를 들어 여유자금을 '주식형 : 혼합형 : 채권형 = 50% : 30% : 20%'로 분산해서 투자하는 것이다. 즉 투자대상을 분산한다는 원칙을 세우고 자신의 투자기간, 투자성향 등을 감안해서 펀드 포트폴리오를 수립하길 바란다.

구분	공격투자형	위험중립형	안정추구형
단기	혼합형펀드	채권형펀드	MMF
중기	주식형펀드(가치형)	혼합형펀드, 주식형펀드(배당형)	채권형펀드
장기	주식형펀드(중소형주)	주식형펀드(가치형), 주식형펀드(성장형)	주식형펀드(배당형)

펀드투자 원칙 3 | 장기투자를 하자

장기투자! 누구나 빤히 알고 있지만 대부분 지키지 않는 원칙이다. 그렇다고 무조건 오래 투자하라는 말은 아니다. 자신이 정한 투자목표와 투자기간을 고려해야 한다. 중간에 주가가 급락한다고, 또는 주변의 소문에 휩쓸려서 원칙을 깬다면 결국 손실을 보게 될 가능성이 매우 크다. 또한 수시로 수익률을 확인하면서 일희일비하지 말고, 장기투자라는 원칙하에 여유를 갖고 지켜보길 바란다. 장기투자는 안정성과 수익성을 동시에 잡을 수 있는 가장 기본적인 원칙이다.

핵심개념복습

펀드투자의 원칙

1 | 실패를 두려워하지 말자.

2 | 분산투자를 하자.

3 | 장기투자를 하자.

잠|깐|만|요

한푼이라도 더 챙기는 펀드 환매시점 잡기

펀드는 환매와 동시에 당장 돈을 받을 수 없기 때문에 매입시점 못지 않게 환매시점 도 잘 고려해야 한다.

주식형, 주식혼합형은 오후 3시를 기점으로 적용 기준이 달라진다. 예를 들어서 주식 시장이 좋아서 기준가격이 며칠 동안 계속 오른다고 가정할 경우 조금이라도 높은 기 준가격을 적용받기 위해서는 15시 이후에 환매신청을 하는 게 좋다. 또한 채권혼합형 은 오후 3시가 아닌 오후 5시를 기점으로 적용 기준이 달라지며, 4영업일 또는 5영업 일에 환매한 돈을 받을 수 있다.

결국 환매시점에 따라 액수에서 차이가 발생하므로 한푼이라도 더 챙기기 위해서는 환매시점을 현명하게 잘 결정하는 것이 중요하다.

▼ 펀드 유형별 환매시점 잡기

펀드	시간	1영업일 (당일)	2영업일 (당일+1일)	3영업일 (당일+3일)	4영업일 (당일+4일)	5영업일 (당일+4일)
주식형, 주식 혼합형	15시 이전	신청	기준가 적용	—	지급	
	15시 이후	신청	—	기준가 적용	지급	
채권 혼합형	17시 이전	신청	—	기준가 적용	지급	
	17시 이후	신청	—	—	기준가 적용	지급
채권형	17시 이전	신청	—	기준가 적용, 지급	—	—
	17시 이후	신청	—	—	기준가 적용, 지급	

45

저금리시대 뜨는 상품 1
ELS

저금리 금융환경이 지속되는 경우 많은 언론 등에서 앞다투어 저금리 시대의 대안으로 얘기하는 금융상품이 바로 ELS와 ETF다. 따라서 "요즘 은행 금리도 낮은데 일단 가입부터 하고 보자"며 묻지마 투자를 하는 월급쟁이도 분명 많을 거라고 본다. 과연 ELS와 ETF는 무엇일까? 이번 기회에 자세히 살펴보도록 하자. 우선 이번 장에서 ELS를 설명하고, 다음 장에서 ETF를 설명한다.

모르면 큰코다치는 ELS(주가연계증권)

ELS는 Equity Linked Securities의 줄임말로 '주가연계증권'이다. 개별 주식의 가격이나 주가지수에 연계되어 수익이 결정되는 유가증권으로, 주식·채권·파생상품 등을 결합해서 특정 구조에서만 수익이 나게끔 만들어두었다고 할 수 있다.

어떤가? ELS는 단순하게 주가등락에 의해 수익이 결정되는 것이 아니고 구조가 매우 복잡하기 때문에 설명만으로도 어렵고 생소하다는 생각이 들 것이다. 일반적으로 ELS상품은 은행이나 증권사에서 제시한 조건을 충족하면 약속한 수익률을 지급하고, 조건을 충족하지 못하면 수익률이 낮거나 원금손실이 발생하는 구조다.

> **tip**
>
> **파생상품**
> 실물자산이 아닌 기초자산(채권, 금리, 주식 등)을 대상으로 해 그에 대한 가격의 변동을 예측하는 투자자들에 의해 가격이 형성되는 금융상품. 대표적인 파생상품으로 선물, 옵션이 있다.

따라서 이제 첫발을 내딛은 월급쟁이 왕초보들이 은행이나 증권사를 방문해서 직원의 설명을 들으면서 ELS에 대해 완벽하게 이해한다는 것은 결코 쉽지 않은 일이다. 직원들이 열과 성을 다해 설명하더라도 아마 기억에 남는 것은 딱 2가지가 아닐까 한다.

"주식보다는 안전합니다."

"은행 예적금보다 수익을 2~3배 더 낼 수 있습니다."

은행이나 증권사에서 "저금리시대의 대안은 바로 중위험·중수익 금융상품 ELS입니다!" 이렇게 열을 올리면서 홍보하고 있지만, 자칫 잘못하다가는 큰코다칠 수 있는 금융상품이 바로 ELS인지도 모른다.

ELS 분류 1 | 지수형, 종목형

우선 ELS는 주가지수를 기초자산으로 삼는 지수형과 종목을 기초자산으로 삼는 종목형으로 나눌 수 있다. 현재 국내시장에서 발행 중인 ELS는 대부분 지수형이라고 할 수 있는데, 통상 전체 발행 ELS 중 50~70% 정도가 지수형이다. 종목형 ELS는 개별 종목의 주가변동 위험이 높다는 단점을 갖고 있는 반면, 지수형 ELS는 저금리·저성장에서도 안정성이 높고 최근 수익률이 높았기 때문이라고 할 수 있다.

지수형 ELS는 과거에는 주로 KOSPI200 또는 중국항셍기업지수(HSCEI) 등을 단독으로 활용했지만 요즘에는 S&P500, EURO STOXX 50 등을 활용해서 기초자산 개수를 늘려나가고 있는 추세다. 물론 수익률이 더욱 높아질 수도 있지만, 주시해야 하는 지수가 늘어나기 때문에 관리가 힘들 수 있으며, 손실을 볼 가능성도 무시할 수 없다.

▼ ELS 형태별 발행 현황 (단위 : 조원, %)

기간	발행액	형태		
		지수형	종목형	혼합형
2022년	57.7 (100.0)	31.0 (53.7)	21.5 (37.3)	5.2 (9.0)
2023년	62.8 (100.0)	32.2 (51.3)	25.7 (40.8)	5.0 (7.9)

※ 자료 : 금융감독원

▼ 지수형 ELS 기초자산 발행 현황 (단위 : 조원, %)

기간	지수형 ELS	기초자산				
		S&P500	EuroStoxx50	KOSPI200	HSCEI	Nikkei225
2022년	36.2(100.0)	25.3(69.8)	24.8(68.6)	21.7(59.8)	5.4(15.0)	4.4(12.1)
2023년	37.2(100.0)	28.0(75.3)	25.5(68.7)	18.3(49.1)	5.4(14.5)	11.2(30.1)

※ 자료 : 금융감독원

- EuroStoxx50 : 유럽 12개국(독일, 네덜란드, 프랑스 등)의 증시에 상장된 기업 가운데 50개 우량기업을 선정해 산출한 지수
- KOSPI200 : 증권거래소에 상장된 대한민국을 대표하는 200개 우량종목의 시가총액을 나타내는 지수
- S&P500 : 미국의 Standard and Poors(S&P)사가 산출하고 작성한 지수로, 지수 산정에 포함된 종목수는 500개. 뉴욕증권거래소에 상장된 기업의 주가지수
- HSI : 홍콩 항셍은행에서 산출하는 주가지수로, 홍콩증권거래소(HKSE)에 상장된 50개 우량주식으로 구성된 지수
- Nikkei225 : 동경증권거래소(TSE)의 제1부 시장에 상장된 종목 중 유동성이 높은 225개 종목을 대상으로 산출한 지수
- HSCEI : Hang Seng China Enterprises Index의 줄임말로, 홍콩거래소에 상장된 홍콩(H)주를 시가총액 중심으로 산출한 지수

ELS 분류 2 | 원금보장형, 원금비보장형

ELS에서 가장 먼저 챙겨봐야 하는 부분은 원금보장 여부일 것이다. ELS는 원금보장 여부에 따라 크게 원금보장형과 원금비보장형으로 나눌 수 있다. 원금보장형은 조건 충족시 지급되는 수익률은 낮지만 최저 보장이율 또는 원금을 보장받을 수 있으며, 원금비보장형은 조건 충족시 지급되는 수익률은 높지만 원금손실이 발생할 수 있다. 참고로, 원금 부분보장형도 있다.

▼ ELS 원금보장

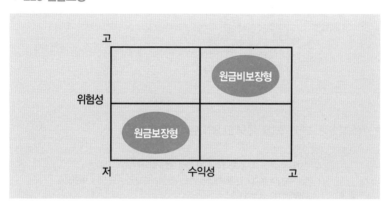

하지만 원금보장형이라고 해서 원금손실이 전혀 없다고 생각해서는 안된다. 예를 들어 만기 이전에 중도상환할 경우 원금손실이 발생할 수 있다. 또한 최저 보장이율이 물가상승률보다 낮다면 결국 ELS에 넣어 둔 돈의 가치하락으로 인해 원금손실이 발생한 꼴이라고 할 수 있다.

ELS 분류 3 | 녹아웃형, 스텝다운형, 불스프레드형

ELS는 수익구조 유형에 따라 녹아웃형, 스텝다운형, 불스프레드형 등으로 나눌 수 있는데, 은행이나 증권사에서 주로 판매하는 ELS 유형은 스텝다운형이다.

▼ ELS 수익구조 유형에 따른 분류

녹아웃형	투자기간 중 미리 정한 주가 수준에 한 번이라도 도달하면 미리 정한 확정수익을 지급하는 형태
스텝다운형	특정 주가를 일정 기간마다 중간평가해서 평가일에 일정한 하락이 없으면 약속한 수익을 지급하고 조기상환하는 형태
불스프레드형	원금손실 하한이 있고 만기시점에 주가상승률에 비례해서 수익을 지급하는 형태
디지털형	가입시 미리 정한 주가를 초과하면 일정 수익을 지급하는 형태
리버스컨버터블형	가입시 미리 정한 주가하락폭 이하로 주가가 하락하지 않으면 약속한 수익을 지급하는 형태

은행, 증권사에서 주로 판매!

▼ 기초자산이 2개인 스텝다운형 ELS의 수익구조 예시

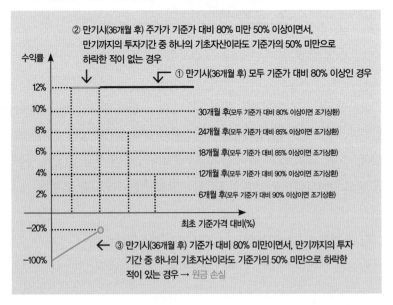

현재 은행이나 증권사에서 내세우는 ELS의 가장 큰 장점은 안정성과 수익성을 함께 추구할 수 있다는 것이다. 그럼 ELS는 정말 저금리시대의 대안이 될 수 있는 금융상품일까? 단점은 없을까?

ELS 단점 1 | 원금손실 가능성이 있다

원금비보장형의 경우 주식, 파생상품 등의 변동위험성으로 인해 원금손실이 발생할 수 있고, 원금보장형도 중도상환, 물가상승률 등을 감안하면 원금손실의 가능성이 있다.

ELS 단점 2 | 환금성이 떨어진다

환금성이라는 것은 필요한 경우 언제든 현금화를 할 수 있는 가능성이다. ELS는 통상 만기 3년으로 설정되어 있기 때문에 갑작스런 급전이 필요한 경우 조기상환의 기회를 놓치게 되면 자칫 투자한 돈이 묶일 수 있다.

ELS 단점 3 | 수익에 대해 세금이 부과된다

펀드의 경우 주식 매매차익은 비과세대상으로 세금을 한푼도 안 내도 된다. 하지만 ELS는 투자로 발생한 수익에 15.4%(소득세 14%＋지방세 1.4%)의 세금이 부과된다.

ELS 단점 4 | 구조가 복잡하다

ELS의 가장 치명적인 단점은 바로 구조가 너무 복잡하고 이해하기 힘들다는 것이다. 특히 월급쟁이 왕초보라면 아무리 설명을 들어도 뒤돌아서면 헷갈린다.

따라서 ELS는 분산투자 관점에서 본인의 여유자금 일부만 투자하는 것이 좋으며, ELS의 특성이나 수익구조 등을 정확하게 파악하지 못하거나 투자에 대한 확신이 없다면 차라리 투자하지 않는 것이 훨씬 현명한 결정일 수 있다.

'파생상품=고위험'이라는 공식이 있듯이, ELS도 결국 파생상품 등이 결합되어 있는 형태이기 때문에 중위험·중수익 금융상품이 아니라 어쩌면 구조가 매우 복잡한 고위험 금융상품이 아닐까 한다. 다만 주식보다 위험성이 낮고 은행 예적금보다 수익률이 높을 수 있기에 저금리시대에 매력 있는 재테크 수단인 것만은 분명하다. 몰빵투자는 금물! ELS를 충분히 공부한 후 여유자금으로 신중하게 투자해보길 바란다.

잠 | 깐 | 만 | 요

E로 시작하는 금융상품 종류

재테크 공부를 하다 보면 ELS나 ETF 이외에 E로 시작하는 금융상품이 꽤 많다. 이름이 비슷해서 헷갈릴 수 있는데, 알아두면 유용하니 참고하길 바란다.

1 | ELD(주가연계예금)
Equity Linked Deposit의 줄임말로, 주가지수 변동에 연계되어 수익이 결정되는 예금이다. 은행에서 판매하며 예금의 이자를 다양한 기초자산(파생상품, 주식 등)에 투자해서 수익을 올리는 형태다. 원금이 보장되며 일반 예금보다 높은 수익을 기대해볼 수 있다. 단, 투자한 자산의 수익이 악화될 경우 일반 예금보다 수익이 낮아질 수 있다는 점에 유의해야 한다.

2 | ELW(주식워런트증권)

Equity Linked Warrent의 줄임말로, 기초자산(KOSPI200 등)을 사전에 정한 미래의 시기에 미리 정한 가격으로 사거나 팔 수 있는 권리를 갖는 유가증권이다. 주가가 오를 경우에는 콜(살 수 있는) ELW, 주가가 내릴 때는 풋(팔 수 있는) ELW가 유리하다. 일종의 옵션 상품으로, ELS처럼 구조가 매우 복잡하고 원금손실 가능성이 크다는 점에 유의해야 한다. 한마디로 대표적인 고위험 금융상품이다.

3 | ELF(주가연계펀드)

Equity Linked Fund의 줄임말로, ELS에 투자하는 펀드다. 즉 ELS에 직접투자하는 것이 아니라 펀드를 통해 간접투자한다고 할 수 있다. ELF는 상품별로 수익률 차이가 크고 원금이 보장되지 않는다는 점에 유의해야 한다. ELF의 위험성은 ELS와 비슷한 수준이며, 만기시 수익금을 돌려받을 것인지 펀드에 재투자할 것인지 결정할 수 있다.

▼ E로 시작하는 금융상품 정리

구분	ELS	ELD	ELW	ELF
형태	유가증권	예금	유가증권	펀드
발행기관	증권회사	은행	증권회사	자산운용회사
투자방법	유가증권 매입	예금 가입	주식연계투자	ELS 매입
원금보장	△	○	×	×
예금자보호	×	○	×	×
만기상환시 소득	배당	이자	매매수익	배당 또는 이자
위험성 순위	ELD 〈 ELF, ELS 〈 ELW			

ELS 판매회사 옥석 가리기! 미스터리 쇼핑 결과 참고

ELS는 무지할수록 리스크가 커진다. 따라서 은행, 증권사 직원이 기초자산, 수익구조 등에 대해 차근차근 설명해줘야 하며, 원금손실 가능성에 대해서도 고지해줘야 한다. 다만 판매회사별로 판매절차 준수 이행도에 차이가 발생할 수 있다.

다음은 금융감독원에서 실시한 ELS 미스터리 쇼핑 결과이며 적합성 원칙, 설명 의무, 녹취 의무, 부적절한 상품 판매 가이드라인 등 총 7가지 항목을 평가한 것이다. 판매 회사를 선택할 때 참고자료로 활용해보길 바란다.

▼ ELS 미스터리 쇼핑 결과

등급	증권사	은행	합계
우수 (90점 이상)	신영증권, 한국투자증권, 한화투자증권, NH투자증권	—	4개사
양호 (80점대)	미래에셋증권, 삼성증권, 유안타증권, 하나증권, KB증권, SK증권	KB국민은행, 한국씨티은행	8개사
보통 (70점대)	신한투자증권, 하이투자증권, 현대차증권	부산은행	4개사
미흡 (60점대)	대신증권	대구은행, 수협은행, 우리은행, IBK기업은행	5개사
저조 (60점 미만)	유진투자증권	경남은행, NH농협은행, 신한은행, 하나은행, SC제일은행	6개사
합계	15개사	12개사	27개사

※ 자료 : 금융감독원

46

저금리시대 뜨는 상품 2
ETF

월급쟁이에게 만만한 ETF(상장지수펀드)

ETF는 Exchange Traded Funds의 줄임말로 '상장지수펀드'라고 한다. KOSPI200 같은 특정 지수의 수익률을 얻을 수 있도록 설계된 지수연동형 펀드라고 할 수 있다. 어떻게 보면 월급쟁이들이 ELS보다는 쉽게 이해하고 투자를 결정할 수 있는 금융상품이기도 한데, 펀드이면서 주식처럼 주식시장에서 사고팔 수 있도록 만들어두어서 그렇다.

과거와 달리 최근에는 저금리 금융환경,특정 지수 하락 등을 기회로 삼아 ETF에 투자하는 사람들이 꽤 많은 것 같다. 그럼 과연 ETF의 장점은 무엇일까?

ETF 장점 1 | 실시간 거래가 가능하다

HTS를 통해 언제든지 실시간 매수·매도 등 거래가 가능하다. 즉 주식처럼 실시간 사고팔면서 동시에 펀드투자 방식을 따르고 있으며, 현재 가격으로 매수·매도가 가능하기 때문에 거래과정이 매우 투명하다고 할 수 있다.

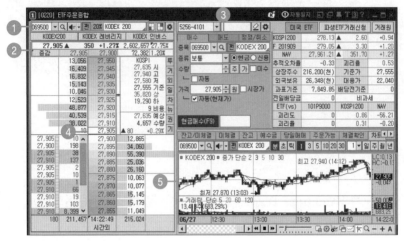

키움증권 ETF 주문종합 화면

❶ **코드번호** : ETF 종목의 고유한 번호
❷ **주가정보** : 현재가, 등락 여부, 등락률
❸ **매매** : 매수, 매도, 정정/취소 주문
❹ **호가** : 매도, 매수 10개의 호가
❺ **차트** : 일, 주, 월, 년 등 주가변동

ETF 장점 2 | 수수료가 저렴하다

주식형펀드가 연 2~3%, 인덱스펀드가 연 0.35~1.5% 수준임에 비
해 ETF의 수수료는 0.15~0.5% 수준이다. 확실히 수수료 측면에서 주
식형펀드나 인덱스펀드에 비해 ETF가 절대적으로 유리하다. 참고로,
ETF는 주식과 달리 매도할 때 발생하는 증권거래세(0.18%)도 면제된다.

ETF 장점 3 | 환금성이 좋다

펀드는 환매 후 며칠을 기다려야 하지만 ETF는 투자자가 직접 매도하기 때문에 주식처럼 매도일로부터 2일 안에 돈을 받을 수 있어서 펀드보다 상대적으로 환금성이 좋다.

ETF 장점 4 | 변동성이 적다

KOSPI200 같은 한국의 대표적인 주가지수에 따라 가격이 결정되고, 개별주의 등락에도 영향을 덜 받기 때문에 펀드나 주식에 비해 상대적으로 변동성이 적다.

ETF 어떻게 매매하나?

ETF 매매방법은 주식 매매방법과 동일하다. 먼저 ETF계좌를 개설해야 하는데, 만약 기존에 증권계좌가 있다면 기존 계좌를 이용해서 거래하면 된다. 만약 증권계좌가 없다면 증권사 또는 은행을 방문해서 새롭게 증권계좌부터 개설해야 한다.

tip ⸱⸱⸱⸱⸱⸱⸱⸱⸱⸱⸱⸱⸱⸱⸱⸱⸱⸱
HTS 설치방법은 〈여섯째마당〉 49장 참고.

증권계좌 개설이 끝나면 HTS를 설치해야 한다. 그리고 은행을 통해 본인의 증권계좌에 돈을 입금해야 하며, 증권계좌번호는 증권카드 앞면에 나와 있다.

HTS를 설치했다면 이제 ETF 매매를 할 수 있다. 먼저 투자하고자 하는 ETF 종목을 찾아야 한다. ETF는 종목마다 코드번호가 부여되어 있어서 코드번호를 알고 있다면 종목창에 코드번호를 입력하면 간단하게 찾을 수 있다. 하지만 왕초보라면 HTS 최상단 좌측 메뉴 〈주식시세〉 → 〈ETF/ETN〉 → 〈ETF전체시세/종목검색〉에서 추적지수, 운용사별로 ETF 종목을 찾으면 된다.

조건검색설정◀ 추적지수설정 운용사설정 항목설정 ETF추이 ETF구성종목 실시간차트 ⊙ 조회

종목명	현재가(연동)	추적지수	지수현재가	ETF분류	운용사	상장일	구성종목수	상장주수	순자산총액(억원)	대응가
KOSEF블루칩	7,250			수익증권형	키움자산운용	2008/07/29	40	3,100,000	225.4	5,070
KODEX증권	7,550	KRX 증권	756.27	수익증권형	삼성자산운용	2008/05/29	11	6,300,000	476.3	5,280
KODEX조선	6,045	KRX 조선	619.88	수익증권형	삼성자산운용	2008/05/29	10	1,360,000	82.3	4,230
KODEX삼성그	5,320			수익증권형	삼성자산운용	2008/05/21	14	130,900,000	6,966.2	3,720
TIGER200	24,195	KOSPI200 종합	241.48	수익증권형	미래에셋자산운용	2008/04/03	200	65,850,000	15,916.6	19,350
KODEXJapan	11,325			수익증권형	삼성자산운용	2008/02/20	99	1,200,000	136.3	7,920
KOSEFKRX100	3,890	KRX100	3,874.23	수익증권형	키움자산운용	2008/01/23	100	5,400,000	210.1	3,110
KODEXChinaH	19,485			수익증권형	삼성자산운용	2007/10/10	43	2,700,000	526.7	13,630
TIGER미디어	10,305	KRX 미디어통신	1,025.64	수익증권형	미래에셋자산운용	2007/09/07	10	540,000	55.6	7,210
TREX종소가치	8,200			수익증권형	유리자산운용	2007/07/31	282	660,000	54.1	5,740
TIGER중형가	8,910			수익증권형	미래에셋자산운용	2007/07/31	64	30,000	2.6	6,230
TIGER순수가	15,220			수익증권형	미래에셋자산운용	2007/07/31	197	60,000	9.1	10,650
TIGER반도체	17,420	KRX 반도체	1,739.68	수익증권형	미래에셋자산운용	2006/06/27	20	5,440,000	946.7	12,190
TIGER은행	6,850	KRX 은행	682.75	수익증권형	미래에셋자산운용	2006/06/27	10	2,540,000	173.9	4,790
TIGERKRX100	38,805	KRX100	3,874.23	수익증권형	미래에셋자산운용	2006/06/27	100	645,000	250.1	31,040
KODEX자동차	15,415	KRX 자동차	1,560.33	수익증권형	삼성자산운용	2006/06/27	20	1,550,000	238.6	10,790
KODEX은행	6,720	KRX 은행	682.75	수익증권형	삼성자산운용	2006/06/27	10	3,800,000	256.1	4,700
KODEX반도체	17,395	KRX 반도체	1,739.68	수익증권형	삼성자산운용	2006/06/27	20	600,000	104.3	12,170
KOSEF200	24,195	KOSPI200 종합	241.48	수익증권형	키움자산운용	2002/10/14	200	8,900,000	2,151.9	19,350
KODEX200	24,175	KOSPI200 종합	241.48	수익증권형	삼성자산운용	2002/10/14	200	148,950,000	36,000.3	19,340

① ❷ ③ ④

❶ ETF 종목, 현재가

❷ KOSPI200, 특정 업종 등 ETF의 추적지수

❸ ETF 운용회사

❹ ETF 구성종목수, 상장주수, 순자산총액

　　ETF 종목을 찾았다면 본격적으로 매매를 해야 한다. 먼저 ETF 매매를 하기 위해서는 '호가'라는 개념을 알고 있어야 한다. 호가란 ETF를 사고팔기 위해서 가격과 수량을 제시하는 것을 말한다. ETF는 5원 단위로 호가주문을 낼 수 있다. 참고로, 주식은 주가별로 호가단위가 다르다. 5,000원 미만은 5원, 5,000~1만원 미만은 10원, 1만~5만원 미만은 50원, 5만~10만원 미만은 100원, 10만~50만원 미만은 500원, 50만원 이상은 1,000원이다. 또한 주식은 매매단위 10주가 원칙인 반면 ETF는 1주 단위로 매매를 할 수 있다.

① ETF 매수주문하기

그럼 ETF를 사고파는 방법은 어떻게 될까? 사고자 하는 ETF를 선택한 후 HTS 화면의 주문창을 열면 다음과 같은 매수주문창이 뜬다.

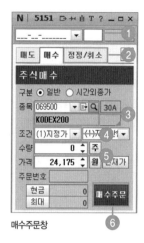

매수주문창

❶ 계좌번호와 비밀번호 입력
❷ 수량이나 가격을 바꾸고 싶은 경우 주문을 정정 또는 취소
❸ 매수할 종목 코드번호와 종목명 지정
❹ 주문방법을 결정 : 가장 많이 사용하는 형태는 지정가주문으로, 종목 수량과 가격을 지정하는 주문
❺ 매수할 종목의 수량, 가격 결정
❻ 〈매수주문〉 버튼 클릭

② ETF 매도주문하기

팔고자 하는 ETF를 선택한 후 HTS 화면의 주문창을 열면 다음과 같은 매도주문창이 뜬다.

매도주문창

❶ 계좌번호와 비밀번호 입력
❷ 정규 증권거래 시간(9:00~15:00) 앞뒤로 시간외매매를 할 수 있다. 장전 시간외매매(오전 7:30~오전 8:30)는 전일종가로 주문이 이루어지고, 장후 시간외매매(오후 3:00~오후 3:30)는 당일종가로 주문이 이루어진다.
❸ 매도할 종목 코드번호와 종목명 지정
❹ 매도할 종목의 수량, 가격 결정
❺ 〈매도주문〉 버튼 클릭

취향 따라 골라 투자한다! ETF 종류 5가지

ETF도 종류가 꽤 다양하다. 따라서 ETF 종류별 특징을 잘 알고 있어야 본인의 취향에 따라 골라서 투자할 수 있다. 그럼 ETF 종류는 어떤 것들이 있을까? 대표적인 ETF 종류 5가지를 정리해두었으니 참고하길 바란다.

1 | KOSPI200 ETF

KOSPI200을 추종하는 가장 대표적인 ETF다. 통상 ETF라고 하면 KOSPI200 ETF를 말한다. KOSPI200은 대한민국을 대표하는 200개 우량종목의 시가총액을 지수화한 것으로, 종합주가지수와 거의 유사하게 움직인다고 보면 된다. 즉 KOSPI200 ETF는 국내증시를 대표한다고 할 수 있으며, 순자산규모가 가장 크고 거래량도 가장 많다. 따라서 본인의 투자성향이 안정지향적이거나 월급쟁이 재테크 1년차라면 꽤 적합한 ETF라고 할 수 있다.

2 | 섹터지수 ETF

특정 업종에만 투자하는 ETF다. 자동차, 반도체, 은행같이 특정 업종에만 투자하기 때문에 특정 업종의 전망이 좋은 경우에는 KOSPI200 ETF보다 높은 수익을 기대해볼 수 있다. 따라서 오랜 공부를 통해 업종별 전망에 대한 안목과 인사이트(통찰력)가 있다면 한번쯤 예측되는 주도업종을 골라서 섹터지수 ETF 투자해보는 것도 좋다. 하지만 월급쟁이 재테크 1년차라면? 섹터지수 ETF에 몰빵투자는 하지 말기 바란다. 왜냐하면 주도업종이라 판단했지만 정작 시장에서 소외되고 전망이 나쁠 경우에는 수익률이 악화될 수도 있기 때문이다.

3 | 해외지수 ETF

국내에 KOSPI200이 있다면 당연히 해외에도 국가별로 대표적인 지수가 있다. 따라서 해외지수 ETF는 홍콩지수(HSCEI), 미국지수(S&P500)같이 해외지수를 추종하는 ETF다. 소액으로 외국의 대표기업에 투자할 수 있고 해외주식형펀드에 비해 운용보수가 저렴(해외주식형펀드 1.5~2.5%, 해외지수 ETF 0.3~0.6%)하다는 것이 장점이다. 하지만 국내증시도 정확하게 예측하기 힘든데 해외증시를 정확하게 예측한다? 사실상 매우 어렵다고 봐야 한다. 왜냐하면 해당 국가의 경제동향뿐만 아니라 정치, 사회,

문화적 이슈 등도 함께 알고 있어야 하기 때문이다. 따라서 해외지수 ETF는 분산투자 개념으로 운영하는 것이 좋으며, 월급쟁이 재테크 1년차라면 그냥 이런 ETF도 있구나 정도로 알고 넘어가면 될 듯하다.

4 | 레버리지 ETF

레버리지(Leverage)는 지렛대를 의미한다. 지렛대는 적은 힘으로 몇 배 더 무거운 물건도 쉽게 들어올릴 수 있다. 따라서 레버리지 ETF는 KOSPI200을 추종하지만 지렛대처럼 KOSPI200의 등락율에 따라 2배의 수익 또는 2배의 손실을 볼 수 있는 ETF다. 즉 KOSPI200이 1배 상승시 2배의 수익을 기대해볼 수 있고, 역으로 KOSPI200이 1배 하락시 2배의 손실을 볼 수 있다.

참고로, 레버리지 ETF는 2배뿐만 아니라 1.5배, 3배 등 유형이 다양한데, 대부분은 2배라고 보면 된다. 한마디로 고수익·고위험 구조를 갖고 있기 때문에 본인의 투자성향이 공격투자형이라면 한번쯤 투자해볼 만한 ETF다. 하지만 결국 모 아니면 도이며, 변동성이 적다는 ETF의 장점과도 괴리가 있기 때문에 무작정 고수익을 쫓아서 투자하는 것은 절대 금물이다.

5 | 원자재 ETF

금, 은, 농산물, 원유 등 원자재에 주식처럼 투자하는 ETF다. 크게 귀금속 ETF, 농산물 ETF, 원유 ETF 등으로 구분할 수 있으며, 실물자산에 투자하는 것이 아니라 선물가격을 추종한다. 원자재를 선택해서 독립적으로 투자할 수 있고 원자재가격이 오를 경우 높은 수익을 기대해볼 수 있다는 것이 장점이다.

하지만 원자재는 가격등락이 매우 심하기 때문에 변동성이 매우 크다는 것에 유의해야 한다. 예를 들어 기상이변이나 글로벌 경제위기가 발생할 경우 원자재가격이 급락하기 때문에 사전에 이러한 특징을 제대로 이해한 후에 원자재 ETF에 투자해야 한다. 물론 다양한 종류의 원자재 ETF에 분산투자해서 변동성을 최소화할 수도 있지만 월급쟁이 재테크 1년차에게는 그리 적합한 ETF라고 보기 어렵다.

'투생'님의 펀드투자 사례

'투생'님은 우연히 신문광고를 보고 펀드가 뭔지 잘 모르는 상태에서 펀드투자를 시작했다. 그냥 수익률 좋은 적금이라고 생각했는데 어느 순간부터 수익이 곤두박질치면서 마이너스 수익률이라는 쓴맛을 보았다. 이를 계기로 '투생'님은 깨달았다. 펀드에 너무 무지했다는 것!

그래서 '투생'님은 본격적으로 공부를 시작했다. 그리고 15년이 지난 지금까지도 공부의 끈을 놓지 않고 있다. 현재는 오랜 기간의 내공이 쌓이다 보니 수익률이 은행 이자 3배를 훌쩍 넘고 있으며, 카페 내 펀알못(펀드를 알지 못하는 사람들)을 위해 따뜻한 조언도 해주고 있다. 다음은 '투생'님이 남긴 조언인데, 펀드를 시작하려는 월급쟁이들이라면 참고해서 성공적인 투자를 이끌어내길 바란다.

'투생'님의 펀드 포트폴리오 중 인도펀드 수익률 14.74%

'투생'님의 펀드투자 조언

1 | 자신만의 투자기간, 목표수익률, 환매 기준을 세워라.

2 | 3개 정도 성향이 다른 펀드로 분산해 수익률을 관리해라.

3 | 역발상도 필요하다. 마이너스 난 펀드에 오히려 더 적립해라.

4 | 수익과 위험은 양날의 칼이라는 것을 명심해라.

5 | 다른 사람과 비교하지 말고 자신의 투자 원칙을 철저히 지켜라.

6 | 결국 시간과 인내가 수익을 만든다는 단순한 진리를 잊지 마라.

실천!
주식투자

경제 공부 수단으로 최고!

47

주식투자, 대박과 쪽박의 갈림길에서

주식부자, 주변에서 쉽게 볼 수 없는 이유는?

단기간에 벼락부자를 꿈꾸며 무리하게 주식투자에 손대는 월급쟁이들이 있다. 과연 기대한 것만큼 많은 돈을 벌었을까? 주변을 둘러보면 주식투자를 통해 많은 돈을 벌었다는 월급쟁이는 찾아보기 힘들다. 반면 주식으로 고수익을 얻게 해주겠다고 손짓하는 사람들은 넘쳐난다.

"한 달에 ○○% 수익을 내드리겠다. 비법이 궁금하면 연락해라."

이런 말을 믿어야 할까? 정말 대박을 칠 수 있는 고급정보와 고급기술을 갖고 있다면 남에게 알려줄 것이 아니라 본인이 집을 팔아서라도 그 투자에 뛰어드는 것이 맞지 않을까? 어쩌면 그들이 자랑삼아 공개하는 수익률은 조작된 것인지도 모른다. 그리고 과연 공짜로 그런 정보를 알려줄까? 그들은 분명 고액의 컨설팅비를 요구할 것이다.

348

성급한 주식투자는 금물! 충분한 공부와 여윳돈이 필수!

주식투자는 본인 스스로 역량을 키워서 하나둘씩 정복해나가야 한다. 누군가의 감언이설을 절대적인 진리인 양 맹신해서는 안된다. 또한 주식으로 수익을 벌었다는 말만 듣고 '주식=대박'이라는 환상을 갖지 말아야 한다. 대박은커녕 자칫하면 쪽박 찰 수 있는 게 주식이다.

"주식투자할 때는 큰 흐름을 역행하지 마라"는 말이 있다. 즉 우리나라 주식시장을 좌지우지하는 것은 큰손(연기금, 사모펀드, 외국인투자자 등)이며, 그들의 등에 올라타야 수익을 얻는다는 뜻이다.

하지만 언제 올라타고 언제 내려올지 누가 알 수 있을까? 수많은 정보수집과 분석기법이 필요한 부분이다. 전업투자자가 되어서도 엄청난 노력과 시간을 투자해야 가능한 일인데, 현업에 충실해야 하는 월급쟁이들에겐 어쩌면 난공불락의 투자처일지도 모른다. 주식투자! 성실하게 직장생활하면서 충분한 공부와 준비가 되었을 때 반드시 여윳돈으로! 되도록 소액으로! 시작해보길 바란다.

보통주? 우선주? 왕초보는 보통주부터!

주식은 크게 보통주와 우선주로 나뉜다. 보통주란 말 그대로 보통 주식이다. 흔히 사람들이 말하는 주식이 보통주라고 생각하면 된다. 반면 우선주는 보통주보다 배당금, 잔여재산분배에서 우선권을 갖고 있는 주식이다. 그냥 쉽게 보통주에 대비되는 주식이라고 이해하자.

그럼 보통주가 좋을까, 우선주가 좋을까? 각각 장단점이 있기 때문에 절대적인 정답은 없다. 다만 주식 왕초보인 월급쟁이라면 무턱대고 우선주에 뛰어드는 것은 금물이다. 왜냐하면 우선주는 거래량이 적어서 자칫 매수·매도시에 상당한 어려움을 겪을 수 있기 때문이다. 주식 왕초보인 월급쟁이들은 일반적인 보통주를 통해서 주식투자를 시작하는 것이 바람직하다. 우선주는 종목 뒤에 '우'가 붙어 있다. 종목명이 'ㅇㅇㅇㅇ우'라고 되어 있으면 애초에 건드리지 말자.

▼ 보통주와 우선주의 차이점

주주의 권리	보통주는 의결권이 있지만 우선주는 의결권이 없다.
배당률	보통주보다 우선주가 더 많은 배당금을 받는다.
주가	보통주보다 우선주가 저렴하다(간혹 우선주가 비싼 경우도 있다).
거래량	보통주는 거래량이 많고 우선주는 거래량이 적다.
주가변동	우선주가 보통주보다 주가변동이 적다.

잠|깐|만|요

코스피 vs 코스닥

"코스피 사상 최고치 경신!" "코스닥 900선 붕괴!" 뉴스에서 코스피와 코스닥이라는 말을 들어본 적이 있을 것이다. 과연 무슨 뜻일까? 그리고 차이점은 무엇일까?

1 | 코스피지수 — 우리나라 주가동향을 대표하는 한국종합주가지수

한국거래소(KRX : Korea Exchange)가 운영하는 주식시장은 크게 유가증권시장, 코스닥시장으로 구분할 수 있다. 우리나라 대표 주식시장인 유가증권시장은 코스피(KOSPI : Korea Composite Stock Price Index)로 나타낸다. 따라서 의미를 확대해서 유가증권시장을 코스피시장이라고도 한다.

한국거래소
유가증권·코스닥·파생상품시장 등 증권 관련 시장을 관리하고 운영하는 거래소다.

코스피지수는 유가증권시장에 상장된 기업의 주식가격 변동을 기준시점과 비교해 작성한 지표다. 줄여서 코스피라고도 부른다. 기준시점은 1980년 1월 4일이며, 이날의 시가총액을 100으로 정해두었다. 즉 기준값이 100인 셈이다. 장래의 시가총액이 기준시점보다 많아지면 코스피지수가 100보다 오르는 것이고, 기준시점보다 적어지면 코스피지수가 100 아래로 떨어지는 것이다. 즉 현재 코스피지수가 2,000이라면 기준시점보다 20배 올랐다고 할 수 있다.

코스피지수 = 비교시점의 시가총액 ÷ 기준시점의 시가총액 × 100

유가증권시장은 상장요건(자기자본 300억원 이상, 최근 매출액 1,000억원 이상 등)이 매우 까다로워 규모가 큰 기업만이 상장할 수 있다. 우리가 알고 있는 대기업(삼성전자, 현대자동차 등)은 대부분 유가증권시장에 상장되어 있기에 코스피지수는 우리나라 주가동향을 대표하는 매우 중요한 지표다. 한국종합주가지수는 통상 코스피지수를 말한다고 이해하면 된다.

2 | 코스닥지수 — 중소·벤처기업을 대표하는 주가지수

코스닥(KOSDAQ : Korea Securities Dealers Automated Quotaion)시장은 미국의 나스닥(NASDAQ : National Association of Securities Dealers Automated Quotation)을 벤치마킹해 만든 시장으로, 장외주식거래시장을 의미한다. 코스닥시장은 코스닥지수로 나타낸다.
엄밀히 말하면 코스닥은 주식시장 자체를 뜻하기에 코스닥지수는 주식시장의 좋고 나쁜 흐름을 나타내는 지표라고 말하는 것이 정확한 표현일 것이다. 코스닥지수의 기준시점은 1996년 7월 1일이며, 코스피지수와 똑같은 방식으로 산출한다.

코스닥지수 = 비교시점의 시가총액 ÷ 기준시점의 시가총액 × 1,000

다만 기준값을 코스피와 달리 1,000으로 정해두었다. 왜 코스피처럼 기준값이 100이
아닐까? 원래 코스닥지수의 기준값도 100이었다. 그런데 2003년 IT·닷컴버블 등으로
인해 코스닥지수가 30선까지 폭락하자 기준값을 10배 상향하게 되었다.
코스닥시장은 유가증권시장에 비해 상장요건이 덜 까다로워서 상대적으로 규모가 작
은 중소기업, 벤처기업 등이 상장되어 있다.

▼ 유가증권시장과 코스닥시장 비교

구분	유가증권시장(코스피지수)	코스닥시장(코스닥지수)
주요 상장기업	대기업	중소기업, 벤처기업
기준값	100	1,000
구성방법	상장 전종목 시가총액 (주식수 × 주가)	상장 전종목 시가총액 (주식수 × 주가)
기준시점	1980.1.4	1996.7.1
장단점	안전하지만 수익이 적을 수 있다.	리스크가 있지만 수익이 높을 수 있다.

상승장이다,
야호!

코스피 >
2,470.30 ▼ 5.12 (-0.21%)

일봉 주봉 월봉 1일 3개월 1년 3년 10년

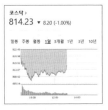

코스닥 >
814.23 ▼ 8.20 (-1.00%)

일봉 주봉 월봉 1일 3개월 1년 3년 10년

tip

• KOSPI200 : 유가증권시장에 상장되어 있는 전종목 중 시장·업종 대표성, 유동성
  등을 고려해 200종목을 선정한 후 시가총액을 지수화한 것이다.
• KRX300 : 2018년 2월 발표된 KRX300은 코스피와 코스닥을 아우르는 새로운 통
  합지수다. 유가증권시장과 코스닥시장을 통틀어 상위 300종목으로 구성되어 있다.

48 주식투자! 계좌개설부터 시작하기

비대면으로 계좌개설하기

주식투자를 시작하려면 계좌부터 개설해야 한다. 가까운 은행이나 증권사로 가도 되지만 이제는 스마트폰이나 인터넷을 통해 비대면 실명확인으로 5분이면 계좌를 개설할 수 있다. 키움증권을 예시로 스마트폰 비대면 계좌개설 방법을 살펴보자. 타 증권사도 크게 다르지 않으니 참고하길 바란다.

❶ 플레이스토어 또는 앱스토어에서 해당 증권사의 계좌개설(비대면) 앱을 검색해 설치한다.

❷ 〈계좌개설 시작하기〉를 눌러 계좌개설 앱을 실행한다.

❸ 〈시작하기〉를 눌러 〈약관 및 개인정보 수집 동의〉 후 휴대전화 인증을 진행하고, 고객정보(자금원천, 계좌개설 목적, 이메일주소 등)를 입력한다.

❹ 거래할 상품은 〈종합〉으로 선택한다. 선물옵션 등은 주식 고수가 되었을 때 선택해도 늦지 않다. 본인 명의의 계좌(은행 또는 증권사) 정보를 입력한다.

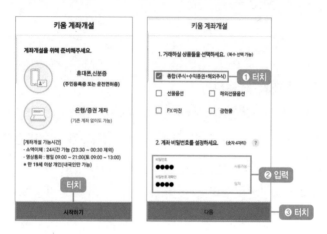

❺ 신분증 촬영 후 본인 확인은 계좌확인, 영상통화 중에서 선택할 수 있다. 계좌확인을 선택할 경우 증권사에서 본인의 계좌로 1원과 인증번호를 보내주므로 해당 인증번호를 입력하면 된다.

❻ "○○○고객님의 계좌가 정상적으로 개설되었습니다"라는 메시지가 뜨면 회원 아이디와 비밀번호를 등록한다. 아이디와 비밀번호는 추후 잊어버리지 않도록 메모해둔다.

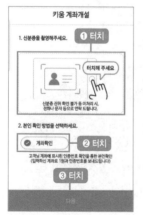

354

증권사(또는 은행) 방문해 계좌개설하기

만약 비대면 계좌개설이 싫다면 직접 증권사를 방문하거나 해당 증권사와 연계된 은행을 방문해서 계좌를 개설하면 된다. 다만 직원이 본인들과 관련된 특정 증권사를 권유할 수 있으므로 직원의 말에 혹하지 말고, 본인이 사전에 선택한 증권사에서 소신 있게 계좌를 개설하길 바란다.

❶ 준비물을 지참한다. 준비물은 주민등록증 또는 운전면허증, 도장(서명으로 가능) 등이다.

❷ 가까운 증권사(또는 은행)로 간다.

❸ 직원에게 이렇게 말한다. "주식투자를 위한 계좌를 만들려고 합니다."

❹ 서류(계좌개설신청서, 일반투자자정보확인서 등)를 작성한다. 단, 은행을 방문했다면 계좌개설신청서가 아니라 계좌개설대행신청서를 작성한다.

❺ 모든 서류 작성이 끝나면 증권카드와 보안카드를 받는다. 참고로, 증권카드는 현금입출금기(ATM)에서도 입출금이 가능하다.

어떤 증권사에서 주식계좌를 개설하면 좋을까?

1 | 아무래도 대형 증권사가 좋다

주식계좌는 신용도, 분석 기능, 전산시스템 등이 잘되어 있는 대형 증권사를 통해 개설하는 것이 좋다. 그럼 어떤 대형 증권사가 가장 좋을까? 카페 회원들이 선호하는 대형 증권사의 순위를 정리해두었으니 참고자료로 활용하길 바란다.

▼ '월급쟁이 재테크 연구' 카페 회원들의 선호 증권사 순위

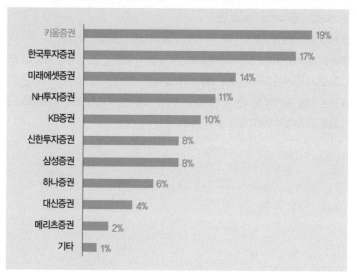

- **1위 | 키움증권** : HTS 사용이 편리하고, HTS 교육을 체계적으로 제공한다.
- **2위 | 한국투자증권** : 수수료 면제 이벤트를 자주 하고 고객센터 서비스가 잘되어 있다.
- **3위 | 미래에셋증권** : 국내에서 규모가 가장 크고 주식 외에 펀드 라인업이 다양하다.

2 | 직원의 역량도 비교해보자

규모뿐만 아니라 직원의 역량도 증권사 선택에서 중요한 요소다. 대형 증권사의 최근 2년간 주요 지표(직원수, 1인당 순이익 등)를 정리해두었으니 비교해보자.

▼ 주요 증권사 직원수, 1인당 순이익 (단위 : 명, 억원)

증권사	직원수			1인당 순이익		
	2022년	2023년	증가율	2022년	2023년	증가율
미래에셋증권	3,585	3,563	−0.6%	1.10	0.67	−39.3%
NH투자증권	3,128	3,105	−0.7%	1.08	1.40	29.7%
KB증권	3,008	3,019	0.4%	0.56	1.17	108.4%
한국투자증권	2,903	2,941	1.3%	1.43	6.67	366.1%
신한투자증권	2,684	2,657	−1.0%	1.38	0.41	−70.5%
삼성증권	2,589	2,590	0.0%	1.46	1.87	27.9%
하나증권	1,814	1,806	−0.4%	0.86	−1.76	−305.2%
대신증권	1,484	1,467	−1.1%	0.58	4.67	705.7%
메리츠증권	1,534	1,596	4.0%	5.01	2.66	−46.9%
키움증권	909	911	0.2%	5.42	3.71	−31.5%

※ 자료 : 금융감독원

증권사의 모바일용 페이지

3 | 주식거래 수수료혜택도 따져보자

주식을 자주 사고팔면 수수료 차이도 결코 무시할 수 없다. 따라서 주식거래 수수료혜택도 잘 따져본 후에 증권사를 선택하는 것이 바람직하다. 다음은 주요 증권사별 주식거래 수수료를 비교한 표다. 계좌개설처(증권사 또는 은행), 거래금액, 오프라인·온라인(HTS 또는 스마트폰) 등에 따라 다르다는 점은 유의하자. 그리고 증권사별 정책 변경으로 변동사항이 생길 수 있으므로 공시를 통해 정확히 확인해보길 바란다.

▼ 주식거래 수수료 비교(거래금액 100만원 기준) (단위 : 원)

증권사	증권사 지점 개설 계좌			은행 개설 계좌	
	오프라인	온라인		온라인	
		HTS	스마트폰	HTS	스마트폰
미래에셋증권	4,900	1,400	1,400	140	140
대신증권	4,973	2,373	1,973	2,373	1,973
NH투자증권	4,972	2,442	2,472	2,442	2,472
메리츠증권	4,981	2,881	2,881	2,881	2,881
KB증권	4,973	2,573	1,973	150	1,200
한국투자증권	4,971	3,271	3,271	141	141
하나증권	4,970	2,970	2,970	140	140
키움증권	3,000	150	150	150	150
삼성증권	4,972	2,972	2,972	2,972	2,972
신한투자증권	4,900	2,990	1,890	2,990	1,890

※ 자료 : 금융투자협회

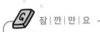 잠|깐|만|요

증권사별 주식거래 수수료 한눈에 확인하는 방법

주식투자를 할 경우 수수료도 무시할 수 없다. 증권사마다 신규로 가입하면 일정 기간
수수료를 면제해주는 이벤트도 있으니 검색해서 확인해보자. 다음은 금융투자협회에
들어가서 증권사별 주식거래 수수료를 한눈에 확인하는 방법이다.

❶ 금융투자협회(www.kofia.or.kr)에 접속한다.
❷ 메인화면 하단의 〈전자공시시스템 바로가기〉를 클릭한다.
❸ 전자공시시스템 화면 상단의 〈금융투자 회사공시〉를 클릭한다.
❹ 메뉴 중 〈금융투자회사 수수료 비교〉 → 〈주식거래 수수료〉를 클릭한다.
❺ 증권사, 거래금액을 설정해서 검색한다.

금융투자협회 → 〈전자공시시스템 바로가기〉 → 〈금융투자 회사공시〉 → 〈금융투자회사 수수료 비교〉
→ 〈주식거래 수수료〉

HTS에서
주식 사고팔기

주식계좌를 개설했다면 보다 편하게 집에서 주식거래를 하기 위해 HTS를 설치해야 한다. 키움증권을 예시로 HTS 설치방법을 알아본다. 증권사별로 HTS 설치방법은 조금 다를 수 있으나 안내절차를 따라하면 절대 어렵지 않으니 걱정하지 말자.

HTS 설치하기

❶ 키움증권(www.kiwoom.com) 사이트에 접속해 〈회원가입〉을 클릭한다.

❷ 계좌를 먼저 개설했다면 회원가입 후 키움증권 서비스를 이용할 수 있다. 만약 계좌를 미보유하고 있다면 준회원 가입 후 이용하거나 계좌개설 후 회원가입을 진행하면 된다.

❸ 회원가입 후 공동인증서 등록을 진행한다. 만약 공동인증서가 없다면 인증센터에서 공동인증서를 신규로 발급받아야 한다. 범용(상호연동용)인증서는 발급비용(4,400원/년)을 내야 하므로 증권거래만 이용할 경우 발급비용이 무료인 증권거래전용 인증서를 발급받자.

❹ 로그인 화면에서 아이디, 비밀번호, 공인인증서 비밀번호를 입력해 로그인한 후 HTS를 다운로드한다.

❺ PC 바탕화면에 설치된 HTS 아이콘을 확인한다.

HTS 접속, 화면구성 살펴보기

HTS를 설치했다면 이제 본격적으로 주식거래를 할 준비가 끝났다. 하지만 주식은 외상이나 공짜로 살 수 없기 때문에 당연히 돈이 필요하다. 따라서 은행계좌에 있는 돈을 본인의 증권계좌로 이체해야 한다. 일정 금액을 이체입금한 후에 주식거래를 시작하면 된다. 증권계좌번호를 모른다면 HTS, 비대면 계좌개설 앱을 통해 손쉽게 확인할 수 있다.

키움증권 HTS 접속 화면

이제 HTS에 접속해보자. 바탕화면의 HTS 아이콘을 클릭해 아이디, 비밀번호, 공동인증서 비밀번호를 입력하면 HTS가 실행된다. 창이 여러 개 뜬다고 당황하지 말자. 화면구성은 언제든 바꿀 수 있다.

그럼 HTS 화면은 어떻게 구성하면 좋을까? 정답은 없다. 왜냐하면 주식투자를 하는 사람마다 HTS 화면구성이 다 다르기 때문이다. 즉 자기 입맛에 맞게끔, 가장 보기 편하게끔 구성하면 된다. 다음은 가장 기본적인 HTS 화면구성 예시다.

❶ **시장종합 창** : 시장종합 창을 통해 시장지표(코스피, 코스닥 등), 투자자 매매동향 등을 확인할 수 있다. 가장 기본이 되는 화면이므로 굳이 따로 설명하진 않겠다.

❷ **관심종목 창** : 본인이 투자하려는 주요 기업을 관심종목 창에 구성해두면 한눈에 흐름을 볼 수 있어서 아주 편리하다. 처음에는 2~3개 종목만 관심종목으로 추가하고 이후 서서히 늘려가도록 하자.

❸ **현재가 창** : 매매할 종목의 현재가 창은 당장 주식을 사고팔 수 있는 곳이다.

❹ **종합차트 창** : 매매할 종목의 종합차트 창은 기술적인 분석방법을 통해 최적의 매매시점을 찾는 데 유용하다. 주식 왕초보 월급쟁이라면 꾸준히 종합차트 창을 보면서 매매시점에 대한 감을 잡아보도록 하자.

관심종목 창 엿보기

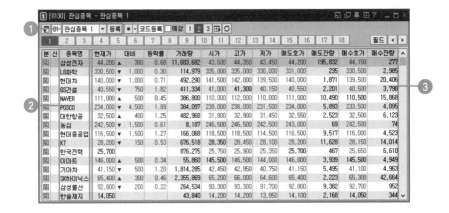

> ❶ 종목명으로 주식을 찾아서 관심종목으로 등록
>
> ❷ 가장 관심 있는 종목부터 위에서 아래로 우선순위별로 필터링
>
> ❸ 종목별로 현재가, 대비, 등락률, 거래량, 시가, 고가, 저가, 매도·매수호가, 매도·매수
>
>   잔량 확인

---

tip

매도호가, 매수호가

호가는 팔거나 사려는 물건의 값을 부른다는 뜻으로, 매도호가는 "주식을 이 가격에 팔려고 합니다", 매수호가는 "주식을 이 가격에 사려고 합니다"라고 의사를 표시한 것이다. 따라서 매도주문에서 가장 낮은 호가(유효 매도호가)와 매수주문에서 가장 높은 호가(유효 매수호가)가 일치할 때 매매가 체결된다. 당연히 파는 사람 입장에서는 한푼이라도 비싸게 팔자, 사는 사람 입장에서는 한푼이라도 싸게 사자는 입장의 차이가 있기 때문에 서로가 사고파는 데 가격에 불만이 없어야 한다.

현재가 창 엿보기

① EPS, PER 확인

② 현재가, 등락 여부, 등락률 확인

③ 투자자(개인, 외국인, 기관) 매매추이와 매매순위 확인

④ 매도호가와 매수호가 정보(시가, 고가, 저가, 상·하한가 등) 확인

⑤ 1틱, 1분, 3분, 5분, 10분, 30분, 일 등 차트 확인

---

tip

EPS는 주당순이익, PER는 주가수익비율로, 자세한 내용은 50장 참고.

tip

틱(Tick) 차트

시간 위주의 차트와 달리 매매체결 기준을 말한다. 예를 들어 10틱 차트는 매매체결이 열 번 이루어 졌을 때 점 1개를 찍고 그 점들을 이어서 만든 차트다. 주로 초단기 주식거래를 할 때 활용한다.

종합차트 창 엿보기

- ❶ 차트 형태, 기술적 지표, 신호 검색, 강세·약세 등 선택
- ❷ 5일, 10일, 20일, 60일, 120일 등 기간별 이동평균선 확인

주식거래 1 | 매수주문

사고자 하는 주식 종목을 선택한 후 HTS에서 주문창을 열면 다음과 같은 매수주문창(빨간색)이 뜬다. 수량, 주문 종류, 가격 등을 지정하고 매수 버튼을 누르면 된다. 특히 수량을 잘못 입력하지 않도록 유의해야 하며 계좌정보의 체결내역도 확인하도록 한다.

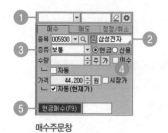

매수주문창

❶ 계좌번호와 비밀번호 입력

❷ 매수할 종목 코드번호와 종목명 지정

❸ 주문 종류(보통, 시장가, 조건부지정가 등) 결정

❹ 결제방법 선택

❺ 매수 버튼 누르면 매수주문 완료

주식거래 2 | 매도주문

팔고자 하는 주식 종목을 선택한 후 HTS에서 주문창을 열면 다음과 같은 매도주문창(파란색)이 뜬다. 수량, 주문 종류, 가격 등을 지정하고 매도 버튼을 누르면 된다. 매수주문과 동일하게 입력 실수를 하지 않도록 주의한다. 계좌정보 확인 결과 미체결주문이 있으면 정정·취소주문도 가능하다.

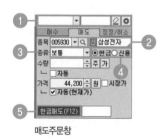

매도주문창

❶ 계좌번호와 비밀번호 입력

❷ 매도할 종목 코드번호와 종목명 지정

❸ 주문 종류(보통, 시장가, 조건부지정가 등) 결정

❹ 결제방법 선택

❺ 매도 버튼 누르면 매도주문 완료

매매주문 종류 3가지

• **보통(지정가)** : 주문 가격을 직접 지정하는 것으로, 가장 많이 이용하는 주문이다. 다만 매매자들이 각각 제시한 매수·매도가격이 일치하는 경우에만 체결되기 때문에 반드시 매수·매도 체결이 되는 것은 아니다.

• **시장가** : 주문이 접수된 시점에서 가장 유리한 가격에 체결되는 주문이다. 가장 낮은 가격(하한가)에 매도주문을 내고 가장 높은 가격(상한가)에 매수주문을 내는 것과 유사하다고 이해하면 된다. 시장가는 가장 빠른 시간 내 체결이 될 수 있으며 두 번째로 많이 이용하는 주문이다.

• **조건부지정가** : 보통(지정가)과 시장가를 혼합한 주문이라고 할 수 있다. 보통(지정가) 주문을 냈으나 장이 끝날 때까지 미체결 잔량이 남은 경우 시장가로 전환하는 주문이다. 싸게 사고 비싸게 팔고 싶지만 오늘 어떻게든 체결하고 싶을 때 적합한 주문이라고 볼 수 있다.

잠 | 깐 | 만 | 요

모바일 주식투자 앱 MTS 설치하기

모바일로 주식거래를 할 수 있는 MTS(Mobile Trading System, 모바일트레이딩시스템)를 이용하는 월급쟁이들도 많다. 특히 PC를 통해 HTS 접속이 어려운 상황이라면 MTS가 꽤 유용하며, 상대적으로 수수료도 저렴한 편이다. MTS도 HTS처럼 주식매매, 차트분석 등이 가능하고 설치방법도 간단하다.

❶ 해당 증권사에 계좌개설, 아이디 등록을 한다. 이미 HTS로 주식투자를 하고 있다면 기존 아이디와 공동인증서를 그대로 사용하면 된다.

❷ 플레이스토어 또는 앱스토어에서 해당 증권사의 MTS를 다운받아 스마트폰에서 실행한다.

❸ MTS를 실행한 후 인증센터에서 〈공동인증서 가져오기(PC → 스마트폰)〉를 클릭한다.

❹ PC에서 해당 증권사 사이트에 접속한 후 인증센터에서 〈공동인증서 복사하기(PC → 스마트폰)〉를 클릭한다.

❺ 복사할 공동인증서를 선택하고 비밀번호를 입력하면 공동인증서 내보내기 창이 뜬다.

❻ 스마트폰에 표시된 승인번호를 공동인증서 내보내기 창에 입력하면 공동인증서 복사가 완료된다.

키움증권의 MTS 화면

잠|깐|만|요

주식매매시 세금과 국가별 개폐장시간

1 | 매도했을 때 붙는 증권거래세

주식을 매매할 때 내야 하는 세금이 있다. 바로 증권거래세다. 증권거래세는 증권 거래금액에 대한 세금으로, 매수할 때는 내지 않고 매도할 때만 낸다. 참고로, 거래수수료는 매수와 매도 모두 내야 한다. 증권거래세를 계산하는 방법은 주식 매도금액에 세율을 곱해주면 된다.

> 증권거래세 = 주식 매도금액 × 세율

▼ 주식시장별 증권거래세 세율(現 시행령 기준)

구분	거래세	농어촌특별세	총세율
코스피시장	0.03%	0.15%	0.18%
코스닥시장	0.18%	–	0.18%
코넥스시장	0.1%	–	0.1%
기타(비상장, 장외거래 등)	0.43%	–	0.43%

※ 증권거래세는 다음과 같이 순차적으로 인하를 검토중이다.
- 증권거래세 인하 : 0.2%(2023년) → 0.18%(2024년) → 0.15%(2025년)
- 금융투자소득세(금투세, 5,000만원이 넘는 주식투자 수익에 대한 세금) 시행은 2025년까지 2년 유예

> 예시   코스피시장의 ○○주식을 1,000만원에 매수하고 한 달 뒤 1,300만원에 전량 매도할 경우 내야 하는 거래수수료와 증권거래세는? (HTS 수수료율 0.015% 가정)
>
> ① 매수수수료 : 매수금액 × 수수료율 = 1,000만원 × 0.015% = 1,500원
> ② 매도수수료 : 매도금액 × 수수료율 = 1,300만원 × 0.015% = 1,950원
> ③ 증권거래세 : 매도금액 × 세율 = 1,300만원 × 0.18% = 23,400원
> ∴ 합계 : ① + ② + ③ = 26,850원

2 | 국가별 주식 개폐장시간

해외주식을 거래하기 위해서는 시차를 고려해야 한다. 왜냐하면 현지시간과 한국시간이 다르기 때문이다. 다음은 국가별 개폐장시간인데 참고하길 바란다.

▼ 국가별 주식시장 개폐장시간

국가	현지시간	한국시간
한국	09:00~15:30	동일
미국	09:30~16:00	23:30~06:00*
일본	09:00~11:30, 12:30~15:00	09:00~11:30, 12:30~15:00
중국	09:30~11:30, 13:00~15:00	10:30~12:30, 14:00~16:00
홍콩	09:30~12:00, 13:00~16:00	10:30~13:00, 14:00~17:00
영국	08:00~16:30	17:00~01:30*
독일	09:00~17:30	17:00~01:30*

* 서머타임 적용시 1시간씩 당겨진다.

국내·해외주식을 통합한 증권사 MTS

저평가된 주식, 투자지표로 알 수 있다

주식투자로 돈을 벌려면 주가(Stock Price)가 기업가치(Enterprise Value)보다 싼 주식을 사서 주가가 기업가치보다 비쌀 때 팔면 된다. 따라서 다음의 2단계를 밟아 현재의 주가와 기업가치를 비교분석하고 미래의 주가를 예측하는 것이 매우 중요하다.

- **1단계** : 기본적 분석(재무분석)을 통해 저평가된 종목을 찾는다.
- **2단계** : 기술적 분석을 통해 최적의 매매시점을 찾는다.

---

tip ....

- **주가** : 주식의 가격으로, 기업이 발행한 1주의 가치
- **기업가치** : 기업 매수자가 매수시 지급해야 하는 금액

1단계인 기본적 분석을 통해 저평가된 종목을 찾기 위해 활용하는 대표적인 투자지표는 ROE(자기자본이익률), PER(주가수익비율), EV/EBITA(세전영업이익), PBR(주가순자산비율)이 있다.

투자의 귀재인 워런 버핏은 이런 말을 했다.

"좋은 기업을 좋은 가격에 사라!"

즉 4가지 투자지표는 워런 버핏의 말을 정량적으로 풀이해둔 것이라

고 할 수 있다. 너무 어렵게 생각하지 말고 워런 버핏의 말을 떠올리면서 4가지 투자지표의 개념을 이해해보자.

투자지표 1 | ROE(자기자본이익률)

ROE(Return On Equity, 자기자본이익률)는 자기자본으로 기업이 돈을 얼마나 벌고 있는지를 나타내는 지표다.

> ROE(자기자본이익률) = 당기순이익 ÷ 평균 자기자본 × 100

평균 자기자본을 사용하는 이유

자기자본은 증자(Seasoned Issue), 감자(Capital Issue) 등으로 급격히 변동될 수 있어서 ROE를 계산할 때는 평균 자기자본을 사용한다.

계산식의 의미를 생각해보자. 자기자본에 비해 이익이 적으면 좋은 기업일까, 안 좋은 기업일까? 당연히 안 좋은 기업이다. 따라서 ROE가 낮을수록 기업가치가 낮고, ROE가 높을수록 기업가치가 높다고 할 수 있다.

투자지표 2 | PER(주가수익비율)

PER(Price Earning Ratio, 주가수익비율)은 기업이 얼마나 많은 이익을 낼 수 있는지를 주가와 비교해서 나타내는 지표다.

> PER(주가수익비율) = 주가 ÷ 주당순이익(EPS)

계산식은 현재 주가를 주식 1주가 1년간 벌어들인 순이익으로 나눈 것이다. 따라서 PER이 낮을수록 기업이 벌어들이는 이익금에 비해 주가가 저평가되어 있고, PER이 높을수록 고평가되어 있다고 할 수 있다. PER은 주식투자시 가장 많이 활용하는 투자지표이기도 하다.

투자지표 3 | EV/EBITA(세전영업이익)

EV/EBITA(Enterprise Value/Earnings Before Interest, Tax, Depreciation and Amortization, 세전영업이익)는 기업가치를 알아보는 지표다.

> **EV/EBITA(세전영업이익)**
> = (시가총액+순차입금) ÷ (영업이익+감가상각비 등 비현금성 비용+제세금)

계산식이 꽤 복잡하지만 개념을 알아보자. EV는 시가총액에 순차입금을 더한 것이므로 기업의 가치다. EBITA는 세금, 이자, 감가상각비 차감 전 영업이익이므로 기업의 현금창출 능력이라고 이해하면 된다. 계산식을 보다 알기 쉽게 표현해보자.

> **EV/EBITA(세전영업이익) = 기업가치 ÷ 기업의 현금창출 능력**

즉 EV/EBITA는 기업가치가 현금창출 능력의 몇 배인지를 보여준다. 기업이 현금창출을 잘하기 위해서는 어떻게 해야 할까? 영업활동을 열심히 해야 한다. 따라서 EV/EBITA를 달리 표현하면 기업이 순수한 영업활동으로 기업가치까지 돈을 버는 데 얼마나 걸리는지를 나타낸 지표라고 할 수 있다.

EV/EBITA는 PER과 비슷하지만 상호보완적인 관계라고 할 수 있다. PER로는 특별이익이나 특별손실이 기업의 순이익에 얼마나 영향을 미쳤는지를 알 수 없기 때문이다. EV/EBITA는 PER처럼 낮을수록 주가가 저평가되어 있고, 높을수록 고평가되어 있다고 할 수 있다.

투자지표 4 | PBR(주가순자산비율)

PBR(Price Book-value Ratio, 주가순자산비율)은 주가가 주당순자산의 몇 배로 매매되고 있는지를 보여주는 지표다.

> PBR(주가순자산비율) = 주가 ÷ 주당순자산 = ROE(자기자본비율) ÷ PER(주가수익비율)

계산식을 앞에 설명한 ROE와 PER로도 표현할 수 있다. 즉 기업의 자산과 수익가치를 함께 평가한 지표이기도 하다. PBR은 낮을수록 주가가 저평가되어 있고 높을수록 고평가되어 있다고 할 수 있다.

tip

주당순자산
총자산에서 갚아야 할 총부채를 뺀 자산으로, 대차대조표의 총자본을 말한다. 순자산을 총발행주식 수로 나눈 것이 주당순자산이다. 378쪽 참고.

ROE 높을수록! PER, EV/EBITA, PBR 낮을수록 유리!

주식 왕초보 월급쟁이라면 투자지표 계산식들을 보면서 머리가 아플 것이다. 만약 그렇다면 "ROE는 높을수록! PER, EV/EBITA, PBR 은 낮을수록 좋다!"라고 공식처럼 외워도 된다. 그래도 위 투자지표의 개념을 이해하도록 노력하자. 이해가 되면 머리에 쏙 들어올 것이다.

다시 한 번 개념을 살펴보자면, ROE는 수익률에 관한 투자지표이므로 당연히 높을수록 좋다. 나머지 투자지표는 계산식을 살펴보면 된다. 계산식의 분자에 주가가 있고 분모에 이익(또는 자산)이 있다. 결국 낮을수록 좋다.

이제 이 4가지 투자지표에 대한 조건을 세운 후 HTS의 조건검색 기능을 활용해 저평가된 종목을 찾아보길 바란다. 다만 조건을 검색해서 저평가된 종목을 찾았다고 해서 당장 돈을 벌 수 있을 거라고 착각해서는 안된다. 주식이 그렇게 쉬웠다면 돈을 잃은 사람은 아무도 없을 것이다. 기본적 분석을 통해 나온 결과물은 1차적인 참고자료일 뿐이며, 기술적·심리적 분석 등을 통해 종합적으로 판단해야 한다.

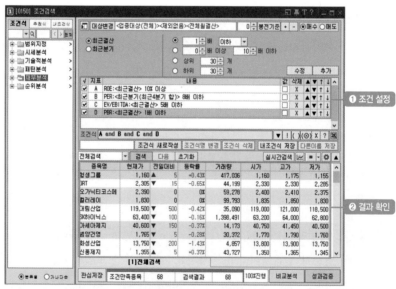

투자지표 조건 예시 : ROE 10% 이상, PER 8배 이하, EV/EBITA 5배 이하, PBR 1배 이하

투자지표 조건 결정

통상 ROE가 10% 이상이면 수익성이 높은 기업이고, PER이 8배 이하면 저평가되었으며, PBR이 1배 이하면 주가가 오를 가능성이 크다고 판단한다. 다만, 업종별 차이가 있으니 절대적인 정답은 아니다.

특정 기업의 투자지표가 궁금하면 어떻게 하면 될까? 각종 자료를 찾아서 직접 투자지표를 계산할 필요는 없다. 왜냐하면 증권사 HTS에서 친절하게 투자지표를 알려주기 때문이다. 중요한 것은 투자지표를 계산하는 것이 아니라 투자지표의 개념을 이해하는 것이다. 또한 이러한 투자지표를 참고하되 너무 맹신해서는 안된다.

ROE든 PER이든 투자지표에서 가장 중요한 것은 미래의 데이터다. 하지만 이런 미래 데이터는 결국 증권사의 애널리스트 등이 예상한 수치일 뿐 정확하지 않다는 것을 명심하자. 예상은 예상일 뿐, 신이 아닌 이상 100% 맞을 수는 없다. 그래서 주식이 어렵다고 하는 것이다.

HTS, MTS에서 투자지표 찾는 법

HTS 메뉴 상단에서 〈투자정보〉 → 〈기업분석〉(증권사마다 메뉴명은 다를 수 있음)으로 들어가면 된다. 투자지표 이외에 기업 개요, 재무비율, 업종분석, 경쟁사 비교 등 다양한 자료를 확인할 수 있다. 미래 예상실적도 증권사 컨센서스(Consensus)가 존재하는 항목에 대해서는 확인이 가능하다.

tip

컨센서스

주식시장에서 다수의 증권사들이 제시한 투자의견이나 목표가 등의 평균치를 말한다.

수익성비율

매출총이익율		18.1	19.7	21.7	19.0	17.6	
세전계속사업이익율		7.7	8.0	10.0	6.9	4.2	
영업이익율		9.0	9.6	11.4	8.0	4.2	
EBITDA마진율		15.2	16.1	16.9	13.3	10.3	
ROA		6.3	6.6	8.9	5.6	2.8	①
ROE		9.2	9.5	12.9	8.9	4.6	②
ROIC		10.6	11.4	15.1	9.8	4.1	

Per Share

EPS	(원)	15,602	17,336	24,854	18,812	2,484	③
EBITDAPS	(원)	41,673	45,042	55,328	47,691	8,693	
CFPS	(원)	32,599	35,424	42,767	37,811	7,660	
SPS	(원)	273,431	279,557	328,329	360,023	84,811	
BPS	(원)	176,007	188,807	211,079	222,761	220,843	④

Multiples

PER		21.06	15.06	16.30	18.45		⑤
PCR		10.08	7.37	9.47	9.18		
PSR		1.20	0.93	1.23	0.96		
PBR		1.87	1.38	1.92	1.56	1.66	⑥
EV/Sales		1.18	0.94	1.20	1.03		
EV/EBITDA		7.72	5.84	7.14	7.77		⑦

안정성비율

유동비율		180.4	169.4	168.6	166.2	164.4	
당좌비율		131.6	115.0	118.2	107.2	108.3	
부채비율		41.8	45.8	53.3	67.1	81.5	⑧

❶ ROA(Return Of Assets, 총자산이익률) = 총자산회전율 × 매출액이익률

 : 총자산에 대한 이익비율. ROE가 투자자들에게 중요한 지표라면 ROA는 경영자에게 중요한 지표라고 할 수 있다.

❷ ROE(자기자본이익률) = 당기순이익 ÷ 평균 자기자본 × 100

❸ EPS(Earning Per Share, 주당순이익) = 당기순이익 ÷ 주식수

 : 기업이 벌어들인 순이익을 주식수로 나눈 값. EPS가 높을수록 주식의 가치가 높아져 주가에 긍정적인 영향을 미친다.

❹ BPS(Book-value Per Share, 주당순자산) = 순자산 ÷ 총발행주식수

 : 순자산을 총발행주식수로 나눈 값. BPS가 높을수록 기업의 가치가 높다는 것을 의미한다.

❺ PER(주가수익비율) = 주가 ÷ EPS(주당순이익)

❻ PBR(주가순자산비율) = 주가 ÷ 주당순자산

　　　　　　　　　　　　 = ROE(자기자본비율) ÷ PER(주가수익비율)

❼ EV/EBITA(세전영업이익) = 기업가치 ÷ 기업의 현금창출 능력

❽ 부채비율(Debt Ratio) = 타인자본 ÷ 자기자본 × 100

 : 기업의 부채가 어느 정도인지 알아보는 것으로, 자본구성의 건전성을 판단하는 지표다.

MTS 메뉴에서도 마찬가지다. 〈투자정보〉 → 〈기업정보〉로 들어가면 된다.

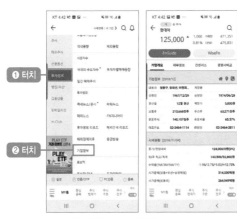

MTS → 〈투자정보〉 → 〈기업정보〉

앞에서 1단계 기본적 분석을 통해 저평가된 종목을 찾았다면 이제는 2단계인 기술적 분석을 통해 최적의 매매시점을 찾는 방법을 알아보자.

주식은 언제 사고 언제 팔아야 할까? 매매시점은 주식투자의 수익률을 결정짓는 매우 중요한 요소다. 기술적 분석은 과거의 데이터를 기초로 미래의 주가를 예측하는 기법으로, 통상 차트(그래프)를 활용한다. 기술적 분석을 위한 지표는 크게 이동평균선, 추세지표(MACD), 거래량지표(VR), 패턴 등이 있다.

기술적 분석 1 | 이동평균선

이동평균선은 일정 기간의 주가를 평균한 값을 연결해서 만든 선이다. 주가의 평균치를 나타내며, 투자자들이 매매시점 판단시 가장 많이 활용하는 지표다. 예를 들어 5일 이동평균선이란 5일간 주가의 종가를 더한 후 5로 나눈 평균값을 연결한 선이다. 이동평균선은 200일, 120일, 60일, 20일, 10일, 5일 등 기간별로 세분화되어 있다.

이동평균선을 활용하는 대표적인 방법은 크로스, 배열, 이격도 3가지가 있다.

① 크로스(Cross)

크로스는 지지와 저항을 이용한 분석기법이다. 이동평균선과 주가의 관계에서는 주가가 5일, 20일 이동평균선을 차례로 상향돌파하면 매수 신호로, 하향돌파하면 매도신호로 판단한다.

tip

단기·중기·장기 이동평균선

단기 이동평균선은 5일, 10일 동안 주가의 평균치를 계산해 연결한 선이다. 중기 이동평균선은 20일, 60일 동안 주가의 평균치를 계산해 연결한 선이며, 장기 이동평균선은 120일, 200일 동안 주가의 평균치를 계산해 연결한 선이다.

또한 단기·중장기 이동평균선 간의 관계로 크로스를 찾는 방법도 있다. 골든크로스(Golden Cross)는 단기 이동평균선이 중장기 이동평균선을 상향돌파하는 것을 말한다. 황금 십자가라는 의미로, 좋은 매수시점이라고 할 수 있다.

반면 데드크로스(Dead Cross)는 단기 이동평균선이 중장기 이동평균선을 하향돌파하는 것을 말한다. 죽음의 십자가라는 의미로, 좋은 매도시점이며 매수는 금물이다.

▼ 골든크로스

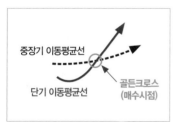

▼ 데드크로스

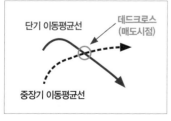

▼ 5일, 20일 이동평균선

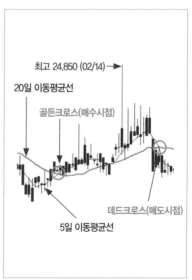

② 배열

배열은 이동평균선과 주가의 배열 상관관계를 알아보는 분석기법이다. 이동평균선이 위로부터 단기·중기·장기로 배열되어 상승 중이면 정배열이라고 하고 강세국면으로 예상한다. 반대로 위로부터 장기·중기·단기로 배열되어 하락 중이면 역배열이라고 하고 약세국면으로 예상한다. 단, 배열만으로 정확한 매도·매수시점을 찾기는 어렵다.

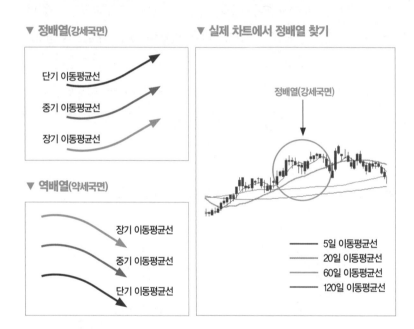

▼ 정배열(강세국면)

단기 이동평균선
중기 이동평균선
장기 이동평균선

▼ 역배열(약세국면)

장기 이동평균선
중기 이동평균선
단기 이동평균선

▼ 실제 차트에서 정배열 찾기

정배열(강세국면)

5일 이동평균선
20일 이동평균선
60일 이동평균선
120일 이동평균선

③ 이격도

이격도는 주가가 이동평균선으로부터 얼마나 떨어져 있는지 비교하는 분석기법이다. 이동평균선과 주가는 중력과 비슷한 관계라 주가가 급등락하면 언젠가는 주가와 이동평균선이 다시 모이려는 경향이 있다. 주가와 이동평균선의 이격률을 기준으로 매매시점을 판단할 수 있다.

▼ 이격도

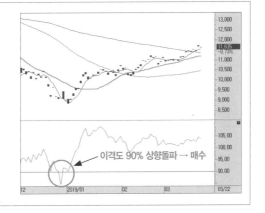

① 상승국면

20일 이동평균선 기준

• 이격률 90% 수준 : 매수

• 이격률 106% 이상 : 매도

② 하강국면

20일 이동평균선 기준

• 이격률 85% 수준 : 매수

• 이격률 102% 이상 : 매도

이격도 90% 상향돌파 → 매수

기술적 분석 2 | 추세지표(MACD)

이동평균선은 후행성이라는 측면이 강하기 때문에 이를 보완하기 위해 개발된 지표가 바로 추세지표(MACD : Moving Average Convergence Divergence)다. 추세지표는 최근 주가에 가중치를 두고 있으며, 추세의 변화를 확인하기 위한 대표적인 보조장치다. MACD 곡선과 시그널(Signal) 곡선으로 구성되어 있다. MACD 곡선은 단기 이동평균선에서 장기 이동평균선을 뺀 차이로 산출한 것이며, 시그널 곡선은 이 차이를 n일간 이동평균해 산출한 것이다.

• **MACD 곡선** = 단기 이동평균선 – 장기 이동평균선

• **시그널 곡선** = n일의 MACD 지수 이동평균선

※ 통상 단기는 12일, 장기는 26일, n은 9일을 많이 사용한다.

추세지표를 통해 매매시점을 찾으려면 시그널 교차를 활용하면 된다. MACD 곡선이 시그널 곡선을 상향돌파하면 매수신호로, 하향돌파하면 매도신호로 판단할 수 있다. 다만, 빈번한 신호의 발생으로 속임이 많다는 점은 유의해야 한다.

▼ MACD 곡선과 시그널 곡선의 교차

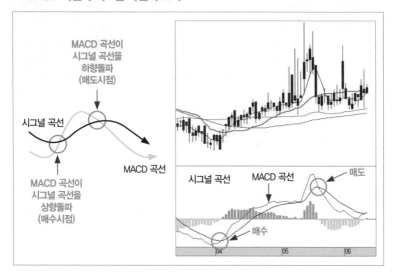

기술적 분석 3 │ 거래량지표(VR)

거래량지표(VR : Volume Ratio)는 일정 기간(주로 20일) 동안 주가상승일의 거래량과 주가하락일의 거래량을 비교해 백분율로 나타낸 지표다. 주식시장의 과열 또는 침체를 판단하는 데 유용하다. 거래량지표가 450% 이상이면 과열(과매수 상태)로 판단해 매도시점으로, 75% 이하이면 바닥(과매도 상태)으로 판단해 매수시점으로 활용할 수 있다.

▼ 거래량지표(VR)

- 450% : 과열 → 매도
- 300% : 강세 → 매수 유지
- 150% : 보통
- 75% : 바닥 → 매수

최고 35,300 (01/31) →

최저 26,300 (10/30)

거래량지표(VR) 75% 상향돌파 → 매수

11   12   2019/01   02   03

차트를 구성하는 기본! 음봉과 양봉

각종 차트를 보면 빨간색 또는 파란색 막대를 볼 수 있다. 이러한 막대는 차트를 구성하는 가장 기본적인 요소로, 봉(캔들)이라고 한다. 양봉은 시가보다 주가가 상승해서 종가가 더 높게 끝난 경우로 빨간색으로 표기한다. 음봉은 반대개념으로 시가보다 주가가 하락해서 종가가 더 낮게 끝난 경우로 파란색으로 표기한다.

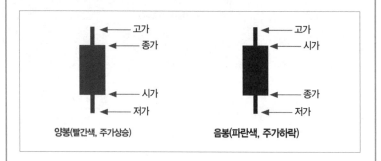

양봉(빨간색, 주가상승)   음봉(파란색, 주가하락)

시가와 종가까지를 몸통, 고가를 위꼬리, 저가를 아래꼬리라고 부른다. 시간단위로 구분할 수도 있는데 분단위는 분봉, 일단위는 일봉, 주단위는 주봉이라고 한다.

또한 3개의 봉으로 이루어진 대표적인 반전형 패턴으로 적삼병(연속된 3개의 양봉)과 흑삼병(연속된 3개의 음봉)이 있다. 적삼병이 나타난 후 하루 반락하는 경우가 많기에 적삼병은 매수의 기회를 주는 패턴이며, 흑삼병이 나타난 후 하루 반등하는 경우가 많기에 흑삼병은 매도의 기회를 주는 패턴이다.

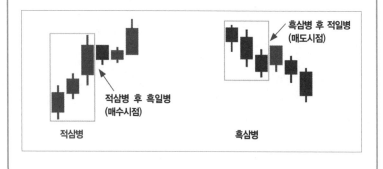

적삼병   흑삼병

기술적 분석 4 | 패턴

매매시점을 판단하기 위한 또 다른 기술적 분석으로 패턴을 분석하는 방법이 있다. 패턴 분석은 과거의 패턴을 연구해 정형화함으로써 향후 주가의 흐름을 예측하는 분석기법이다. 즉 그래프의 특정한 모양으로 미래의 주가가 오를 것인지 내릴 것인지를 알아보는 것이다. 따라서 투자자들은 대부분 패턴 분석의 결과를 매매시점의 판단 근거로 활용한다. 패턴은 크게 반전형과 지속형으로 구분한다.

▼ 패턴의 특징과 종류

구분	반전형 패턴	지속형 패턴
특징	• 패턴 출현 후 주가 흐름이 전환된다. • 패턴 모양이 클수록, 패턴의 형성기간이 길수록 향후 변동성이 확대된다.	• 추세가 유지되는 중간에 잠깐 나타난다. • 패턴이 발생한 이후에 이전의 주가 움직임이 지속적으로 전개된다.
종류	헤드앤숄더(Head & Shoulder), 이중천장형, 원형바닥형 등	삼각형 등

① 반전형 패턴

반전형 패턴은 하락하던 주가가 상승으로 전환되는 상승반전형 패턴(역헤드앤숄더, 이중바닥형, 원형바닥형 등)과 상승하던 주가가 하락으로 반전되는 하락반전형 패턴(헤드앤숄더, 이중천장형, 원형천장형 등)이 있다. 반전형 패턴을 잘 알아두면 고점매도, 저점매수 등을 통한 수익실현과 위험관리 능력을 키우는 데 많은 도움이 된다.

▼ 반전형 패턴 1

헤드앤숄더 패턴(삼산형, 삼봉형)	역헤드앤숄더 패턴(역삼산형, 역삼봉형)
	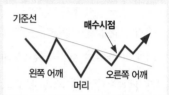
• 장기간에 걸쳐 상승 → 하락이 세 번씩 발생 (봉우리 3개 : 왼쪽 어깨 → 머리 → 오른쪽 어깨) • 상승에서 하락추세로 전환되는 과정에서 발생 • 거래량은 왼쪽 어깨 부분에서 가장 많다. • 오른쪽 어깨 부분에서 거래량이 대폭 줄어들면서 주가가 기준선을 이탈해야 패턴이 완성된다.	• 장기간에 걸쳐 하락 → 상승이 세 번씩 발생 (역봉우리 3개 : 왼쪽 어깨 → 머리 → 오른쪽 어깨) • 헤드앤숄더 패턴을 뒤집어놓은 형태 • 하락에서 상승추세로 전환되는 과정에서 발생 • 오른쪽 어깨 부분에서 거래량이 증가하면서 주가가 기준선을 돌파하면 패턴이 완성된다.
헤드앤숄더 패턴이 완성되는 시점 → 매도	역헤드앤숄더 패턴이 완성되는 시점 → 매수

▼ 반전형 패턴 2

이중천장형 패턴(M자형)	이중바닥형 패턴(W형)
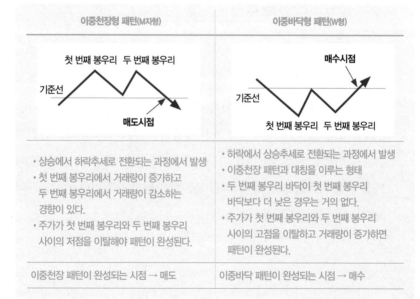	
• 상승에서 하락추세로 전환되는 과정에서 발생 • 첫 번째 봉우리에서 거래량이 증가하고 두 번째 봉우리에서 거래량이 감소하는 경향이 있다. • 주가가 첫 번째 봉우리와 두 번째 봉우리 사이의 저점을 이탈해야 패턴이 완성된다.	• 하락에서 상승추세로 전환되는 과정에서 발생 • 이중천장 패턴과 대칭을 이루는 형태 • 두 번째 봉우리 바닥이 첫 번째 봉우리 바닥보다 더 낮은 경우는 거의 없다. • 주가가 첫 번째 봉우리와 두 번째 봉우리 사이의 고점을 이탈하고 거래량이 증가하면 패턴이 완성된다.
이중천장 패턴이 완성되는 시점 → 매도	이중바닥 패턴이 완성되는 시점 → 매수

▼ 반전형 패턴 3

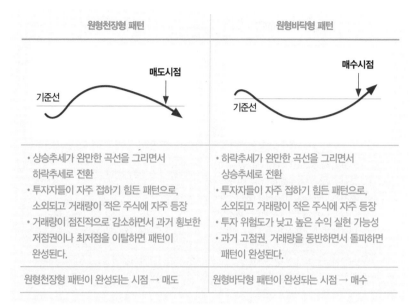

원형천장형 패턴	원형바닥형 패턴
• 상승추세가 완만한 곡선을 그리면서 하락추세로 전환 • 투자자들이 자주 접하기 힘든 패턴으로, 소외되고 거래량이 적은 주식에 자주 등장 • 거래량이 점진적으로 감소하면서 과거 횡보한 저점권이나 최저점을 이탈하면 패턴이 완성된다.	• 하락추세가 완만한 곡선을 그리면서 상승추세로 전환 • 투자자들이 자주 접하기 힘든 패턴으로, 소외되고 거래량이 적은 주식에 자주 등장 • 투자 위험도가 낮고 높은 수익 실현 가능성 • 과거 고점권, 거래량을 동반하면서 돌파하면 패턴이 완성된다.
원형천장형 패턴이 완성되는 시점 → 매도	원형바닥형 패턴이 완성되는 시점 → 매수

기준선

기준선은 의미있는 저점과 고점을 연결한 선으로, 목선(Neck Line)이라고도 부른다. 주가가 기준선을 이탈하면 매매세력의 균형점을 돌파한다고 판단한다.

② 지속형 패턴

지속형 패턴은 반전형에 비해 패턴의 형성기간이 짧고 영향력도 일시적이다. 하지만 지속형 패턴을 알아두면 상승 또는 하락추세 중에 빠르게 수익실현을 하거나 성급하게 매매에 나서는 오류를 줄일 수 있는 이점이 있다. 지속형 패턴의 종류로는 삼각형, 깃발형, 쐐기형, 직사각형 등이 있고, 그중 대표적인 것이 삼각형이다.

▼ 지속형 패턴

하락삼각형 패턴	상승삼각형 패턴
• 저점이 제한적으로 지지선을 유지하고 고점은 하락추세선을 타고 낮아지면서 지지선과 하락추세선이 삼각형을 만든다. • 거래량이 감소하면서 주가가 지지선을 이탈하면 패턴이 완성된다.	• 고점이 제한적으로 저항선을 유지하고 저점은 상승추세선을 타고 높아지면서 저항선과 상승추세선이 삼각형을 만든다. • 하락삼각형 패턴과 대칭을 이루는 형태 • 주가가 거래량을 동반하면서 저항선을 돌파하면 패턴이 완성된다.
하락삼각형 패턴이 완성되는 시점 → 매도	상승삼각형 패턴이 완성되는 시점 → 매수

  패턴을 완성하기 위해서는 통상 수주에서 수개월의 시간이 소요되며, 패턴의 진행과정에서 그래프의 모양을 판단해야 한다. 또한 구체적으로 파고들면 보다 복잡한 패턴 종류도 많다. 따라서 주식 왕초보 월급쟁이라면 패턴 분석이 어렵고 힘들다고 느낄 수 있다. 하지만 여기서 설명한 8가지 패턴의 특징만이라도 확실하게 숙지해서 패턴을 찾는 연습을 하다 보면, 패턴이 일부 변형되더라도 응용력과 대응력이 생겨 최적의 매매시점을 찾는 인사이트가 향상될 것이다.

> **tip**
> 패턴 분석시 보조지표로 거래량을 함께 확인해야 한다. 패턴은 거래량과 동반될 때 완성되기 때문이다.

주식저축! 월급쟁이를 위한 주식 장기투자

월급쟁이들이여, 장기투자에 집중하라!

지금까지 저평가 종목과 최적의 매매시점을 찾는 방법에 대해 알아보았다. 갑자기 자신감이 생겨 주식 단기투자(하루에 몇 차례씩, 또는 2~3일 이내에 주식을 매매하는 투자)에 뛰어들고 싶을 수도 있다.

하지만 주식시장은 한 치 앞을 내다보기 어려울 만큼 변동성이 매우 크다. 일하기도 바쁜 월급쟁이들이 주식시장의 흐름을 간파해서 변동성을 정확하게 예측해 단기투자에 성공하기란 어렵다. 주변을 돌아보면 알 것이다. 주식투자하는 사람은 많지만 단기투자로 돈을 벌었다는 사람은 찾기 힘들지 않은가? 만약 있다면 전업투자자 중에서도 일류 프로급일 것이다.

결국 월급쟁이들이 주식시장 변동성의 리스크를 극복하기 위해서는 멀리 봐야 한다. 즉 장기투자를 통해 시간의 힘을 활용해야 한다는 말이다. 장기투자 기간에 정답은 없다. 하지만 최소 3~4년! 나아가 10년 이상 가지고 간다는 마음가짐으로 임해보자. 왜냐하면 투자기간이 길어질수록 손해를 볼 확률이 급격히 줄어들기 때문이다.

물론 10년 이상 참고 기다린다는 것이 말처럼 쉽지 않을 수 있다. 하지만 긴 시간의 힘을 믿고 감내하면 돈을 벌 가능성이 커지고, 감내하지 못하면 돈을 잃을 가능성이 커진다.

▼ 주식투자로 손해를 볼 확률

투자기간	주식투자로 손해를 볼 확률(손실률)
하루	48.8%
1년	37.8%
5년	19.1%
20년	0.1%

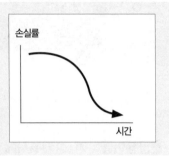

※ 자료 : 삼성자산운용, 1980년 이후 코스피 연계 상품에 투자했다고 가정

장기투자의 핵심은 여윳돈과 업종 대표주

조만간 써야 하는 돈을 가지고 장기투자를 하려고 해서는 안된다. 왜냐하면 몇 주 또는 몇 개월 뒤에 돈이 필요한 시점이 되면 주가가 떨어지더라도 무조건 주식을 팔아야 하기 때문이다. 따라서 장기투자는 철저하게 여윳돈으로 해야 한다. 또한 여윳돈의 규모는 설령 몽땅 잃어도 충분히 이겨낼 수 있는 정도여야 한다. 그래야만 주가가 생각 외로 오르지 않거나 갑작스럽게 떨어지더라도 초조해하지 않고 장기투자의 뚝심을 끝까지 유지할 수 있다. 여윳돈이 아니면 버티기 힘들다. 장기투자를 한다고 뛰어든 월급쟁이들이 단기투자로 돌아서는 이유가 여기에 있다.

그럼 어떤 종목에 장기투자해야 할까? 아무리 장기투자하더라도 성장 가능성이 없거나 망할 가능성이 높은 기업을 믿고 살 수는 없다. 그런 측면에서 업종 대표주가 가장 무난하다. 물론 업종 대표주는 주가의 변동성이 적어 단기간에 높은 수익을 기대하기란 어렵다. 하지만 업종 대표주는 쉽게 무너지지 않으며 장기투자했을 때는 충분히 높은 수익을 기대할 수 있다. 실제로 최근 10년간의 업종 대표주(LG화학, GS건설, 현대차 등)의 수익률은 대부분 코스피지수 상승률보다 훨씬 높았다.

다만 장기투자의 포트폴리오가 너무 단순하면 자칫 시간의 힘이 통하지 않을 수도 있다. 따라서 장기투자는 2~3개 종목(업종 대표주, 저평가 우량주, KOSPI200 ETF 등)으로 분산하는 것이 좋다. 즉 분산 포트폴리오를 통해 장기적인 안정성과 수익성을 극대화해줘야 한다.

투자에 목적을 부여한 주식저축

아무리 여윳돈으로 시작해도 장기투자는 꽤 지겨운 싸움이 될 수 있다. 왜냐하면 단기투자처럼 당장 수익을 손에 쥘 수 없기 때문이다. 따라서 본인만의 의미 있는 중장기 목적을 부여한 후, 주식을 마치 저축하듯이 보다 재미있게 투자해보면 어떨까? 만약 투자기간이 n년이라면 매월 여윳돈으로 주식을 사서 n년 동안 꼬박꼬박 저축하는 것이다. 즉 주식을 적립식으로 장기투자한다고 할 수 있다.

맘마미마의 '성공적인 주식저축' 행동지침 7

1 | 투자기간(예 : 5년) 정하기

2 | 중장기 목적(예 : 노후자금 마련, 아이 교육자금 마련) 부여하기

3 | 투자금(반드시 여윳돈으로) 결정하기

4 | 매월 2~3개 종목 사기

　① 종목 종류는 업종 대표주, 저평가 우량주, KOSPI200 ETF 등

　② 주식수가 아니라 금액 기준(예 : A기업 ○○만원, B기업 ○○만원)으로 분산

　③ 종목 총수는 5개를 넘지 않도록! 종목수가 너무 많으면 관리하기 힘들다

5 | 분기별로 기본적·기술적 분석을 통해 보유종목 점검하기

6 | 1년에 한 번 리밸런싱(조정)하기

7 | 투자기간이 끝날 때까지 4~6번을 반복해서 주식 적립하기

필자는 아이가 태어난 해부터 지금까지 꾸준하게 실천하고 있는 것이 있다. 바로 아이를 위한 주식저축이다. 푼돈이나 낭비되던 돈을 모아서 주식을 사고 있기에 부담도 없을뿐더러, 20년 동안 운영할 생각이므로 지금 당장 주가가 오르든 떨어지든 마음이 편하다. 만약 아이가 성인이 되었을 때 뭔가 멋지고 근사한 걸 해주고 싶다면 필자처럼 주식저축을 해보는 것도 좋지 않을까?

 잠|깐|만|요

월급쟁이가 꼭 기억해야 할 주식투자 5계명

주식투자를 시작하기 전에 자신만의 원칙을 정할 필요가 있다. 다음은 월급쟁이들이 주식투자 전에 꼭 기억해야 할 주식투자 5계명이다.

1 | 돈을 잃을 확률이 훨씬 높다는 것을 잊지 말자
"절대 돈을 잃지 마라!" 워런 버핏의 투자 1원칙이다. 그만큼 주식은 돈을 벌 수 있는 확률보다 돈을 잃을 확률이 훨씬 높다는 것을 반증하는 말이다. 따라서 자신이 원금손실을 극도로 꺼리는 안전지향적 투자성향을 갖고 있다면 주식은 아예 쳐다보지 않는 것이 정신건강에 이로울 수 있다.

2 | 쪽박 차는 악순환을 반복하지 말자
주식투자의 무서운 점은 돈을 약간이라도 벌게 되면 다음에 또 벌 수 있다는 기대를 하게끔 만든다는 것이다. 하지만 주식시장은 냉혹하기에 정말 운이 좋은 경우가 아니라면 다음에는 돈을 잃을 가능성이 매우 크다. 그럼 또다시 심기일전해서 "딱 원금만 회복하자"는 마음에 또 주식투자를 하게 되고 결국은 쪽박 차는 악순환을 밟게 된다. 욕심이 과하면 결국 화를 부른다. 주식투자를 하면서 요행이 한 번은 일어날 수도 있지만 계속될 거라고 착각해서는 안된다.

3 | 경제신문을 매일 읽자

경제신문을 매일 읽게 되면 경제흐름을 예측하는 본인만
의 능력이 생기며 좋은 주식을 고르는 안목을 키울 수 있
다. 또한 주식 관련 책을 여러 권 정독하는 것보다 경제신
문을 꾸준하게 읽는 것이 훨씬 효율적인 주식 공부다. 왜

> **tip**
>
> 경제신문 보는 습관 들
> 이기는 〈둘째마당〉 20
> 장 참고.

나하면 주식이라는 것은 경기, 금리, 환율, 기업실적 등에 영향을 받는데 이러한 정보
들은 모두 경제신문 안에 들어가 있기 때문이다. 최소한 경제신문을 100일 이상 매일
읽어서 경제신문 읽기 습관을 정착시켜보길 바란다.

4 | 근무시간에는 주식차트를 보지 말자

근무시간에 수시로 주식차트를 보는 월급쟁이들이 많다. 필자가 예전에 함께 일한 어
느 부장님도 근무시간에 일은 안 하고 주식차트만 엄청나게 열심히 보셨는데 결국은
주식으로 돈도 잃고 연말 업무평가 결과도 낮게 받아서 임원승진에서 누락되었다. 월
급쟁이라면 근무시간에는 열심히 일해서 업무평가 결과를 높게 받아 연봉을 조금이
라도 더 올리는 게 훨씬 바람직한 재테크 방법이다. 주식차트를 열심히 뚫어져라 본다
고 그래프가 원하는 방향대로 움직여주던가?

5 | 모든 결정은 본인이 하자

주식투자를 시작하게 되면 다양한 대박 정보들을 접하게 된다. 시장에 떠도는 일명 카
더라 통신들, 남들이 확실하다고 전해준 정보들, 모두 믿지 말길 바란다. 실제로 이런
정보를 믿어서 큰돈을 번 사람은 거의 보지 못했다. 이미 내 귀까지 들어온 정보라면
과연 그런 정보가 대박일까? 주변에 의지하지 말고 모든 결정은 스스로 한다는 마음
으로 주식투자를 하길 바란다.

타산지석! 'Moria'님의 주식투자 실패사례

멋모르고 시작한 주식투자의 결과가 얼마나 혹독했는지, 그리고 푼돈과 저축이 재테크의 기본이라는 사실을 다시 한 번 되돌아보는 차원에서, 카페 회원 'Moria'님의 주식투자 실패사례를 소개할까 한다.

'Moria'님은 꽤 공격적인 투자성향을 갖고 있으면서 살짝 허영심이 있는 분이었다. 푼돈을 우습게 생각하고 크게 한탕을 노렸는데, 친한 친구로 인해서 처음으로 주식투자를 하게 되었다. 잘 아는 국회의원 보좌관한테서 빼온 대박 정보라는 친구의 말에 결혼자금으로 모아둔 1,500만원을 몽땅 투자해버렸다. 1,500만원이라는 돈이 적다고 생각할 수도 있지만 'Moria'님에게는 전재산과도 같은 매우 소중한 돈이었다.

결과는 어떻게 되었을까? 슬프게도 1,500만원을 거의 다 잃었다. 결국 'Moria'님은 주식투자의 실패로 빈털터리가 된 상태지만, 결혼하면서 재테크의 기본을 깨닫게 되었다. 가계부를 꼬박꼬박 쓰기 시작했고 청약통장, 예금통장, 입출금통장, 적금통장 등 통장들도 하나씩 만들어 늘려나갔다. 현재는 목표로 한 목돈을 모았고, 조만간 인근에 있는 신축 아파트에 입주해서 내집마련의 꿈도 이룰 예정이다. 또한 너무나 알콩달콩 행복하고 예쁜 가정을 꾸려나가고 있다. 진심으로 앞길을 응원한다. 'Moria'님, 파이팅!

대박 정보라더니… 하락 또 하락!

'Moria'님이 남긴 교훈

1 | 주식투자! 남들 말에 현혹되지 말자. 한탕을 노리지 말자.

2 | 재테크의 기본은 결국 푼돈을 쌓고 착실하게 저축하는 것이다.

3 | 통장! 처음 만들기는 힘들지만 점점 늘려나가는 재미가 쏠쏠하다.

4 | 재테크! 늦었다고 생각할 때가 가장 빠르다. 지금 당장 시작하자!

실천!
부동산경매

월급쟁이의
내집마련 꿈 이루기

53 월급쟁이들을 위한 내집마련 준비

내집마련을 하려면 큰돈이 필요하다. 그럼 내집마련 자금은 어떻게 모아야 할까? 다음의 월급쟁이를 위한 내집마련 자금 모으기 2단계를 참고하길 바란다.

내집마련 자금 모으기 1단계 | 저축·투자 여력 늘리기

일단 절약해야 한다. 즉 월급을 아껴 써야 한다. 그렇다고 짠내 나도록 자린고비 생활을 하라는 말은 아니다. 새고 있는 월급을 합리적이고 효율적으로 틀어막아야 한다는 말이다. 절약해야 하는 이유는 저축·투자 여력을 최대한 늘려주기 위해서다. 저축·투자 여력이 늘어나야만 하루라도 빨리 내집마련 자금을 모을 수 있다. 월급은 뻔한데 흥청망청 써대면 저축·투자는커녕 텅장이 되는 것은 시간문제다. 비록 절약하는 삶이 고통스러울 수 있지만 필연의 과정이므로 꼭 이겨내보자. 명심하자. 내집마련 자금 모으기의 첫 단추는 절약이라는 것을!

다음은 절약을 실천하기 위한 5계명이다. 쉬워 보여도 작심삼일로 끝나는 월급쟁이들이 많다. 내집마련을 향한 절박함과 간절함을 담아보자. 그리고 이 절약 5계명을 하루, 한 달, 1년, 5년, 10년…… 내집마련 성공까지 실천해보길 바란다. 꾸준히 실천하면 할수록 내집마련을 하는 날이 점점 빨라질 것이다.

월급쟁이 절약 실천 5계명

1 | 월급통장을 쪼개자.

2 | 푼돈을 우습게 생각하지 말자.

3 | 신용카드는 자르고 체크카드를 사용하자.

4 | 가계부를 쓰자.

5 | 선저축 후지출 습관을 기르자.

내집마련 자금 모으기 2단계 | 포트폴리오 수립하기

저축·투자 여력을 늘리면서 본인의 투자성향을 감안해 내집마련 포트폴리오를 수립해야 한다. 그래야만 저축·투자수익이 함께 발생해 내집마련 자금을 모으는 속도가 더욱 빨라진다. 다음은 안정추구형 월급쟁이를 위한 내집마련 포트폴리오 예시인데, 참고하길 바란다.

▼ **안정추구형 월급쟁이의 내집마련 포트폴리오**

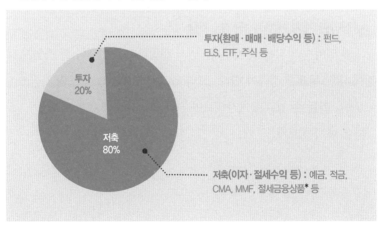

투자(환매·매매·배당수익 등) : 펀드, ELS, ETF, 주식 등

투자 20%

저축 80%

저축(이자·절세수익 등) : 예금. 적금, CMA, MMF, 절세금융상품* 등

* 절세금융상품 : 청약통장, 연금저축, 출자금통장 등

내집마련 포트폴리오는 크게 저축과 투자로 분산하되, 수익성보다는 안정성을 중요하게 생각해서 저축에 비중을 더 많이 두는 것이 바람직하다. 악착같이 아껴가며 모은 돈! 내집마련을 하기 전까지는 안전하게 지키는 것이 더욱 중요하다. 무리한 투자로 이 돈이 허공으로 날아간다면 얼마나 가슴이 찢어지겠는가!

큰돈이 들어가는 집을 사면서 아무런 계획 없이 덤벼서는 안된다. 반드시 사전에 내집마련에 대한 계획을 세워두어야 한다. 다음은 월급쟁이를 위한 내집마련 계획 세우기 3단계다. 참고해서 자신만의 계획을 세워보자.

내집마련 계획 세우기 1단계 | 자금

과연 얼마짜리 집을 살 것인가? 먼저 내집마련을 언제쯤 할 것인지 시점에 대한 목표를 정해야 한다. 그리고 그때까지 어느 정도의 자금(내 돈 + 대출)을 만들 수 있는지 계산해보면 된다.

다음 예시를 보자.

①번은 월세·전세보증금도 포함한다. ②번은 향후 지출·수입의 변화(출산, 부업 등)를 감안해서 현실적인 금액으로 잡아야 한다. ③번은 '임대 계약 갱신이 세 번 끝난 후'같이 구체적인 기간으로 정한다. ④번은 계산한 결과로, 내집마련을 위해 어느 정도의 돈을 모을 수 있는지 가늠할수 있다.

하지만 ④번만으로는 내집마련을 하기에 부족할 수 있다. 따라서 ⑤번인 대출을 통해 부족한 돈을 조달하는 계획도 함께 세워둘 필요가 있다. 본인의 대출한도를 예상해본 후 적절한 대출금액을 따져본다. 대출금액은 집값의 30%를 넘지 않도록 하는 것이 좋으나 부동산 시황, 연소득, 대출상환 능력 등을 감안해서 탄력적으로 결정하길 바란다.

대출자금조달 계획까지 세워두면 본인이 과연 얼마짜리 집을 살 수 있는지 ⑥번인 내집마련 예산을 가늠해볼 수 있다.

최대로 받을 수 있는 대출금은 과연 얼마?

최근 부동산투기를 억제하기 위해 대출규제가 강화되면서 뉴스에서 LTV, DTI, DSR 이라는 용어가 많이 나온다. 이게 다 무엇일까? 머리가 아프겠지만 개념은 간단하다. 한마디로 LTV, DTI, DSR은 여기까지만 돈을 빌릴 수 있다고 대출 상한선을 정하는 공식이라고 보면 된다. DTI와 DSR은 공식이 비슷하고, LTV는 조금 다르다.

1 | LTV(주택담보인정비율)

LTV(Loan To Value Ratio)는 주택을 담보로 얼마까지 돈을 빌릴 수 있는지를 말한다. 즉 집값이라는 담보가치에 대한 대출한도의 비율이다. 만약 집값이 7억원이고 LTV가 40%인 경우 최대 2억 8,000만원까지 대출받을 수 있다. 무주택자와 1주택자 (처분조건부)의 규제지역 내 LTV는 주택가격에 상관없이 50%로 동일하게 적용된다. 비규제지역의 LTV는 70%이다.

규제지역(투기/투기과열지구, 조정대상지역) 구분은 〈부록 3〉 참조.

2 | DTI(총부채상환비율)

DTI(Debt To Income)는 연소득에서 매년 갚아야 하는 '기존 주택담보대출원리금(원금+이자)+기타 금융부채 이자'가 차지하는 비율이다. 즉 소득으로 부채상환 능력을 평가해서 대출한도를 정한 것이다. 만약 연소득이 4,000만원이고 DTI가 40%라면, 연간 원리금상환액이 1,600만원을 넘지 않도록 대출한도를 제한한다.

3 | DSR(총부채원리금상환비율)

DSR(Debt Service Ratio)은 연소득에서 매년 갚아야 하는 '모든 주택담보대출 원리금(원금+이자)+기타 금융부채 원리금(원금+이자)'이 차지하는 비율이다. DTI와 차이점은 기타 금융부채에 이자뿐만 아니라 원금까지 포함된다는 것이다. 기타 금융부채는 주택담보대출을 제외한 신용대출, 전세보증금대출, 학자금대출, 자동차할부금 등모든 대출을 말한다. 즉 DSR은 LTV와 DTI보다 더욱 강력한 대출규제. DSR 기준 비율은 통상 제1금융권 40%, 제2금융권 50~65%이다.

DSR을 셀프로 계산해보려면?

카카오페이의 DSR 계산기나 부동산계산기.com을 활용하면 DSR를 직접 계산할 수 있다. 다만 연소득을 정확하게 모를 경우에는 계산결과가 많이 달라질 수 있는데, 금융권마다 DSR 계산법이 다를 수 있으므로 참조자료로만 활용하는 게 좋다.

카카오페이 → 〈대출〉 메뉴 → 〈DSR 계산기〉

부동산계산기.com → 〈DTI/LTV〉 → 〈DSR〉

내집마련 계획 세우기 2단계 | 형태와 크기

어떤 집을 살 것인가? 집의 형태는 크게 아파트, 다세대주택, 단독주택으로 구분할 수 있다. 월급쟁이들이 대부분 가장 선호하는 집의 형태는 아파트다. 하지만 다세대주택이나 단독주택을 선호하는 월급쟁이도 분명 있을 것이다. 따라서 각각의 장단점을 파악한 후 본인이 어떤 형태의 집을 살 것인지 계획을 세워두길 바란다.

▼ 집의 형태별 장단점

구분	아파트	다세대주택	단독주택
설명	한 건물 안에 여러 세대가 살 수 있게 건축된 5층 이상의 공동주택	한 건물 안에 여러 세대가 살 수 있게 건축된 4층 이하의 공동주택 (흔히 빌라라고 부른다.)	한 건물 안에 한 세대가 생활할 수 있도록 건축된 주택
장점	• 단지가 크고 세대수가 많아서 인프라(학군, 상권 등)가 좋다. • 집 관리가 편리하다. • 환금성이 우수하다. • 높은 시세차익을 기대해볼 수 있다.	• 집값이 저렴하다. • 신축인 경우 지하철역, 상권 등의 접근성이 좋다. • 관리비 부담이 적다.	• 사생활이 보장된다. • 층간소음 문제가 없다. • 자유롭게 건축, 리모델링을 할 수 있다.
단점	• 층간소음, 흡연 등의 문제가 있다.	• 주차장, 보안, 고층 주민 이동 불편 등의 문제가 있다.	• 집 관리가 어렵다. • 환금성이 떨어진다.

집의 크기도 미리 정해두는 것이 좋다. 왜냐하면 똑같은 크기라도 서울, 수도권, 지방에 따라 집값이 다르기 때문이다. 예를 들어 우리 가족에게 20평대 아파트는 너무 좁아서 30평대 아파트에 살고 싶을 수 있다. 그런데 돈이 부족하다면 아파트 가격이 상대적으로 저렴한 지역을

알아보아야 할 것이다.

또한 모델하우스 방문, 현장조사(임장) 등을 통해 집의 크기를 실제로 체감해보는 것이 좋다. 왜냐하면 정해둔 집의 크기가 생각 외로 크거나 작을 수 있기 때문이다. 집의 크기는 반드시 가족과 합의해서 정하길 바란다. 집은 나 혼자가 아닌 우리 가족이 함께 만족하며 행복을 꾸려나가기 위한 소중한 공간이라는 것을 잊지 말자.

tip ┈┈┈┈┈┈┈┈┈┈┈┈┈┈┈┈┈┈

아파트 크기

아파트 크기 선호도 순서는 30평대, 20평대, 40평대 이상이다. 참고로, 아파트 크기는 전용면적(거실, 주방, 침실, 화장실), 공용면적(복도, 엘리베이터, 계단), 서비스면적(발코니), 공급면적(전용면적+공용면적)으로 나타낼 수 있다. 공급면적이 흔히 말하는 '평'이다. 따라서 몇 평인지 계산하려면 공급면적에 0.3025를 곱해주면 된다.

내집마련 계획 세우기 3단계 | 위치

어디에 집을 살 것인가? 집의 위치에 대한 계획을 세우기 이전에 해야 할 것이 있다. 바로 집을 마련하려는 목적부터 명확히 해두는 것이다. 왜냐하면 실거주인지 투자(시세차익, 임대수익 등)인지에 따라 집의 위치를 결정할 때 판단기준의 우선순위가 다소 다를 수 있기 때문이다. 예를 들어 살기 정말 좋은 곳에 집을 샀는데 투자가치는 높지 않을 수 있다. 또한 반대의 경우도 발생할 수 있다. 물론 살기도 좋고 투자가치도 높은 곳에 집을 구하면 금상첨화겠지만 그건 쉽지 않다. 오히려 두 마리 토끼를 쫓으려다 내집마련의 기회를 놓칠 수도 있다.

소중한 첫 집을 돈벌이 수단으로 생각하기보다 실거주에 중점을 두길 바란다. 집값이 많이 올랐다고 삶의 만족도도 올라갈 거란 보장은 없다. 집은 우리 가족이 두 다리 뻗고 마음 편하게 살 수 있는 곳이 최고일지도 모른다.

다음은 실거주를 위한 내집마련 위치 계획을 세울 때 고려해야 할 대표적인 판단기준이다. 본인의 상황을 감안해서 우선순위를 정한 후 어디에 집을 살 것인지 계획을 세워보길 바란다.

① 직주근접

집은 직장에서 가까워야 하며 집에서 직장까지 출퇴근하는 교통이 편리해야 한다. 따라서 자가용으로 출퇴근이 가능한지, 집과 지하철역이 가까운 역세권인지, 대중교통을 이용하면 집에서 직장까지 얼마나 걸리는지 등 직주근접을 따져봐야 한다.

직장이 집에서 너무 멀면 새벽부터 일어나 출근해야 하고 퇴근해서 집에 돌아오는 시간도 늦을 수밖에 없다. 항상 피곤을 달고 살아서 자칫 직장생활에도 악영향을 미칠 수 있다. 하지만 직주근접이 우수한 곳은 누구에게나 인기가 많기에 상대적으로 집값이 비싸다. 따라서 향후 교통호재(지하철, 철도, 도로 등)가 예상되는 곳도 꾸준히 관심을 가지고 살펴볼 필요가 있다.

• **직주근접** : 직장 근처에 집이 있다는 것을 의미하는 말. 직주근접은 물리적인 거리뿐만 아니라 시간적인 거리까지 포함한다. 왜냐하면 똑같은 거리라도 교통에 따라 집에서 직장까지 걸리는 시간이 다를 수 있기 때문이다.
• **역세권** : 통상 지하철역을 중심으로 500m 반경 내외의 지역으로, 도보로는 5~10분 안팎인 지역을 뜻한다.

② 학군

신혼시절은 직장에서 가까운 곳에 살다가 아이가 생기면 학군이 좋은 곳으로 이사하는 월급쟁이들이 많다. 그만큼 학군도 집의 위치를 결정짓는 중요한 판단기준이다. 일단 집 인근에 학교가 있는지, 등하굣길은 위험하지 않은지 등, 집에서 학교까지 거리와 안전성을 따져봐야 한다. 특히 아이가 어리다면 가장 먼저 고려해야 할 항목이다. 그리고 특목고·자사고를 보낸 중학교가 있는지, 주변에 학원가가 형성되어 있는지, 진학률은 높은지 등 교육환경도 따져보는 것이 좋다.

③ 상권

주변의 상권을 확인해봐야 한다. 왜냐하면 상권은 생활의 편리성과 직결되기 때문이다. 쇼핑을 즐기고 싶거나 장을 봐야 할 때 집 인근에 백화점, 대형마트, 전통시장 등이 없다면 얼마나 불편하겠는가! 또한 갑자기 아이가 아파서 치료받아야 하는데 인근에 소아과병원조차 없다면 얼마나 불편하겠는가! 집 주변의 인프라인 상권의 중요성을 간과해서는 안된다. 상권이 제대로 형성되어 있으면 생활이 편해진다.

④ 조망권

조망권은 집을 주거공간을 넘어 휴식공간으로 만들어준다. 조망권의 종류는 강, 바다, 숲, 호수, 공원 등이 있는데, 대표적으로 한강을 꼽을 수 있다. 한강이 보이는 멋진 집에서 살고 싶다! 서울에 사는 월급쟁이라면 대부분 꿈꾸는 로망이 아닐까? 힘들게 일하고 퇴근해서 거실에서 밖을 바라봤는데 다른 단지에 꽉 막혀 있다면 답답함에 스트레스가 더 쌓일 수도 있다. 특히 집의 크기가 작을수록 조망권이 더욱 중요해진다.

tip

아파트 향의 선호도 순서는 정남향, 남서향·남동향, 동향, 서향, 북향이다. 아파트 구조는 판상형과 타워형으로 구분되는데, 판상형의 선호도가 훨씬 높다.

54 월급쟁이들의 내집마련 방법 4가지

내집마련 계획부터 내집마련 자금까지 모든 준비가 끝났다면 이제 집을 사야 한다. 그럼 어떤 방법으로 집을 사야 할까? 집을 사는 방법은 크게 ① 청약, ② 매매, ③ 미분양·미계약, ④ 분양권·입주권으로 구분할 수 있다. 본인에게 맞는 방법을 찾아서 똘똘한 집 1채를 꼭 마련하길 바란다.

내집마련 방법 1 | 청약통장

청약통장을 사용해서 아파트를 분양받아 집을 살 수 있다. 새 아파트이므로 살기에도 좋고 시세 대비 분양가도 낮은 편이라 투자가치까지 높다. 따라서 집을 사려는 월급쟁이들에게 가장 바람직하고 적합한 방법이라고 할 수 있다. 2019년부터 유주택자보다 무주택자 실수요자에게 유리하도록 청약제도가 개편되었다. 다만

> **tip**
>
> 아파트 분양 정보는 닥터아파트, 호갱노노, 네이버 부동산, 직방, 청약Home 등의 사이트를 통해 알 수 있다. 모바일 앱도 있으니 스마트폰으로 언제든지 활용해보자.

'로또 청약'이라는 말이 나올 정도로 청약경쟁률이 매우 치열하다. 따라서 청약 1순위 자격을 갖추고 청약가점을 높이는 것이 매우 중요하다. 신혼부부·다자녀가구·노부모부양 특별공급 등 청약통장의 핵심적인 내용은 〈부록 3〉에 압축해서 담아두었으니 참고하길 바란다.

내집마련 방법 2 | 일반매매, 급매

가장 보편화된 방법으로, 일반매매를 통해 집을 살 수 있다. 입주 1~2년 된 아파트를 중심으로 알아보는 것이 좋은데, 이미 학군, 상권 등이 형성되어 있어서 집값이 꽤 올라간 경우가 많다. 일단 매매가격을 비교하되 만약 똑같은 가격이라면 전세가격이 높은 아파트를 사는 것이 좋다. 왜냐하면 전세가격이 높다는 것은 현재 살기 좋은 곳이라는 뜻이기 때문이다. 매매가격은 미래가치를, 전세가격은 현재가치를 반영하는 잣대라고 할 수 있다.

급매를 활용하면 집을 보다 싸게 살 수도 있다. 사람이라면 누구나 집을 비싸게 팔고 싶어한다. 그런데 집을 싸게 내놓았다는 것은 뭔가 이유가 있다는 말이다. 개인사정 때문인지, 대출 때문인지, 권리관계 때문인지 등 급매로 나온 이유를 정확하게 파악해야 한다. 만약 전혀 하자가 없어 보이는데 급매로 나왔다면 극단적으로 사기매물은 아닌지 의심해봐야 한다.

 잠|깐|만|요

급매물 사기 전, 이것만은 주의하자!

1 | 급매로 나온 이유를 정확하게 파악하자

• **개인사정인 경우** : 해외이민, 직장 이동 등 개인사정에 의해 집을 싸게 내놓았다면 비교적 위험성이 적고 안전하게 거래할 수 있다. 또한 이런 경우는 대부분 최대한 빠른 시간 내에 집을 팔고 싶어한다. 따라서 이런 심리적인 요인을 잘 활용해서 가격을 효율적으로 흥정할 경우 보다 싸게 집을 살 수 있다.

• **대출을 많이 안고 있는 경우** : 급매로 사려는 집이 이미 전세대출을 많이 안고 있는 경우에는 자칫 집을 담보로 한 대출이 어려울 수 있다. 따라서 대출을 받아 급매물

을 사려고 한다면 대출 가능 여부, 대출금액, 대출승계 여부 등을 꼼꼼하게 확인해서 사전에 대출 계획을 세워두어야 한다. 또한 등기부등본상 전세권설정등기를 확인해서 전세대출이 얼마나 이루어졌는지도 알아봐야 한다. 제대로 된 대출 계획을 세워두지 않고 무작정 급매로 집을 살 경우 자칫 돈이 부족해서 계약파기로 인한 손실을 볼 수 있다.

- **권리관계가 복잡한 경우** : 등기부등본상 집주인 변경이 잦거나 복잡한 권리관계(저당권, 가압류 등)가 얽혀 있다면 되도록 피하는 것이 좋다. 대부분 경매를 피하기 위해 나온 급매물이므로 만약 살 거라면 반드시 전문가의 조언과 도움을 받길 바란다.

2 | 주변시세를 파악하고 최적의 타이밍을 잡자

일반적으로 급매물은 시세보다 5~10% 싸게 나오는 경우가 대부분이다. 국토교통부 실거래가 등을 통해 최근 거래가격을 확인해야 하며, 인근 부동산중개소를 방문해서 보다 정확하게 주변시세, 급매물의 매매가격을 확인해야 한다. 또한 매매가격을 수시로 확인하면서 최대한 싸게 살 수 있는 최적의 타이밍을 잡는 것이 중요하다.

참고로, 주민들의 입소문을 듣고 평판이 좋은 부동산중개소를 방문하는 것이 좋으며, 중개업자와 친분을 쌓아두는 것이 좋다. 왜냐하면 나중에라도 좋은 급매물이 나오면 발빠르게 정보를 얻을 수 있기 때문이다.

3 | 현장조사를 철저하게 하자

급매물은 단순히 서류상으로만 확인해서는 안된다. 반드시 직접 발품을 팔아 현장조사를 해야 한다. 왜냐하면 급매물이 너무 오래되어 노후 정도가 심하거나 교통요건이 나빠 앞으로 발전 가능성이 낮을 수 있기 때문이다. 따라서 철저한 현장조사를 통해 조망권, 일조권, 노후 정도, 교통요건, 교육시설 등을 꼼꼼하게 체크해야 한다.

4 | 너무 급하게 서두르지 말자

"정말 괜찮은 급매물이에요!", "가격이 싸기 때문에 빨리 계약하지 않으면 금방 팔릴 수 있습니다!" 하며 부동산 중개업자가 계약을 서두르는 경우도 있다. 하지만 자칫 중개업자 말만 믿고 제대로 따져보지 않은 상태에서 덜컥 계약부터 해버리면 나중에 낭패를 볼 수 있다. 따라서 최소한 두세 군데 이상 부동산중개소를 방문해서 중개업자들의 말을 객관적으로 비교해볼 필요가 있다.

내집마련 방법 3 | 미분양, 미계약

미분양은 아파트를 분양했지만 청약신청자가 적어서 잔여물량이 남은 경우를 말한다. 이런 미분양분을 잡아서 집을 살 수 있다. 미분양이라고 무조건 색안경을 끼고 바라볼 필요는 없다. 미분양도 꽤 많은 장점을 갖고 있기 때문이다. 청약통장이 없어도 되고, 선착순으로 동호수 지정이 가능하며, 각종 혜택(계약금 할인, 중도금후불제, 무이자대출 등)까지 있을 수 있다.

하지만 일단 왜 미분양인지 그 이유부터 정확하게 확인해야 한다. 왜냐하면 저층이거나, 향이 안 좋거나, 주거여건(교통, 편의시설 등)이 취약할 수 있기 때문이다. 그러므로 미분양된 아파트를 사려면 미분양 이유, 분양가격, 입지, 시공사 등을 종합적으로 판단해서 신중하게 결정하길 바란다.

미계약은 아파트 분양을 끝냈으나 청약부적격 처리, 자금부족 등의 이유로 잔여물량이 남은 경우를 말한다. 이런 미계약분을 잡아서 집을 살 수도 있다. 미계약분 당첨자는 청약통장과 청약가점을 따지지 않고 무순위추첨으로 선정한다는 장점을 갖고 있다. 따라서 실수요자뿐만 아니라 투자자(현금부자, 유주택자 등)까지 묻지도 따지지도 않고 덤벼들어 '줍줍(줍고 줍는다는 뜻)'이라는 말까지 생겼다. 하지만 최근 정부에서 줍줍의 과열양상을 잠재우고자 청약제도를 변경(전국 분양단지, 청약 예비당첨자 비율 40% → 500%)해서 미계약분을 잡기가 보다 어려워질 전망이다.

내집마련 방법 4 | 분양권, 입주권

분양권은 준공 후 아파트에 입주할 수 있는 권리를 말한다. 따라서 전매제한이 풀린 분양권을 거래해서 집을 살 수 있다. 다만 인기가 높아

청약경쟁이 치열한 아파트의 분양권에는 상당한 프리미엄이 붙어 있을 수 있다. 프리미엄까지 주면서 집을 산다? 내집마련 자금이 부족해서 대출까지 고려해야 하는 월급쟁이들이라면 신중하게 결정하길 바란다. 통상 분양권은 개발호재 등으로 집값이 크게 오를 것 같을 때 투자목적으로 거래되며, 자칫 프리미엄 거품이 끼어 있을 가능성도 크다. 또한 분양권 거래절차는 일반매매보다 상대적으로 복잡하다는 것도 알아두자.

입주권은 재건축·재개발로 새롭게 짓는 아파트에 입주할 수 있는 권리를 말한다. 최근 재건축·재개발 사업을 추진하는 곳이 많다. 재건축은 오래된 집을 허물고 새롭게 짓는 것이며, 재개발은 오래된 집뿐만 아니라 주변시설(도로, 상하수도, 공원 등)까지 허물고 새롭게 짓는 것이다.

재건축·재개발지역에 집이나 땅을 가지고 있는 사람은 조합원으로서 입주권을 갖게 되고, 새롭게 지은 아파트를 보다 싸게 분양받을 수 있다. 즉 조합원은 재건축·재개발지역에 일종의 지분을 갖는 셈이며 꽤 짭짤한 시세차익까지 노려볼 수 있다.

입주권은 타인에게 매도할 수 있다. 따라서 입주권 거래를 통해서도 집을 살 수 있지만, 입주권 역시 분양권처럼 프리미엄이 상당히 붙어 있다. 통상 입주권은 많은 시세차익을 노리는 투자목적으로 거래되며, 재건축·재개발사업이 완료될 때까지 꽤 많은 시간이 걸린다는 것이 단점이다.

잠|깐|만|요

부동산 매매계약서 작성시 체크리스트 4가지

급매든 경매든 일반적으로 집을 살 때는 부동산 매매계약서를 쓴다. 통상 부동산 중개업자가 매매계약서를 준비하는데, "여기와 여기! 체크한 항목에만 써주세요" 하면 제대로 매매계약서를 읽어보지도 않고 기계적으로 쓰는 경우가 많다. 하지만 부동산 매매계약서는 자칫 나중에라도 분쟁이나 다툼의 소지가 있을 수 있기 때문에 중개업자에게만 의지하지 말고 반드시 꼼꼼하게 읽어보면서 신중하게 써야 한다.

1 | 부동산의 표지
소재지, 지목, 면적, 구조·용도 등을 정확하게 써야 한다. 자칫 틀린 내용으로 쓸 경우전혀 다른 부동산이 되어버려 분쟁이나 다툼의 소지가 될 수 있다. 또한 주소와 등기부등본 일치 여부, 권리관계(가압류, 근저당 등), 사실관계(무허가건물, 물리적 하자 등), 토지·건축물대장(필요시)을 반드시 확인해야 한다.

2 | 계약 내용
매매대금, 중도금, 잔금 등을 정확하게 써야 한다. 특히 금액은 아라비아숫자 대신 한글로 쓰는 것이 잘못 쓰는 실수를 줄일 수 있다. 또한 중도금이 없는 경우는 공란으로비워두지 말고 "해당 없음"이라고 명확하게 명기하는 것이 좋다.

3 | 특약사항
상호협의한 내용을 쓰되 소소한 내용이라도 모두 쓰길 바란다. 또한 계약위반시 발생하는 문제(손해배상금액 등)를 특약사항에 추가해서 쓰는 것이 좋다.

4 | 매도인, 매수인
등기부등본과 주민등록증을 대조·확인해서 계약 상대방 본인이 맞는지 확인해야 한다. 특히 대리인의 경우는 주민등록증, 위임장, 위임인의 인감증명서를 확인해야 한다. 날인은 인감도장을 사용하되 만약 부동산 매매계약서상 수정할 내용이 있을 경우빨간색으로 2줄을 그어 말소한 후 정정날인(상호)을 하면 된다. 또한 계약금도 반드시영수증을 받아두어야 한다.

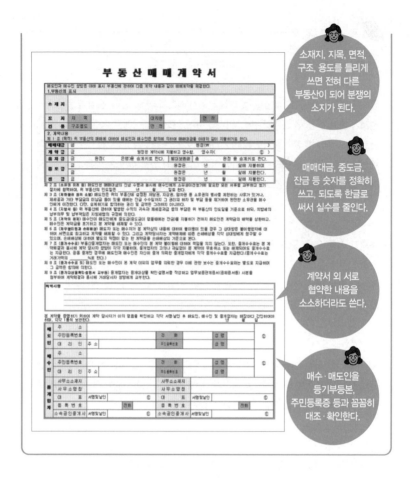

집을 사고팔 때 내는 세금 1 | 취득세

취득세는 집을 사면 내야 하는 세금으로, 국가에서 정한 세율에 따라 반드시 내야 한다. 취득세를 내는 기한은 잔금을 치른 날로부터 60일 이내다. 취득세는 아파트를 거래한 가격인 취득가액을 과세표준으로 하여 부과한다. 그리고 취득세는 과세표준(취득가액)에 세율을 곱해서 계산한다.

▼ 주택수에 따른 취득세율

주택수	구분	취득가액	세율
1주택	–	6억원 이하	1%
		6억원 초과 9억원 이하	(취득가액×2/3억원-3)×1/100
		9억원 초과	3%
2주택	조정대상지역	–	8%
	조정대상지역 외	6억원 이하	1%
		6억원 초과 9억원 이하	(취득가액×2/3억원-3)×1/100
		9억원 초과	3%
3주택	조정대상지역		12%
	조정대상지역 외		8%
4주택	조정대상지역 및 조정대상지역 외		12%

※ 취득세 중과 완화방안이 검토중이며 관련 법률이 제정되면 소급적용될 예정이다.

집을 사고팔 때 내는 세금 2 | 양도소득세

집을 팔 때 양도차익이 발생하면 내야 하는 세금이 양도소득세다. 다주택자가 아니고 집 1채에서 오랫동안 살다가 팔았다면 걱정할 것 없다. 양도가액 12억원 이하 주택을 2년 이상 보유·거주하면 비과세혜택(조정대상지역 기준)을 받을 수 있기 때문이다. 즉 양도소득세가 면제된다.

참고로, 2주택 이상 다주택자(조합원 입주권 포함)는 조정대상지역 내 주택을 양도하면 추가 세율(2주택자는 세율+20%, 3주택자 이상은 세율+30%)이 부과된다. 또한 3년 이상 보유·거주한 부동산은 장기보유특별공제를 적용하면 양도소득세를 절세할 수 있다.

양도소득세는 부동산을 양도한 날이 속한 달의 말일부터 2개월 이내에 주소지 관할센터에 예정신고/납부를 해야 한다. 예정신고를 마쳤다면 다음 해 5월에 주소지 관할센터에 확정신고를 해야 한다. 단, 1건의 양도소득만 있는 자가 예정신고를 마친 경우에는 확정신고를 하지 않아도 된다.

▼ 장기보유특별공제율

보유기간	공제율	거주기간	공제율
3~4년	12%	2~3년(보유기간 3년 이상에 한정)	8%
		3~4년	12%
4~5년	16%	4~5년	16%
5~6년	20%	5~6년	20%
6~7년	24%	6~7년	24%
7~8년	28%	7~8년	28%
8~9년	32%	8~9년	32%
9~10년	36%	9~10년	36%
10년 이상	40%	10년 이상	40%

※ 장기보유특별공제 요건에 거주기간이 추가되었다.

'그때정신차릴걸'님의 내집마련 사례

카페에 다양한 내집마련 이야기가 올라오는데, 그중에서 '그때정신차릴걸'님의 사례를 소개할까 한다. '그때정신차릴걸'님은 신혼살림을 전세 빌라에서 시작했다. 두 아이를 낳고 계속 맞벌이를 했지만 생활은 넉넉하지 않았다. 계속되는 이사에 남편도 아이들도 지쳐갔다. 하지만 내집마련을 위해 악착같이 돈을 모았고, 전세 8년차에 드디어 조그만 집을 사서 이사하게 되었다.

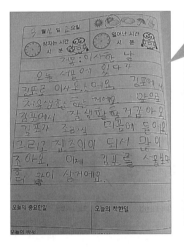

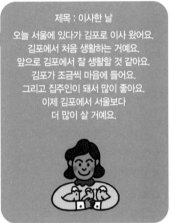

제목 : 이사한 날

오늘 서울에 있다가 김포로 이사 왔어요.
김포에서 처음 생활하는 거예요.
앞으로 김포에서 잘 생활할 것 같아요.
김포가 조금씩 마음에 들어요.
그리고 집주인이 돼서 많이 좋아요.
이제 김포에서 서울보다
더 많이 살 거예요.

이사한 날 우연히 아이가 쓴 일기를 읽었다.

"드디어 우리 집이 생겼구나! 부부만의 행복인 줄 알았는데, 초등학교 2학년인 아이도 행복감을 느꼈구나!"

아기 돼지 삼형제의 튼튼한 벽돌집처럼 아이들에게 든든한 울타리가 되어줘야 하는데, 그 과정이 8년이나 걸린 것에 대한 미안함에 일기를 읽으면서 눈물이 흘러내렸다.

"아직 대출이 남아 있지만 아이들을 생각하며 또다시 열심히 달려가보자!"

'그때정신차릴걸'님! 사랑하는 가족과 더욱 행복한 삶을 꾸려나가길 응원한다. '그때정신차릴걸'님, 파이팅!

각종 부동산 서류 샘플! 손쉽게 다운받으려면?

부동산투자를 하다 보면 각종 다양한 부동산 서류들을 접하게 된다. 따라서 과연 부동산 서류들이 어떻게 생겼는지 사전에 공부해두는 것이 여러모로 도움이 된다. 하지만 막상 부동산 서류 샘플을 어디서, 어떻게 찾아야 하는지 막막한 경우가 많다. 카페에 부동산 서류들을 포함한 각종 재테크 샘플 양식을 모아둔 별도의 자료실을 두어서 회원들과 공유하고 있다. 다양한 부동산 서류 샘플이 필요한 월급쟁이라면 다음 방법에 따라 손쉽게 다운받아 활용해보길 바란다.

1 | 부동산 서류 샘플 다운받기
'월급쟁이 재테크 연구' 카페(cafe.naver.com/onepieceholicplus)에서 회원가입 후 하단의 〈월재연 자료실〉 → 〈[다운] 재테크 양식〉 게시판에서 서류를 다운받은 후 열면 끝!

2 | 다운받을 수 있는 부동산 서류 샘플
- 부동산 매매계약서
- 토지 매매계약서
- 전입신고서
- 월세계약서
- 전세아파트 점검목록표
- 임차권 양도계약서
- 전세, 월세 이사비용 계산표
- 주택자금상환증명서
- 기타

부동산 매매계약서 샘플

55 월급쟁이가 일하면서 경매 공부할 수 있을까?

용어부터 어려운 경매

주변을 둘러보면 부동산을 수십채 갖고 있는 월급쟁이 부자들이 있다. 물론 금수저를 물고 태어나 부모로부터 엄청난 유산을 물려받은 운 좋은 월급쟁이 부자도 있지만, 조그만 목돈으로 오로지 부동산경매를 통해서 부자가 된 사람도 있다.

부동산경매로 부자가 된 월급쟁이들! 항상 쥐꼬리만한 월급으로 다람쥐 쳇바퀴 인생을 살고 있는 월급쟁이들에게는 부러움과 동경의 대상이 될 수밖에 없다. 따라서 지금 이 순간에도 많은 월급쟁이들이 부동산부자를 꿈꾸면서 부동산경매에 뛰어들고 있다. 하지만 인생이 호락호락하지 않듯이 안타깝게도 부동산경매도 결코 호락호락하지 않다.

"부동산경매! 용어가 너무 어려워요! 몇 번을 봐도 도무지 이해가 안 돼요."

"부동산경매! 내용이 너무 방대해서 어떻게 공부해야 할지 잘 모르겠어요."

카페 회원들이 부동산경매 관련해서 자주 얘기하는 내용이다. 사실 월급쟁이들이 부동산경매를 시작하려고 하면 가장 먼저 벽에 부딪히는 것이 '어려운 용어'와 '방대한 내용'이 아닐까 한다. 부동산경매 관련 책을 읽어봐도 보유세, 분묘기지권, 법정지상권 등 낯선 용어들이 줄줄이

등장하고 내용도 워낙 방대해서, 조용히 책을 덮고 만 경험이 분명 있을 거라고 생각한다.

그렇다고 비싼 수강료를 내면서 부동산경매 강의를 들어봐도 큰 도움이 되지 않는다. 왜냐하면 기본적인 공부가 선행되지 않은 상태에서는 아무리 강의를 잘하는 강사의 수업을 듣는다 하더라도 완벽하게 이해하기 힘들기 때문이다.

또한 부동산경매는 특수한 사례가 많아서 항상 일과 시간에 쫓기는 월급쟁이들이 단기간에 부동산경매의 모든 것을 알기에는 사실상 힘들다고 봐야 한다. 가끔 주변을 보면 몇 년 동안 주야장천 부동산경매 책만 읽으면서 달달 외우려는 월급쟁이도 있다. 하지만 외우는 것보다는 이해하는 것이 좋으며, 이해하는 것보다는 몸으로 습득하는 것이 좋다.

따라서 부동산경매는 꼭 알아야 하는 최소한의 내용 위주로 이론공부를 끝낸 후에 현장으로 뛰어들어 본격적인 현장공부를 해줘야 한다. "답은 현장에 있다"는 말이 있다. 부동산경매는 현장에서 발로 뛰면서 배우는 공부가 더욱 중요하며, 현장 경험이 쌓일수록 책이나 강의에서는 절대 얻을 수 없는 진정한 본인만의 노하우가 생기게 된다. 책이나 강의를 통해 완벽하게 이론공부를 끝낸 후 현장으로 뛰어들기보다는, 이론공부가 다소 부족하더라도 현장조사도 가보고, 법원도 가보고, 부동산 중개업자도 만나보는 등 현장에서 뛰면서 부족한 공부를 채워나가는 것이 훨씬 좋다.

월급쟁이를 위한 경매 공부 로드맵

이 책은 콕 집어서 월급쟁이들이 꼭 알아야 하는 내용 위주로 '부동산경매 공부 로드맵'을 만들어 빠르고 효율적으로 이론을 끝낼 수 있도록 압축해서 정리했다. 또한 어려운 용어는 쉬운 용어로 바꾸고 최대한 알기 쉽게 설명하고자 했다. 다음 부동산경매 공부 로드맵에 따라 이론공부를 끝낸 후에 현장으로 뛰어들어 본격적인 현장을 공부한다면 분명 진정한 본인만의 부동산경매 노하우를 만들 수 있을 거라고 생각한다.

▼ 맘마미아의 부동산경매 공부 로드맵

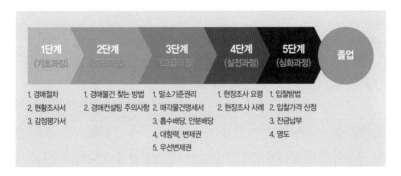

부동산경매란? 정부기관인 법원이 직접 나서서 채무자의 부동산을 팔아서 채권자에게 빌린 돈을 돌려주는 법적인 절차다. 채무자는 돈을 갚을 의무가 있는 사람이고, 채권자는 돈을 돌려받을 권리가 있는 사람이다. 예를 들어 A라는 사람이 B라는 은행에서 돈을 빌렸다면? A는 채무자이고 B는 채권자인데, 만약 A가 돈이 없는 경우 B는 부동산경매라는 법적인 힘을 빌려서 돈을 돌려받을 수 있다.

그럼 부동산경매의 장점은 무엇일까? 시장환경의 영향을 적게 받는다, 이중매매의 위험이 없다 등 장점들이 있지만, 역시 부동산경매의 **최대 장점은 바로 시세보다 싸게 부동산을 살 수 있다는 것이다.** 싸게 사서 비싸게 팔 수 있기 때문에 높은 수익을 기대해볼 수 있다. 많은 월급쟁이들이 부동산경매에 뛰어드는 이유다.

하지만 과연 부동산경매에 장점만 있는 걸까? 복잡하게 얽혀 있는 권리관계를 잘못 분석해서 엉뚱한 보증금을 떠안아 손해를 볼 수도 있으며, 위험한 특수물건에 참여했다가 낙찰을 받고도 소유권을 다시 내놔야 할 수도 있다.

권리분석

부동산의 권리관계에서 문제가 있는지 조사하는 것. 경매가 진행되는 물건은 소유권을 비롯한 각종 권리관계의 결함 등을 서류(부동산등기부, 토지대장, 임야대장, 건축물대장)를 통해 확인할 수 있다.

즉 부동산경매는 수익성이 높다는 것이 장점이지만 정확하게 모르면 손해를 볼 수 있다는 것이 단점이다. 따라서 부동산경매는 반드시 꾸준한 공부와 많은 경험이 밑바탕이 되어야만 성공할 수 있다.

부동산경매 필수용어 3가지

1 | 근저당권

근저당권은 채무자와 거래계약 등에 의해 발생하는 불특정 채권을 일정액의 한도에서 담보하는 저당권을 말한다. 예를 들어 은행이 돈을 빌려줄 때는 아파트, 건물 등을 담보로 잡아둔다. 빌려준 돈을 돌려받지 못할 경우 담보로 잡은 아파트, 건물 등을 마음대로 하겠다는 의미다. 즉 근저당권은 돈을 빌려간 사람(채무자)이 돈을 갚지 않을 경우 돈을 빌려준 사람(채권자)이 담보로 잡은 부동산을 경매로 팔아서 돈을 돌려받을 수 있는 권리라고 할 수 있다.

2 | 가압류

가압류는 금전 또는 금전으로 환산할 수 있는 채권에 대해 향후 강제집행이 불가능하거나 현저히 곤란해질 위험이 있는 경우를 대비해서 채무자의 현재 재산을 압류해 확보함으로써 강제집행을 하기 위한 명령을 말한다. 쉽게 설명하자면, 가압류는 돈을 빌려간 사람(채무자)이 자신의 부동산을 함부로 팔 수 없도록, 돈을 빌려준 사람(채권자)이 신청하는 법적인 조치다.

등기부등본에 표시된 가압류 사례

3 | 담보가등기

담보가등기는 채권담보 목적으로 하는 가등기를 말한다. 가등기는 본소유권, 전세권, 임차권 등 등기할 수 있는 권리의 설정, 이전변경, 소멸청구권을 보전하고자 할 때 하는 등기다. 즉 담보가등기는 돈을 빌려간 사람(채무자)이 돈이 없을 경우 담보로 잡은 부동산의 소유자 이름을 돈을 빌려준 사람(채권자)으로 바꾸거나 경매로 넘기기 위해서 설정한 등기라고 할 수 있다.

56 월급쟁이용 압축 경매 공부가 필요해!

경매의 종류 — 공매, 법원경매, 강제경매, 임의경매

부동산경매는 크게 공매와 법원경매로 나눌 수 있다. 공매는 국가가 주체가 되어 공적기관에 의해 이루어지는 경매이며, 법원경매는 월급쟁이들이 흔히 말하는 경매다. 법원경매는 또다시 강제경매와 임의경매로 나눌 수 있다. 강제경매는 강제로 집행할 수 있는 권한인 집행권원에 의해 신청되는 경매이며, 임의경매는 담보권(근저당권, 전세권 등)에 의해 신청되는 경매다.

tip

집행권원
국가의 강제력으로 채권자가 채무자에게 청구권을 가지고 있음을 표시하고 그 청구권을 강제집행할 수 있음을 인정한 공정문서(公正證書)를 말한다.

▼ 경매의 종류

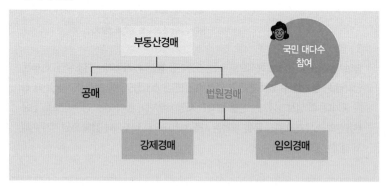

경매에 참여하는 월급쟁이들 입장에서는 큰 차이점을 느끼기 힘들고, 사실 엄밀하게 구분할 필요도 없다. 왜냐하면 강제경매든 임의경매든 경매절차에는 큰 차이가 없고, 취소절차 등에서만 차이가 있기 때문이다. 강제경매는 취소절차가 복잡해서 쉽게 취소가 안되고, 임의경매는 취소절차가 비교적 간단해서 쉽게 취소가 가능하다는 점이 대표적인 차이점이다. 경매 종류에 따라 용어가 달라져서 어렵게 느껴질 수도 있는데, 경매절차는 크게 다르지 않으니 개념만 이해하길 바란다.

우선 경매를 시작하기 전에 경매가 어떠한 과정으로 진행되는지 경매절차부터 아는 것이 순서다. 경매절차는 크게 8단계로 진행된다고 할 수 있다. 물론 단계가 많아서 어렵게 느껴질 수도 있다. 하지만 나중에 경매에 참여해보면 자연스럽게 알게 되므로 전체적인 흐름만 기억해두면 된다.

경매 1단계 | 경매 신청

돈을 빌려주었는데 받지 못한 채권자가 경매신청서와 첨부서류를 작성해서 법원에 정식으로 제출한다. 법원은 제출한 경매신청서와 첨부서류를 검토해서 문제가 없는지 확인한 다음 경매개시결정을 내리는데, 즉 경매 시작을 알리는 것이다. 또한 법원은 채무자의 부동산이 경매로 팔릴 것이라는 사실을 알리는 경매개시결정정본을 채무자에게 송부한다.

경매 2단계 | 배당요구종기일 결정, 공고

경매로 팔릴 부동산이 압류되면 법원은 배당요구종기일을 결정해서 공고한다. 배당요구종기일! 용어가 낯설지만 그리 어렵지 않다. 배당은 법원이 경매로 부동산을 판 돈을 채권자들에게 나누어주는 것을 말한

▼ 경매절차 8단계 흐름도

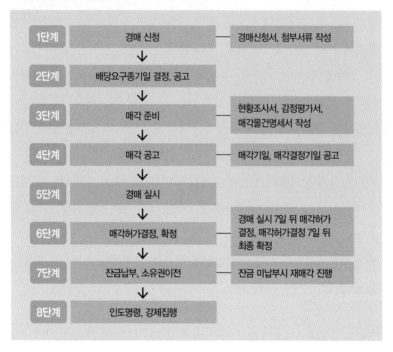

다. 따라서 배당요구는 돈을 빌려준 채권자들이 정확하게 얼마를 돌려받겠다고 요구하는 것이며, 종기일은 마감날짜를 말한다. 따라서 돈을 돌려받아야 하는 채권자들은 법원이 공고한 마감날짜까지 관련 서류를 제출해서 신고하면 된다.

경매 3단계 | 매각 준비

경매개시결정이 나면 법원은 본격적으로 매각을 준비해서 현황조사서, 감정평가서, 매각물건명세서를 작성한다.

현황조사서는 경매로 팔릴 부동산의 상태를 조사한 문서로, 부동산의 상태가 어떤지, 세입자가 누구인지, 채권자가 떠안아야 하는 부담은 없는지 등이 정리되어 있다.

tip ....
현황조사서, 감정평가
서 관련 내용은 429쪽
〈잠깐만요〉 참고.

또한 감정평가법인을 통해 부동산의 가치, 즉 감정가를 정하고 평가하는 감정평가서를 작성한다. 감정평가서의 감정가를 기준으로 경매 최초입찰일의 최저 매각가격이 정해진다. 최저 매각가격이란? 법원이 이 가격 이상으로만 팔겠다고 정한 입찰의 최저 하한선이 되는 가격이다.

매각물건명세서는 부동산의 표시, 권리관계 등을 정리한 문서로, 경매 시작 1주일 전까지 법원에 비치한다. 물론 현황조사서와 감정평가서의 사본도 함께 비치한다.

경매 4단계 | 매각 공고

법원은 매각 준비가 끝나면 매각기일과 매각결정기일을 정해서 공고한다. 매각기일은 해당 부동산을 팔겠다는 날짜인 입찰일이며, 매각결정기일은 매각을 허락할지 말지

대법원 법원경매정보

를 결정하는 날짜다. 통상 매각결정기일은 매각기일로부터 1주일 뒤로 정해진다. 법원이 공고한 내용은 대법원 법원경매정보(www.courtauction.go.kr), 일간신문, 각종 경매 사이트 등을 통해서 확인할 수 있다.

경매 5단계 | 경매 실시

법원이 정한 매각기일, 즉 입찰일에 경매가 진행된다. 경매에 참여한 입찰자들이 입찰표에 원하는 가격을 적고, 가장 높은 가격을 적어서 낸 사람이 최고가매수신고인이 된다. 즉 낙찰을 받게 되는 것이다. 참고로, 입찰자들이 1명도 없다면 유찰이 되며 법원이 입찰일을 다시 정해서 경매를 진행한다. 유찰되면 지역에 따라 최저 매각가격이 20% 또는 30% 낮아진다.

경매 6단계 | 매각허가결정, 확정

최고가매수신고인이 되어서 낙찰을 받았다고 해서 바로 해당 부동산의 주인이 되는 것은 아니다. 법원이 낙찰결정을 내린 후 경매절차에 문제가 없었는지, 기타 문제점은 없는지 등을 조사해서 1주일 뒤에 매각허가결정을 내리게 된다. 또한 매각허가결정을 내리고 1주일 동안 추가로 경매 관계인들로부터 특별한 불만이나 항고가 없는지를 지켜본 후 문제가 없을 경우 최종적으로 매각허가결정을 확정한다.

경매 7단계 | 잔금납부, 소유권이전

매각허가결정이 확정되면 법원이 정한 지급기한까지 잔금을 내고 소유권이전등기를 한다. 소유권이전등기는 해당 부동산의 등기부에 소유권자를 본인의 이름으로 바꾸는 것을 말한다. 소유권이전등기까지 끝나면 이제 법적으로 해당 부동산의 진짜 주인이 된 것이다. 만약 잔금을 미납부하면 법원에서 새롭게 입찰을 진행하기 위해 재매각을 준비하게 된다.

경매 8단계 | 인도명령, 강제집행

해당 부동산에 세입자 또는 이전 소유자가 살고 있다면 명도를 해야 한다. 또한 필요시 법원에 인도명령을 신청해서 이사를 내보내야 한다. 인도명령은 해당 부동산에 살고 있는 세입자 또는 이전 소유자에게 경매로 부동산이 팔렸으니 집을 넘겨주고 나가라는 법원의 명령으로, 만약 거부할 경우 강제집행을 하게 된다.

잠|깐|만|요

매각공고시 필수 확인 문서 2가지

1 | 현황조사서

현황조사서는 법원에서 집행관에게 경매로 팔릴 부동산의 상태가 어떤지 알아보게 해서 조사한 결과를 담은 문서라고 할 수 있다. 권리분석에 꼭 필요한 임차인과 점유자에 대한 내용을 담고 있다. 현황조사서에서는 크게 2가지 항목(기본정보, 부동산의 현황 및 점유관계 조사서)을 유심히 봐야 한다.

❶ **기본정보** : 경매 사건번호, 조사일시, 부동산 임대차 정보가 있다.

❷ **부동산의 현황 및 점유관계 조사서** : 예시에는 전입세대가 없다. 만약 임차인이 있는 경우에는 전입일자, 전세보증금, 확정일자 등을 확인해봐야 한다.

2 | 감정평가서

감정평가서는 8~10장으로 구성된 문서인데 다음과 같은 정보를 담고 있다. ① 감정평가표, ② 평가의견, ③ 감정평가명세표, ④ 감정평가요항표, ⑤ 위치도, ⑥ 지적도, ⑦ 내부구조도, ⑧ 물건 사진

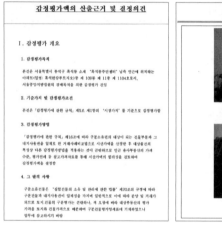

평가의견

물건 사진

감정평가서는 경매물건에 대한 거의 모든 정보를 담고 있는 요약본이라고 할 수 있는데, 현장조사를 할 때 활용하는 게 좋다. 하지만 감정평가서를 너무 맹신하는 것은 금물이다. 왜냐하면 감정평가는 부동산의 가치를 단순평가한 결과라서 오류가 있을 수 있기 때문이다. 또한 감정평가를 한 후에 경매가 여러 번 유찰되어 시간이 많이 경과된 경우 부동산의 가치가 바뀔 수도 있다. 따라서 현장조사를 할 때 정확한 시세를 다시 확인해야 하며, 감정평가서는 참고자료로만 활용하는 게 좋다.

57 경매 왕초보가 경매물건 찾는 법

대법원 법원경매정보 사이트에서 찾기

모든 경매정보를 확인할 수 있는 대법원 법원경매정보 사이트를 활용하면 가장 손쉽고 빠르게 경매물건을 찾을 수 있다. 법원에서 직접 운영하기 때문에 공신력이 높다는 것이 장점이다.

기본적인 경매정보(현황조사서, 감정평가서, 매각물건명세서 등)는 무료로 확인할 수 있지만 공부서류(등기부등본, 토지대장, 건축물대장 등)는 유료(500~1,000원)로 별도 발급을 받아야 한다. 하지만 공부하는 거라고 생각하면 발급료가 아깝지 않을 것이다.

또한 유료 경매정보 사이트와 달리 권리분석, 임차인분석 등 경매물건에 대한 분석을 본인 스스로 해야 하기 때문에 다소 어려울 수도 있다. 하지만 경매투자는 결국 본인 스스로 권리분석, 임차인분석 등을 직접 해봐야 하기 때문에 꾸준하게 공부하면 절대 어렵지 않다. 어렵다는 이유로 남들이 분석해둔 결과를 그대로 맹신하지 말고 본인 스스로 분석한 결과를 믿길 바란다.

대법원 법원경매정보 사이트를 활용해서 매각기일 기준으로 경매물건을 찾는 방법은 다음과 같다. 참고로, 빠른 물건 또는 용도별 물건 기준으로도 경매물건을 찾을 수 있다.

❶ 대법원 법원경매정보(www.courtauction.go.kr) 사이트 접속 → 〈경매공고〉 → 〈부동산매각공고〉 클릭, 원하는 법원(예 : 서울중앙지방법원)을 선택해서 구체적인 경매물건을 확인한다.

❷ 사건번호를 클릭하면 경매물건 내역을 확인할 수 있다.

	서울중앙지방법원 2023타경331	1 상가	서울특별시 중구 마장로 3, 비1총231호 (신당동,빽스타일) [집합건물 철골철근콘크리트구조 3.84㎡]	오픈상가(230호와 일체로 사용중임), 집합건축물대장(표제부)상 위반건축물임.	112,000,000 112,000,000 (100%)	경매1계 2023.05.16 신건
	서울중앙지방법원 2023타경100033 클릭	1 단독주택	토지 대 150㎡ [토지 대 150㎡] 서울특별시 동작구 성대로25가길 27-3 [건물 시멘트 블록조 시멘트 기와및 스레트지붕 단총주택 82.56㎡ (내역 18.72㎡ 시멘트 블록조 스레트지붕)]	일괄매각, 제시외 건물 포함, 공부와 현황이 상이함.	1,056,314,580 1,056,314,580 (100%)	경매1계 2023.05.16 신건
	서울중앙지방법원 2023타경100606	1 다세대	서울특별시 관악구 난곡로57길 13, 2층201호 [집합건물 철근콘크리트조 47.10㎡]		212,000,000 212,000,000 (100%)	경매1계 2023.05.16 신건

❸ 〈물건상세조회〉를 클릭하면 현황조사서, 감정평가서 등 구체적인 정보를 확인할 수 있다.

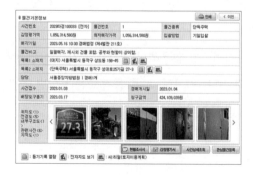

유료 경매정보 사이트에서 찾기

유료 경매정보 사이트는 조건별로 경매물건을 상세하게 찾을 수 있으며 특히 권리분석, 임차인분석 등 경매물건에 대한 전문적인 분석정보를 확인할 수 있다는 것이 장점이다. 하지만 유료이기 때문에 사이트별로 정해진 수수료를 내야 한다.

또한 경매 전문가들이 직접 일일이 분석하기보다는 자동 권리분석 프로그램을 통해서 분석하기 때문에 정확성이 떨어지는 경우가 많다. 왜냐하면 권리분석은 예외적인 사항들도 함께 고려해줘야 하는데, 자동 권리분석 프로그램은 기계적으로 정형화되어 있기 때문이다. 따라서 참고자료로만 활용하는 것이 좋으며, 본인 스스로 공부서류를 검토하고 분석하는 능력을 키우는 것이 중요하다.

지지옥션 www.ggi.co.kr

옥션원 www.auction1.co.kr

대표적인 유료 경매정보 사이트

· 지지옥션 : www.ggi.co.kr
· 옥션원 : www.auction1.co.kr
· 리치옥션 : www.리치옥션.com
· 하우스인포 : www.houseinfo.co.kr
· 한국경매 : www.hkauction.co.kr
· 한국부동산경매정보 : www.auction119.co.kr

유료 경매컨설팅업체 선택시 고려할 사항

최근에 경매물건 분석뿐만 아니라 적절한 입찰가로 낙찰까지 받을 수 있도록 해주는 경매컨설팅업체들이 우후죽순 생겨나고 있다. 또한 일부 유료 경매정보 사이트에서도 경매컨설팅을 받을 수 있다.

일단 경매컨설팅업체는 수수료를 받는다. 따라서 경매컨설팅업체를 활용하려면 회원가입 비용, 권리분석 비용, 낙찰수수료(통상 낙찰금액의 1.0~1.5%)를 내야 한다. 결국 총비용을 따져보면 쥐꼬리만한 월급으로 감당하기엔 부담스러울 정도로 무시할 수 없는 큰 금액이다.

카페의 경매 스터디 모임에서도 경매컨설팅업체 관련해서 많은 토론을 했는데, 전반적으로 부정적인 의견이 많았다. 사실 일부 경매컨설팅업체는 낙찰률을 높이기 위해서 낙찰금액을 높게 설정하기도 한다. 왜냐하면 낙찰률이 높으면 아무래도 실력 있는 경매컨설팅업체라는 인식을 주어 많은 회원을 가입시킬 수 있을뿐더러, 경매컨설팅업체 입장에서는 결국 어떠한 형태로든 낙찰을 받아야만 수수료를 받을 수 있기 때문이다.

하지만 터무니없이 높은 금액으로 낙찰되면 불만과 항의가 발생할 수 있기 때문에 최근에는 아예 '입찰 들러리'를 내세워서 눈속임을 하는 경우도 있다. 예를 들어 최저 매각가격이 10억원이었다면 "12억원 정도의 입찰가가 적당하다"고 컨설팅하면서 11억 9,000만원으로 입찰하는 들러리를 세우는 것이다. 즉 근소한 차이로 낙찰된 것처럼 눈속임을 하지만 실상은 터무니없이 높은 금액으로 낙찰된 셈이다.

따라서 경매컨설팅업체를 활용하려는 월급쟁이라면 합법적인 자격이 있는지, 업무상 고의 또는 과실에 대한 보상을 해주는지, 수수료가 적절한지 등을 꼼꼼하게 확인해봐야 한다. 또한 경매컨설팅업체를 활용해서 얻을 수 있는 득과 실을 잘 따져본 후에 믿을 수 있는 경매컨설팅업체를 선택하는 것이 중요하다. 무작정 경매컨설팅업체만 맹신했다가는 괜히 비싼 수업료만 낼 수 있다는 사실을 꼭 명심하길 바란다.

58 왕초보 경매 공부 1
권리분석

월급쟁이들이 부동산경매를 하면서 가장 어려워하는 부분이 바로 '권리분석'이다. 권리분석은 어렵게 생각하면 한없이 어렵고, 쉽게 생각하면 외외로 간단히 끝낼 수 있다. 권리분석은 부동산의 권리와 관계 등에 하자가 있는지 여부를 확인하고 분석하는 과정이다. 즉 경매를 통해서 부동산을 매각한 후에 과연 어떤 권리가 인수되고 소멸되는지를 따져보는 과정이라고 할 수 있다. 자칫 권리분석을 잘못하게 되면 낙찰잔금 이외에 추가비용을 더 내서 시세 대비 훨씬 비싼 금액으로 부동산을 살 수도 있기 때문에 매우 중요한 과정이기도 하다.

권리분석 커트라인은 말소기준권리!

권리분석을 쉽게 하려면 '말소기준권리'를 알고 있어야 한다. 말소기준권리는 해당 부동산에 얽혀 있는 권리들이 낙찰받으면 인수되는지 소멸되는지를 판단하는, 일종의 커트라인 역할을 하는 권리를 말한다. 즉 말소기준권리보다 설정일자 순위가 빠른 권리는 인수되고, 설정일자 순위가 늦은 권리는 모두 소멸된다. 또한 말소기준권리가 2개 이상이면 가장 설정일자 순위가 빠른 권리가 말소기준권리가 된다.

말소기준권리 종류를 모두 외우기 힘들면 별도로 메모한 뒤 권리분석을 할 때 꺼내서 활용하면 된다. 다음은 말소기준권리의 종류다.

경매를 좀 해본 분들은 다음과 같은 의문이 생길 수 있다.

"왜 주택·상가임대차나 환매등기는 말소기준권리가 안되나요?"

말소기준권리는 돈이 목적인 권리로, 등기와 배당이 가능한 권리다. 따라서 공시할 수 없는 주택·상가임대차나 배당요구권이 인정되지 않는 환매등기는 말소기준권리가 될 수 없다. 위와 같은 의문을 해결하기 위해 깊게 파고드는 순간 권리분석이 어렵게 느껴진다.

tip ······

환매등기

환매란 남에게 판 걸 도로 사들이는 것이다. 따라서 환매등기란 채무자가 채권자로부터 돈을 빌리면서 채무자 소유의 부동산을 채권자에게 소유권이전시켰다가 채무자가 빌린 돈을 갚으면 소유권을 다시 채무자에게 이전하는 것을 말한다.

따라서 **환매등기 등이 포함된 복잡한 경매물건은 건너뛰자**. 실제 부동산경매를 하고 있는 월급쟁이들은 대부분 말소기준권리를 단순히 기계적으로 외워서 적용하는데, 그렇게만 해도 권리분석을 매우 쉽고 간단하게 끝낼 수 있기 때문이다. 다음 쪽에서 말소기준권리를 이용한 권리분석 사례를 알아보자.

▼ 권리분석 사례 1

순위	설정일자	권리내용	인수/소멸	비고
①	2021.1.5	소유권		
②	2021.3.5	**저당권**	**말소기준권리**	투자 OK!
③	2022.5.10	**가압류**	소멸	
④	2022.8.15	**전세권**	소멸	배당요구
⑤	2023.2.5	가처분	소멸	
⑥	2023.4.20	임의경매	소멸	

  사례 1은 저당권이 말소기준권리가 된다. 여기서 말소기준권리가 될
수 있는 것은 ② 저당권, ③ 가압류, ④ 전세권(배당요구)인데, 가장 설정
일자 순위가 빠른 것이 저당권이기 때문이다. 따라서 ① 소유권을 제외
하고 ② 저당권보다 설정일자 순위가 늦은 ③~⑥의 모든 권리는 소멸된
다. 즉 투자해볼 만한 경매물건이라고 할 수 있다.

▼ 권리분석 사례 2

순위	설정일자	권리내용	인수/소멸	비고
①	2021.1.5	소유권		
②	2021.3.5	가처분	인수	투자 No!
③	2022.5.10	**가압류**	**말소기준권리**	
④	2022.8.15	**전세권**	소멸	배당요구
⑤	2023.2.5	가처분	소멸	
⑥	2023.4.20	임의경매	소멸	

사례 2에서는 ③ 가압류가 말소기준권리가 된다. 말소기준권리가 될 수 있는 것은 ③ 가압류, ④ 전세권(배당요구)인데, 가장 설정일자 순위가 빠른 것이 ③ 가압류이기 때문이다. ③ 가압류보다 설정일자 순위가 빠르기에 ② 가처분(2017.3.5)은 소멸되지 않고 인수되고, ③ 가압류보다 설정일자 순위가 늦은 ④~⑥의 권리만 소멸된다. ① 소유권 외에도 ② 가처분 권리까지 인수해야 하므로 투자하기에는 위험하고 어려운 경매물건이라고 할 수 있다.

위와 같이 말소기준권리 기준으로 권리분석을 해서 인수할 권리가 있는지 없는지를 따져보면 된다. 만약 인수할 권리가 소유권 외에도 많다면 미련 없이 포기하는 것이 좋으며, 인수할 권리가 소유권 외에 없다면 경매에 참여해서 투자해보는 것이 좋다.

말소기준권리 상관없이 예외가 되는 권리

그런데 말소기준권리 기준으로 권리분석을 할 때 예외가 되는 권리도 있다. 예고등기(2011.10.13부터 폐지), 유치권, 법정지상권, 분묘기지권 등은 순위에 상관없이 소멸되지 않고 인수해야 하는 권리이므로 조심해야 한다. 따라서 이러한 권리들이 있다면 역시 미련 없이 포기하는 것이 좋다.

권리분석은 일단 쉬운 경매물건으로 연습해본 후 점차 어려운 경매물건으로 실시하는 것이 좋으며, 말소기준권리를 기준으로 최대한 단순하게 생각하되 위험한 경매물건을 잘 골라내는 것이 중요하다.

잠|깐|만|요

권리분석을 도와주는 매각물건명세서

월급쟁이들은 대부분 등기부등본을 확인해서 권리분석을 한다. 그런데 등기부등본과 함께 매각물건명세서도 확인해야 한다. 매각물건명세서는 대법원 법원경매정보 (www.courtauction.go.kr) → 〈경매물건〉 메뉴에서 매각기일 1주일 전부터 확인할 수 있다.

서 울 중 앙 지 방 법 원

2018타경6663

매각물건명세서

사 건	2018타경6663 부동산강제경매 2018타경8492(중복)	매각 물건번호	1	작성 일자	2019.06.03	담임법관 (사법보좌관)	
부동산 및 감정평가액 최저매각가격의 표시	별지기재와 같음	최선순위 설정			2015.3.12.근저당권	배당요구종기	2018.10.04

부동산의 점유자와 점유의 권원, 점유할 수 있는 기간, 차임 또는 보증금에 관한 관계인의 진술 및 임차인이 있는 경우 배당요구 여부와 그 일자, 전입신고일자 또는 사업자등록신청일자와 확정일자의 유무와 그 일자

점유자 성 명	점유 부분	정보출처 구 분	점유의 권 원	임대차기간 (점유기간)	보 증 금	차 임	전입신고 일자, 사업자등록 신청일자	확정일자	배당 요구여부 (배당요구일자)
	204호	등기사항 전부증명 서	주거 주택임 차권자	2011.07.25-	250,000,000,000		2011.12.07.	2016.08.29.	

〈비고〉
권관형:신청채권자임.

※ 최선순위 설정일자보다 대항요건을 먼저 갖춘 주택·상가건물 임차인의 임차보증금은 매수인에게 인수되는 경우가 발생 할 수 있고, 대항력과 우선변제권이 있는 주택·상가건물 임차인이 배당요구를 하였으나 보증금 전액에 관하여 배당을 받지 아니한 경우에는 배당받지 못한 잔액이 매수인에게 인수되게 됨을 주의하시기 바랍니다.

등기된 부동산에 관한 권리 또는 가처분으로 매각으로 그 효력이 소멸되지 아니하는 것

매각에 따라 설정된 것으로 보는 지상권의 개요

비고란

매각물건명세서

매각물건명세서에는 사건번호, 작성일자, 최선순위 설정일자, 배당요구종기일 등의 내용이 기록되어 있는데, 특히 ❶번인 최선순위 설정일자를 유심히 확인해야 한다. 최선순위 설정일자는 근저당권(예시에서는 2015.3.12)인데, 바로 이 근저당이 말소기준권리다. 즉 말소기준권리인 근저당권보다 설정일자 순위가 빠른 권리는 인수되고, 설정일자 순위가 늦은 권리는 모두 소멸된다.

근저당을 상환했음에도 불구하고 말소등기신청을 하지 않으면 등기부등본의 근저당

439

권이 말소되지 않고 등기부등본에 남아 있을 수 있기 때문에 매각물건명세서의 말소기준권리를 함께 확인해야 한다.

또한 매각물건명세서에 기록된 점유자가 임차인이라면 전입신고일자와 최선순위 설정일자를 비교해봐야 한다. 만약 전입신고일자가 최선순위 설정일자보다 빠른 경우에는 대항력이 있기 때문에 배당에서 못 받은 보증금이 전액 인수될 수 있다는 것에 유의해야 한다.

마지막으로 ❷번도 확인해야 한다. "해당사항 없음" 또는 공란으로 남아 있지 않고 "인수되는 별도 등기 있음", "대항력 여지가 있는 임차인이 있음" 등 특이사항들이 기록되어 있다면 상대적으로 위험하고 어려운 경매물건이므로 각별히 유의할 필요가 있다.

권리분석을 하면서 의외로 매각물건명세서를 모르는 월급쟁이들이 많다. 최소한 매각물건명세서에서 말소기준권리가 뭔지, 특이사항은 없는지 정도는 구분하고 확인할 수 있어야 한다. 참고로, 매각물건명세서는 법원에서 직접 정리하기 때문에 신뢰성이 높으며, 기록 내용이 사실과 다른 경우에는 매각불허가신청을 할 수 있다. 즉 매각물건명세서 내용과 다른 경매물건을 낙찰받게 되면 법원에서 취소해준다는 말이다.

매각물건명세서 비고란

59 왕초보 경매 공부 2
배당분석

배당분석 모르면 자칫하다 임차인 보증금 떠안는다

부동산경매에서 권리분석과 더불어 중요한 것이 바로 '배당분석'이다. 왜냐하면 경매를 통해서 채무자의 부동산을 팔아 본인의 돈을 돌려받아야 하는 채권자들이라는 복병이 숨어 있기 때문이다. 배당은 부동산을 경매로 판 돈(매각대금)을 채권자들에게 나누어주는 것이며, 배당분석은 채권자들이 얼마만큼의 돈(배당금)을 돌려받는지를 확인하고 분석하는 과정이다. 자칫 배당분석을 잘못하게 되면 낙찰 후 임차인의 보증금을 떠안는 등 시세 대비 훨씬 비싼 금액으로 부동산을 사는 결과가 될 수 있기 때문에 권리분석과 더불어 배당분석을 반드시 해야 한다.

흡수배당은 몰빵, 안분배당은 균등!

배당분석을 하려면 먼저 배당 원칙을 알고 있어야 한다. 배당 원칙은 흡수배당과 안분배당으로 구분한다. 흡수배당은 설정일자 순위가 늦은 채권자들의 배당금까지 흡수해서 돈을 모두 돌려받는 것이며, 안분배당은 순위에 상관없이 공평하게 나누어 돌려받는 것이다.

또한 물권은 흡수배당, 채권은 안분배당 원칙을 따른다. 물권은 어떠한 특정 물건에 대한 이익을 행사할 수 있는 권리이며, 채권은 채무자에게 금전적인 채무이행을 청구할 수 있는 권리다.

▼ 물권과 채권의 종류와 차이점

구분	물권(흡수배당)	채권(안분배당)
권리내용	부동산에 대한 권리	채무자에 대한 권리
권리변동	공시 필요	공시 불필요
배당 우선순위	○	×
효력 범위	절대권(제3자에게도 효력)	상대권(채무자에게만 효력)
종류	• 근저당권 • 전세권 • 유치권 • 지상권 • 기타	• 가압류 • 임대차 • 특정물채권 • 이자채권 • 기타

먼저 권리내용이 물권인지 채권인지를 구분한 후에 설정일자 순위에 따라 흡수배당 또는 안분배당 원칙을 적용해 배당금액을 계산해서 얼마만큼의 돈을 돌려받는지 확인하면 된다. 다음은 배당 원칙을 적용한 배당분석 사례들이다.

▼ 배당분석 사례 1

순위	권리내용	권리금액	배당금액	남은 배당금액	낙찰금액
①	소유권이전				8,000만원
②	근저당권 (물권/흡수배당)	4,000만원	4,000만원 (못 받는 돈 없음)	4,000만원	
③	가압류 (채권/안분배당)	3,000만원	2,000만원 (못 받는 돈 1,000만원)	2,000만원	
④	가압류 (채권/안분배당)	3,000만원	2,000만원 (못 받는 돈 1,000만원)	0원	

낙찰금액 외 추가비용 없음, 투자 OK!

이 물건은 8,000만원에 낙찰을 받았다. 이 돈이 어떻게 채권자들에게 나누어지는지 살펴보자. 먼저 설정일자 순위가 빠른 것은 ② 근저당권이며 이는 물권이다. 따라서 흡수배당 원칙에 따라 이 채권자는 4,000만원을 모두 돌려받을 수 있다. 그러면 낙찰금액 8,000만원 중 남는 배당금액은 4,000만원이다. ② 근저당권보다 설정일자 순위가 늦은 가압류 2건(③, ④)은 채권이며 안분배당 원칙에 따라 배당금액이 결정된다. 먼저 설정일자 순위 ③ 가압류는 다음과 같이 배당금액을 계산할 수 있다.

$$\text{③ 가압류 배당금} = \text{남은 배당금액}(4,000만원) \times \frac{\text{③ 가압류 권리금액}(3,000만원)}{\text{③+④ 권리금액 합계}(6,000만원)} = 2,000만원$$

계산한 결과 ③ 가압류는 2,000만원을 돌려받는다. 그러면 남은 배당금액은 2,000만원이다. 이 금액을 어떻게 ④ 가압류 채권자가 돌려받는지 살펴보자.

$$\text{④ 가압류 배당금} = \text{남은 배당금액}(4,000만원) \times \frac{\text{③ 가압류 권리금액}(3,000만원)}{\text{③+④ 권리금액 합계}(6,000만원)} = 2,000만원$$

계산 결과 ④ 가압류 채권자는 2,000만원을 돌려받는다. 배당분석 과정을 정리하면 결국 ③ 가압류 채권자는 권리금액 중 1,000만원을,

④ 가압류 채권자는 권리금액 중 1,000만원을 돌려받지 못한다. 낙찰자 입장에서 가압류는 소멸되어 인수되지 않기 때문에 낙찰금액 외에 추가비용이 없다. 배당분석 결과 투자해볼 만한 경매물건이라고 할 수 있다.

▼ 배당분석 사례 2

순위	권리내용	권리금액	배당금액	남은 배당금액	낙찰금액
①	소유권이전				8,000만원
②	가압류 (채권/안분배당)	4,000만원	3,200만원 (못 받는 돈 800만원)	4,800만원	
③	근저당권 (물권/흡수배당)	3,000만원	3,000만원 (못 받는 돈 없음)	1,800만원	
④	가압류 (채권/안분배당)	3,000만원	1,800만원 (못 받는 돈 1,200만원)	0원	

낙찰금액 외 추가비용 없음, 투자 OK!

설정일자 순위가 가장 빠른 것은 ② 가압류이며 채권이다. 따라서 안분배당 원칙에 따라 다음과 같이 배당금액을 계산할 수 있다.

$$② \text{가압류 배당금} = \text{남은 배당금액 (8,000만원)} \times \frac{② \text{가압류 권리금액 (4,000만원)}}{②+③+④ \text{권리금액 합계 (1억원)}} = 3,200\text{만원}$$

② 가압류 채권자는 권리금액이 4,000만원이지만 3,200만원을 돌려받는다. ③ 근저당권 채권자는 근저당권이 물권이며 흡수배당 원칙을

따르므로 우선적으로 3,000만원을 돌려받는다. 사례 2에서는 최고의 수혜자다. ④ 가압류 채권자는 남은 금액이 1,800만원(8,000만원-3,200만원-3,000만원)밖에 없으므로 이것만 받게 된다. 안타깝게도 ② 가압류 채권자는 800만원, ④ 가압류 채권자는 1,200만원을 돌려받을 수 없다. 하지만 낙찰자 입장에서 봤을 때 가압류의 권리는 소멸되어 인수되지 않으므로 낙찰금액 외에 추가비용이 없다. 따라서 배당분석 결과 투자해볼 만한 경매물건이라고 할 수 있다.

▼ 배당분석 사례 3

순위	권리내용	권리금액	배당금액	남은 배당금액	낙찰금액
①	소유권이전				3,000만원
②	**임차인**	6,000만원	0원	3,000만원	
③	근저당권	4,000만원	3,000만원	0원	
④	임의경매신청				

낙찰금액 외 추가비용 발생, 투자 No!

설정일자 순위가 가장 빠른 것은 ② 임차인이며 전입신고와 확정일자를 ③ 근저당권 설정일자보다 빠르게 받아두어 우선변제권을 갖고 있다. 하지만 공교롭게도 ② 임차인이 자신의 권리금액보다 낙찰금액이 낮은 걸 알았다. 따라서 우선변제권을 갖지 않을 생각으로 배당요구를 하지 않았다면 ② 임차인은 보증금을 돌려받을 수 없으며, 결국 낙찰자가 ② 임차인의 보증금을 떠안아야 한다. 따라서 ② 임차인보다 설정일자 순위가 늦은 ③ 근저당권이 남은 배당금액인 3,000만원을 돌려받고 소멸된다.

즉 3,000만원에 낙찰받았지만 떠안은 임차인의 보증금 6,000만원을 감안하면 실제로는 9,000만원에 낙찰받았다고 할 수 있다. 왜냐하면 만기가 되면 임차인에게 보증금 6,000만원을 돌려줘야 하기 때문이다. 여기에 정작 이 경매물건의 시세가 8,000만원에 불과하다면 결국 1,000만원 손해를 본 셈이 된다. 따라서 몇 차례 유찰되어 최저 매각가격이 떨어져서 낙찰금액이 최소한 2,000만원 이하가 되어야 손해를 면할 수 있다.

배당분석은 일단 쉬운 경매물건으로 연습해본 후 경매 참여 전에 미리 배당표를 작성해보길 바란다. 또한 배당분석을 통해 배당표를 작성하면서 적절한 예상 입찰가격을 계산해보자. 시세 대비 비싼 금액으로 부동산을 사서 손해보는 일이 없도록 해야겠다.

우선변제권

세입자의 보증금을 우선적으로 돌려주는 권리. 확정일자를 받으면 발생한다. 자세한 내용은 다음 쪽 〈잠깐만요〉 참고.

세입자의 권리 3가지

법원은 채무자의 부동산이 경매로 낙찰되면 채권자들에게 배당을 하게 되는데, 여기에는 일정한 기준이 있다. 다음은 권리에 따른 배당 순위다.

▼ 권리에 따른 배당 순위

순위	내용	비고
0순위	경매집행 비용	
1순위	경매목적 부동산에 사용된 필요비와 유익비	
2순위	주택임대차보호법상 보증금 중 일부, 재해보상금, 최종 3개월 임금과 최종 3년간의 퇴직금	최우선변제
3순위	당해세, 국세, 지방세	
4순위	담보물권(저당권, 전세권, 담보가등기), 대항력과 확정일자 갖춘 임차권	우선변제
5순위	배당요구하지 않은 일반임금채권	
6순위	담보물권보다 늦은 조세채권	
7순위	각종 공과금 (국민연금보험료, 의료보험료, 산업재해보상보험료)	
8순위	일반채권자의 채권	

권리분석과 배당분석을 할 때 헷갈릴 수 있는 경매물건이 바로 세입자가 살고 있는 경매물건이다. 왜냐하면 경매를 통해 산 부동산에 집주인이 살고 있으면 큰 문제가 없는데 세입자가 살고 있다면 임차인의 권리를 따져봐야 하기 때문이다. 세입자 입장에서는 당연히 본인의 보증금을 돌려받기 위한 권리를 주장할 것이다. 세입자는 크게 대항력, 우선변제권, 최우선변제권이라는 3가지의 임차인 권리를 가지고 있다. 임차인의 이 3가지 권리는 주택임대차보호법에 규정되어 있다.

1 | 대항력

세입자가 살고 있는 집이 경매로 넘어가서 보증금을 돌려받지 못할 경우 임대차계약 관계를 주장할 수 있는 권리다. 주택임대차보호법상 대항력은 주택을 인도하고 주민 등록을 마치면 생긴다. 즉 세입자가 이사하고 동주민센터에 전입신고를 하면 대항력을 갖게 된다. 세입자가 대항력을 갖게 되면 낙찰자가 집을 비워달라고 할 때 임대차 계약관계를 주장하면서 버틸 수 있다.

2 | 우선변제권

세입자가 살고 있는 집이 경매로 넘어간 경우 보증금을 우선적으로 돌려받을 수 있는 권리다. 주택임대차보호법 상 우선변제권은 주택을 인도하고 주민등록을 마친 후 임대차계약서에 확정일자를 받으면 생긴다. 즉 세입자가 동주민센터에 전입신고를 하면서 확정일자까지 받으면 우선변제권을 갖게 된다.

tip

전세살이 중인 월급쟁 이라면 전입신고와 확 정일자를 제대로 받아 두었는지 다시 한 번 꼭 확인해보길 바란다.

3 | 최우선변제권

최우선변제권은 소액임차인의 보증금 일부를 다른 담보 물권자보다 최우선적으로 돌려받을 수 있는 권리다. 즉 우선변제권자 중 보증금이 소액인 세입자들이 갖고 있는 권리다. 주택임대차보호법상 최우선변제권은 주택을 인 도하고 주민등록을 마쳐서 대항력을 갖춘 후 배당요구종 기일까지 보증금을 돌려달라는 배당요구를 하면 생긴다. 단, 보증금이 소액이어야 하 며 최우선변제권의 설정일자는 세입자의 계약일이 아니라 말소기준권리(가압류 제외) 의 설정일이라는 점에 유의해야 한다.

tip

580쪽 '[별첨 4] 주택임 대차보호법에 따른 보 증금 범위와 최우선변 제금액' 참고.

60

부동산경매 현장조사 요령 6가지

경매의 핵심, 현장조사(임장)

부동산경매에서 가장 중요한 부분은 바로 현장조사, 즉 임장활동이다. 좋은 경매물건을 찾았다면 반드시 경매물건이 있는 현장에 가봐야 한다. 서류에서 본 경매물건과 현장에서 보는 경매물건은 분명 다르다. 따라서 구체적으로 어떤 항목들을 확인하고 체크해야 하는지를 꼼꼼하게 준비한 후에 현장조사를 나가는 것이 중요하다. 힘들게 현장조사를 했지만 정작 중요한 사항을 놓쳐서 망치는 일은 없어야 한다.

현장조사! 힘들다는 생각보다는 현장에서 배우고 공부한다는 생각으로 즐거운 마음을 갖고 나가보길 바란다. 또한 확인하고 체크해야 할 사항들이 많으면 여러 번 현장조사를 나가자. 공짜 점심은 없다. 결국 열심히 발품을 파는 만큼, 고생한 만큼 그 결과가 돌아온다.

현장조사 요령 1 | 반드시 시세를 확인한다

먼저 현장조사를 하기 전에 대략적인 시세를 ① 국토교통부 실거래가, ② 네이버 부동산 매물가격, ③ KB부동산알리미 시세 등을 통해 확인해둔다. 그런 다음 현장조사를 하면서 인근 부동산중개소를 몇 군데 돌아다니면서 정확한 시세를 확인한다. 현장조사를 하면서 절대 놓치지 말고 확인해야 하는 것이 바로 시세라는 것을 꼭 잊지 말길 바란다.

449

현장조사 요령 2 | 주민센터를 방문해 세대주를 열람한다

주민센터를 방문해서 전입세대주 열람을 신청한 후 '새롭게 전입한 사람이 있는지', '세대주 중에 말소기준권리보다 먼저 전입신고가 된 사람이 있는지' 등을 확인한다. 명도계획(점유자를 내보내는 것)을 세우는 데 도움이 될뿐더러 자칫 선순위 임차인이 있는 경우 낙찰 후 보증금을 떠안을 수 있으니 전입신고가 된 모든 세대주를 꼼꼼하게 확인해야 한다.

현장조사 요령 3 | 입지조건을 체크한다

현장조사를 하면서 본격적으로 입지조건을 꼼꼼하게 체크해야 한다. 도보 기준으로 시간이 얼마나 걸리는지도 확인해야 하기 때문에 걷기 편한 운동화와 옷을 착용하는 것이 좋다. 또한 되도록 자가용보다는 대중교통을 이용해서 현장조사를 하길 바란다.

입지조건 체크리스트	yes	no
1 | 학군이나 교육환경(초중고등학교 위치)이 좋은가?	☐	☐
2 | 대중교통은 편리(거리, 노선, 배차시간)한가?	☐	☐
3 | 마트·백화점은 가까운가?	☐	☐
4 | 단지의 규모(관리비 수준)는 어느 정도인가?	☐	☐
5 | 인프라(공원, 문화시설 등)는 잘 갖춰져 있는가?	☐	☐
6 | 유해시설(소각장, 유흥시설 등)은 없는가?	☐	☐
7 | 편의시설(병원, 시장, 은행 등)은 가까운가?	☐	☐

현장조사 요령 4 | 경매물건 상태를 체크한다

현장조사를 하면서 경매물건에 특별한 하자는 없는지 꼼꼼하게 체크해 봐야 한다. 그런데 경매물건의 외부는 손쉽게 체크할 수 있지만 내부를 체크하는 것은 생각보다 힘들 수 있다. 왜냐하면 점유자(채무자)가 아예 문을 열어주지 않거나 만나기 힘든 경우가 많기 때문이다. 물론 세입자는 빨리 경매로 집이 처분되어 보증금을 받고 이사하고 싶어서 문을 열어주는 경우도 있다. 따라서 점유자를 만나는 것이 힘들다면 차라리 옆집, 윗집 등을 방문해서 내부를 체크하는 것도 좋은 방법이다.

경매물건 상태 체크리스트	yes	no
1 | 외부시설(도색, 균열, 방수, 누수 등)이 노후하지 않았는가?	☐	☐
2 | 우편물 관리(임차인 이름)는 잘 되고 있는가?	☐	☐
3 | 주거환경(경사도, 채광, 방향, 동간거리 등)은 좋은가?	☐	☐
4 | 공유시설(주차장, 놀이터 등)은 잘 갖춰져 있는가?	☐	☐
5 | (관리사무소 방문) 체납 관리비는 없는가?	☐	☐
6 | 내부시설(거실, 주방, 욕실, 보일러 등)의 상태는 양호한가?	☐	☐

현장조사 요령 5 | 부동산 중개업자를 만난다

인근 부동산중개소를 방문해서 관련 정보를 얻어야 한다. 특히 시세 확인은 필수다. 부동산 중개업자를 만날 때는 손님으로 가장하는 방법도 있고 경매 때문에 왔다고 솔직하게 얘기하는 방법도 있다. 물론 각각 장단점이 있기 때문에 어떤 방법이 절대적으로 좋다고 말하기는 어렵다.

하지만 굳이 손님으로 가장할 필요는 없다고 본다. 왜냐하면 부동산 중개업자 입장에서도 나중에 매매의 기회를 얻을 수 있으니 결코 손해보는 장사가 아니기 때문이다. 경매물건을 보러 온 사람이라고 솔직하게 얘기하고 향후 낙찰되면 매매, 임대 등 중개업무를 맡기겠다고 약속하면 정말 바쁜 중개업자가 아니라면 우호적으로 협조해줄 거라고 생각한다. 특히 더운 여름날에는 시원한 음료수라도 사들고 가면 아주 효과 만점이다.

현장조사 요령 6 | 현장조사 필수 준비물을 챙긴다

전투하러 나갈 때 필히 총알을 챙겨야 하듯이 현장조사를 나갈 때도 필수 준비물을 빠뜨리지 않고 챙겨야 한다. 카메라, 녹음기, 나침반, 신분증, 경매자료(감정평가서, 등기부등본 등) 등을 챙겨야 하는데, 요즘에는 스마트폰에 사진·녹음·방위 기능이 있기 때문에 많이 편리해졌다. 설마 현장조사를 나가면서 스마트폰을 두고 가는 월급쟁이는 없을 거라고 본다. 특히 녹음기는 위장 임차인을 가려낼 때 효과적이다.

61 까먹지 말자, 경매 입찰 순서

순서 1 | 준비물 챙기기

경매물건 분석과 현장조사를 끝냈다면 이제 입찰을 하기 위해 법원으로 가야 한다. 정말 긴장되고 떨리는 순간이라고 할 수 있다. 하지만 차분하게 마음을 가라앉히고 입찰에 필요한 준비물인 도장, 신분증, 입찰보증금, 경매물건 자료를 잊지 말고 잘 챙겨야 한다. 만약 대리인이나 공동입찰(2인 이상)하는 경우에는 챙겨야 하는 준비물이 더 늘어나니 유의하길 바란다.

tip

도장을 안 가져왔다면?
집행관에 따라 지장을 인정해주기도 하지만 되도록 법원 인근 도장 가게에서 새로 도장을 만들길 바란다. 인주는 법원에 비치되어 있다.

▼ **대리인 또는 공동입찰시 준비물**

대리인입찰	공동입찰
• 대리인 신분증과 도장 • 인감날인이 된 위임장 • 본인 인감증명서와 인감도장 • 입찰보증금	• 공동입찰신고서 • 공동입찰목록 • 공동입찰자 신분증과 도장 • 입찰보증금 **(불참자가 있는 경우 : 입찰 불참자의 인감날인이 된 위임장, 입찰 불참자의 인감증명서)**

법원에 도착하면 경매법정을 찾아가면 되는데, 생각보다 사람이 많

다. 참고로, 단순히 공부하려고 온 분들도 많다. 카페의 경매 스터디 모임 멤버들도 공부하기 위해 많이들 경매법정에 간다. "와! 정말 사람이 많구나!" 이런 생각으로 멀뚱멀뚱 있지 말고 입찰이 시작되기 전에 다음 사항을 마지막까지 챙겨야 한다.

순서 2 | 입찰게시판 확인하기

입찰할 경매물건에 취소, 변경, 정지 등의 변동사항이 없는지 확인해야 한다. 경매법정 입구에 붙어 있는 입찰게시판을 확인해서 만약 취소가 되었다면 입찰해서는 안된다. 물론 취소된 경매물건에 입찰해도 입찰보증금을 돌려받을 수 있다. 다만 다른 입찰자들이 모두 지켜보고 있으니 무척 민망하고 부끄러울 것이다. 따라서 입찰게시판을 가장 먼저 확인해보길 바란다.

순서 3 | 경매물건 서류 열람하기

입찰게시판을 확인해서 큰 문제가 없다면 경매물건 서류를 열람해봐야 한다. 이미 본 내용들이니 한 번 더 점검한다는 생각으로 매각물건명세서, 현황조사보고서 등을 확인하면 된다. 또한 중요한 매각조건이 있는 경우에는 집행관이 별도로 공지한다.

순서 4 | 입찰표 작성할 장소 물색하기

경매법정이 너무 산만하고 혼잡한 경우 입찰소에서 차분하게 입찰표를 집중해서 작성하기가 힘들 수도 있다. 특히 분위기에 휩쓸려 입찰가격에 숫자 0을 하나 더 써버리거나 사건번호를 잘못 쓰는 실수를 할 수도 있으니 사전에 입찰표를 작성할 장소를 물색해두는 것이 좋다.

순서 5 | 경매법정에서 입찰하기

이제 경매법정에 비치된 입찰표, 입찰봉투, 입찰보증금을 넣을 봉투를 받아서 입찰에 참여하면 된다. 입찰은 다음 순서로 진행된다.

▼ 입찰 순서

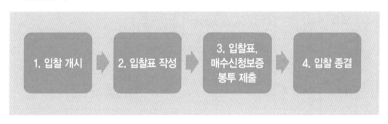

① 입찰 개시

입찰은 집행관이 진행하며 통상 10시에 시작한다. 집행관이 입찰 마감시간과 개찰시간을 알려주면서 입찰을 개시한다.

② 입찰표 작성

기일입찰표의 사건번호, 입찰자의 성명과 주소, 입찰가격, 입찰보증금액 등을 작성하면 된다. 참고로, 입찰은 크게 기일입찰과 기간입찰로 구분할 수 있는데 거의 모든 경매가 기일입찰이다. 기간입찰은 입찰기간이 1주 이상~1개월 이하로, 등기우편으로도 참여할 수 있다. 따라서 통상 입찰표라고 부르는 것은 기일입찰표다. 입찰표를 자세히 살펴보자.

기 일 입 찰 표

지방법원 집행관 귀하 　　　　　　　　入찰기일 : 　년　월　일

① 사건번호	20 ** 타경 12345 호	② 물건번호	※물건번호가 여러개 있는 경우에는 꼭 기재

③ 입찰자

본인	성 명	홍길동 (도장)	전화번호	010-1234-5678
	주민(사업자)등록번호	123456-1234567	법인등록번호	
	주 소	서울시 OO구 OO동 OO번지		

대리인	성 명		본인과의 관계	
	주민등록번호		전화번호	–
	주 소			

④ 입찰가격

천억	백억	십억	억	천만	백만	십만	만	천	백	십	일	
			3	1	2	0	0	0	0	0	0	원

⑤ 보증금액

백억	십억	억	천만	백만	십만	만	천	백	십	일	
			3	1	2	0	0	0	0	0	원

⑥ 보증의 제공방법	☑ 현금·자기앞수표 ☐ 보증서	⑦ 보증을 반환 받았습니다. 입찰자 홍길동 (도장)

---

❶ **사건번호** : 경매물건의 사건번호를 쓴다. 특히 사건번호를 잘못 써서 전혀 다른 엉뚱한 경매물건에 입찰하지 않도록 유의해야 한다. 의외로 많이 실수하는 부분이니 정확하게 확인하길 바란다. 만약 사건번호를 쓰지 않으면 입찰이 무효가 되지만, 매수신청보증봉투나 입찰봉투에 사건번호를 썼다면 입찰로 인정받을 수 있다.

❷ **물건번호** : 물건번호가 있는 경우 쓰면 된다. 물건번호를 쓰지 않으면 입찰이 무효가 된다. 만약 물건번호가 없는 경우에는 공란으로 비워둬도 된다.

❸ **입찰자 인적사항** : 입찰자 본인의 인적사항(성명, 주민등록번호, 전화번호, 주소)을 쓴다. 주소는 주민등록증상 기준이며, 인적사항을 쓴 후 성명 옆에 도장을 찍으면 된다. 만약 법인이면 법인 명칭과 법인등록번호를, 대리인이면 대리인의 인적사항을 쓰면 된다.

❹ **입찰가격** : 낙찰받고자 하는 금액을 쓴다. 단, 법원에서 정한 최저 매각가격 이상의 금액을 써야 한다. 아라비아숫자로 정확하게 써야 하며, 만약 잘못 쓴 경우에는 입찰표를 다시 써야 하니 유의하길 바란다. 수정 또는 정정한 경우 입찰이 무효가 된다.

❺ **보증금액** : 최저 매각가격의 10%에 해당하는 금액을 쓴다. 재입찰인 경우는 20%로 정해질 수 있다. 보증금액은 입찰가격 기준이 아니라 최저 매각가격 기준이라는 것에 유의하길 바란다.

❻ **보증의 제공방법** : 현금·자기앞수표 또는 보증서(경매보증보험증권) 중에서 해당되는 항목에 체크하면 된다. 입찰보증금은 되도록 보증서나 현금보다는 깔끔하게 수표 1장으로 준비하는 것이 좋다.

❼ **보증금 반환 확인 서명** : 입찰에서 떨어져 패찰한 경우 집행관으로부터 입찰보증금을 돌려받을 때 쓴다. 성명을 쓰고 도장을 찍으면 된다. 입찰할 때 쓰는 곳은 아니지만 미리 성명을 쓰거나 도장을 찍어두더라도 입찰이 무효가 되는 것은 아니다. 하지만 원칙대로 입찰보증금을 돌려받을 때 쓰길 바란다.

③ 입찰표, 매수신청보증봉투 제출

입찰표를 모두 썼다면 매수신청보증봉투와 입찰봉투에 필요한 사항들을 써야 한다. 매수신청보증봉투에 사건번호, 물건번호, 입찰자 성명을 쓰고 앞면과 뒷면의 날인하는 곳에 도장을 찍으면 된다. 그리고 입찰보증금(최저 매각가격의 10%)을 매수신청보증봉투에 넣는다.

이제 입찰봉투에 입찰자용 수취증, 담당계, 사건번호, 물건번호, 입찰자 성명을 쓰고 앞면과 뒷면의 날인하는 곳에 도장을 찍으면 된다. 마지막으로 입찰표와 매수신청보증봉투를 입찰봉투에 넣어 동봉한 후 입찰함에 넣는다.

통상 입찰은 11시 30분경에 마감되는데, 마감시간을 놓치지 않도록 유의해야 한다. 집행관이 입찰자용 수취증을 절취해서 돌려주는데, 나중에 입찰에 떨어져 패찰할 경우 입찰보증금을 돌려받을 때 필요하니 잃어버리지 않도록 잘 챙겨둬야 한다.

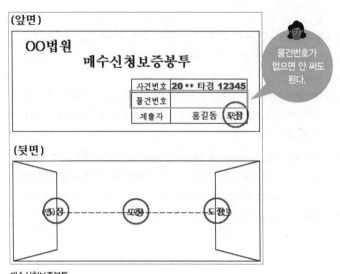

매수신청보증봉투

④ 입찰 종결

입찰이 마감되면 집행관이 서류 분류를 끝내고 개찰을 시작한다. "과연 낙찰될까, 패찰할까?" 기대 반 걱정 반으로 기다리다 보면 집행관이 "20＊＊타경○○○○호 입찰한 분들 앞으로 나와주세요" 하고 호창한 후 최종적으로 낙찰자를 발표한다. 입찰표에 가장 높은 가격을 적어서 낸 사람이 낙찰자, 즉 최고가매수신고인이 된다. 낙찰이 되면 낙찰영수증을 받으면 되고, 안타깝게 입찰에서 떨어져 패찰하면 입찰보증금을 돌려받으면 된다.

잠|깐|만|요

입찰가격 정할 때 주의사항

입찰가격을 올바르게 정하기 위해서는 정확한 시세 확인이 선행되어야 한다. 가장 중요한 것이므로 현장조사를 하면서 반드시 현재의 시세를 확인한다. 또한 낙찰금액 이외에 각종 부대비용(세금, 수수료, 집수리비 등)이 얼마인지도 계산해야 한다.

그래서 현재의 시세 기준으로 샀을 때와 경매를 통해 샀을 때를 비교해봐야 한다. 그러면 입찰가격을 얼마로 써야 이득인지 판단할 수 있다. 또한 낙찰받은 경매물건을 향후 매매할 것인지, 임대를 놓을 것인지도 함께 고려해야 한다.

▼ 입찰가격 산정표 예시

시세로 사는 경우		경매로 사는 경우	
매매가 :	원	입찰가격 :	원
세금, 등기수수료 :	원	세금, 등기수수료 :	원
중개수수료 :	원	명도비용 :	원
집수리비용 :	원	집수리비용 :	원
기타 :	원	이사비용(점유자) :	원
기타 :	원	밀린 관리비 :	원
기타 :	원	기타 :	원
합계 :	원	합계 :	원

가끔 과도한 경쟁심리로 무리하게 높은 입찰가격을 써서 오로지 낙찰을 받는 데만 연연하는 경우가 있다. 이러면 각종 부대비용을 감안하면 오히려 시세보다 비싸게 사게 될 위험이 매우 크다.

또한 낙찰가율을 너무 맹신하는 것은 금물이다. 낙찰가율이란 경매물건의 감정가 대비 낙찰된 가격의 비율인데 시세 기준이 아닌 감정가 기준이므로 참고자료로만 활용하자. 입찰가격은 '낙찰'보다는 '수익'에 초점을 맞춰서 정해야 한다.

잔금납부와 명도가 끝나야 진짜 끝!

매각허가결정 후 잔금납부는 기한 안에!

치열한 입찰경쟁을 뚫고 낙찰을 받았다고 하더라도 마냥 기뻐해서는 안된다. 아직은 경매물건의 진짜 주인이 아니기 때문이다. 법원은 낙찰 1주일 뒤에 매각허가결정을 내린다. 그리고 또다시 그 1주일 뒤에 매각허가결정을 확정한다. 왜냐하면 낙찰 후 특별한 문제점이나 이의가 없는지를 판단하기 위한 시간이 필요하기 때문이다. 따라서 법원의 매각허가결정 확정이 내려져야만 경매물건의 진짜 주인! 즉 진짜 집주인이 될 수 있다.

매각허가결정 확정이 되면 법원으로부터 잔금납부기한을 통보받는다. 그러면 기한 내에 잔금을 납부해야 한다. 잔금납부 방법은 간단하다. 일단 법원에서 '법원보관금납부명령서'를 받아 지정은행에서 잔금을 납부한다. 그리고 법원에 가서 '매각대금완납증명원'을 쓴 후 접수확인을 하고 지정은행에서 받은 '법원보관금영수증서'를 함께 제출하면 끝난다.

왕초보라면 소유권이전등기는 법무사에게

통상 잔금은 낙찰 후 1개월 안에 납부해야 하는데, 분납은 불가하다. 그래서 갖고 있는 돈이 부족해서 대출받아 잔금을 납부해야 하는 경우가 있다. 참고로, 경매물건을 담보로 하는 대출을 경락잔금대출이라고 한다. **경락잔금대출은 통상 낙찰금액의 60% 이내로 가능하지만** 정부의 대출정책과 경매물건의 종류에 따라 대출금액, 금리, 조건 등이 달라질 수 있다.

만약 대출받아야 하는 경우에는 은행이 잔금납부뿐만 아니라 연계된 법무사를 통해서 소유권이전, 근저당권 설정 등의 업무도 대행해준다. 한마디로 은행이 모든 것을 알아서 해주기 때문에 크게 신경쓰지 않아도 되지만, 별도 수수료가 발생할 수 있다는 점에 유의해야 한다.

대출받지 않고 잔금납부를 하려면 법무사를 통하거나 스스로 소유권이전등기를 해야 한다. 혼자서 소유권이전등기를 하려면 아무래도 실수할 수 있기 때문에, 자신이 있는 게 아니라면 법무사를 통해서 진행하는 것이 좋다.

tip

법무비용과 수수료

통상 100~300만원 정도인데, 법무사와 부동산의 가격에 따라 차이가 난다. 따라서 법무사 사무실 몇 군데에 문의해 가격을 비교한 후 결정하는 것이 좋다. 대출금액의 1~2% 정도면 적정한 수준이다.

명도 — 점유자를 내보내는 일

잔금납부와 소유권이전등기를 끝냈다면 이제 남아 있는 일이 바로 **명도**다. 즉 집에 살고 있는 사람(점유자)을 내보내는 과정이 남아 있다. 만약 경매를 통해 보증금을 돌려받을 수 있는 세입자라면 큰 문제 없이 명도를 진행할 수 있다. 하지만 보증금을 돌려받지 못하는 세입자나 자신의 집을 뺏겼다고 생각하는 전 집주인이 있다면 명도 과정이 매우 힘들어질 수 있다. 한마디로, 집에서 못 나가겠다며 완강하게 버틸 수 있다.

위로금 형태로 이사비용을 줘서 원만한 명도를 이끌어낼 수도 있는

데, 완강하게 버티는 점유자들한테는 씨알도 안 먹히는 경우가 대부분이다. 그럼 어떻게 해야 할까?

일단 내용증명을 보내는 것이 좋다. 내용증명은 상호간의 채권 또는 채무의 이행 등 득실변경에 관한 부분을 문서화한 것이다. 별도로 규정된 양식은 없기 때문에 점유자에게 통보하고 싶은 내용을 자유롭게 작성하면 된다. 비록 내용증명이 법적효력은 없지만 점유자에게 심리적 압박감은 줄 수 있다.

하지만 여러 차례 내용증명을 보냈는데도 끝까지 버틴다면 마지막 칼을 뽑아야 한다. 즉 점유자를 강제로 내보내기 위해서 법원에 인도명령

▼ 인도명령, 강제집행 절차

인도명령 절차	강제집행 절차
인도명령 신청 (잔금납부시 함께 신청)	강제집행 신청 (송달증명원, 인도명령결정문 제출)
↓	↓
인도명령 심리, 심문	강제집행을 위한 현장조사
↓	↓
인도명령 결정	집행비용 예납 (수수료, 여비 등)
↓	↓
인도명령결정문 송달	강제집행 예고 (예고장 발행)
↓	↓
송달증명원 발급	강제집행 실행

을 신청해야 한다. 인도명령은 되도록 잔금납부를 할 때 함께 신청하는 것이 좋다. 왜냐하면 법원에서 인도명령을 처리하는 데 시간이 걸리기 때문이다.

인도명령을 신청하면 점유자는 법원의 인도명령결정문을 받게 된다. 즉 경매로 집이 팔렸으니 넘겨주고 나가라는 법원의 명령인데, 그래도 거부하는 경우에는 강제집행을 신청해야 한다. 집의 문을 따고 들어가서 사진을 찍고 짐을 싸서 강제로 점유자를 쫓아내는 것이 바로 강제집행이다. 경매 초보자라면 명도하기 쉬운 경매물건을 선택하는 것이 가장 좋으며, 현장조사시 점유자의 성향 등도 확인해둘 필요가 있다.

 잠|깐|만|요

경매! 낙찰금액 외에 준비해야 할 돈은?

부동산경매를 통해 진짜 집주인이 되기 위해서는 낙찰금액 이외로 별도로 내야 하는 부대비용이 있다. 월급쟁이들은 대부분 입찰가격을 정할 때 이러한 부대비용을 감안하지 않는 경우가 많기 때문에 꼭 알고 있길 바란다.

1 | 세금
부동산경매 세금은 취득세, 농어촌특별세, 지방교육세다. 부동산을 거래(매매, 교환)할 때 내야 하는 취득세와 그에 따른 부가세인 농어촌특별세, 지방교육세를 내는 것이다. 통상 부동산 취득 후 60일 이내에 납부해야 하며, 납부기간 이후에는 별도의 가산세가 부과된다. 다음 쪽은 부동산 관련 세금인데, 금액과 면적에 따라 차등적용되니 참고하길 바란다.

2 | 국민주택채권
소유권이전등기를 할 때 사야 하는 것이 국민주택채권이다. 국민주택채권은 정부가 서민들을 위한 임대주택 등을 짓는 데 활용하는 재원이다. 부동산 종류, 가격, 지역에 따라 매입비율이 정해져 있으며 의무적으로 사야 한다. 주택 기준으로 국민주택채권 매입비율은 1.3~3.1% 정도다. 국민주택채권은 굳이 만기까지 갖고 있을 필요가 없기 때문에 사고 바로 할인해서 파는 것이 좋다. 참고로, 할인율은 매일 다르게 적용되는데 대한법무사협회(kjaar.kabl.kr) 홈페이지 등에서 확인할 수 있다.

3 | 체납 관리비

관리비는 전용관리비와 공용관리비로 구분할 수 있다. 이 중에서 법적으로 공용관리비를 낙찰자가 내야 한다. 공용관리비는 승강기유지비, 청소비, 경비비 등이다. 전용관리비인 전기요금, 가스요금, 수도요금 등이 미납된 경우에는 해당 기관에 연락해서 소유권이 이전되었음을 알리고 필요한 서류를 보내주면 요금이 소멸되어 낙찰자가 내지 않아도 된다. 왜냐하면 소유권이전이 된 날이 기준일이기 때문이다. 그러니 현장조사를 나갈 때 꼭 관리사무소를 방문해서 체납 관리비 현황을 확인하길 바란다.

4 | 기타 비용

법무비용, 이사비용(점유자), 수리비용 등이 발생할 수 있다. 법무사를 통해 소유권이 전등기를 할 경우 법무비용이 발생하고, 점유자와 원만한 명도를 위해 이사비용을 줘야 할 수도 있다. 또한 집수리가 필요한 경우 별도로 수리비용이 발생할 수 있다.

'악어펭귄'님의 부동산경매 사례

'악어펭귄'님은 남편과 함께 부동산경매에 도전했는데 공부하는 과정이 쉽지는 않았다. 남편은 출퇴근 버스 안에서 이어폰으로 강의를 들었다. 그리고 퇴근해서는 가족과 시간을 보내고 난 후 잠자는 시간을 줄여가며 공부를 했다. 반면 '악어펭귄'님은 남편이 퇴근 후 아기를 봐줄 때 강의를 듣고 아기가 낮잠 잘 때 공부를 했다.

아직 아기가 어리다 보니 임장을 나갈 시간도 좀처럼 나지 않았지만 자투리 시간(친정 어머니가 오신 날 등)을 최대한 활용해 현장에서 경매물건을 보는 눈을 키워나갔다. 한마디로 이론과 실전을 병행하며 정말 독하게 노력했다.

'악어펭귄'님이 경매 공부를 하면서 작성한 노트와 낙찰받은 영수증

그리고 이런 독한 노력이 결실을 맺었다. 현재는 권리분석, 수익률 검토, 임장 등을 통해 괜찮은 물건을 3개(M아파트 상가, S타워 상가 등) 낙찰받았고, 목표한 임대수익을 달성했다. 첫 낙찰의 기쁨은 말로 표현할 수 없을 정도였다고 한다. 또한 부동산권리분석사 1급 자격증까지 땄다.

'악어펭귄'님의 경매 공부 과정과 결과에 정말 박수를 보낸다. 분명 경제적 자유라는 꿈도 곧 이룰 수 있을 거라고 믿는다. 진심으로 다시 한 번 응원한다. '악어펭귄'님, 파이팅!

된다!
재테크 고수

**월급 모아 부자 되는
재테크 마무리**

부록 2

돈 되는 연말정산

01 | 열세 번째 월급! 연말정산

연말정산? 미리 낸 세금, 꼼꼼히 계산해 돌려받는 것

월급쟁이들은 '월급'이라는 근로소득이 매월 발생한다. 어떠한 형태로든 소득이 발생하면 반드시 세금을 내야 한다. 따라서 월급에서 소득세를 근로소득간이세액표에 의해 원천징수(세금을 미리 떼어내는 것)한다.

이렇게 원천징수된 세금은 다음해 2월에 다시 정산한다. 즉 개인별로 각종 특별공제 항목을 적용해서 정확한 세금을 부과하기 위해 다시 한 번 정산하는데, 이 과정을 '연말정산'이라고 한다. 이미 원천징수한 세금과 다시 계산한 세금을 비교해서 차이가 발생한 금액만큼을 연말에 정산하는 것이다. 연말정산 결과 세금을 적게 냈다면 더 내고(추가납부), 많이 냈다면 되돌려받는(환급)다.

그러면 '근로소득간이세액표'가 뭔지 궁금증이 생길 수 있다. 근로소득간이세액표는 월급과 공제대상 가족수에 따라 원천징수 세금을 일률적으로 정한 표다. 월급이 얼마인지, 공제대상 가족수(본인 포함)가 몇 명인지, 공제대상 가족 중 20세 이하 자녀가 몇 명인지, 크게 이 3가지만 가지고 원천징수 세금을 정한 표라서, 개인별 특별공제 항목이 적용되지 않은 평균치를 반영한 것이라고 할 수 있다.

맞춤형 원천징수 제도 — 내 맘대로 미리 낼 세금 정하기

2015년 6월 소득세법 시행령 개정으로 '맞춤형 원천징수 제도'가 실시되어, 이제는 월급쟁이들이 직접 원천징수 비율을 선택할 수 있다. 즉 월급쟁이들이 근로소득간이세액표에 의한 원천징수 세금을 현행대로 100%로 낼지, 80% 또는 120%로 낼지를 결정할 수 있다.

쉽게 설명하자면, 평소 세금을 많이 내고 연말정산 때 많이 돌려받을 것인지, 평소 세금을 적게 내고 연말정산 때 적게 돌려받을 것인지의 차이인데, 본인의 조건과 상황에 맞는 원천징수 비율을 선택하면 된다.

다만 세금을 많이 내는 고액연봉을 받는 월급쟁이라면 이자손실을 줄일 수 있도록 원천징수 비율 80%를 선택하는 게 유리하다. 왜냐하면 연말정산 때 돌려주는 세금에는 이자가 붙어 있지 않아 이자손실이 발생하기 때문이다. 따라서 평소 세금을 적게 내고 줄어든 세금을 적금, 펀드 등에 재테크해서 추가적인 수익을 노려보는 게 효율적일 수 있다. 하지만 안타깝게도 어떤 원천징수 비율을 선택하든 월급쟁이들이 내야 할 세금 전체 금액 자체는 줄어들지 않는다는 점에 유의하길 바란다.

아는 만큼 돌려받는 연말정산, 공짜가 아니다

연말정산이 끝나면 "나는 얼마를 돌려받았다" 또는 "나는 얼마를 토해냈다" 이런 얘기들이 자연스럽게 나온다. 필자도 주변에서 두둑하게 돌려받았다는 얘기를 들으면 부러운 눈으로 바라보던 사회초년생 시절이 있었다. 하지만 부러워할 필요가 없다. 왜냐하면 결국 연말정산은 아는 만큼, 준비한 만큼 돌려받을 수 있기 때문이다. 월급통장에서 불필요하게 나가는 세금을 막는다는 생각으로 연말정산을 공부하고 착실하게 준비하면 분명 '열세 번째 세금폭탄'이 아니라 '열세 번째 월급'을 받을 수 있다.

연말정산 기본 개념

1 | 연말정산 결과 월급을 받을 때마다 세금을 적게 떼어냈다면 더 내고, 많이 떼어 냈다면 돌려받는다.

2 | 매년 연말정산 일부 항목이 소득공제에서 세액공제로 전환되는 등 변경되는 내용이 있는지 확인한다.

연말정산 대란 일으킨 소득공제 vs 세액공제

일반적으로 세금을 절감해주는 방법은 소득공제와 세액공제로 나눌 수 있다. 소득공제는 우리나라가 오랫동안 해온 방식으로, 소득금액을 줄여줌으로써 세금을 절감해주는 방식이다. 즉 소득에서 일정 금액을 빼준다(공제)는 말이다. 단, 치명적인 단점이 있는데, 소득공제는 공제받는 금액에 개인별 한계세율을 곱해주기 때문에 고소득자들이 더욱 많은 공제를 받는다는 것이다.

반면 세액공제는 산출세액(과세표준 × 기본세율)에서 세금 자체를 절감해주는 방식이다. 즉 세액에서 일정 금액을 빼준다(공제)는 말이다. 소득금액과 상관없을뿐더러 개인별 한계세율을 적용하지 않기 때문에 누구나 동일한 금액만큼 공제를 받을 수 있다.

예를 들어 저소득자와 고소득자가 1년 동안 미취학아동의 학원비로 300만원을 지출한 경우 소득공제와 세액공제를 통한 세금절감 효과는 다음과 같다.

▼ 소득공제 vs 세액공제

구분	소득공제			구분	세액공제	
	저소득자	고소득자			저소득자	고소득자
학원비	200만원	200만원	VS	학원비	200만원	200만원
한계세율	6%	38%		세금공제율	15%	15%
세금절감 효과	12만원	76만원		세금절감 효과	30만원	30만원

소득공제를 적용할 경우 고소득자는 높은 한계세율을 적용받아 세금절감 금액이 76만원이지만, 세액공제를 적용할 경우에는 세액공제율 15%를 동일하게 적용받기 때문에 세금절감 금액이 30만원으로 줄어들게 된다. 반면 저소득자는 소득공제를 적용할 경우 낮은 한계세율을 적용받아 세금절감 금액이 12만원이지만 세액공제를 적용할 경우 고소득자와 동일하게 30만원의 세금을 절감할 수 있다.

결과적으로 저소득자는 소득공제보다 세액공제가 상대적으로 유리하다고 할 수 있다. 따라서 2015년 연말정산의 일부 항목을 소득공제에서 세액공제로 전환한 가장 큰 취지도 과세형평성을 높이고 저소득층의 세금부담을 줄여주기 위함이라고 할 수 있다.

취지만 놓고 본다면 쥐꼬리만한 월급에 시달리는 월급쟁이들이 박수를 치면서 환영해야 하지만, 실행과정의 문제점으로 인해 월급쟁이들의 세금부담이 당초 취지와는 달리 많이 늘어났다. 결국 연말정산 대란이 일어나고 현재는 추가적인 보완책으로 일단락되었다. 앞으로 월급쟁이들의 세금부담을 실질적으로 줄여줄 수 있는 방향으로 연말정산이 지속적으로 개선되기를 바란다.

 잠|깐|만|요

알아두면 유용한 연말정산 서비스

1 | 모바일 연말정산 서비스

부양가족 유무와 관계없이 모바일 환경에서 연말정산 간소화 자료를 이용해 예상세액을 정확하게 계산할 수 있다. 또한 3년간 연말정산 신고내역 조회가 가능하며 '절세주머니'를 통해 다양한 정보(공제요건, 절세팁 등)도 제공받을 수 있다. 플레이스토어 또는 앱스토어에서 국세청 홈택스 앱(손택스)을 다운로드해 설치하면 된다.

2 | 연말정산 상담 서비스

연말정산에 대한 각종 궁금한 사항은 홈택스 홈페이지의 인터넷 상담이나 126번 전화를 통해서 해결할 수 있다. 다음은 연말정산 상담 전화 퀵메뉴다.

- **연말정산 간소화 문의** : 126 → 1 → 5
- **연말정산 세법 상담** : 126 → 2 → 3
- **현금영수증 문의** : 126 → 1 → 1

세법이 바뀌어도 연말정산 흐름만 알면 OK!

월급쟁이들이 연말정산을 준비하면서 각종 증빙서류를 직장에 제출하면 '근로소득원

▼ 연말정산 세금구조 흐름도

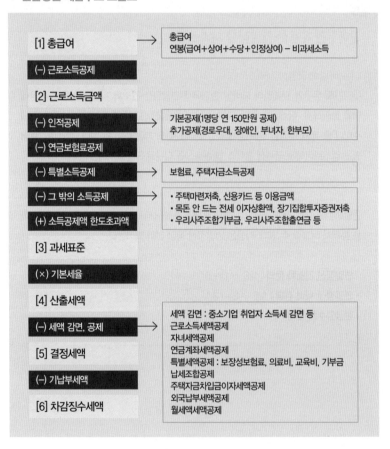

[1] 총급여

(−) 근로소득공제

[2] 근로소득금액

(−) 인적공제

(−) 연금보험료공제

(−) 특별소득공제

(−) 그 밖의 소득공제

(+) 소득공제액 한도초과액

[3] 과세표준

(×) 기본세율

[4] 산출세액

(−) 세액 감면, 공제

[5] 결정세액

(−) 기납부세액

[6] 차감징수세액

총급여
연봉(급여+상여+수당+인정상여) − 비과세소득

기본공제(1명당 연 150만원 공제)
추가공제(경로우대, 장애인, 부녀자, 한부모)

보험료, 주택자금소득공제

• 주택마련저축, 신용카드 등 이용금액
• 목돈 안 드는 전세 이자상환액, 장기집합투자증권저축
• 우리사주조합기부금, 우리사주조합출연금 등

세액 감면 : 중소기업 취업자 소득세 감면 등
근로소득세액공제
자녀세액공제
연금계좌세액공제
특별세액공제 : 보장성보험료, 의료비, 교육비, 기부금
납세조합공제
주택자금차입금이자세액공제
외국납부세액공제
월세액세액공제

천징수영수증'을 받게 된다. 솔직히 받는 순간부터 머리가 아프다. 도대체 어떤 순서로 무엇을 봐야 하는지, 어떻게 계산되는 것인지 헷갈리고 막막한 경우가 대부분이다.

하지만 연말정산 세금구조를 정확하게 이해하고 있으면 근로소득 원천징수 영수증에서 무엇을 집중적으로 봐야 하는지, 실제 내야 할 세금은 얼마인지가 눈에 들어올 것이다. 그래서 연말정산 공부의 시작은 연말정산 세금구조를 정확하게 이해하는 것인데, 연말정산이 어떻게 진행되는지 큰 흐름을 생각하면서 하나씩 뜯어보면 쉽게 이해할 수 있다.

연말정산 세금구조 1 | 총급여

총급여는 연봉(급여+상여+수당+인정상여)에서 비과세소득을 뺀 금액이다. 그럼 비과세소득이란 무엇일까? 소득세를 과세하지 않는 소득으로, 대표적인 예시는 다음과 같다. 소득세를 과세하지 않는 만큼 요건과 종류가 상당히 제한적이다.

▼ 비과세소득 종류

구분	내용
식대	월 20만원 이내의 식대
4대보험 회사부담금	국민건강보험, 고용보험, 국민연금, 공무원연금 등 법령에 의해 회사가 부담하는 금액
자가운전보조금	본인의 차량을 회사 업무에 이용하고 실제 여비를 받는 대신에 지급받는 월 20만원 이내의 자가운전보조금
여비	회사 지급 규정에 의해 지급하는 실비변상 정도의 금액
실업급여	고용보험법에 따라 받는 실업급여
자녀보육수당	근로자 또는 배우자의 자녀 출산, 6세 이하 자녀 보육과 관련해 받는 급여로 월 10만원 이내의 금액
육아휴직수당	고용보험공단에서 지급하는 육아휴직급여, 산전후휴가급여, 공무원의 육아휴직수당, 육아근로시간단축급여
연구활동비	교원, 연구활동 종사자가 받는 월 20만원 이내의 금액

연말정산 세금구조 2 | 근로소득금액

근로소득금액은 총급여에서 근로소득공제금액을 뺀 금액이다. 그럼 근로소득공제금액이란 무엇일까? 근로소득금액에서 필요경비를 공제, 즉 뺀 금액이다.

'필요경비' 하면 가장 먼저 떠오르는 것이 교통비, 식비 등일 것이다. 하지만 이런 비용이 반드시 직장 때문에 발생했다고 보기는 어렵다. 예를 들어 주말에 가족들과 나들이 갈 때도 교통비, 식비는 발생한다. 또한 필요경비를 증빙하는 서류를 갖추는 것도 어렵다. 따라서 필요경비는 직접 계산하는 것이 아니라 총급여를 기준으로 일정 비율을 자동적으로 공제한다는 원칙을 세워두었다.

근로소득공제금액은 다음 표처럼 총급여에 따라 차등해서 적용되는데, 이렇게 계산된다는 것을 참고만 하고 외울 필요는 없다.

▼ 총급여에 따른 근로소득공제금액

총급여액	근로소득공제금액
500만원 이하	총급여액의 70%
500만원 초과 1,500만원 이하	350만원 + (총급여액 − 500만원) × 40%
1,500만원 초과 4,500만원 이하	750만원 + (총급여액 − 1,500만원) × 15%
4,500만원 초과 1억원 이하	1,200만원 + (총급여액 − 4,500만원) × 5%
1억원 초과	1,475만원 + (총급여액 − 1억원) × 2%

예시 **총급여 3,380만원인 경우 근로소득공제금액과 근로소득금액은?**
- 근로소득공제금액 = 750만원 + (3,380만원−1,500만원) × 15% = 1,032만원
- 근로소득금액 = 3,380만원−1,032만원 = 2,348만원

연말정산 세금구조 3 | 과세표준

과세표준은 근로소득금액에서 각종 소득공제금액을 뺀 금액이다. 세법에서는 소득을

과세표준이라고 부르기 때문에, 결국 월급쟁이에게 과세하는 표준금액이라고 할 수 있다.

연말정산 세금구조 4 | 산출세액

산출세액은 과세표준에 기본세율을 곱한 금액이다. 기본세율은 과세표준에 따라 차등해서 다음 표와 같이 정해져 있는데, 참고만 하길 바란다.

▼ 과세표준에 따른 기본세율

과세표준	기본세율
1,400만원 이하	6%
1,400만원 ~ 5,000만원 이하	84만원 + 1,400만원 초과금액의 15%
5,000만원 ~ 8,800만원 이하	624만원 + 5,000만원 초과금액의 24%
8,800만원 ~ 1.5억원 이하	1,536만원 + 8,800만원 초과금액의 35%
1.5억원 ~ 3억원 이하	3,760만원 + 1.5억원 초과금액의 38%
3억원 ~ 5억원 이하	9,406만원 + 3억원 초과금액의 40%
5억원 ~ 10억원 이하	1억 7,406만원 + 5억원 초과금액의 42%
10억원 초과	3억 8,406만원 + 10억원 초과금액의 45%

> 예시 **종합소득 과세표준이 2,000만원인 경우 산출세액은?**
> = 84만원 + (2,000만원 − 1,400만원) × 15% = 174만원

연말정산 세금구조 5 | 결정세액

결정세액은 산출세액에서 세액공제금액을 뺀 금액이다. 즉 연말정산의 최종 결과물이며, 연말정산 후에 월급쟁이들이 실제로 내야 하는 세금이다. 만약 결정세액이 0원이라면 세금을 한푼도 내지 않아도 된다는 뜻이다.

475

연말정산 세금구조 6 | 차감징수세액

차감징수세액은 결정세액에서 기납부세액을 뺀 금액이다. 차감징수세액이 플러스면 세금을 더 내야(추가납부) 하고, 마이너스면 세금을 돌려받으면(환급) 된다. 예를 들어 차감징수세액에 '-350,000'이라고 적혀 있다면 35만원을 돌려받을 수 있다는 뜻이다.

이상으로 연말정산 세금구조를 살펴보았는데, 중요한 것은 이 내용을 정확하게 외우는 것이 아니다. 전반적인 개념을 이해하고 연말정산을 어떻게 준비해야 하는지를 구체적으로 생각하고 깨닫는 것이 중요하다.

월급쟁이들은 월급이라는 소득이 있기 때문에 세금을 내야 한다. 그리고 세금은 세법에 따라 소득에 세율을 적용해서 세액을 산출(소득 × 세율 = 세액)한다. 하지만 고맙게도 세법에서는 소득을 차감한 후의 금액에 세율을 적용하는 소득공제 항목과, 세액 자체를 감면해주는 세액공제 항목을 마련해서 월급쟁이들이 세금을 조금이라도 적게 내도록 만들어두었다.

그럼 역으로 월급쟁이 입장에서 세금을 한푼이라도 더 돌려받기 위해서는 어떻게 하면 될까? 월급이라는 소득을 줄일 수는 없다. 그렇다고 세법에서 정해둔 세율이나 세액공제율을 바꿀 수도 없다. 결국 월급쟁이들이 세금을 한푼이라도 더 돌려받기 위해서 할 수 있는 일은 딱 하나다. 바로 세법에서 마련해둔 공제항목들을 효율적으로 잘 활용하는 것이다. 그리고 본인에게 유리한 공제항목의 활용방법을 찾아내 본인에게 맞는 연말정산 세테크 전략을 올바르게 수립하는 것이다.

막연하게 세금을 한푼이라도 더 돌려받아야겠다고 생각하는 것보다 이렇게 연말정산 세금구조를 찬찬히 뜯어보고 정확하게 이해하고 있으면 분명 훨씬 뚜렷한 목표와 구체적이고 효율적인 연말정산 세테크 전략을 수립할 수 있을 거라고 본다.

연말정산 이해

1 | 연말정산 세금구조를 이해하면 효율적으로 세테크를 할 수 있다.
2 | 결정세액은 월급쟁이들이 연말정산 후에 실제로 내야 하는 세금이다.

잠 | 깐 | 만 | 요

연말정산 진행과정 파악하기

▼ 연말정산 진행과정

1월. 연말정산 정보 확인

국세청, 직장 등으로부터 연말정산 정보를 확인하고 본격적인 준비를 시작한다. 특히 세법 개정 내용, 공제 관련 주의사항을 사전에 반드시 숙지해야 한다.

1월. 증빙서류 수집

국세청 연말정산간소화 서비스(본인의 공인인증서 필수)를 통해 증빙서류를 수집한다. 국세청 연말정산간소화 서비스에서 제공하지 않는 증빙서류는 해당 발급기관을 통해 직접 수집한다.

▼ 개인이 직접 발급처에서 수집해야 하는 증빙서류

공제항목		증빙서류	발급처
주택 자금	개인간 차입 주택임차차입금	주택자금상환 등 증명서	대주(貸主)*
		주민등록표등본	읍·면·동주민센터
		임대차계약증서 사본	본인 보관
		금전소비대차계약서 사본	본인 보관
		원리금상환 증명서류	본인 보관

공제항목		증빙서류	발급처
주택자금	장기주택저당차입금	주민등록표등본	읍·면·동주민센터
		개별(공동)주택가격확인서	시·군·구청
		건물등기부등본 또는 분양계약서 사본	등기소, 본인 보관
		기존·신규 차입금의 대출계약서 사본	금융회사 등
투자조합출자공제		출자(투자)확인서	투자조합관리자 등
우리사주조합출연금		우리사주조합출연금액확인서	우리사주조합
의료비	보청기, 장애인보장구	사용자의 성명을 판매자가 확인한 영수증	구입처
	의료기기	의사, 치과의사, 한의사 처방전	병의원
		판매자 또는 임대인이 발행한 의료기기명이 기재된 의료비 영수증	구입처
교육비	취학전아동 학원비	교육비	학원
	학교 외 도서구입비	방과후 수업용 도서구입 증명서	교육기관
	장애인특수교육비	장애인특수교육시설 해당 입증서류	사회복지시설 등
	국외교육비	교육비납입을 증명할 수 있는 서류	국외교육기관
		재학증명서	국외교육기관
		부양가족의 유학자격 입증서류(근로자가 국내에 근무하는 경우)	교육기관 등

공제항목	증빙서류	발급처
월세액	주택임차차입금 원리금상환액, 소득·세액공제명세서	본인 작성
	주민등록표등본	읍·면·동주민센터
	임대차계약증서 사본	본인 보관
	월세액지급 증명서류	본인 보관
주택자금차입금이자세액공제	미분양주택확인서, 금융기관이 발행한 차입금이자상환 증명서, 매매계약서와 등기부등본	지방자치단체

* 돈이나 물건을 빌려준 사람

2월. 신고서 작성, 제출, 보완
발급받은 증빙서류와 소득·세액공제신고서를 직장에 제출한다.

2월. 원천징수영수증 수령, 확인
직장에서 연말정산 소득·세액공제 내역을 확정해 세액을 계산하고 연말정산을 완료한다. 원천징수영수증을 수령하고 납부 또는 환급금을 확인한다.

3월. 연말정산 환급금 수령
직장 내 지급일정에 따라 (연말정산 결과 환급받을 경우) 환급금을 수령한다.

연말정산 소득공제 항목은 크게 ①인적공제, ②연금보험료공제, ③특별소득공제, ④기타로 나눌 수 있다. 소득공제 각 항목별로 공제한도와 공제요건 등을 자세히 알아보고 효율적인 활용법도 알아보자.

소득공제 1 | 인적공제

월급쟁이들이 연말정산을 준비하면서 반드시 기본으로 챙겨야 하는 것이 인적공제인데, 크게 기본공제와 추가공제로 나눌 수 있다.

▼ 인적공제

기본공제	본인, 배우자, 부양가족 중 1명당 150만원씩 공제
추가공제	다음에 해당하는 경우 기본공제에 추가해 공제 : 장애인, 경로우대자, 한부모, 부녀자(근로자 본인)

① 기본공제

본인, 배우자, 부양가족의 경우 1명당 150만원씩 근로소득금액에서 공제받을 수 있다. 특히 부양가족 대상은 직계존속, 직계비속, 형제자매, 국민기초생활보장법에 의한 수급자, 위탁아동이지만, 3가지 요건(나이, 소득, 동거)을 충족해야만 공제받을 수 있다는 점에 유의해야 한다.

기본공제 항목에서 월급쟁이들이 흔히 하는 실수가 과다공제와 중복공제다. 본인을 제외한 기본공제 대상자의 연간소득은 100만원 이하여야 한다. 연간소득은 종합소득, 퇴직소득, 양도소득을 모두 합산한 금액으로, 예를 들어 배우자의 퇴직금이 100만원을 초과했거나 부모님이 사업하는 경우 종합소득이 100만원을 초과했다면 기본공제 대상자에 포함시키면 안된다. 기본공제 대상자가 될 수 없는 가족을 기본공제 대상으로 올려 과다공제받는 실수를 조심해야 한다.

또한 중복공제에 유의해야 한다. 예를 들어 맞벌이부부가 자녀를 각각 이중으로 공제받거나 형제자매가 부모님을 각각 이중, 삼중 공제받는 경우 중복공제에 해당된다. 남편, 부인, 형제자매 등이 기본공제를 받는지 사전에 확인해서 반드시 1명만 공제를 받아야 한다. 왜냐하면 과다공제와 중복공제를 받으면 결국 국세청의 전산망(연말정산 과다공제 분석 프로그램)에 적발되어 오히려 과징금(가산세 포함)을 낼 수 있기 때문이다.

▼ 기본공제 요건

기본공제 대상자	나이	동거	소득
본인	—	—	—
부인	—	—	
직계존속	60세 이상	주거형편상 별거 허용	
직계비속, 동거입양자	20세 이하	—	
장애인 직계비속과 그의 장애인 배우자	—	—	연간소득 100만원 이하(근로소득만 있는 자는 총급여액 500만원 이하)
형제자매	20세 이하 60세 이상	주민등록상 동거 가족	
국민기초생활보장법에 의한 수급자	—	주민등록상 동거 가족	
위탁아동	해당과세기간동안 6개월 이상 직접 양육한 위탁아동	—	

tip

직계존속, 직계비속

직계존속은 나를 세상에 있게 해준 분들로 부모, 조부모 등을 말하며, 직계비속은 나로 인해 세상에 있게 된 사람들로 아들, 딸, 손자, 손녀 등을 말한다. 또한 이혼한 배우자, 외삼촌, 숙부, 고모, 이모, 조카, 며느리, 사위 등은 기본공제 대상에서 제외된다.

② 추가공제

기본공제 대상자가 일정한 요건을 충족할 경우 근로소득금액에서 추가로 공제받을 수 있다. 특히 2가지 이상의 공제요건을 동시에 충족할 경우 중복적용도 가능하니 부분이 없는지 꼼꼼하게 확인하자. 예를 들어 만 70세 이상이고 장애인이면 추가공제를 연 300만원까지 받을 수 있다. 단, 부녀자공제와 한부모공제는 중복적용이 안되며, 중복되는 경우에는 한부모공제만 적용한다.

▼ 추가공제 요건

추가공제	공제요건	공제금액
경로우대공제	기본공제 대상자가 70세 이상인 경우	1명당 연 100만원
장애인공제	기본공제 대상자가 장애인인 경우	1명당 연 200만원
부녀자공제	근로소득금액이 3,000만원 이하이며 다음 어느 하나에 해당되는 경우 • 배우자가 있는 여성 근로자 • 배우자가 없는 여성 근로자가 기본공제 대상 부양가족이 있는 세대	1명당 연 50만원
한부모공제	배우자가 없는 자로 기본공제 대상자인 직계비속 또는 입양자가 있는 경우	연 100만원

소득공제 2 | 연금보험료공제

연금보험료는 공적연금 관련법에 따른 기여금 또는 개인부담금을 말하는데, 월급쟁이들은 알기 쉽게 국민연금이라고 생각하면 된다. 별도 서류를 제출할 필요가 없고 전액 공제받을 수 있기 때문에 크게 신경쓰지 않아도 된다. 단, 본인의 연금보험료만 공제받을 수 있다.

소득공제 3 │ 특별소득공제

특별소득공제는 크게 보험료공제와 주택자금공제로 나눌 수 있다. 보험료공제 대상은 건강보험료, 고용보험료, 노인장기요양보험료다. 보험료공제는 연금보험료처럼 별도 서류를 제출할 필요가 없고 전액 공제받기 때문에 크게 신경쓰지 않아도 된다.

주택자금공제는 주택임차차입금원리금상환액공제와 장기주택저당차입금이자상환액공제로 구분한다. 즉 무주택세대주들이 전세자금을 빌린 경우 또는 집을 구입했는데 이자가 많은 경우에 활용할 수 있는 소득공제 항목이다. '차입'이라는 말은 대출과 같은 뜻으로 생각하면 된다.

① 주택임차차입금원리금상환액공제

무주택세대주가 국민주택 규모의 주택(오피스텔 포함)에 세를 들기 위해 대출을 받아 원리금(원금+이자)을 상환하는 경우 연 400만원(주택마련저축 포함) 한도로 상환금액의 40%를 공제받을 수 있다. 국민주택 규모란 전용면적 85㎡ 이하를 말한다. 참고로, 총급여 5,000만원 이하인 근로자면 금융기관이 아닌 개인으로부터 차입할 수도 있다. 단, 개인 간 차입금의 이자율은 법정이자율인 2.9%보다 높아야 한다.

② 장기주택저당차입금이자상환액공제

무주택 또는 1주택세대주가 기준시가 5억원 이하의 주택을 구입하기 위해 금융기관에 저당권을 설정하고 대출한 경우 이자상환금액을 연 500만원 한도로 공제받을 수 있다. 상환기간은 15년 이상이어야 하며 소유권이전등기 또는 보존등기일로부터 3개월 이내에 대출을 받아야 한다. 또한 이자를 고정금리 방식으로 지급하거나 원리금을 비거치식 분할상환 방식으로 지급하는 경우 이자상환금액을 연 1,500만원 한도로 공제받을 수 있다.

소득공제 4 │ 기타

기타 소득공제는 크게 주택마련저축공제, 신용카드 등 소득공제로 나눌 수 있다. 물론 소상공인공제부금소득공제, 투자조합출자소득공제 등이 있지만 실상 월급쟁이들과는 크게 관련이 없기 때문에 필요한 경우 국세청 홈페이지에서 자세한 사항을 확인하면 된다.

① 주택마련저축공제

개정된 세법이 적용되어 2024년 1월 1일 납입분부터 무주택세대주이면서 총급여액이 7,000만원 이하인 월급쟁이라면 주택마련저축 납입액의 40%를 연간 300만원 한도 내에서 소득공제받을 수 있다. 주택마련저축은 청약저축, 주택청약종합저축 등으로 나눌 수 있는데, 2015년 9월부터 청약통장이 주택청약종합저축으로 일원화되었다.

② 신용카드 등 소득공제

근로소득자가 신용카드 등을 사용해 지출한 금액이 총급여액의 25%를 초과하는 경우 초과된 금액의 15%(현금영수증·체크카드·도서공연분은 30%, 전통시장·대중교통 이용분은 40%)를 공제받을 수 있다. 총급여액 7,000만원 이하자가 2019년 7월 1일 이후 박물관, 미술관 입장료를 신용카드로 결제한 경우 30% 소득공제율이 적용된다.

공제한도는 연간 300만원(총급여액 7,000만원 초과 1억 2,000만원 이하자는 연간 250만원, 1억 2,000만원 초과자는 연간 200만원)과 총급여액의 20% 중에서 적은 금액이다. 다만 공제한도 연간 300만원을 초과한 경우 초과금액과 '전통시장 사용분 40%＋대중교통 이용분 40%＋도서공연 사용분 30%' 중 적은 금액을 각각 연간 100만원 한도로 최대 600만원까지 추가로 공제받을 수 있다. 특히 전통시장은 소득공제율이 40%이기 때문에 전통시장을 자주 활용하길 바란다.

▼ 신용카드 등 소득공제

구분	소득공제율
신용카드	15%
체크카드 · 현금영수증	30%
도서공연 사용분*(신용카드, 현금영수증, 체크카드)	
전통시장 사용분(신용카드, 현금영수증, 체크카드)	40%
대중교통 이용분(신용카드, 현금영수증, 체크카드)	

* 도서공연 사용분 소득공제 대상은 총급여 7,000만원 이하인 자

※ 공제한도 = Min(총급여액의 20%, 200만원, 250만원, 300만원)＋100만원(전통시장)＋100만원(대중교통)＋100만원(도서공연)

참고로, 신용카드 등 소득공제 대상은 본인뿐만 아니라 배우자, 직계존속, 직계비속도 포함된다. 따라서 배우자, 부모, 아들, 딸의 연간소득이 100만원 이하라면 신용카드, 체크카드, 현금영수증 등도 소득공제를 받을 수 있다. 단, 반드시 1명만 공제를 받아야 한다.

 tip

한시적으로 신용카드, 전통시장 소비증가분에 대한 소득공제(예 : 2022년 소비금액 중 2021년 대비 5% 초과 증가분 : 공제율 20%, 공제한도 100만원)가 적용되거나 대중교통비 공제율이 상향되는 경우(예 : 22.7.1~12.31 대중교통사용분 80%)가 있으므로 연말정산을 신고할 때 꼭 확인해보는 게 좋다.

월급쟁이들의 흔한 과다공제 실수

1 | 부양가족(형제자매)의 신용카드 등 이용금액을 포함해서 공제
2 | 맞벌이부부가 자녀의 신용카드 등 이용금액을 중복으로 공제

잠 | 깐 | 만 | 요

신용카드 vs 체크카드, 소득공제 황금비율은?

신용카드 등 소득공제의 구조를 정확하게 이해하면 신용카드와 체크카드의 소득공제 황금비율을 찾을 수 있다.

▼신용카드와 체크카드의 소득공제 황금비율

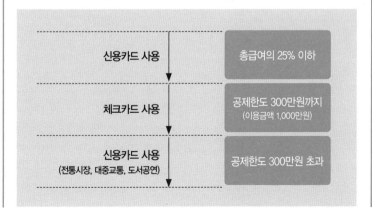

총급여의 25%를 초과하는 금액에 대해서만 공제가 가능하기에 총급여의 25% 이하까지는 상대적으로 할인혜택이 좋은 신용카드를 사용하고 25%를 초과하는 금액부터 소득공제율이 높은 체크카드를 공제한도 300만원까지 사용하면 된다. 공제한도 300만원을 넘으면 공제가 안되기 때문에 체크카드는 1,000만원까지만 사용하면 된다.

> 체크카드 이용금액(1,000만원) × 소득공제율(30%) = 공제한도(300만원)

또한 공제한도 300만원을 초과하면 다시 할인혜택이 좋은 신용카드를 사용하거나 전통시장·도서공연 사용분이나 대중교통 이용분을 늘려서 각각 100만원 추가공제를 받으면 된다.

하지만 과연 신용카드와 체크카드를 황금비율로 적절하게 섞어서 쓰는 것이 현명한 방법일까? 물론 잘 쓰면 할인혜택과 소득공제를 모두 잡을 수 있다. 하지만 신용카드 등 소득공제를 더 받으려고 하다가 결국 무분별한 카드 긁기를 하게 되지는 않을까?

만약 총급여가 4,000만원인 월급쟁이가 신용카드 등 소득공제를 받으려면 카드를 1,000만원 이상 사용해야 한다. 그리고 공제한도 300만원을 채우려면 카드를 또다시 1,000만원 사용해야 한다. 결국 신용카드 등 소득공제를 받기 위해 카드를 2,000만원 이상 사용해야 하는 꼴이다. 차라리 현명하고 올바른 소비생활로 카드를 1,000만원 이하로 사용하는 것이 훨씬 더 현명한 방법이 아닐까?

결국 신용카드는 과감하게 자르고 체크카드 사용을 생활화해서 현명하고 올바른 소비로 아끼고 절약하는 것이 최고의 연말정산 방법 중 하나라는 것을 명심하길 바란다.

04 연말정산 완전정복 2 세액공제

연말정산 세액공제 항목은 크게 ①근로소득세액공제, ②자녀세액공제, ③연금계좌세액공제, ④특별세액공제, ⑤월세액세액공제로 나눌 수 있다. 각각의 세액공제 항목별로 공제한도와 공제요건 등을 알아보자.

세액공제 1 | 근로소득

근로소득세액공제는 산출세액(과세표준 × 기본세율)에 일정 비율을 곱한 금액만큼을 공제해주는 것이다.

▼ 근로소득세액공제 구간

구분	산출세액	공제금액
공제구간	130만원 이하	산출세액의 55%
	130만원 초과	715,000원+130만원의 초과금액 30%

▼ 근로소득세액공제 한도

구분	총급여액	공제금액 한도
공제한도	3,300만원 이하	74만원
	3,300만원 초과 7,000만원 이하	74만원−[(총급여액−3,300만원) × 0.008] 단, 위 금액이 66만원보다 적은 경우에는 66만원
	7,000만원 초과	66만원−[(총급여액−7,000만원) × 0.5] 단, 위 금액이 50만원보다 적은 경우에는 50만원

※ 공제한도 : Max[66만원, 74만원−(총급여액−3,300만원) × 0.008]

예시 1　**산출세액 90만원(총급여액 3,000만원)인 경우 근로소득세액공제 금액은?**

= (90만원 × 55%) = 495,000원(공제한도 74만원 이내)

예시 2　**산출세액 200만원(총급여액 6,000만원)인 경우 근로소득세액공제 금액은?**

= 715,000원 + [(200만원−130만원) × 30%] = 925,000원

→ 하지만 공제한도가 66만원이므로 근로소득세액공제 금액은 66만원

tip

근로기준법에 의한 연장·야간·휴일근로를 하여 통상 임금에 더하여 받는 급여 중 연 240만원(광산근로자, 일용근로자는 전액) 이내의 금액이 비과세된다. 다만 월정액 급여 210만원을 초과하는 달에 받는 연장근로수당은 과세된다.

세액공제 2 | 자녀

　자녀세액공제는 기본공제 대상자인 자녀에 대해 일정 금액을 산출세액에서 공제해주는 것이다. 3자녀 이상인 경우 2명을 초과하는 자녀 1명당 공제금액은 30만원이다. 또한 출생·입양자녀가 있는 경우 세액공제는 첫째 30만원, 둘째 50만원, 셋째 이상 70만원이다.

▼ **자녀세액공제**

다자녀 추가공제	• 1명 : 15만원 • 2명 : 30만원 • 3명 이상 : 30만원 + 2명 초과 1명당 30만원 　→ 3명 : 60만원, 4명 : 90만원, 5명 : 120만원
출산·입양자녀	첫째 30만원, 둘째 50만원, 셋째 이상 70만원

※ 다자녀 추가공제는 8세 이상에 대해서만 적용

세액공제 3 | 연금계좌

　연금계좌세액공제는 연금계좌(퇴직연금, 연금저축)에 납입한 금액을 산출세액에서 공제해주는 것이다.

▼ 연금계좌 공제한도 및 공제율

총급여액 (종합소득금액)	세액공제 대상 납입한도 (연금저축 납입한도)	세액공제율
5,500만원 이하 (4,500만원)	900만원 (600만원)	15%
5,500만원 초과 (4,500만원)		12%

tip

개인종합자산관리계좌(ISA) 만기시 연금계좌 전환금액의 10%에 해당하는 금액(세액공제 대상금액, 300만원 한도)의 12%(총급여 5,500만원 이하는 15%)는 추가 세액공제가 가능하다.

세액공제 4 | 특별

특별세액공제 항목은 크게 보험료, 의료비, 교육비, 기부금으로 나눌 수 있다.

① 보험료

기본공제 대상자를 위해 지출한 보험료의 12%에 해당되는 금액을 산출세액에서 공제받을 수 있다. 보험료는 보장성보험료와 장애인전용 보장성보험료이며, 공제한도는 연 100만원이다. 참고로, 장애인전용 보장성보험료의 경우 공제한도는 동일하나 공제율은 15%다.

② 의료비

기본공제 대상자(나이, 소득 제한 없음)를 위해 지출한 의료비 중 총급여의 3%를 초과하는 금액의 15%(난임시술비 30%)에 해당되는 금액을 산출세액에서 공제받을 수 있다. 의료비 공제금액은 본인, 65세 이상, 장애인의 경우 한도가 없으며 기타 부양가족의 경우 연 700만원이 한도다.

tip

총급여액 7,000만원 이하자는 산후조리원 비용을 출산 1회당 200만원까지 의료비 세액공제가 가능하다.

▼ 의료비 공제금액 계산식

의료비	공제대상금액	공제율
① 본인, 65세 이상, 장애인	①+Min(②−총급여의 3%, 700만원)	15%
② 기타		

예시 **총급여가 3,000만원인 월급쟁이가 본인의 의료비로 1,500만원을 지출했다면 의료비 공제대상금액과 세액공제금액은?**

- 공제대상금액 = 본인 의료비+Min(기타 의료비−3,000만원 × 3%, 700만원)

$$= 1,500만원+Min(0원−90만원, 700만원)$$

$$= 1,500만원+Min(−90만원, 700만원)$$

$$= 1,500만원−90만원$$

$$= 1,410만원$$

- 세액공제금액 = 1,410만원 × 15% = 211.5만원

▼ 공제대상, 공제 제외 의료비

공제대상 의료비	공제 제외 의료비
• 진찰, 치료 등을 위한 의료기관 지출비용	• 미용·성형수술 비용
• 치료요양을 위한 의약품 구입비용	• 건강증진 의약품 구입비용
• 장애인보장구 구입·임차비용	• 산후조리원 지출비용
• 시력교정용안경(콘택트렌즈) 구입비용 (1인당 연 50만원 이내)	• 외국 병원 지출비용
	• 진단서 발급비용
• 보청기 구입비용	• 간병인에게 개인적으로 지급한 비용
• 장기요양급여비 본인 일부부담금	• 보험금으로 지급한 의료비 등

특히 의료비는 나이와 소득요건을 충족하지 못해 인적공제를 받지 못한 부양가족을 위해 지출한 의료비도 공제받을 수 있다는 점과, 총급여의 3%를 초과하는 금액에 대해서만 공제받을 수 있다는 점을 유의하자.

③ 교육비

기본공제 대상자를 위해 지출한 교육비의 15%에 해당되는 금액을 산출세액에서 공제받을 수 있다.

취학전아동의 학원비(영어 등)는 공제가 되지만, 초중고등학생의 학원비는 공제대상이 아니다. 또한 교육비는 국세청에서 발급하지 않는 증빙자료도 있기 때문에 별도로 발급기관으로부터 증빙자료를 받아두어야 한다. 예를 들어 취학전아동의 학원비는 학원에서 교육비 납입증명서를, 방과후수업용 도서구입비는 해당 교육기관에서 영수증을, 국외교육비는 해당 교육기관에서 교육비납부 증빙서류, 재학증명서, 부양가족의 유학자격 입증서류 등을 받아두어야 한다.

▼ 교육비 공제

구분	공제대상금액	공제대상 교육비
본인	전액 공제	대학원교육비, 직업능력개발훈련시설 수강료 (시간제등록 포함)
장애인 특수교육비	전액 공제	장애인재활교육을 위해 사회복지시설 등에 지급한 비용
취학전아동	1명당 연 300만원	보육료, 입학금, 학원비, 체육시설 수강료, 유치원비, 방과후수업료(특별활동·도서구입비 포함, 재료비 제외), 급식비
초중고등학생	1명당 연 300만원	교육비, 입학금, 급식비, 교과서대, 방과후수업료 (도서구입비 포함, 재료비 제외), 교복구입비 (중고등학생 50만원 이내), 국외교육비(고등학생 국외유학 요건 폐지), 현장체험학습비(30만원 이내)
대학생	1명당 연 900만원	교육비, 국외교육비(국외유학 요건 폐지)

④ 기부금

기본공제 대상자가 납부한 기부금의 15%(1,000만원 초과분 30%, 정치자금기부금 3,000만원 초과분 25%)에 해당되는 금액을 공제받을 수 있다. 기부금 종류는 정치자금기부금, 법정기부금, 우리사주조합기부금, 지정기부금(종교단체 외), 지정기부금(종교단체)으로 나눌 수 있다.

▼ 기부금 공제

구분	공제한도	공제율
정치자금기부금	근로소득금액의 100%	• 10만원 이하 : 기부금의 100/110 • 10만원 초과 : 기부금의 15% • 3,000만원 초과 : 기부금의 25%
법정기부금	근로소득금액의 100%	법정기부금＋지정기부금＋우리사주 조합기부금 : 15% (1,000만원 초과분 30%)
우리사주조합기부금	근로소득금액의 30%	
지정기부금(종교단체 외)	근로소득금액의 30%	
지정기부금(종교단체)	근로소득금액의 10%	

  평소 지지하는 정당이나 자주 가는 종교단체에 납부하는 기부금이 있다면 꼭 챙겨보길 바란다. 다만 기부금 부당공제를 하지 않도록 유의해야 한다. 소위 '가짜 기부금 영수증'으로 공제를 받으려면 결국은 적발되어 과징금(가산세 포함)을 내야 한다. 갈수록 국세청에서 연말정산 기부금 부당공제 확인을 강화하고 있기 때문에 기부금 부당공제는 절대 금물이다.

세액공제 5 | 월세액

  현재 무주택세대주이며 총급여 7,000만원 이하인 경우 국민주택 규모의 주택(주거용 오피스텔, 고시원 포함)을 임차하기 위한 월세액의 15%에 해당되는 금액을 공제받을 수 있다. 공제한도는 연 750만원이다. 단, 본인이 임대차계약의 당사자이고 임대차계약서 주소지와 주민등록등본 주소지가 같아야 공제받을 수 있다. 참고로, 2019년부터 총급여 5,500만원 이하이면서 종합소득금액이 4,500만원을 넘지 않으면 월세액세액공제율이 10%에서 17%로 인상되었다. 공제한도는 연 750만원으로 동일하다. 또한 국민주택 규모보다 크더라도 기준시가 3억원 이하인 주택을 임차하고 월세를 지급한 경우도 공제가 가능하다.

잠｜깐｜만｜요

연말정산 과다공제하면 국가가 잡으니 조심!

▼ 연말정산 과다공제 유형

과다공제 유형	과다공제 내용
소득금액 기준 (100만원) 초과 부양가족공제	소득금액 합계 100만원을 초과한 부양가족 기본공제와 특별소득, 특별세액공제 불가
부양가족 중복공제	맞벌이부부가 자녀를, 형제자매가 부모님을 중복으로 기본공제 불가
주택자금 과다공제	2주택 이상 또는 국민주택 규모 초과 주택을 보유한 근로자주택마련저축공제 불가
신용카드 과다공제	• 형제자매가 사용한 신용카드 등 이용금액은 공제 불가 • 연간 소득금액 100만원 초과한 배우자의 신용카드 등 이용금액은 공제 불가 • 맞벌이부부가 자녀의 신용카드 등 이용금액 중복공제 불가
연금저축 과다공제	• 배우자 등 부양가족 명의의 연금저축은 공제 불가 • 연금저축 중도해지한 경우 당해연도 불입액 공제 불가
보험료 과다공제	기본공제 대상자가 아닌 부양가족을 위해 지출한 보험료는 세액공제 불가
의료비 과다공제	• 보험회사로부터 수령한 보험금으로 보전받은 의료비세액공제 불가 • 사내근로복지기금에서 지급받은 의료비 지원액은 세액공제 불가 • 형제자매가 부모님 의료비를 나누어 세액공제 불가 • 간병비, 산후조리원 비용은 의료비세액공제 불가
교육비 과다공제	• 본인 외에 자녀, 형제자매 등의 대학원 교육비는 세액공제 불가 • 초중고등학생을 위해 지출한 학원비는 세액공제 불가 • 사내근로복지기금에서 지원받은 학자금은 교육비세액공제 불가
기부금 과다공제	• 허위 또는 과다하게 작성된 기부금 영수증을 이용해 세액공제 불가 • 기본공제 대상자가 아닌 직계존속, 직계비속, 형제자매 등이 지출한 기부금은 세액공제 불가

국세청은 매년 연말정산이 끝나면 연말정산 과다공제 분석 프로그램을 통해서 월급쟁이들의 연말정산 적정 여부를 점검하고 있다. 과거에는 표본조사를 했지만 지금은 전수조사를 한다. 한마디로, 연말정산을 끝낸 월급쟁이라면 국세청의 전수조사를 피해갈 수 없다고 봐야 한다.

연말정산 과다공제 대상자가 된 경우에는 5월 종합소득세 확정신고 때 수정신고를 해야 하며, 수정신고를 하지 않는 경우 다음과 같이 가산세를 부과받는다. 일종의 괘씸죄가 적용되는 것이다.

- **과소신고가산세** : 일반과소(실수) 10%, 부당과소(허위) 40%
- **납부불성실가산세** : 1일당 0.03%, 최대 54.76%

물론 고의로 과다공제를 하는 월급쟁이는 없을 거라고 보지만, 본인 또는 직장 연말정산 담당자의 실수로 과다공제를 하는 경우가 있을 수 있으므로 유의해야 한다.

많이 돌려받는다고 좋은 게 아니다

월급쟁이라면 누구나 매년 연말정산을 하며 한푼이라도 세금을 더 돌려받기를 원한다. 그럼 과연 어떻게 해야 연말정산에서 한푼이라도 더 돌려받을 수 있을까? 반드시 전략적으로 준비해야 한다는 것을 명심하자.

예를 들어 A라는 월급쟁이는 세금을 50만원 돌려받고 B라는 월급쟁이는 세금을 200만원 돌려받았다고 했을 때 과연 어떤 월급쟁이가 연말정산을 잘했다고 할 수 있을까? 아마 대부분 B가 잘했다고 얘기할 것이다. 하지만 정말 그럴까? 어떻게 보면 B는 아무런 전략적인 준비 없이 단순히 신용카드를 더 많이 사용했고 교육비가 더 많이 들었고 매월 내는 세금이 더 많았기 때문에 상대적으로 두둑하게 돌려받은 것뿐일 수도 있다.

눈에 보이는 돌려받은 세금이 많다고 해서 연말정산을 잘했다고 부러워할 필요가 없다. 정말 연말정산을 잘하는 월급쟁이는 남들이 놓친 공제항목을 귀신같이 찾아내고, 주어진 공제항목은 절대 놓치지 않고, 가족 중 누가 공제받는 것이 좋은지 꼼꼼하게 계산해보고, 공제혜택이 있는 금융상품을 효율적으로 활용해서 치밀하게 전략적으로 준비하는 월급쟁이다. 다음은 월급쟁이들이 꼭 알아두어야 하는 연말정산 7계명이다. 잘 참고해서 본인에게 맞는 연말정산 세테크 전략을 올바르게 수립해보길 바란다.

1계명 | 연말정산 개정사항을 반드시 확인하자

연말정산은 거의 매년 바뀐다고 봐야 한다. 따라서 어떤 공제가 신설되고 폐지되었는지, 어떤 공제가 바뀌었는지 등 연말정산 개정사항을 미리 확인해두어야 한다.

예를 들어 월세 소득공제 적용이 총급여 5,000만원 이하에서 총급여 7,000만원 이하로 완화되었다. 그런데 정작 이런 개정사항을 모르고 "난 총급여가 5,000만원보다 많으니까 해당이 안될 거야" 하고 넘기면 결국 월세 소득공제혜택을 못 받는 셈이다.

국세청 연말정산 안내책자

연말정산 개정사항을 가장 정확하게 확인하는 방법은 매년 연말(12월경) 국세청에서 발표하는 연말
정산 안내책자를 참고하는 것이다. 국세청(www.nts.go.kr) → 〈국세신고안내〉 → 〈연말정산〉 →
〈참고 자료실〉에서 손쉽게 다운받을 수 있다.

2계명 | 남들이 놓치는 공제항목을 찾아내자

연말정산 공제항목을 꼼꼼하게 따져보면서 착실하게 준비하더라도 간혹 놓치는 공제
항목이 생길 수 있다. 그런데 공교롭게도 월급쟁이들이 놓치는 공제항목이 거의 비슷하
다. 따라서 남들이 놓친 공제항목 사례들을 미리 확인하는 것이 효율적이다. 한국납세자
연맹(www.koreatax.org) 사이트에 접속하면 친절하게 '남들이 놓친 연말정산 사례 1,500
건'을 공개하고 있으니 참고하자.

다음은 한국납세자연맹이 공개한 놓치기 쉬운 대표적인 공제항목을 요약한 것이다.
다음 공제항목만이라도 꼼꼼하게 확인해서 반드시 챙겨보길 바란다.

• **60세 미만 부모님 의료비, 신용카드** : 부모님이 만 60세 미만이라 기본공제 대상은
  아니지만 소득금액 100만원 이하면 부모님의 의료비, 신용카드 공제가 가능하다.

• **암, 치매, 난치성질환 등 장기간 치료 환자는 장애인공제** : 암(갑상선암 등), 중풍, 치매,
  희귀난치병 등 중증환자도 세법상 장애인에 해당하기 때문에 나이에 관계없이 기본공
  제 150만원을 비롯해 장애인공제 200만원, 의료비(총급여의 3% 초과분에 대해 최고한도
  액 없음)공제를 받을 수 있다.

• **국제결혼 외국 거주 처부모** : 중국에 거주하고 있는 중국인 아내의 부모님에게 생활비
  를 송금해주고 있다면 소득공제가 가능하다.

• **이혼 후 따로 거주 자녀** : 주민등록등본상 함께 거주하고 있지 않거나 이혼해 친권을
  가지고 있지 않은 자녀도 공제대상이다.

• **부모님이 재혼한 경우 새어머니** : 따로 사는 아버지가 재혼한 경우 새어머니(계모, 외국
  인 포함)도 공제대상이다.

• **부모님과 삼촌, 공제받지 않은 조부모** : 부모님과 (외)삼촌, 공제받지 않은 (외)조부모
  의 기본공제, 경로우대공제, 의료비공제가 가능하다.

3계명 | 알리고 싶지 않은 공제항목도 포기하지 말자

월급쟁이들이 연말정산을 준비하면 각종 증빙서류를 직장에 제출해야 한다. 하지만 직장에 알리고 싶지 않은 사실이 있어서 고의로 증빙서류를 제출하지 않고 해당 공제항목을 누락시키는 경우가 의외로 많다.

▼ 직장에 알리고 싶지 않은 공제항목

직장에 알리고 싶지 않은 사실	공제항목
본인, 배우자, 부양가족이 장애인이라는 사실	• 장애인 추가공제 • 특별세액공제 (장애인 특수교육비, 장애인의료비 등)
본인의 카드 이용금액이 많다는 사실	신용카드 등 소득공제
배우자가 실직한 사실	인적공제
모친이 재혼해 새아버지가 생긴 사실	인적공제
본인이 국가유공자라는 사실	장애인 추가공제
월세에 거주하며 사는 사실	월세액세액공제
종교단체에 기부하고 있다는 사실	특별세액공제(지정기부금)

위와 같이 직장에 알리고 싶지 않은 공제항목도 경정청구를 통해서 세금을 돌려받을 수 있다. 경정청구란 세금을 더 많이 낸 경우나 적게 돌려받은 경우 정정을 요구하는 제도다. 즉 5년 안에 주소지 관할 세무서에 경정청구를 하면 굳이 직장에 알리지 않고도 해당 공제항목에 대한 세금을 돌려받을 수 있다.

4계명 | 맞벌이부부라면 사전에 시뮬레이션을 하자

맞벌이부부인 경우에는 부양가족공제 등을 누가 받는 것이 유리한지 헷갈릴 수 있다. 통상 부부 중 종합소득 과세표준이 많은 쪽이 유리하다. 또한 특별세액공제 중 의료비와 신용카드 등 이용금액은 종합소득이 적은 배우자 쪽으로 배분하는 것이 훨씬 유리할 수 있다. 따라서 맞벌이부부라면 사전 시뮬레이션을 통해 누가 공제받는 것이 유리한지를 비교해보는 것이 좋다. 국세청이 제공하는 연말정산 계산기나 국세청 홈택스 앱(손택스)을 활용하면 간단하게 시뮬레이션을 할 수 있다.

5계명 | 미혼이라면 '싱글세'를 피하자

아직 미혼인 월급쟁이라면 배우자와 자녀들에 대한 기본공제, 세액공제(교육비, 의료비 등)를 받지 못하기 때문에 상대적으로 연말정산 때 많은 세금을 돌려받기가 힘들다. 예전에 JTBC 《비정상회담》이라는 프로그램을 보니까 독일에는 '싱글세'라는 것이 있어서 싱글인 경우 기혼자보다 더 많은 세금을 낸다고 한다.

그런데 우리나라에서도 2015년에 세법이 개정되면서 미혼인 월급쟁이들이 상대적으로 세금을 많이 내게 되어 싱글세 논란이 일기도 했다. 현재는 근로소득자에 대한 표준세액공제금액을 12만원에서 13만원으로 인상하기로 하면서 싱글세 논란이 어느 정도 일단락되었다.

미혼인 월급쟁이라 하더라도 최대한 세금을 돌려받기 위한 연말정산 세테크 전략을 수립해서 싱글세를 피하는 게 좋다. 다음은 한국납세연맹에서 공개한 '싱글이 놓치기 쉬운 공제항목 7가지'인데 참고하길 바란다.

- **나이가 만 60세 미만인 소득이 없는 부모 의료비·신용카드 등 공제** : 부모님이 만 60세가 되지 않아 부양가족공제는 못 받더라도 소득금액이 100만원을 넘지 않고 생활비를 보태주고 있다면 부모에게 지출된 의료비·신용카드 등 공제가 가능하다.
- **부모님과 형제자매의 장애인공제** : 세법상의 장애인은 장애인복지법상의 장애인 개념보다 폭이 넓다. 부모님과 형제자매가 암, 중풍, 만성신부전증, 백혈병 등 난치성질환 등 중증환자라면 병원에서 장애인증명서를 발급받으면 장애인공제가 가능하다. 부모님과 형제자매가 장애인에 해당하면 만 60세 미만이라도 기본공제가 가능하다.
- **부모, 삼촌 등이 공제받지 않은 조부모 공제** : 양가부모, (외)삼촌 등이 공제받지 않고 생활비를 보태주는 (외)조부모도 부양가족공제가 가능하다.
- **따로 사는 형제자매 기본공제와 교육비공제** : 지방에서 함께 거주하다가 취업이 되어 서울에서 직장생활을 하는 경우 형제자매와 같이 거주하는 것으로 보아 부모님이 공

제받지 않은 형제자매 기본공제를 받을 수 있다. 동생 학비를 대주는 경우 동생에게 지출된 교육비공제도 가능하다.

- **아버지가 소득이 있다면 소득 없는 다른 가족은 유리한 쪽에서 공제** : 함께 사는 아버지가 소득이 있는 경우 소득이 없는 어머니와 동생들의 소득공제는 절세효과가 높은 쪽에서 공제받으면 된다. 어머니, 동생의 기본공제를 받은 사람이 보장성보험료, 의료비, 신용카드 등 공제를 같이 신청해야 한다.
- **독신 여성근로자의 부녀자공제 조건** : 연봉 41,470,588원 이하인 독신 여성근로자가 따로 사는 부모님 공제를 받거나 60세 미만인 부모님이 장애인에 해당되면 부녀자공제 50만원을 받을 수 있다.
- **월세액세액공제** : 1주택자인 집주인이 월세액세액공제를 꺼리면 "부동산임대소득이 있어도 1가구 1주택(12억원 이하)인 경우는 비과세된다."고 설명해주면 된다. 월세액세액공제가 월세 인상 요인이 되지 않도록 하는 지혜가 필요하다.

6계명 | 현금영수증을 반드시 챙기자

연말정산을 준비하면서 반드시 챙겨야 하는 것이 바로 현금영수증이다. **현금영수증의 소득공제율은 30%이지만 미리 등록하지 않으면 소득공제를 전혀 받을 수 없다.** 국세청 홈택스(www.nts.go.kr)에 접속하면 간단하게 현금영수증을 등록할 수 있으니 이번 기회에 미리 등록해두길 바란다.

현금영수증 제도는 2005년부터 시행 중인데, 거래금액이 10만원 이상인 경우에는 의무적으로 현금영수증을 발급해줘야 한다. 하지만 현금으로 거래하면서 휴대전화번호 등을 불러주는 것이 번거롭다는 이유로 현금영수증 발급을 하지 않는 월급쟁이들도 있다. 만약 휴대전화번호를 불러주는 것이 번거롭다면 국세청 홈택스에 접속해서 현금영수증 전용카드를 신청해서 사용하면 된다. 1인당 1매로 무료발급이 가능하며 신청 후 2주 이내로 받을 수 있다.

귀찮다, 번거롭다는 생각으로 현금영수증을 우습게 생각하지 말자. 현금영수증은 월급쟁이들이 반드시 챙기고 행사해야 하는 권리다. 소소하게 생각하는 현금영수증도 10년 동안 착실하게 발급받아 챙겼다고 생각해보길 바란다. 분명 10년 동안 연말정산을 통해 돌려받는 세금을 합산하면 현금영수증을 챙기지 않은 것과 엄청나게 큰 차이가 날 것이다.

7계명 | 연말정산 전용 금융상품을 활용하자

연말정산에서 한푼이라도 세금을 더 돌려받기 위해서는 공제혜택이 있는 연말정산 전용 금융상품에 필수로 가입해서 효율적으로 활용하는 것이 매우 중요하다.

▼ 연말정산 전용 금융상품

구분	소득공제		세액공제	
	엔젤투자	주택청약종합저축	연금저축	보장성보험
가입 조건	근로소득자	총급여 7,000만원 이하 무주택세대주	제한 없음	제한 없음
공제 혜택	• 3,000만원 이하 : 100% • 3,000만원 초과 5,000만원 이하 : 70% • 5,000만원 초과 : 30%	연 240만원 (2015.1.1 이후 납입분부터) 40%	연 600만원 • 총급여 5,500만원 이하 : 15% • 총급여 5,500만원 초과 : 12%	연 100만원 : 12% (장애인전용 : 15%)

① 엔젤투자

엔젤투자란 벤처기업육성에 관한 특별조치법에 따라 벤처기업에 투자하는 것을 말한다. 즉 개인들이 돈을 모아 벤처기업에 필요한 자금을 대고 주식으로 그 대가를 받는 투자형태다. 직접 벤처기업을 발굴해 투자하거나 개인투자조합에 가입해서 투자할 수도 있다. 가장 큰 장점은 투자수익금을 기대할 수 있을 뿐 아니라 연말정산시 소득공제혜택까지 받을 수 있다는 것이다. 엔젤투자의 소득공제율은 3,000만원 이하분은 100%, 3,000만원 초과~5,000만원 이하분은 70%, 5,000만원 초과분은 30%다.

다만 기술성이 우수한 것으로 평가받은 창업 후 3년 이내의 벤처기업이나, 온라인소액투자중개의 방법으로 모집하는 창업 후 7년 이내의 중소기업 등에 대해서만 소득공제혜택을 부여하고 있다. 그리고 투자한 벤처기업이 망해서 수익금에 손실이 발생할 수도 있다는 점에 유의해야 한다.

② 주택청약종합저축

총급여 7,000만원 이하면서 무주택세대주인 월급쟁이라면 주택청약종합저축 납입액의 40%(120만원)를 공제한도 연 300만원 이내에서 소득공제받을 수 있다. 주택청약종합저축은 나이, 세대주 상관없이 누구나 1인1계좌로 가입할 수 있으며, 공공 또는 민영주택 구분 없이 모든 주택에 청약이 가능하기 때문에 만능통장이라고 불리기도 한다.

③ 연금저축

연금저축은 계약기간 완료 후 만 55세 이후부터 연금을 지급받을 수 있는 금융상품이다. 2015년 소득공제에서 세액공제로 전환되었으며, 가입대상에 특별한 제한은 없다. 연간 납입한도는 1,800만원이며 납입기간은 5년 이상이다. 연간 납입금액의 12%를 공제한도 연 600만원 이내에서 세액공제받을 수 있다. 단, 총급여 5,500만원 이하인 경우에는 공제율이 12%가 아니라 15%다. 연금저축은 중도해지할 경우 해지가산세, 소득세 부과 등 불이익을 당할 수 있다.

④ 보장성보험

보장성보험은 2015년 세법 개정으로 소득공제에서 세액공제로 전환되었으며, 기본공제 대상자를 위해 지출한 보험료의 12%에 해당되는 금액을 세액공제받을 수 있다. 공제한도는 연 100만원이다. 보장성보험이란 사망, 상해, 질병 등을 보장해주며 만기 때 원금보다 적은 돈을 돌려주는 보험이다. 따라서 만기 때 원금보다 더 많은 돈을 돌려받는 저축성보험은 세액공제 대상이 아니다. 참고로, 장애인전용 보장성보험료의 공제율은 15%이며 일반 보장성보험과 동일하게 공제한도 연 100만원 이내로 세액공제받을 수 있다.

오늘의복습

연말정산 현명하게 하기

1 | 연말정산은 아는 만큼 돌려받을 수 있다. 단, 반드시 전략적으로 준비해야 한다.

2 | 월급쟁이들이 꼭 알아두어야 하는 연말정산 7계명을 사전에 충분히 숙지하자.

중도퇴직자 연말정산 방법

중도퇴직자는 퇴직하는 달의 월급을 받을 때 연말정산을 해야 한다. 하지만 월급쟁이들은 대부분 퇴직할 때 연말정산을 해야 한다는 사실을 잘 모른다. 그럼 직장에서 알아서 중도퇴직자의 연말정산을 꼼꼼하게 챙겨줄까? 안타깝게도 직장이라는 조직은 남아 있는 사람들이 소중하기 때문에 떠나는 사람에게는 크게 신경쓰지 않는다. 아마 각종 공제항목은 반영하지 않은 채 기본공제 정도만 반영해서 간단히 연말정산을 끝낼 것이다.

특히 인적공제는 전년도 자료를 그대로 사용할 수도 있는데, 전년도 인적공제에 변동이 발생했다면 과다공제 또는 중복공제에 해당되어 과징금(가산세 포함)을 낼 수도 있다. 따라서 중도퇴직시 원천징수영수증을 꼭 확인해야 하며, 각종 소득공제와 세액공제 증빙서류도 함께 제출해서 중도퇴직 전까지 지출한 비용에 대해 공제를 받아야 한다. 만약 중도퇴직시 관련 증빙서류를 제출하지 못해서 세금을 많이 내게 되었다면 다음해 5월 주소지 관할 세무서에 확정신고를 하면 추가로 공제받아 세금을 돌려받을 수 있다.

참고로, 중도퇴직 후 재취업한 경우에는 재취업한 직장에 중도퇴직한 직장의 원천징수영수증을 제출해서 양쪽 직장의 소득을 합산해서 연말정산을 하면 된다. 중도퇴직 후 월급쟁이 생활을 청산하고 사업을 시작한 경우에는 근로소득과 사업소득을 합산해서 5월에 종합소득세 확정신고를 하면 된다.

"그래도 잘 모르겠어요! 어려워요!" 그렇다면 관할 세무서를 방문해서 직원에게 물어보면 아주 친절하게 설명해줄 터이므로 너무 걱정하지 않아도 된다. 단, 5월 종합소득세 신고기간에는 세무서가 매우 붐비니 되도록 신고기간을 피해서 방문하는 게 좋다. 다음은 연말정산에 대해 도움을 받을 수 있는 전화번호 목록이다.

- **전화번호** : (국번 없이) 126
- **상담시간** : 평일 9:00~18:00(토, 일, 공휴일 제외)
- **내선 1번** : 홈택스 상담
- **내선 2번** : 세법 상담
- **내선 3번** : 전국 세무서 납세자보호 담당관

행복한 상상, 연말정산 환급금 어디에 쓸까?

만약 연말정산 준비를 잘해서 세금을 두둑하게 돌려받았다면 어떻게 할 것인가? 꿈에 그리던 열세 번째 월급을 받았으니 여러 가지로 고민이 되는 것이 사실이다. 예를 들어 평소에 갖고 싶었던 것을 사거나 가족들과 여행 가는 데 사용할 수도 있다.

사실 연말정산을 통해 돌려받은 세금, 즉 환급금은 왠지 공돈이라는 느낌이 강하다. 하지만 재테크를 공부하고 실천하는 월급쟁이라면 연말정산 환급금을 재테크를 위해 사용하는 것이 좋지 않을까? 다음은 필자가 제안하는 연말정산 환급금 활용방법인데, 본인의 조건과 재테크 성향을 감안해서 적절하게 참고하길 바란다.

30만원 이하 추천 1 | 비상금통장에 저축

월급쟁이들의 연말정산 환급금 규모는 대부분 20~30만원 수준으로 그리 크지 않다. 따라서 연말정산 환급금의 규모가 그리 크지 않은 경우에는 비상금통장에 저축하는 것이 가장 무난하다고 할 수 있다. 비상금통장은 비상금(비상지출용+비정기지출용)을 관리하기 위한 통장인데, 월급의 1배 이상을 확보하되 가능하다면 최대 월급의 3배까지 확보하는 것이 좋다. 따라서 비상금통장의 비상금이 부족한 상태에 있다면 연말정산 환급금을 비상금통장에 넣어보길 바란다.

30만원 이하 추천 2 | 주택청약종합저축 납입

2024년에 세법이 개정되면서 주택청약종합저축 소득공제혜택이 2배로 뛰었다. 무주택세대주면서 총급여액이 7,000만원 이하인 월급쟁이라면 공제한도가 연간 300만원으로 확대되었다. 이제는 매월 25만원씩 납입해도 연간 300만원의 40%(120만원)를 소득공제받을 수 있다. 따라서 연말정산 환급금을 주택청약종합저축의 납입금을 늘리는 데 활용해보길 바라며, 이자도 붙기 때문에 1석2조의 효과를 노릴 수 있다. 참고로, 주택청약 종합저축은 매월 2만원 이상 50만원 이내에서 10원 단위로 자유롭게 납입할 수 있다.

30만원 이상 추천 1 | 파킹통장 또는 CMA통장 굴리기

30만원이 넘는다면 연말정산 환급금 굴리기를 생각해볼 필요가 있다. 그렇다고 무작정 원금손실 위험이 높은 고수익 금융상품에 덜컥 투자해서는 안된다. 따라서 안정성과 수익성이라는 두 마리 토끼를 잡기 위해서 은행의 파킹통장이나 증권사의 CMA통장에 넣어서 6개월 이하로 짧게 굴려주는 게 좋다. 파킹통장과 CMA통장은 은행 단기예금에 비해서 금리가 높고 언제든 수시입출금이 가능하기 때문에 연말정산 환급금 활용처로 적합하다. 또한 6개월 뒤에 은행 금리 상황이 좋아질 경우에는 은행의 만기 1년 예금으로 갈아타기를 하는 것도 좋다.

30만원 이상 추천 2 | 연금저축 가입

만약 노후대비가 안되어 있는 월급쟁이라면 연말정산 환급금으로 연금저축에 가입하는 게 좋다. 특히 연금저축은 연말정산 세액공제혜택을 받을 수 있기 때문에 다음해 연말정산 때 보다 많은 세금을 돌려받는 선순환효과를 기대해볼 수 있다. 또한 기존에 가입하고 있는 연금저축의 납입금액이 적은 경우에는 추가납입하거나 일시납 연금상품을 활용하는 것도 좋다.

물론 빚이 있다면 빚부터 청산하는 것이 최우선이다. 특히 남성 분들이라면 연말정산 환급금을 술값으로 탕진하지 말길 바란다. 연말정산 환급금은 정말 1년 동안 힘들고 어렵게 준비해서 얻은 소중한 돈인데 단순히 하루 술값으로 탕진한다는 것은 너무나 아깝지 않은가?

금융소득종합과세, 마지막 세금폭탄을 조심하자!

연말정산이 끝났다고 해서 내야 할 세금을 모두 냈다고 방심해서는 안된다. 왜냐하면 연말정산을 끝낸 월급쟁이라 하더라도 금융소득이 2,000만원을 초과했다면 금융소득종합과세 대상자이기 때문이다.

금융소득이란 예금, 적금, 펀드, ELS 등을 통해 얻은 소득(이자, 배당 등)을 말한다. 따라서 금융소득종합과세는 2,000만원을 초과한 금융소득을 다른 종합소득(사업소득, 부동산임대소득 등)과 합산해서 누진세율로 세금을 부과하는 것이다.

"뭐, 펀드로 수익 많이 올렸는데 까짓것, 그냥 세금 내면 되는 것 아닌가요? 얼마면 되나요?"

이렇게 안일하게 생각할 수도 있는데, 소득구간에 따라 최대 40%가 넘는 엄청난 세율이 적용되기 때문에 초대형 세금폭탄이 될 수도 있다. 금융소득종합과세 대상자인 경우 5월 종합소득세 신고 때 자진해서 신고하고 세금을 내야 하는데, 과연 어떻게 하면 금융소득종합과세를 한푼이라도 줄일 수 있을까?

1 | 이자, 배당 받는 시기 분산할 것
금융소득종합과세 적용기간은 1년이므로 첫 번째로 소득(이자, 배당 등)을 받는 시기를 분산시켜야 한다. 예를 들어 투자 중인 펀드들을 한꺼번에 환매하는 것이 아니라 적절하게 시기를 분산해서 환매하는 것이다. 또한 ELS(주가연계증권)는 월지급식 ELS를 활용해서 수익을 분산시키는 것이 좋다.

2 | 비과세, 분리과세 금융상품 활용할 것
두 번째로 비과세와 분리과세 금융상품을 효율적으로 활용해야 한다. 비과세 금융상품은 개인종합자산관리계좌(ISA, 손익합산 후 200만원까지), 농협·새마을금고 등 상호조합은행 예탁금(1인당 3,000만원 한도), 만기 10년 이상 장기저축성보험, 브라질국채 등이 있다. 참고로, 국내 상장주식에 직접 투자하는 것과 골드바 매매차익도 비과세다. 분리과세는 소득에 원천징수세율을 곱해서 과세하는 것인데, 금융소득종합과세에 비해 상대적으로 세금을 줄일 수 있다. 분리과세 금융상품은 10년 만기 장기채권(3년 이상 보유시 33% 분리과세), 공모리츠(투자금액 5,000만원 한도로 9.9% 분리과세) 등이 있다.

내집마련의 꿈, 청약!

07 | 내집마련의 꿈을 위한 주택청약종합저축!

청약통장은 아파트 청약 자격을 얻기 위해 가입하는 통장이다. 따라서 내집마련을 꿈꾼다면 반드시 만들어야 한다. 청약통장의 종류는 청약저축, 청약부금, 청약예금, 주택청약종합저축으로 나눌 수 있다. 그동안 청약통장 종류가 많아서 혼란을 가중시켰는데 국토교통부의 주택법 개정안에 따라 2015년 9월부터 4개 청약통장이 주택청약종합저축 하나로 일원화되었다. 따라서 이제는 청약통장이라고 하면 곧 주택청약종합저축이라고 보면 된다.

청약통장은 우리·IBK기업·NH농협·신한·하나·KB국민·부산·대구·경남은행에서 만들 수 있으며, 구비서류는 주민등록증 또는 운전면허증이다. 참고로, 외국인 거주자는 외국인등록증, 재외동포는 국내거소신고증이 필요하다.

청약통장을 '만능통장'이라고도 부른다. 그만큼 많은 장점을 가진 통장인데, 청약통장의 대표적인 장점은 다음과 같다.

청약통장 장점 1 | 자유로운 납입과 모든 주택 청약 가능

청약통장은 국민주택과 민영주택 구분 없이 모든 주택에 청약할 수 있다. 또한 연령이나 자격 제한(세대주, 세대원, 미성년자 등) 없이 국내거주자 개인이라면 누구나 1인1계좌로 만들 수 있다. 매월 2만원 이상 50만원 이내에서 자유롭게(10원 단위로) 납입할 수 있고, 가입자가 사망한 경우 상속인 명의로 명의변경도 가능하다.

청약통장 장점 2 | 이자수익 발생과 높은 금리

청약통장도 은행 예적금처럼 이자수익이 발생한다. 청약통장 해지시 원금과 이자가 일괄적으로 지급된다. 또한 금리도 꽤 높은 편이다. 다만 변동금리가 적용되므로 금리변동시 각 납입회차별 변경일 기준으로 변경 후 금리가 적용된다는 것에 유의해야 한다. 기간별 금리는 다음과 같다.

▼ 청약통장 금리(연 이율, 세전)

구분	1개월 이내	1개월 초과~1년 미만	1년 이상~2년 미만	2년 이상
금리	무이자	2.3%	2.8%	3.1%

청약통장 장점 3 | 소득공제혜택과 담보대출 가능

청약통장은 연말정산에서도 힘을 발휘한다. 무주택세대주이면서 총급여액이 7,000만원 이하인 월급쟁이라면 납입금액(연간 300만원 한도)의 40%(120만원)를 소득공제받을 수 있다. 다만 가입 후 5년 이내에 해지하면 추징세액이 부과(85㎡ 이하 당첨되어서 해지하는 경우 등은 예외)될 수 있으므로 유의해야 한다. 또한 급전이 필요한 경우 청약통장을 담보로 대출(납입금액의 80~100%, 은행마다 다름)을 받을 수도 있다.

청년 주택드림 청약통장

2024년 2월 21일에 무주택 청년의 주택구입과 자산형성을 지원하는 청년 주택드림 청약통장이 출시되었다. 기존 청년우대형 주택청약종합저축의 가입대상과 지원내용을 대폭 확대해서 새롭게 출시된 상품이다. 청년 주택드림 청약통장은 만 19세 ~ 34세 이하 청년 중 연소득 5,000만원(가입시점 연간 근로소득, 사업소득 및 기타소득 합계) 이하의 무주택자라면 누구나 가입할 수 있고, 매월 약정 납입일에 2만원 ~ 100만원 이하의 금액을 자유롭게 납입할 수 있다.

납입액에 대해 최고 연 4.5% 금리와 연간 납입액(최고 300만원)의 40%(120만원 한도)까지 소득공제를 제공하고, 이자소득 500만원(연간 납입액 600만원)까지는 비과세 혜택도 받을 수 있다.

청년 주택드림 청약통장은 모바일 인터넷뱅킹 영업점을 통해 가입할 수 있으며, 기존 청년우대형 주택청약종합저축 가입자는 별도 신청 없이 청년 주택드림 청약통장으로 자동전환된다. 연령/소득기준 등 가입요건을 갖춘 일반 청약통장 가입자는 은행 지점에서 전환 신청을 하면 요건 확인 후 전환이 가능하다. 청년 주택드림 청약통장 가입 시 확인서류는 다음과 같다

- (연령) 신분증
- (소득) 직전년도 소득확인증명서
- (무주택) 지방세 세목별 과세증명서

▼ **청년 주택드림 청약통장 기간별 금리**

가입기간	기본금리	
1개월 이내	무이자	
1개월 초과 1년 미만	연 3.7%	청약 당첨으로 인한 해지 시
1년 이상 2년 미만	연 4.2%	
2년 이상 10년 이내	연 4.5%	
10년 초과	연 3.1%	

국가가 분양하면 국민주택, 민간이 분양하면 민영주택

주택은 국민주택과 민영주택으로 구분된다. 주택의 종류별 차이점과 특징은 다음과 같다.

▼ 주택 종류별 특징

구분	국민주택	민영주택
분양 주체	국가, 지방자치단체, LH, 지방공사 (또는 주택도시기금을 지원받아 공급)	민간건설사
분양 형태	공공분양, 공공임대	민간분양, 민간임대
면적	전용면적 85㎡ 이하	예치금액에 따라 전용면적 결정
입주대상	무주택세대주(해당 지역 거주)	만 19세 이상(해당 지역 거주)
입주자 선정방법	순위순차제	가점제, 추첨제

국가, 지방자치단체 등에서 분양하면 국민주택이고, 대표적인 예로는 행복주택이 있다. 민간에서 분양하면 민영주택이고, 흔히 알고 있는 브랜드 아파트 등이 이에 해당된다.

청약 당첨자는 1순위를 우선으로 선정한다. 1순위가 미달되면 2순위로 넘어가지만 대부분 1순위에서 청약 당첨자가 모두 결정된다. 따라서 청약 1순위 조건을 충족해두는 것이 매우 중요하다.

국민주택 1순위 조건

먼저 국민주택의 청약 1순위 조건을 살펴보자. 청약 1순위 조건을 충족하지 못하면 청약 2순위에 해당된다. 그리고 청약통장 가입자만 2순위 청약이 가능하다.

509

▼ 국민주택 청약 1순위 조건

구분	가입기간	납입횟수	자격요건
투기과열지구 및 조정대상지역	2년 이상	24회 이상	• 무주택세대주여야 한다. • 세대원 중 과거 5년 이내에 다른 주택에 당첨된 사실이 없어야 한다. • 모집공고 주택의 해당 시 또는 인근지역에 거주해야 한다.

※ **청약자격 발생 기준일** : 최초 입주자모집공고일
※ 동일한 주택이나 당첨자 발표일이 같은 국민주택에 대해 1세대에서 1사람만 청약 신청

투기과열지구 및 조정대상지역 내 국민주택의 청약 1순위 조건은 청약통장 가입 후 2년이 경과하고 납입횟수가 24회 이상이어야 한다. 다만 청약 1순위 조건뿐만 아니라 자격요건까지 확인해야 한다. 왜냐하면 청약 1순위 제한자에 해당한다면 2순위로 청약해야 하기 때문이다.

참고로, 투기과열지구 및 조정대상지역 외 국민주택의 청약 1순위 조건은 수도권과 수도권 외 지역으로 나뉜다. **수도권은 청약통장 가입 후 1년이 경과하고 납입횟수 12회, 수도권 외 지역은 청약통장 가입 후 6개월이 경과하고 납입횟수 6회를 채우면 된다.**

그럼 국민주택은 어떻게 당첨자를 선정할까? 청약순위(1, 2순위)에 따라 순위순차제를 적용한다. 즉 1순위에서 순차(① → ②)를 적용해 당첨자를 선정하고, 1순위 미달시에는 2순위를 추첨해 당첨자를 선정한다.

▼ 순위순차제 — 국민주택 당첨자 선정방법

순차	40㎡ 초과	40㎡ 이하
①	3년 이상 무주택세대구성원으로서 납입총액이 많은 자	3년 이상 무주택세대구성원으로서 납입횟수가 많은 자
②	납입총액이 많은 자	납입횟수가 많은 자

※ 순차 ①에서 미달한 경우 순차 ②에서 당첨자 선정

일단 전용면적에 상관없이 무주택기간(3년 이상)이 길수록 유리하다. 그리고 **전용면적 40㎡ 이하**에서는 **납입횟수가 중요**하다. 따라서 최대한 빨리 청약통장을 만들어서 납입 횟수를 늘려야 한다. 만약 연체하면 납입인정이 지연되어 순위 발생이 늦어질 수 있으니 연체하지 않도록 유의하자. 또한 선납하더라도 해당 월의 해당 약정납입일이 도래해야만 납입회차로 인정된다.

전용면적 40㎡ 초과에서는 **납입총액이 중요**하다. 그럼 한 달에 청약통장에 얼마를 넣어야 할까? 무조건 많이 넣는 것이 좋을까? 청약통장에는 매월 10만원씩 넣어서 납입총액을 늘려주는 것이 바람직하다. 왜냐하면 납입총액을 따질 때 회차별 납입인정금액이 최대 10만원이기 때문이다. 간혹 여유가 없다는 이유로 청약통장에 매월 2만원씩 넣는 월급쟁이가 있다. 국민주택(특히 전용면적 40㎡ 초과)을 노린다면 납입금액을 10만원까지 늘려보길 바란다.

잠|깐|만|요 ─

투기지역, 투기과열지구, 조정대상지역

부동산투기를 억제하려고 강력한 부동산대책이 발표되었다. 그 일환으로 주요 지역을 '투기지역', '투기과열지구', '조정대상지역'으로 구분해 관리하고 있다. 최근 주택가격 등 부동산 시장상황을 고려해 서울 강남구, 서초구, 송파구, 용산구 네 곳을 제외한 전 지역이 투기지역, 투기과열지구, 조정대상지역에서 해제되었다.

- **투기지역** : 직전월 주택 매매가격 상승률이 전국 소비자물가 상승률보다 30% 이상 높은 지역(기획재정부 지정)
- **투기과열지구** : 주택가격이 급등하거나 주택에 대한 투기가 우려되는 지역(국토교통부 지정)
- **조정대상지역** : 이전 3개월간 주택가격 상승률이 소비자물가 상승률의 1.3배를 초과한 지역(국토교통부 지정)

민영주택 1순위 조건

민영주택의 청약 1순위 조건을 살펴보자. 청약 1순위 조건을 충족하지 못하면 청약 2순위에 해당된다. 그리고 청약통장 가입자만 2순위 청약이 가능하다.

▼ 민영주택 청약 1순위 조건

구분	가입기간	자격요건
투기과열지구 및 조정대상지역	2년 이상	• 무주택세대주여야 한다. 1주택세대주도 가능하다. • 세대원 중 과거 5년 이내에 다른 주택에 당첨된 사실이 없어야 한다. • 모집공고 주택의 해당 시 또는 인근지역에 거주해야 한다. • 지역 · 전용면적별 예치금액을 충족해야 한다.

※ 청약자격 발생 기준일 : 최초 입주자모집공고일

투기과열지구 및 조정대상지역 내 민영주택의 청약 1순위 조건은 청약통장 가입 후 2년이 경과하고 자격요건을 충족하면 된다. 1주택자도 1순위에 청약 신청할 수 있으나 반드시 세대주(주민등록등본 기준)여야 한다. 또한 청약통장에 매월 납입하는 금액이 적더라도 입주자모집공고일 이전까지만 해당 지역 · 전용면적의 예치금액을 충족하면 된다. 예치금액이 1,500만원이면 모든 지역 · 전용면적에 청약할 수 있다.

참고로, 투기과열지구 및 조정대상지역 외 민영주택의 청약 1순위 조건은 수도권과 수도권 외 지역으로 나뉜다. 수도권은 청약통장 가입 후 1년 경과, 수도권 외 지역은 청약통장 가입 후 6개월 경과하고 해당 지역 · 전용면적의 예치금액을 충족하면 된다.

▼ 민영주택 지역 · 전용면적별 예치금액 기준 (단위 : 만원)

구분	서울, 부산	기타 광역시	기타 시, 군
85㎡ 이하	300	250	200
102㎡ 이하	600	400	300
135㎡ 이하	1,000	700	400
모든 면적	1,500	1,000	500

그럼 민영주택은 어떻게 당첨자를 선정할까? 청약순위(1, 2순위)에 따라 가점·추첨제를 적용한다. 즉 1순위에서 가점·추첨을 적용해 당첨자를 선정하고, 1순위 미달시에는 2순위를 추첨해 당첨자를 선정한다.

▼ 가점·추첨제 — 민영주택 당첨자 선정방법

구분	60㎡ 초과 85㎡ 이하		85㎡ 초과	
	가점제	추첨제	가점제	추첨제
수도권 내 공공주택지구	70%	30%	80%	20%
투기과열지구	70%	30%	80%	20%
조정대상지역	70%	30%	50%	50%
기타 지역	가점제 40% 이하에서 지자체가 결정		—	100%

가점제는 점수를 매겨서 높은 순서로 당첨자를 선정하는 것이다. 따라서 가점제로 청약에 당첨되기 위해서는 가점이 상당히 높아야 한다. 가점은 총 84점(만점)이며 가점의 항목은 무주택기간(32점), 부양가족수(35점), 청약통장 가입기간(17점)으로 구성되어 있다.

청약 당첨이 간절한데 가점이 낮다고 우울해하지는 말자. 왜냐하면 추첨제를 통해 당첨자로 선정될 수도 있기 때문이다. 추첨제는 무작위 추첨으로 당첨자를 선정하는 것이다. 투기과열지구, 조정대상지역, 수도권·광역시에서 추첨제로 당첨자를 선정할 때는 ① 추첨제 대상주택의 75% 이상을 무주택자에게 우선공급, ② 잔여 주택은 무주택자와 1주택 실수요자에게 우선공급된다. 즉 추첨제는 가점이 낮더라도 무주택자들이 유주택자보다 당첨 기회가 훨씬 많은 셈이다.

▼ 민영주택 가점제 항목과 점수

가점 항목	가점 구분	점수	가점 구분	점수
무주택기간 (만점 : 32점)	1년 미만	2	8년 이상~9년 미만	18
	1년 이상~2년 미만	4	9년 이상~10년 미만	20
	2년 이상~3년 미만	6	10년 이상~11년 미만	22
	3년 이상~4년 미만	8	11년 이상~12년 미만	24
	4년 이상~5년 미만	10	12년 이상~13년 미만	26
	5년 이상~6년 미만	12	13년 이상~14년 미만	28
	6년 이상~7년 미만	14	14년 이상~15년 미만	30
	7년 이상~8년 미만	16	15년 이상	32
부양가족수 (만점 : 35점)	0명	5	4명	25
	1명	10	5명	30
	2명	15	6명 이상	35
	3명	20	―	
청약통장 가입기간 (만점 : 17점)	6개월 미만	1	8년 이상~9년 미만	10
	6개월 이상~1년 미만	2	9년 이상~10년 미만	11
	1년 이상~2년 미만	3	10년 이상~11년 미만	12
	2년 이상~3년 미만	4	11년 이상~12년 미만	13
	3년 이상~4년 미만	5	12년 이상~13년 미만	14
	4년 이상~5년 미만	6	13년 이상~14년 미만	15
	5년 이상~6년 미만	7	14년 이상~15년 미만	16
	6년 이상~7년 미만	8	15년 이상	17
	7년 이상~8년 미만	9	―	

08 모르면 후회한다! 특별공급 5가지

배려가 필요한 계층을 위한 특별공급

아파트 분양은 일반공급과 특별공급으로 나뉜다. 일반공급은 치열한 청약경쟁을 뚫고 당첨되어야 하지만 특별공급은 청약경쟁이 그리 치열하지 않아 당첨 가능성이 상대적으로 높다. 특별공급은 국가유공자, 신혼부부, 노부모부양자 등 정책적 배려가 필요한 사회계층 중 무주택자의 내집마련을 지원하기 위한 제도다. 따라서 특별공급 조건에 해당하는 월급쟁이라면 한번쯤 노려보자. 다만 특별공급은 당첨횟수를 1세대당 평생 1회로 제한하므로 효율적으로 잘 활용하길 바란다. 또한 특별공급도 일반공급과 마찬가지로 청약통장을 가지고 있어야만 신청할 수 있다.

▼ 특별공급 종류와 물량

구분		공급물량		
		국민주택	민영주택	
			공공택지	민간택지
특별공급	기관추천	10%	10%	10%
	신혼부부	30%	20%	20%
	다자녀가구	10%	10%	10%
	노부모부양	5%	3%	3%
	생애최초주택구입	25%	15%	7%
일반공급		20%	42%	50%
합계(특별공급+일반공급)		100%	100%	100%

특별공급 1 | 기관추천

관련 기관(국가보훈처, 지자체, 중소기업청 등) 장의 추천을 받으면 기관추천 특별공급 대상자다. 대상주택은 국민주택과 민영주택이며, 공급물량은 국민주택 10%, 민영주택 10%다. 무주택세대구성원이면 청약할 수 있으며, 다음의 사유에 해당되어야 한다.

- **공통** : 국가유공자, 독립유공자, 보훈대상자, 5 · 18유공자, 특수임무유공자, 참전유공자, 장기복무(제대)군인, 북한이탈주민, 납북피해자, 일본군위안부, 장애인, 영구귀국과학자, 올림픽 등 입상자, 중소기업근무자, 공공사업 등 철거주택 소유자 또는 거주자 등
- **국민주택** : 다문화가족, 탄광근로자, 재외동포 등
- **민영주택** : 해외취업근로자 등

또한 주택 구분 없이 청약통장에 가입한 지 6개월이 경과해야 하며 국민주택인 경우 납입횟수 6회 이상, 민영주택인 경우 해당 지역 · 전용면적의 예치금액 조건을 추가로 충족해야 한다.

특별공급 2 | 신혼부부

혼인기간이 7년 이내인 무주택 저소득 신혼부부라면 신혼부부 특별공급 대상자다. 대상주택은 국민주택과 민영주택이며, 공급물량은 국민주택 30%, 민영주택 20%다. 국민주택의 청약자격은 무주택구성원으로 소득기준(월평균 소득이 전년도 도시근로자 가구당 월평균 소득의 140% 이하, 맞벌이부부는 160% 이하)을 충족해야 한다. 다만 공공주택 적용 국민주택은 소득기준(월평균 소득이 전년도 도시근로자 가구당 월평균 소득의 130% 이하, 맞벌이부부는 140% 이하)이 다르며 자산기준(부동산, 자동차)을 충족해야 한다. 민영주택의 청약자격도 무주택구성원으로 소득기준(월평균 소득이 전년도 도시근로자 가구당 월평균 소득의 140% 이하, 맞벌이부부는 160% 이하)을 충족해야 한다.

국민주택의 청약 순위는 입주자모집공고일 기준으로 미성년인 자녀가 있거나 만 6세 이하의 자녀(태아 포함)를 둔 한부모가족이면 1순위, 그렇지 않으면 2순위다. 1순위 내 경쟁이 있을 경우 배점표를 적용해 점수가 높은 순으로 당첨자를 선정한다.

민영주택은 신혼부부 특별공급 배정물량의 50%를 전년도 도시근로자 가구당 월평균

소득의 100% 이하인 자(맞벌이부부는 120% 이하)에게 우선공급하며, 20%(우선공급에서 미분양된 주택을 포함)를 전년도 도시근로자 가구당 월평균 소득의 140% 이하인 자(맞벌이부

▼ 국민주택 신혼부부 특별공급 배점 항목

배점 요소	기준	점수
가구소득	월평균소득 80% 이하(맞벌이부부는 100% 이하)	1
	배점 기준소득 초과	0
미성년자녀수	3명 이상	3
	2명	2
	1명	1
해당 지역 거주기간	3년 이상	3
	1년 이상~3년 미만	2
	1년 미만	1
	해당 지역에 거주하지 않는 경우	0
혼인기간	3년 이하	3
	3년 초과~5년 이하	2
	5년 초과~7년 이하	1
	예비 신혼부부	0
한부모가족의 자녀 나이	만 2세 이하(태아 제외)	3
	만 3세 또는 4세	2
	만 5세 또는 6세	1
	태아	0
청약통장 납입횟수	24회 이상	3
	12회 이상~24회 미만	2
	6회 이상~12회 미만	1

부는 160% 이하)에게 일반공급한다. 남은 주택은 전년도 도시근로자 가구당 월평균 소득기준을 초과하나 부동산가액 기준(국민건강보험법 29등급 하한과 상한의 평균금액 이하, 예 : 3.31억원 이하)을 충족하는 자를 대상으로 추첨공급한다.

청약 순위는 입주자모집공고일 기준으로 미성년인 자녀가 있으면 1순위, 그렇지 않으면 2순위다. 1순위 내 경쟁이 있을 경우 ① 해당 주택 건설 지역의 거주자, ② 미성년자녀수가 많은 자를 우선순위(만약 미성년자녀수가 같으면 추첨)로 당첨자를 선정한다.

또한 주택 구분 없이 청약통장에 가입한 지 6개월이 경과해야 하며, 국민주택인 경우 납입횟수 6회 이상, 민영주택인 경우 해당 지역 · 전용면적의 예치금액 조건을 추가로 충족해야 한다.

▼ **민영주택 신혼부부 특별공급 우선공급, 일반공급, 추첨공급**

가구원수	신생아우선공급 15%, 우선공급 35% (기준소득)		신생아일반공급 5%, 일반공급 15%(상위소득)		추첨공급 30% (소득 기준 초과/자산 기준 충족)	
	외벌이	맞벌이	외벌이	맞벌이	외벌이	맞벌이
	100% 이하	100% 초과 120% 이하	100% 초과 140% 이하	120% 초과 160% 이하	140% 초과 부동산가액 충족	160% 초과 부동산가액 충족
3인 이하	~7,004,509원	~8,405,411원	7,004,510원~ 9,806,313원	8,405,412원~ 11,207,214원	9,806,314원~	11,207,215원~
4인	~8,248,467원	~9,898,160원	8,248,468원~ 11,547,854원	9,898,161원~ 13,197,547원	11,547,855원~	13,197,548원~
5인	~8,775,071원	~10,530,085원	8,775,072원~ 12,285,099원	10,530,086원~ 14,040,114원	12,285,100원~	14,040,115원~
6인	~9,563,282원	~11,475,938원	9,563,283원~ 13,388,595원	11,475,939원~ 15,301,251원	13,388,596원~	15,301,252원~
7인	~10,351,493원	~12,421,792원	10,351,494원~ 14,492,090원	12,421,793원~ 16,562,389원	14,492,091원~	16,562,390원~
8인	~11,139,704원	~13,367,645원	11,139,705원~ 15,595,586원	13,367,646원~ 17,823,526원	15,595,587원~	17,823,527원~

※ 전년도 도시근로자 가구당 월평균 소득기준(2024년 적용)

특별공급 3 | 다자녀가구

2명 이상의 미성년자녀(태아, 입양자녀 포함)를 둔 무주택세대라면 다자녀가구 특별공급 대상자다. 대상주택은 국민주택과 민영주택이며, 공급물량은 국민주택 10%, 민영주택 10%다. 배점기준표에 따라 점수가 높은 순으로 당첨자를 선정한다.

동점자가 발생할 경우 ① 미성년자녀수가 많은 자, ② 자녀수가 같을 경우 신청자의 연령(연월일 계산)이 많은 자에게 우선순위를 준다. 청약자격은 무주택세대구성원으로 소

▼ 다자녀가구 특별공급 배점기준표

평점 요소	배점기준	점수
미성년자녀수(만점 : 40점)	4명 이상	40
	3명	35
	2명	25
영유아자녀수(만점 : 15점)	3명 이상	15
	2명	10
	1명	5
세대구성(만점 : 5점)	3세대 이상	5
	한부모가족	5
무주택기간(만점 : 20점)	10년 이상	20
	5년 이상~10년 미만	15
	1년 이상~5년 미만	10
해당 시·도 거주기간(만점 : 15점)	10년 이상	15
	5년 이상~10년 미만	10
	1년 이상~5년 미만	5
청약통장 가입기간(만점 : 5점)	10년 이상	5
합계 : 100점		

득기준(월평균 소득이 전년도 도시근로자 가구당 월평균 소득의 120% 이하)과 자산기준(부동산 2억 1,550만원 이하, 자동차 3,683만원 이하)을 충족해야 한다.

이 기준은 공공주택특별법이 적용되는 국민주택에만 해당된다. 또한 주택 구분 없이 청약통장에 가입한 지 6개월이 경과해야 하며 국민주택인 경우 납입횟수 6회 이상, 민영주택인 경우 해당 지역·전용면적의 예치금액 조건을 추가로 충족해야 한다.

특별공급 4 | 노부모부양

65세 이상의 직계존속(배우자의 직계존속 포함)을 3년 이상 부양하고 있는 무주택세대주라면 노부모부양 특별공급 대상자다. 다만 세대주뿐만 아니라 세대 전원이 무주택자여야 한다. 대상주택은 국민주택과 민영주택이며, 공급물량은 국민주택 5%, 민영주택 3%다.

국민주택은 순차제를, 민영주택은 가점제를 적용해 당첨자를 선정하나 경쟁률이 상대적으로 높지 않은 편이다. 청약자격은 무주택세대구성원으로 소득기준(월평균 소득이 전년도 도시근로자 가구당 월평균 소득의 120% 이하)과 자산기준(부동산 2억 1,550만원 이하, 자동차 3,683만원 이하)을 충족해야 한다.

이 기준은 공공주택특별법이 적용되는 국민주택에만 해당된다. 또한 주택 구분 없이 청약통장에 가입한 지 24개월이 경과해야 하며 국민주택인 경우 납입횟수 24회 이상, 민영주택인 경우 해당 지역·전용면적의 예치금 조건을 추가로 충족해야 한다.

특별공급 5 | 생애최초주택구입

다음의 요건을 모두 충족하면 생애최초주택구입 특별공급 대상자다.

- 생애 최초로 주택을 구입하는 분(세대구성원 모두 과거에 주택을 소유한 사실이 없어야 함)
- 청약통장 납입금액이 선납금을 포함해 600만원 이상인 분(국민주택만 해당)
- 입주자모집공고일 기준으로 혼인 중이거나 자녀가 있는 분
- 입주자모집공고일 기준으로 5년 이상 소득세를 납부한 분

대상주택은 국민주택과 민영주택이다. 국민주택의 공급물량은 25%이며 민영주택의 공급물량은 공공택지(15%), 민간택지(7%)로 차등 배정된다. 청약자격은 무주택세대구성

원으로 소득기준(월평균 소득이 전년도 도시근로자 가구당 월평균 소득의 130% 이하)과 자산기준(부동산 2억 1,550만원 이하, 자동차 3,683만원 이하)을 충족해야 한다. 단 자산기준은 공공주택특별법이 적용되는 국민주택에만 해당된다. 또한 청약통장에 가입한 지 24개월이 경과해야 하며 납입횟수가 24회 이상이어야 한다. 당첨자는 100% 추첨으로 선정한다.

무주택 청년·신혼부부는 공공임대주택에 주목!

주거취약계층이라면 놓쳐서는 안될 공공임대주택

공공임대주택은 국가 또는 지방자치단체의 재정이나 주택도시기금의 지원을 받아 저렴한 비용으로 주거안정을 누릴 수 있도록 공급하는 주택이다. 공공임대주택의 종류는 아주 다양하고 주거상태, 소득·자산기준, 청약통장 유무 등에 따라 입주자격이 달라서 꽤 헷갈릴 수 있다.

따라서 만약 주거취약계층이라면 영구임대주택, 전세임대주택 등을 우선적으로 알아보는 것이 좋다. 또한 무주택세대주인 청년·신혼부부라면 국민임대주택, 행복주택, 분양전환(5년 또는 10년)임대주택, 역세권청년주택, 장기전세주택 등을 비교하면서 알아보는 것이 좋다. 공공임대주택에 대한 정보(임대 가이드, 임대 공급계획, 임대 모집공고 등)는 LH청약플러스(apply.lh.or.kr), 마이홈(www.myhome.go.kr), SH서울주택도시공사(www.i-sh.co.kr) 등을 통해서 확인할 수 있다.

인간생활의 가장 기본적인 요소가 의식주인 것을 보면 주거의 안정화가 얼마나 큰일인지 짐작해볼 수 있다. 하지만 많은 이유로 주거안정성을 누리지 못하는 사람이 많다. 특히 이제 막 사회생활을 시작한 청년들이나 신혼부부처럼 생산가능인구의 주거문제를 해결해 그들이 마음 놓고 일할 수 있는 환경을 만들어주어야 한다. 요즘은 이들을 위한 공공임대주택이 많이 생겨나고 있다. 당첨되는 것이 쉽지 않지만 당첨되면 "나라님 은혜"라고도 불리는 공공임대주택의 종류 7가지를 알아보자.

▼ 공공임대주택 종류별 특징

대상	구분	임대기간	공급 조건	주택 규모	공급주체
주거 취약 계층	영구 임대주택	50년	보증금+임대료 (시세 30% 수준)	40㎡ 이하	국가, 지자체, LH, 지방공사
	전세 임대주택	20년	보증금+임대료 (보증금 : 전세지원금 5%, 월임대료 : 연 1~2%)	85㎡ 이하	LH, 지자체
청년 · 신혼 부부	국민 임대주택	30년	보증금+임대료 (시세 60~80% 수준)	85㎡ 이하 (통상 60㎡ 이하)	국가, 지자체, LH, 지방공사
	행복주택	30년*	보증금+임대료 (시세 60~80% 수준)	45㎡ 이하	국가, 지자체, LH, 지방공사
	분양전환 임대주택	5년, 10년	보증금+임대료 (시세 90% 수준)	85㎡ 이하	LH, 지방공사, 민간업체
	역세권 청년주택	6년, 10년	보증금+임대료 (시세 30% 수준)	49㎡ 이하 (통상 16~35㎡)	서울시, 민간업체
	장기 전세주택	20년	전세금 (시세 80% 수준)	85㎡ 이하 (통상 60㎡ 이하)	국가, 지자체, LH, 지방공사

* 입주계층에 따라 거주기간 상이(대학생 · 청년 · 산업단지근로자 : 6년, 신혼부부 · 창업지원주택 : 무자녀 6년, 자녀 1명 이상 10년, 고령자 · 주거급여수급자 · 기존거주자 : 20년)

공공임대주택 1 | 영구임대주택

　사회보조계층의 주거안정을 위한 사회복지적 성격의 공공임대주택이다. 임대기간은 50년이며 임대료는 주변 시세의 30% 정도로 책정된다. 입주대상은 무주택세대구성원으로 생계 · 의료급여수급자, 국가유공자, 위안부피해자, 한부모가족, 북한이탈주민, 아동복지시설 퇴소자 등이다. 공공임대주택 중 임대료가 가장 저렴하나 전용면적 40㎡ 이하로만 지어지고 공급물량이 적다. 입주자격만 충족하면 청약통장은 필요없다.

공공임대주택 2 | 전세임대주택

입주대상자가 원하는 주택을 물색하면 LH 등이 전세계약을 체결한 후 저렴하게 재임대하는 공공임대주택이다. 임대기간은 20년이며 입주대상은 무주택세대구성원으로 기초생활수급자, 신혼부부, 청년(대학생·취업준비생), 소년소녀가정 등이다. 전세금지원한도액은 수도권 9,000만원, 광역시 7,000만원, 기타 지역 6,000만원이며, 임대보증금은 한도액 범위 내에서 전세지원금의 5%다. 월임대료는 전세지원금 중 임대보증금을 제외한 금액에 대한 연 1~2% 이내(쪽방은 임대보증금 50만원, 월임대료 연 1~2%)다. 전세임대 신청 시 청약통장이 반드시 필요한 것은 아니나, 동일순위 입주희망자 간 경쟁이 있는 경우 납입횟수에 따라 가점을 부여하고 있어서 청약통장 보유시 유리할 수 있다.

공공임대주택 3 | 국민임대주택

무주택 저소득층의 주거안정을 지원하는 공공임대주택으로 가장 많이 공급되는 종류다. 임대기간은 30년이며 임대료는 주변 시세의 60~80% 수준이다. 무주택세대구성원으로 소득기준(전년도 도시근로자 가구당 월평균 소득의 70% 이하)과 자산기준(총자산 3억 4,500만원 이하, 자동차 3,708만원 이하)을 충족해야만 입주자격이 주어진다.

전용면적 50㎡ 미만에는 청약통장이 불필요하나 전용면적 50㎡ 이상에는 청약통장에 가입해 6개월이 경과되고 납입횟수가 6회 이상이어야 신청이 가능하다. 참고로, 다자녀 우선공급 대상자는 청약통장과 무관하지만 우선공급 경쟁 후 일반공급으로 전환되면 청약통장 순위와 가산점을 적용받는다.

공공임대주택 4 | 행복주택

신혼부부, 대학생, 사회초년생 등을 위해 직장과 학교가 가까운 곳이나 대중교통이 편리한 곳에 짓는 공공임대주택이다. 임대기간은 30년이나 입주계층에 따라 최대 거주기간은 상이하다. 임대료는 주변 시세의 60~80% 수준이다. 무주택자나 무주택세대구성원으로 소득기준(전년도 도시근로자 가구당 월평균 소득의 100% 이하)과 자산기준(대학생 : 총자산 1억원, 자동차를 소유하지 않을 것, 사회초년생 : 총자산 2억 7,300만원, 자동차 3,708만원, 기타 : 총자산 3억 4,500만원, 자동차 3,708만원)을 충족해야만 입주자격이 주어진다.

젊은 계층에게 물량의 80%를 공급하므로 신혼부부, 대학생, 사회초년생 등에게 아주 유리하다. 나머지 물량 20%는 노인과 취약계층에 공급한다. 행복주택 입주대상자는 대학생과 주거급여수급자를 제외하고 청약통장에 가입해야 한다. 다만 행복주택 입주가 확정되더라도 청약통장은 유효하므로, 이후에 다른 분양주택 또는 임대주택에 신청할 수 있다.

공공임대주택 5 | 분양전환임대주택

임대의무기간(5년 또는 10년) 동안 임대한 후에 분양전환하는 공공임대주택이다. 임대료는 주변 시세의 90% 수준이고, 입주대상은 무주택세대구성원으로 소득·자산기준을 충족한 자다. 소득기준은 전년도 도시근로자 가구당 월평균 소득의 100% 이하이며, 자산기준은 부동산(토지, 건축물) 2억 1,550만원 이하, 자동차 3,683만원 이하이다. 청약통장에 가입해 1년이 경과하고 납입횟수가 12회 이상이면 1순위 자격이 주어진다. 수도권 외는 가입기간 6개월 이상, 납입횟수 6회 이상, 투기과열지구와 청약과열지역은 가입기간 24개월 이상, 납입횟수 24회 이상이다.

▼ 전년도 도시근로자 가구당 월평균 소득기준(2024년 적용)

구분	생애최초 신혼부부(배우자소득이 없는 경우) 일반	노부모부양 다자녀 신혼부부 (배우자소득이 있는 경우)
소득기준	월평균 소득의 100%	월평균 소득의 120%
3인이하	7,004,509원	8,405,411원
4인	8,248,467원	9,898,160원
5인	8,775,071원	10,530,085원
6인	9,563,282원	11,475,938원
7인	10,351,493원	12,421,792원
8인	11,139,704원	13,367,645원

공공임대주택 6 | 청년안심주택(구.역세권청년주택)

서울시가 대중교통이 편리한 역세권 및 간선도로 주변에 청년과 신혼부부의 주거안정을 위하여 시세대비 저렴하게 공급하는 임대주택이다. 청년안심주택은 한 단지 내에 공공임대와 민간임대가 혼합되어 있다. 임대기간은 청년은 최대 6년이며 신혼부부는 최대 6년(무자녀) ~ 10년(자녀 1명 이상)이다. 임대료는 공공임대는 주변시세의 30~70% 수준이며 민간임대는 주변 시세의 75~85% 수준이다.

▼ 청년안심주택 입주자격

구분		청년	신혼부부
공공임대	–	• 1순위 : 생계 · 의료 · 주거 수급자, 보호대상 한부모 가족, 차상위계층 • 2순위 : 본안+부모 월평균소득 100%이하, 자산: 34,500만원 이하 • 3순위 : 본인 월평균소득 100%이하, 자산: 27,300만원 이하	• 1순위 : 신생아가구, 보호대상 한부모 가족 • 2순위 : 임신중이거나 출산, 입양으로 자녀가 있는 (예비)신혼부부, 6세 이하 자녀를 둔 한부모 가족 • 3순위 : 자녀가 없는 (예비)신혼부부 • 4순위 : 만 6세 이하 자녀가 있는 혼인가구 • 5순위 : 그 밖의 혼인가구
민간임대	특별공급	소득 • 1순위 : 100% 이하 2순위 : 110% 이하 3순위 : 120% 이하 지역 • 1순위 : 해당 단지 소재 자치구 거주 및 대학교, 직장 소재지 • 2순위 : 서울시 내 거주 및 대학교, 직장 소재지 • 3순위 : 그 외 지역	
		자산 27,300만원 이하	자산 34,500만원 이하
	일반공급	공통자격 충족 시 소득 및 자산 기준 없음 (무작위 추첨)	

※ 공통요건 : 만 19~39세, 차량가액 3,708만원 이내, 무주택요건 충족

공공임대주택 7 | 장기전세주택

국가, 지방자치단체, LH, 지방공사가 임대할 목적으로 건설하며 전세계약 방식으로 공

급하는 공공임대주택이다. 임대기간은 20년이며 전세금은 주변 시세의 80% 수준이다. 무주택세대구성원으로 소득기준(전용면적 60㎡ 이하는 전년도 도시근로자 가구당 월평균 소득의 100% 이하, 전용면적 60㎡ 초과~85㎡ 이하는 전년도 도시근로자 가구당 월평균 소득의 120% 이하)과 자산기준(부동산 2억 1,550만원 이하, 자동차 3,683만원 이하)을 충족해야만 입주자격이 주어진다. 청약통장이 필요하나 당첨되더라도 청약통장을 사용하는 것은 아니기 때문에 향후 타 주택 청약시에도 해당 청약통장을 그대로 사용할 수 있다.

잠 | 깐 | 만 | 요

SH서울주택도시공사의 주거복지 서비스

SH서울주택도시공사에서도 소득계층별 맞춤형 임대주택을 공급해 주거복지 서비스를 제공하고 있다. 임대주택의 종류는 영구임대, 공공임대, 국민임대, 장기전세, 행복주택 등의 건설형 이외에 매입형, 임차형도 있으므로 알아두면 유용하다.

매입형은 재개발주택을 매입해 임대하는 재개발임대주택(공급면적은 전용면적 59㎡ 이하, 임대기간은 50년)과 다가구 · 원룸주택을 매입해 임대하는 다가구 · 원룸임대주택 (공급면적은 전용면적 84㎡ 이하, 임대기간은 20년)이 있다. 임차형은 보증금지원 형태의 장기안심주택(공급면적은 전용면적 60㎡ 이하, 임대기간은 6년)과 전세금지원 형태의 전세임대주택(공급면적은 전용면적 85㎡ 이하, 임대기간은 20년)이 있다.

보다 상세하게 문의하고 싶거나 기타 주거복지 서비스가 궁금하면 SH서울주택도시공사의 주거복지센터를 방문 또는 콜센터로 전화하면 된다.

1 | 주거복지센터 지원 서비스
- 맞춤형 공공임대주택 입주, 주거상향 설계 상담
- 주거 관련 제도, 정책 시민교육
- 주거취약계층 주거비 지원(소액보증금, 연체임대료, 연료비)
- 기타(간편 집수리, 공구 대여, 주거복지서비스 연계 등)

2 | 콜센터 연락처
- 1600-3456
- **운영시간** : 월~금, 9~12시, 13~18시

527

전세살이도 똑똑하게!

10 │ 서글픈 전세살이 추억으로 만드는 행동지침

빠른 전세 탈출 비법은 꾸준한 실행력

당장 내집마련이 힘들다면 전세를 알아봐야 한다. 전세뿐만 아니라 월세, 반전세 등도 있으나 편의상 전세로 통칭해서 쓰겠다. 남의 이름으로 된 집에 산다고 너무 서글퍼하지 말자. 전세살이는 금수저가 아닌 이상 살면서 한번쯤 거쳐야 하는 과정일 수 있다. 하지만 평생 전셋집을 떠돌며 살 수는 없지 않겠는가! 내집마련에 꼭 성공해서 아련한 전세살이의 추억을 떠올리며 환하게 웃는 날을 맞이해보길 바란다.

그럼 전세를 살면서 어떻게 내집마련 자금을 모아야 할까? 투기하지 않는 이상 특별한 대박 비법 같은 것은 없다. 투기는 쪽박의 지름길이다. 〈일곱째마당〉 53장에서 설명한 내집마련 자금 모으기 2단계 실천법에 따라 차근차근 돈을 모아나가는 것이 정답이며, 꾸준한 실행력이 결국 승부를 가른다. 아울러 여기에 소개하는 행동지침을 참고하면 보다 빠르게 내집마련 자금을 모을 수 있을 것이다.

행동지침 1 │ 빚은 효율적으로 빠르게 청산하기

① 금리가 높은 대출부터 갚는다

통상 소액대출이 고금리인 경우가 많으므로, 소액대출부터 빠르게 상환해야 한다. 또한 담보대출보다 금리가 높은 신용대출을 먼저 상환하는 것이 바람직하다.

② 절대 연체하지 않는다

대출이자 납입일이 지나면 연체이자를 물어야 한다. 연체이자는 가산금리가 붙기 때문에 비싸다. 따라서 대출은 반드시 이자를 충분히 낼 수 있는 한도까지만 빌려야 한다.

③ 목돈이 생기면 대출부터 중도상환해라

예적금이 만기되거나 투자수익이 발생해 목돈이 생기면 대출부터 중도상환하는 것이 좋다. 왜냐하면 대출 중도상환을 통해 대출원금을 많이 갚을수록 이자부담이 줄어들기 때문이다. 단 **중도상환수수료를 반드시 고려해야 한다.** 중도상환수수료를 내면서도 대출을 중도상환하는 것이 유리한지를 잘 따져보자.

행동지침 2 | 저축과 투자를 합리적으로 병행하기

저축에만 올인하면 수익률이 너무 실망스럽고 투자에만 몰빵하면 원금손실의 위험성이 너무 크다. 따라서 저축과 투자를 병행해 내집마련 포트폴리오를 수립해줘야 하는데, 이상적인 비율은 저축 80% : 투자 20%(안정추구형 월급쟁이 기준)이다. 또한 다음의 금융상품 7종은 우선적으로 활용하는 것이 좋다. 그런 이후에 자신의 재무상태, 투자성향 등을 감안해서 금테크, 환테크, 온투업(옛 P2P), ELS, 주식 등을 탄력적으로 활용해보길 바란다.

tip

금테크, 환테크, P2P는 〈셋째마당〉, ELS는 〈다섯째마당〉, 주식은 〈여섯째마당〉 참고.

① 단기 예적금

금리가 낮거나 금융환경의 변동성이 큰 시기에는 만기를 6개월~1년 정도로 짧게 설정하는 단기 예적금이 유리하다. 왜냐하면 현금유동성 확보도 될뿐더러 금리상승기로 전환시 발빠르게 대응할 수 있기 때문이다.

② 특판 예적금

일반 예적금보다 금리가 아주 높다. 특판 예적금은 시중은행보다 서민금융기관(새마을금고, 신협 등)에서 이벤트성으로 자주 출시하므로 놓치지 말고 가입하면 조금이라도 이자수익을 더 챙길 수 있다.

예적금 자세한 내용은 〈넷째마당〉 참고.

③ 청약통장

내집마련을 꿈꾼다면 반드시 만들어야 한다. 모든 주택에 청약할 수 있으며 예적금처럼 이자수익도 발생한다. 또한 소득공제혜택과 담보대출도 가능하다. 이토록 많은 장점을 가진 청약통장이 없다면 더 늦기 전에 하루 빨리 만들자.

청약통장 자세한 내용은 〈부록 3〉 참고.

④ CMA통장

증권사의 수시입출금식 예금통장이라고 할 수 있는데 단기간 금리가 높아 비상금통장으로 딱이다. 또한 가계부를 1일 기준으로 쓰는데 월급날이 25일 전후라면 CMA통장을 가계부 결산을 용이하게 하기 위한 수단(예 : 월급을 CMA통장에 며칠 묵혔다가 1일 수입으로 잡기)으로도 활용할 수 있다.

CMA통장 자세한 내용은 〈넷째마당〉 참고.

⑤ 펀드

자신의 투자성향을 감안해서 주식형·혼합형·채권형펀드 중 적절히 분산투자하면 안정성과 수익성을 함께 노려볼 수 있다. 다만 거치식보다는 적립식으로, 단기보다는 중장기로 운영해야만 펀드의 장점을 극대화할 수 있다는 점에 유의하자.

펀드 자세한 내용은 〈다섯째마당〉 참고.

⑥ ETF

"재산의 10%는 미국 국채를 매입하고 나머지 90%는 S&P500 인덱스펀드에 투자해

tip

ETF 자세한 내용은 〈다섯째마당〉 참고.

라!" 워런 버핏이 유서에 남긴 투자 조언이다. 이처럼 워런 버핏이 사랑한 인덱스펀드 중 대표적인 것이 ETF인데, 주식보다 위험성이 낮고 은행 금리 이상의 수익률을 기대해볼 수 있다.

⑦ 연금저축

tip

연금저축 자세한 내용은 〈넷째마당〉 참고.

연간 납입금 한도(600만원) 내에서 세액공제(12%) 혜택을 받을 수 있으므로 연말정산시 탁월한 힘을 발휘한다. 노후대비와 절세전략을 함께 짤 수 있는 1석2조의 금융상품이므로 납입방법, 수익률, 연금 지급방식 등을 잘 따져본 후 가입해두면 좋다.

행동지침 3 | 섣부른 부동산투자는 금물!

전셋집을 아파트에서 빌라로, 또는 전세에서 월세로 옮기면서 남은 돈으로 무리하게 부동산투자에 뛰어들어서는 안된다. 왜냐하면 부동산시장의 변화에 따라 자칫 엄청난 손실을 볼 수도 있기 때문이다. 진정한 부동산 고수도 자기가 편하게 발 뻗고 마음 편하게 자야 할 집 1채는 가만히 놔둔다. 부동산투자는 전세살이를 벗어난 이후에 뛰어들어도 절대 늦지 않다. 과한 욕심은 결국 화를 부른다는 사실을 명심하자.

잠|깐|만|요

반전세계약 전 반드시 확인하자

반전세란 전세와 월세가 결합된 것으로, 전세금 상승분을 월세로 돌리는 개념이다. 즉 전셋값의 약 50% 정도 되는 돈을 보증금으로 내고 월세보다 저렴한 금액을 매월 월세처럼 지불하는 것이 반전세다. 통상 반전세는 원룸, 오피스텔보다 아파트에서 많이 활용된다.

반전세는 세입자 입장에서는 그리 달갑지 않은 계약방식이다. 혹시 경매에 넘어가더라도 떼일 전세보증금의 규모가 줄어든다는 장점이 있지만 금리로 환산했을 때 대출보다 높은 금리의 월세를 내야 하기 때문에 단점이 훨씬 크다. 다만 깡통전세가 우려되는 경우라면 차라리 반전세로 계약하는 것이 유리할 수도 있다. 만약 반전세로 계약한다면 다음 2가지는 꼭 기억하고 챙기도록 하자.

1 | 전월세 전환율을 비교하자

만약 집주인이 반전세를 요구한다면 전월세 전환율을 계산해 월세로 전환되는 금액이 적절한지 따져봐야 한다. 만약 전월세 전환율이 높으면 상대적으로 전세에 비해 월세의 부담이 크다는 의미다.

> 전월세 전환율 = (월세 × 12개월) / (전세−월세보증금) × 100

> 예시 **만약 집주인이 전세 1억원의 아파트를 보증금 1,000만원에 월세 50만원으로 계약하자고 한다면 전월세 전환율은 몇 %일까?**
> 전월세 전환율 = (50만원 × 12개월) / (1억원−1,000만원) × 100 = 6.7%

현재 정부가 발표한 전월세 전환율 상한선(2.5%=한국은행 기준금리+대통령령으로 정한 이율 2.0%)보다 높게 나왔다. 집주인이 적정 월세보다 비싼 월세를 요구한다고 볼 수 있다.

2 | 확정일자를 받고 중개수수료를 확인하자

반전세도 전세와 동일하게 확정일자가 필요하다. 전세계약을 할 때 받았다고 그냥 넘어서는 안된다. 반전세계약서를 작성하면 반드시 확정일자를 다시 받아야 한다. 반전세는 통상 월세와 동일한 방법으로 중개수수료를 산정한다. 중개수수료가 적정한지도 따져보자.

tip
반전세의 중개수수료 계산방법은 538쪽 참고.

11 | 호갱 No! 똑똑하게 전셋집 구하기

전셋집! 이것만은 확인하자

"전셋집! 어차피 몇 년 정도만 살 거니까 대충대충 알아보자!"

이런 마음을 갖고 있다면 큰코다칠 수 있다. 다음 세입자를 구하지 못해 발만 동동 구르거나, 남의 일인 줄로만 안 깡통전세 피해자가 될 수도 있고, 하자보수 문제로 시달리는 상황이 발생할 수도 있다.

전세 계약 체크리스트	yes	no
1 | 전셋값은 적당한가?	☐	☐
2 | 전세수요는 풍부한가?	☐	☐
3 | 깡통전세의 위험은 없는가?	☐	☐
4 | 전세사기 위험은 없는가?	☐	☐
5 | 구조와 생활환경은 좋은가?	☐	☐

체크 1 | 전셋값은 적당한가?

현재 갖고 있는 돈에 비해 턱없이 비싼 전셋집은 그림의 떡일 뿐이므로 전셋집별로 전셋값을 비교해봐야 한다. 인터넷으로 미리 부동산실거래가를 조회해본 후에 직접 중개업소를 방문해 정확한 전세가격을 알아보자. 만약 전셋값이 너무 저렴하다면 왜 저렴한지 꼭 파악해야 한다. 깡통전세일 위험이 크니 유의하자. 참고로, 매물로 나온 집이 얼마 동안 비어 있었는지도 확인하는 것이 좋다. 공실기간이 길다면 뭔가 문제가 있는 집일 수도 있으니까 말이다.

체크 2 | 전세수요는 풍부한가?

직장이 밀집되거나 교통이 편리한 곳에 있는 전셋집을 구하는 것이 좋다. 왜냐하면 전세수요가 풍부하기 때문이다. "내가 살기 좋으면 그만이지 전세수요가 중요한가?" 무시하고 넘길 문제가 아니다. 왜냐하면 전세수요가 부족하면 다음 세입자를 구할 때 애를 먹을 수 있기 때문이다.

전세보증금을 잘 갖고 있다가 세입자가 나갈 때 친절하게 내주는 집주인을 만나기는 힘들다. 집주인들은 대부분 다음 세입자로부터 전세보증금을 받아서 나가는 세입자에게 내준다. 결국 다음 세입자가 제때 구해지지 않으면 전세가 만기되어도 전세보증금을 받지 못해 나가지 못하고, 꼼짝없이 다음 세입자를 애타게 기다려야 하는 상황이 발생할 수도 있다.

따라서 돈이 넉넉하지 않다면 사무실 밀집지역이나 역세권에서 조금 떨어져 있는 곳에서 전셋집을 알아보더라도 전세수요는 꼭 따져봐야 한다. 혹시 아는가? 전세수요도 비교적 괜찮고 주변의 인프라(대형마트, 병원, 편의시설 등)까지 우수한 금상첨화인 전셋집을 찾게 될지!

체크 3 | 깡통전세의 위험은 없는가?

깡통전세란 집값이 전셋값 또는 전셋값과 대출금의 합보다 낮아지는 것(전셋값〉매매가, 전셋값+집을 담보로 빌린 돈〉매매가)을 말한다. 즉 깡통전세는 집주인이 집을 팔아도 전세보증금을 온전히 내줄 수 없을뿐더러, 대출이자를 갚지 못해서 집을 경매로 넘겨 전세보증금을 날리는 최악의 상황까지 벌어지게 할 수 있다.

전세보증금과 근저당설정액(대출을 받을 때 채무불이행을 대비해 은행의 권리를 설정해둔 금액)의 합이 집값의 70%를 넘어가면 위험하다. '전세보증금+근저당설정액〈매매가의 70%'라고 꼭 기억해두고 확인하자. 만약 근저당설정액이 없다면 전세보증금이 집값의 70%를 넘지 않으면 된다.

깡통전세를 피하려면 등기부등본(현 등기사항전부증명서)부터 확인하는 것이 1순위다. 왜냐하면 등기부등본에 집주인이 누구인지, 대출이 얼마 있는지, 가압류·가처분은 없는지 등이 전부 나와 있기 때문이다. 등기부등본은 대법원 인터넷등기소(www.iros.go.kr)를 통해 누구나 열람하고 출력할 수 있다. 참고로, 등기부등본은 잔금 납부 전에 한 번 더 확인하는 것이 좋다. 그 사이에 집주인이 세입자 몰래 추가로 대출을 받는 경우도 있기 때문이다.

tip ··

다가구주택에 전세로 들어간다면?

다가구주택은 본인보다 먼저 입주한 선순위 세입자가 많을 수 있다. 따라서 자신의 전세보증금, 선순위 보증금(선순위 세입자의 전세보증금) 총액, 근저당설정액, 이 3가지를 합친 금액이 매매가의 70%를 넘는 다가구주택은 피하는 것이 좋다. 근저당설정액은 등기부등본에서 확인할 수 있고 선순위 보증금은 집주인의 동의를 얻어 주민센터에서 확인하면 된다.

체크 4 | 전세사기 위험은 없는가?

① 등기부등본의 소유자와 집주인이 동일한지 확인

반드시 등기부등본의 소유자 인적사항과 집주인이 일치하는지를 확인한다. 이를 소홀히 하면 전세사기를 당하기 딱이다. 참고로, 전세자금대출이 필요하면 전세계약서 작성 전에 집주인에게 미리 말해두어야 한다. 왜냐하면 아직까지는 금융기관에서 전세자금대출시 집주인의 동의와 협조가 필요한 경우가 일반적이기 때문이다.

② 입금시 반드시 계좌로 송금

잔금 등 돈을 입금할 때는 현금거래보다 집주인의 계좌로 송금하는 것이 좋다. **계좌이체 내역은 전세사기 등 혹시 모를 상황이 발생할 경우 증빙자료로 활용할 수 있다.** 만약 계좌이체한도가 낮다면 사전에 상향조정해두자.

③ 직거래보다는 중개업소 이용

직거래보다는 중개업소를 이용하는 것이 안전하다. 자칫 중개수수료를 아낀다고 직거래를 했다가 문제가 발생하면 법적인 보호를 받지 못할 수도 있다. 공적문서를 위조해 집주인 행세를 하며 전세보증금을 빼돌리는 사기도 많다. **중개업소도 '공인중개사사무소, 부동산중개'라는 문구가 있는 등록업소를 이용해야 한다.** 'ㅇㅇ컨설팅, ㅇㅇ투자개발' 등이라고 적힌 중개업소는 불법중개로 인해 자칫 전세사기 피해를 입을 수 있으니 조심하자.

체크 5 | 구조와 생활환경은 좋은가?

다음은 전셋집 체크리스트(구조, 환경)인데 참고하길 바란다.

▼ 전셋집 구조와 환경 체크리스트

구조	환경

• 채광이 좋고 환기가 잘 되는가?
• 누수, 곰팡이 흔적은 없는가?
• 수압은 괜찮은가?
• 도시가스인가?
• 외풍이 심하지 않은가?
• 보일러는 정상적으로 작동하는가?
• 방충망과 방범창은 있는가?
• 전기 콘센트 파손된 것은 없는가?
• 퀴퀴한 냄새가 나지 않는가?
• 화장실 시설(변기, 샤워기 등) 파손은 없는가?
• 전기·수도계량기가 개별 구비되어 있는가?
• 세탁기를 설치할 공간은 있는가?
• 다용도실이나 빨래를 건조할 공간은 있는가?
• 도배·장판은 새로 해주는가?
• 한 달 관리비는 얼마인가?
• 가구·가전제품이 충분히 들어갈 수 있는가?
	• 인근에 대형마트나 전통시장 등이
	  있는가?
	• 인근에 병원, 쇼핑센터 등이 있는가?
	• 어린이집, 유치원, 학교, 학원 등과
	  가까운가?
	• 주차공간은 충분한가?
	• 외부 방범시설은 잘 갖춰져 있는가?
	• 위층에 뛰어다니는 어린아이는
	  없는가?
	• 밤에 외부 소음이 심하지 않는가?
	• 옆 건물에서 우리 집 내부가 보이지
	  않는가?

현실적으로 체크리스트 항목을 모두 충족시키는 전셋집을 구하기란 쉽지 않다. 최소한 70~80% 이상 충족된다면 OK 결정을 내리자. 다만 핵심 체크리스트 항목은 필수적으로 충족시키는 전셋집을 구해야만 생활하기에 불편함이 없다.

빛이 잘 안 들어오고 공기가 잘 통하지 않으면 주거만족도가 급격히 떨어진다. 또한 건강이 안 좋아질 수 있고 난방비가 증가할 수도 있다. 오래된 집일수록 누수와 수압 문제가 심각할 수 있다. 변기 물을 내려보거나 세면대, 싱크대 등에 물을 틀어서 확인한다. 특히 보일러는 집주인과 세입자 간에 수리 주체를 두고 다툼이 많다. 전세계약서 특약에 만약 보일러 수리가 필요하면 집주인이 보일러 수리를 하는 것으로 꼭 명기해두자.

아이가 초등학교 입학 전이라면 어린이집, 유치원까지의 통학거리가 중요하다. 아이가

전셋집 핵심 체크리스트	yes	no
1 | 채광이 좋은가?	☐	☐
2 | 환기가 잘 되는가?	☐	☐
3 | 누수 흔적은 없는가?	☐	☐
4 | 수압은 괜찮은가?	☐	☐
5 | 보일러는 정상적으로 작동하는가?	☐	☐
6 | 어린이집, 유치원, 학교, 학원 등과 가까운가?	☐	☐
7 | 주차공간은 충분한가?	☐	☐
8 | 밤에 외부 소음이 심하지 않는가?	☐	☐

어릴수록 통학거리가 가까우면 등하굣길이 안전해질 수 있고 어린이집, 유치원까지 직접 데려다주는 맞벌이부부라면 아침 출근시간도 여유로워진다.

새 아파트는 비교적 넓은 주차공간을 확보하고 있지만 오래된 아파트, 빌라 등은 주차공간이 턱없이 부족한 경우가 많다. 주차공간이 너무 협소하면 주차전쟁을 치러야 한다. 이로 인한 스트레스가 상당할 수 있으므로 주차공간도 꼭 따져봐야 한다.

소음도 중요한 체크리스트 항목이다. 밤늦게까지 시끄럽게 영업하는 상가는 없는지, 층간소음은 심하지 않은지, 기차나 항공기 소음은 없는지 등 낮과 밤의 소음을 꼼꼼히 체크해봐야 한다. 특히 직장에서 녹초가 되어 퇴근했는데 위층에서 미친 듯이 쿵쾅거리면 휴식은커녕 위층으로 뛰어올라가 싸움나기 일쑤다.

호갱 탈출! 중개수수료 계산하기

중개업자가 중개수수료를 법령과 조례에서 정한 금액을 초과해서 요구할 수도 있다.
따라서 중개수수료를 정확하게 얼마나 줘야 하는지 사전에 알아두어야 한다. 다음은
서울시의 중개수수료율이다. 지역마다 조금 다를 수 있지만 큰 차이는 없다.

▼ 부동산 중개수수료율(서울시 기준)

구분	거래금액	상한요율	한도액
매매 · 교환	5천만원 미만	0.6%	25만원
	5천만원 이상 ~ 2억원 미만	0.5%	80만원
	2억원 이상 ~ 9억원 미만	0.4%	없음
	9억원 이상 ~ 12억원 미만	0.5%	없음
	12억원 이상 ~ 15억원 미만	0.6%	없음
	15억원 이상	0.7%	없음
임대차등	5천만원 미만	0.5%	20만원
	5천만원 이상 ~ 1억원 미만	0.4%	30만원
	1억원 이상 ~ 6억원 미만	0.3%	없음
	6억원 이상 ~ 12억원 미만	0.4%	없음
	12억원 이상 ~ 15억원 미만	0.5%	없음
	15억원 이상	0.6%	없음

전세계약은 위 표에서 '임대차 등'에 해당되며 중개수수료는 거래금액에 상한요율을
곱한 금액(중개수수료 = 거래금액 × 상한요율)이다. 요율은 수수료율을 줄인 말이다.

예시 1 **전세 8,000만원인 경우 중개수수료는?**

• 8,000만원 × 0.4% = 32만원

• 계산 결과는 32만원이다. 하지만 거래금액이 5,000만원 이상~1억원 미만일 때는
  중개수수료 한도액이 30만원이다. 따라서 30만원만 내면 된다.

예시 2 **전세 2억 5,000만원인 경우 중개수수료는?**

• 2억 5,000만원 × 0.3% = 75만원

• 거래금액이 1억원 이상~3억원 미만일 때는 중개수수료 한도액이 없으므로 계산
  결과인 75만원을 내야 한다.

참고로, 월세계약의 중개수수료 계산방법도 전세계약과 동일하다. 다만 거래금액을
보증금과 월세 100개월치를 합한 금액으로 정한다는 것만 유의하면 된다.

예시 3 **보증금 2,000만원, 월세 40만원인 경우 중개수수료는?**

• 월세 40만원의 100개월치는 4,000만원이다. 이 금액을 보증금 2,000만원과 합하
  면 6,000만원이다. → 임대차 등에서 6,000만원의 상한요율은 0.4%다.

• [2,000만원+(40만원 × 100)] × 0.4% = 24만원

모자란 전세자금, 저금리로 대출받자

잔금 등을 치르고 전세계약을 마무리해야 하는데 정작 집주인에게 보증금으로 줘야 할 돈이 부족할 수 있다. 이런 경우에는 전세자금대출상품을 알아봐야 한다. 전세자금대 출상품의 종류는 크게 주택도시기금의 전세자금대출상품과 은행의 전세자금대출상품으로 나뉜다.

주택도시기금의 전세자금대출상품은 자격요건(나이, 연소득 등)을 충족해야 대출이 가능하며 대출금리가 저렴하다. 은행의 전세자금대출상품은 신용등급 기준 등을 충족하면 대출이 가능하며 대출금리는 은행별로 다르다.

주택도시기금 전세자금대출 1 | 버팀목

근로자 · 서민의 주거안정을 위한 전세자금대출상품이다. 대상은 부부합산 연소득 5천 만원(다자녀가구, 2자녀 가구인 경우 6천만원 , 신혼부부인 경우는 7.5천만원) 이하, 순자산가액 3.45억원 이하 무주택 세대주이며 대출금리는 연 2.3~3.3%이다. 대출한도는 최대 1.2억 원(수도권 외 지역은 최대 8,000만원)이며, 대출기간은 2년이나 2년 단위로 4회 연장해 최장 10년까지 가능하다.

버팀목전세자금대출의 장점은 금리우대 이외에 추가 금리우대가 있어서 조건을 충족 하면 대출금리가 상당히 저렴하다는 것이다. 따라서 부부합산 연소득이 낮거나 다자녀가 구 등이라면 활용하는 것이 좋다. 다만 주택도시기금의 타 상품과 달리 보증금의 70% 이 내로 대출한도가 제한된다는 것이 단점이다.

연소득	보증금		
	5,000만원 이하	5,000만원 초과 ~ 1억원 이하	1억원 초과
2,000만원 이하	연 2.3%	연 2.4%	연 2.5%
2,000만원 초과 ~ 4,000만원 이하	연 2.5%	연 2.6%	연 2.7%
4,000만원 초과 ~ 6,000만원 이하	연 2.8%	연 2.9%	연 3.0%
6,000만원 초과 ~ 7,500만원 이하	연 3.1%	연 3.2%	연 3.3%

※ 시중금리 상황에 따라 변동될 수 있음

금리우대 조건은 다음과 같다. 단, 중복적용은 안된다.

- **부부합산 연소득 4,000만원 이하인 기초생활수급권자 · 차상위계층** : 연 1.0%
- **부부합산 연소득 5,000만원 이하로서 한부모가족확인서를 발급받은 가구** : 연 1.0%
- **다문화 · 장애우 · 노인부양 · 고령자가구** : 연 0.2%

추가 금리우대 조건은 다음과 같다. 여기는 중복적용이 가능하다.

- **주거안정월세대출 성실납부자** : 연 0.2%
- **국토교통부 부동산 전자계약 시스템을 활용해 주택의 임대차계약 체결** : 연 0.1%
- **다자녀 가구** : 연 0.7%
- **2자녀 가구** : 연 0.5%
- **1자녀 가구** : 연 0.3%

주택도시기금 전세자금대출 2 | 청년전용버팀목

전세자금이 부족한 청년들을 위한 전세자금대출상품이다. 대상은 만 19세 이상~만 34세 이하의 무주택 세대주로, 대출 대상주택의 전세계약(보증금 3억원 이하)을 체결하고 보증금의 5% 이상을 지불한 자다. 대출금리는 연 2.0~3.1%이며 대출한도는 최대 2억원이다. 대출기간은 2년이나 2년 단위로 4회 연장해 최장 10년까지 가능하다.

청년전용버팀목전세자금대출의 장점은 단독세대주인 청년들이 저금리로 대출을 받을 수 있다는 것이나, 대출한도가 낮다는 것이 단점이다. 만 34세 이하의 사회초년생이면서 소액의 전세자금이 필요하다면 활용해보자.

▼ 청년전용버팀목전세자금대출 금리

연소득	보증금 3억원 이하
2,000만원 이하	연 2.0%
2,000만원 초과 ~ 4,000만원 이하	연 2.3%
4,000만원 초과 ~ 6,000만원 이하	연 2.7%
6,000만원 초과 ~ 7,500만원 이하	연 3.1%

※ 시중금리 상황에 따라 변동될 수 있음

 tip ···

중소기업취업청년 전월세보증금대출

주택도시기금의 중소기업취업청년 전월세보증금대출이 있다. 중소기업에 재직 중이면 대출금리 연 1.5%로 최대 1억원까지 대출받을 수 있다. 부부합산 연소득 5,000만원 이하, 무주택 세대주이면서 중소기업에 취업한 청년들이라면 꼭 눈여겨보길 바란다.

주택도시기금 전세자금대출 3 | 신혼부부전용

신혼부부를 위한 전세자금대출상품이다. 대상은 부합산 연소득 7,500만원 이하인 무주택자이며, 대출금리는 연 1.7~3.1%다. 대출한도는 최대 3억원(수도권 외 지역은 최대 2억원)이다. 대출기간은 2년이나 4회 연장해 최장 10년까지 가능하다.

신혼부부전용전세자금대출의 장점은 금리가 정말 낮다는 것이다. 신혼가구라면 반드시 활용해봐야 한다. 다만 신혼가구는 혼인기간이 7년 이내이거나 결혼예정자인 가구만 해당되고, 부부합산 연소득이 높으면 활용할 수 없다는 것이 단점이다.

▼ 신혼부부전용전세자금대출 금리

연소득	보증금			
	5,000만원 이하	5,000만원 초과 ~ 1억원 이하	1억원 초과 ~ 1.5억원 이하	1.5억원 초과
2,000만원 이하	연 1.7%	연 1.8%	연 1.9%	연 2.0%
2,000만원 초과 ~ 4,000만원 이하	연 2.0%	연 2.1%	연 2.2%	연 2.3%
4,000만원 초과 ~ 6,000만원 이하	연 2.4%	연 2.5%	연 2.6%	연 2.7
6,000만원 초과 ~ 7,500만원 이하	연 2.8%	연 2.9%	연 3.0%	연 3.1%

※ 시중금리 상황에 따라 변동될 수 있음

금리우대 조건은 다음과 같다. 중복적용이 가능하다.

- **국토교통부 부동산 전자계약 시스템을 활용해 주택의 임대차계약 체결** : 연 0.1%
- **다자녀 가구** : 연 0.7%
- **2자녀 가구** : 연 0.5%
- **1자녀 가구** : 연 0.3%

버팀목, 청년전용버팀목, 신혼부부전용전세자금대출은 주택도시기금의 대표적인 전세자금대출 3인방이다. 다음 표를 보면서 차이점을 찬찬히 살펴보길 바란다.

▼ 주택도시기금 전세자금대출 3인방 비교

구분		버팀목 전세자금대출	청년전용버팀목 전세자금대출	신혼부부전용 전세자금대출
자격	나이	만 19세 이상	만 19세 이상 만 34세 이하	혼인기간 7년 이내 또는 3개월 이내 결혼예정
	대상	세대주 (예비세대주 포함)	세대주 (예비세대주 포함)	세대주, 신혼부부
	주택여부	무주택자 (세대주/세대원 전원)	무주택자 (세대주/세대원 전원)	무주택자 (세대주/세대원 전원)
	소득	부부합산 연소득 5,000만원 이하	부부합산 연소득 5,000만원 이하	부부합산 연소득 7,500만원 이하
대출 한도 (호당)	수도권	1.2억원	2억원 (만 25세 미만 단독 세대 주 1.5억원 이하)	3억원
	기타	8,000만원		2억원
대상 주택	수도권	전용면적 85㎡ 이하	전용면적 85㎡ 이하	전용면적 85㎡ 이하
	읍면 지역	전용면적 100㎡ 이하	–	전용면적 100㎡ 이하
대출금리		연 2.3~3.3%	연 2.0~3.1%	연 1.7~3.1%
대출상환		만기일시상환 또는 혼합상환		
대출기간		2년(4회 연장해 최장 10년)		
중도상환수수료		없음		
취급은행		우리은행, KB국민은행, 하나은행, NH농협은행, 신한은행, 대구은행, 부산은행		

대출 상환방식 3가지

대출 상환방식은 크게 원금균등 분할상환, 원리금균등 분할상환, 만기일시상환으로 구분할 수 있다.

▼ 대출 상환방식

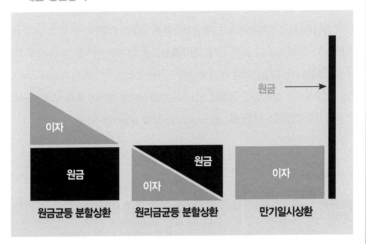

- **원금균등 분할상환** : 매월 원금을 균등하게 상환하는 방식
- **원리금균등 분할상환** : 매월 원금과 이자를 균등하게 상환하는 방식
- **만기일시상환** : 매월 이자만 부담하다가 만기에 원금을 일시불로 상환하는 방식

월부담금이 가장 높은 방식은 원금균등 분할상환 〉 원리금균등 분할상환 〉 만기일시상환이며, 이자를 가장 많이 내는 방식은 만기일시상환 〉 원리금균등 분할상환 〉 원금균등 분할상환이다.

일반적으로 원리금균등 분할상환을 가장 많이 선택하지만, 자신에게 가장 적합한 방식을 잘 선택해보자. 참고로, 위 3가지 방식을 섞어놓은 혼합상환도 있다. 혼합상환은 대출기간 중 원금 일부(10~50%)를 나눠서 갚고 잔여 원금을 만기에 일시불로 상환하는 방식이다.

은행의 전세자금대출

주택도시기금의 전세자금대출상품을 이용할 수 없다면 은행의 전세자금대출상품을 알아봐야 한다. 전세자금대출은 제1·2금융권 모두 가능하다. 일단 자신의 주거래은행을 방문해서 상담을 받아보는 것이 우선이다. 왜냐하면 급여이체, 예적금 가입 등의 내역이 있으면 대출우대혜택을 제공하는 경우가 많기 때문이다. 그런 이후에 제1금융권인 다른 시중은행도 함께 비교해보는 것이 좋다. 은행별로 ① 대출조건, ② 대출한도, ③ 대출금리, ④ 상환방식, 이 4가지를 반드시 꼼꼼하게 비교해본 후에 결정해야 한다.

만약 신용불량, 연체기록 등으로 제1금융권에서 대출이 거절된다면 어쩔 수 없이 제2금융권(저축은행, 벤처캐피탈 등)의 전세자금대출상품을 알아봐야 한다. 상대적으로 대출조건은 덜 까다롭지만 대출금리가 높기 때문에 신용등급 등을 최대한 빨리 회복해서 제1금융권으로 갈아타는 것이 좋다. 은행별 전세자금대출상품을 한눈에 보고 싶다면 금융감독원의 금융상품통합비교공시(finlife.fss.or.kr) 사이트를 활용하면 된다.

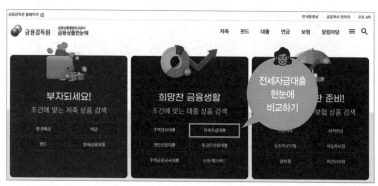

금융상품통합비교공시

은행의 전세자금대출 진행 6단계

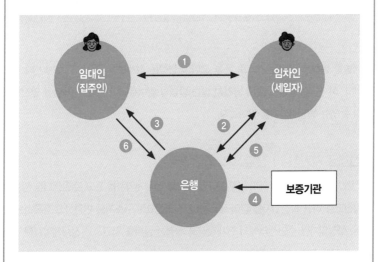

❶ 집주인과 세입자 간 전세계약을 체결한다.

❷ 은행은 질권(임대차보증금반환채권을 담보로 대출을 받는 것)을 설정한다.

❸ 은행이 ②를 집주인에게 통지하고 전세계약 사실을 확인한다.

❹ 보증기관(한국주택금융공사, 주택도시보증공사, 서울보증보험)의 보증서를 발급한다.

❺ 은행과 세입자 간 전세자금대출계약을 체결(대출금은 세입자의 동의를 거쳐 집주인 통장으로 송금)한다.

❻ 전세계약 만기시 집주인은 은행에 대출금(임대차보증금)을 상환하고 질권은 소멸된다.

13 | 전세금 안전하게 지키는 방법 3가지

대출을 통해 마련했든 스스로 돈을 모아 마련했든 전세보증금은 누구에게나 피 같은 돈이다. 이 전세보증금을 절대 날리지 않는 방법을 알아두어야 한다. 전세금을 안전하게 지킬 수 있는 방법 3가지를 알아보자.

전세금 지키기 1 | 전입신고, 확정일자

전세계약을 하고 잔금까지 납부했다면 곧바로 전세계약서를 들고 주민센터를 방문해 전입신고를 하고 확정일자를 받아둬야 한다. 전입신고란 주소지를 변경하고 등록하는 것이며, 확정일자란 주민센터에서 전세계약을 체결한 날짜를 확인하고 전세계약서에 찍어주는 도장에 적힌 날짜를 말한다.

통상 이사한 날 기준으로 14일 이내에 해야 하지만 바쁘다고 절대 미루지 말자. 전입신고와 확정일자의 효력은 대항력과 우선변제권을 얻을 수 있다는 것이다. 대항력이란 집이 경매에 넘어가더라도 전세보증금을 받기 전에는 세입자가 집을 비워주지 않아도 되는 권리를 말한다. 우선변제권이란 집이 경매에 넘어가서 팔린 돈에서 후순위 권리자나 기타 채권자보다 우선해 전세보증금을 돌려받을 수 있는 권리를 말한다.

---

tip

온라인으로 전입신고, 확정일자 받기

만약 일이 바빠서 주민센터를 방문하기 힘들다면 온라인을 활용하면 된다. 전입신고는 정부24(www.gov.kr)를 통해서 할 수 있다. 굳이 회원가입하지 않아도 되지만 공인인증서는 꼭 필요하다. 또한 오후 6시 이후, 토요일, 공휴일에 신청하면 다음 근무일에 접수된다는 점에 유의하자. 확정일자는 대법원 인터넷등기소(www.iros.go.kr)를 통해서 받을 수 있다. 반드시 회원가입해야 하며 계약서 스캔 1부, 공인인증서가 필요하고 수수료 500원이 청구된다.

전세금 지키키 2 | 전세권설정등기

전세권설정등기는 관할 등기소에 가서 등기부등본에 자신이 세입자임을 기록하는 것이다. 접수한 날부터 바로 효력이 발생하므로 확정일자보다 선순위이지만 집주인의 동의가 필요하고 등기비용(보증금의 0.2% 내외+법무비)이 만만치 않다. 또한 전세권설정등기는 세입자가 다시 세를 놓는 전전세가 가능해서 집주인들이 대부분 싫어한다. 따라서 전세권설정등기를 하지 않고 전입신고를 하고 확정일자를 받는 것이 훨씬 편하고 낫다. 다만 다음의 경우라면 전세권설정등기를 하는 것이 좋다.

- 법인이거나 전입신고를 할 수 없는 경우
- 집주인이 전입신고와 확정일자를 꺼리는 오피스텔 등인 경우
- 전전세를 놓는 경우

▼ 확정일자 vs 전세권설정등기

구분	확정일자	전세권설정등기
전입신고	필요	불필요
비용	600원 (4장 초과시 추가비용 발생)	• 등록면허세 : 보증금의 0.2% 내외 • 지방교육세 : 등록면허세의 20% • 등기신청수수료 : 15,000원 • 법무비용 등
효력	보증금반환소송 후 강제집행	보증금반환소송 없이 강제집행
집주인 동의	불필요	필요

전세금 지키키 3 | 전세금보증보험

전세금보증보험은 전세보증금을 돌려받지 못할 때 보증기관에서 대신 반환해주는 상품이다. 집주인은 보증기관에 전세보증금을 상환해야 하는 의무가 있다. 전세금보증보험은 크게 주택도시보증공사(HUG)의 전세보증금반환보증과 서울보증(SGI)의 전세금보장신용보험이 있다. 이러한 전세금보증보험을 활용하면 전세보증금을 안전하게 지킬 수 있다.

집주인 동의 없이 언제든지 인터넷으로 가입할 수 있다. 다만 전세금보증보험에 가입할 때는 보증의 목적을 명확히 해야 한다. 만약 저렴한 보험요율을 원한다면 주택도시보증공사(HUG)의 상품이 적합하고, 보장한도가 중요하다면 서울보증(SGI)의 상품이 적합하다. 참고로, 저소득층가구, 3인 이상 다자녀가구 등 사회배려계층은 보험료 할인도 받을 수 있다.

▼ 전세금보증보험의 종류

구분	주택도시보증공사(HUG)	서울보증(SGI)
상품명	전세보증금반환보증	전세금보장신용보험
보증한도	• 수도권 : 7억원 이하 • 기타 지역 : 5억원 이하	• 아파트 : 제한 없음 • 기타 주택 : 10억원 이하
보험요율	• 아파트 : 연 0.128% • 기타 주택 : 연 0.154%	• 아파트 : 연 0.183% • 기타 주택 : 연 0.208%
보증기간	전세계약기간의 시작일~전세계약기간 종료일 후 1개월	

※ 보험요율은 보험계약자의 신용도, 상품 개정 등에 따라 변동될 수 있음

중간에 올려준 전세보증금 확실하게 지키는 방법

전세 만기 시점에 집주인이 전세보증금을 올려달라고 요구해 울며 겨자 먹기로 전세보증금을 올려주는 경우가 많다. 이런 경우 올려준 전세보증금까지 안전하게 지키는 방법은 무엇일까? 아주 간단하다. 다음 2가지 방법 중 하나를 선택하면 된다. 방법은 쉽지만 간과하기 쉬우므로 꼭 기억해두길 바란다.

- **기존 전세보증금** : 2억원
- **올려준 전세보증금** : 3,000만원
- **전세보증금 합계** : 2억 3,000만원

1 | 계약서를 새롭게 작성(전세보증금 합계 기준)한다

기존 계약서는 그대로 보관하고 2억 3,000만원짜리 계약서를 새롭게 작성한다. 다만 특약에 "○○○○년 ○○월 ○○일 전세보증금을 2억원에서 3,000만원 올려서 2억 3,000만원에 다시 작성하는 계약서임"이라는 내용을 명시한다. 또한 새로운 계약서에 확정일자도 다시 받아두어야 한다.

2 | 계약서를 추가로 작성(올려준 전세보증금 기준)한다

기존 계약서는 그대로 보관하고 3,000만원짜리 계약서를 추가로 작성한다. 특약과 확정일자는 앞과 동일하다. 특약에 "○○○○년 ○○월 ○○일 전세보증금을 3,000만원 올렸기에 3,000만원짜리 계약서를 추가로 작성함"이라는 내용을 명시하고 확정일자도 다시 받아둔다.

"그럼 기존 계약서에 받아둔 확정일자의 효력은 없어지는 것인가요?"
걱정이 될 수도 있다. 결론부터 말하자면 효력이 없어지지 않는다. 처음 확정일자를 받은 전세보증금도 보호받을 수 있고 새롭게(또는 추가로) 확정일자를 받은 전세보증금도 보호받는다. 다만 보호를 받는 날의 기준이 다를 뿐이다. 각각의 전세보증금이 모두 보호받으므로 너무 걱정하지 말자.

최후의 보루, 보험!

14 | 의료실비보험 — 월급쟁이 필수 보험

건강보험으로도 해결이 안된다면? 실비보험!

보험 하면 생돈 나가는 느낌이 들어서 가입의 필요성을 못 느끼는 월급쟁이들도 많다. 특히 "나는 아직 젊고 건강해" 하는 생각으로 열심히 운동하지만, 운동만으로는 막을 수 없는 것이 갑작스런 질병과 상해다. 이런 질병과 상해가 발생하면 병원의료비가 엄청나기 때문에 결국 그동안 힘들게 모아둔 목돈을 의료비로 연기처럼 날려버리는 경우가 많다.

따라서 이러한 위험에 대비하고 건강을 보장받기 위해서 보험은 반드시 필요한 재테크 금융상품이라고 할 수 있다. 또한 보험 중에서도 월급쟁이라면 필수로 가입해두어야 하는 보험이 바로 '의료실비보험'이다.

사실 의료실비보험은 국민의 절반 이상이 가입했다고 해도 과언이 아니다. 하지만 정작 왜 좋은지, 어떤 상황에 보장받는지는 잘 모른 채 무작정 가입부터 하는 경우가 많다. 또한 보험은 설명을 들어도 용어가 어렵고 내용이 복잡하기 때문에 뭔가 보장받겠지 막연하게 생각하는 경우가 많다.

메르스도 실비보험 적용대상?

의료실비보험의 가장 큰 장점은 국민건강보험에서 보장하지 않는 본인부담금(비급여항목 포함)까지도 보장해준다는 것이다. 질병 또는 사고로 인해 병원에 가본 경험이 있는 월급쟁이라면 비록 국민건강보험에서 일부 병원의료비를 부담해주기는 하지만 본인부담금이 만만치 않다는 사실을 알 것이다.

▼ 의료실비보험 보장 대상

국민건강보험 적용(요양급여)		국민건강보험 비적용(비급여)	
공단부담금(A)	입원비, 수술비	본인부담금(C)	MRI, CT진단비
	검사비, 치료비 등		초음파진단비
본인부담금(B)	입원비, 진찰비		상급병실사용료
	검사비, 치료비 등		항암제 등

의료실비보험 보장(B+C)

※ MRI, CT, 초음파진단비는 진단부위/목적 등에 따라 급여항목으로 인정받을 수도 있다. 좀 더 자세한 MRI, CT, 초음파진단비의 급여항목 인정기준은 건강보험심사평가원(www.hira.or.kr) → '제도·정책' → '보험인정기준'에서 확인할 수 있다.

의료실비보험은 본인이 부담한 실제 병원의료비를 실비(實費) 형태로 보장해주는 보험이라고 보면 된다. 따라서 질병이나 상해로 인한 입원의료비, 통원의료비, 약제비, 고가진단비(MRI, MRA 등), 도수치료비 등 거의 모든 비용이 의료실비보험으로 보장된다고 할 수 있다.

참고로, 2015년 메르스(중동호흡기증후군) 때문에 온 나라가 떠들썩했는데, 메르스도 의료실비보험을 통해서 치료비나 입원비 등을 보장받을 수 있다. 한마디로, 의료실비보험 약관에 명시된 비보장대상을 제외하고는 모두 보장받을 수 있다고 생각하면 된다.

▼ 의료실비보험 비보장대상 예시

구분	내용
비보장대상	• 정신과질환, 행동장애 • 습관성유산 등 • 임신, 출산(제왕절개, 자연분만), 산후기선천성뇌질환 • 비만 • 비뇨기계 장애 • 외모 개선 목적의 성형수술 • 가입자 고의로 인한 피해 • 영양제, 종합비타민제, 호르몬 등 • 기타

단, 의료실비보험도 전체 병원의료비 중 본인이 부담해야 하는 자기부담금이 있다. 자기부담금은 입원의료비, 통원의료비, 특약 등 보장대상에 따라 다르다.

자기부담금

자기부담금이 왜 필요한지 불평하는 분도 있다. 자기부담금은 "내 돈 안 내니까" 생각해 불필요하게 치료받을 경우 전체 보험료가 올라가는 폐단을 예방하기 위해서 만든 것이다.

잠 | 깐 | 만 | 요

의료실비보험 제대로 가입하려면?

필자도 의료실비보험에 가입했는데, 재테크 왕초보 월급쟁이들은 대부분 다음 4단계를 거쳐서 잘못 가입하는 오류를 범하지 않을까 싶다.

• **1단계** | 주변에서 좋다고 얘기하는 보험에 호감을 갖는다.

"아무래도 ○○보험사가 괜찮겠지" 하는 선입견을 갖거나 주변에서 "○○의료실비보험이 좋아요" 하는 말에 솔깃해서 다른 보험사나 다른 의료실비보험이 눈에 들어오지 않는다.

- **2단계** | 무작정 해당 보험사에 전화하거나 해당 보험사에서 일하는 지인에게 물어본다.
- **3단계** | 설명을 듣지만 낯선 용어 때문에 집중하지 못한다.

  결국 중요한 내용은 기억 나지 않고, 귀에 남는 말은 "저희 보험사가 보장범위도 넓고 보장금액도 가장 큽니다", "타 의료실비보험보다 훨씬 저렴합니다"뿐이다. 특히 저렴하다는 말을 들으면 대부분 가입해야겠다고 생각한다.
- **4단계** | 타 보험사의 상품과 비교하다 귀찮아서 포기한다.

그런데 과연 위와 같은 단계로 의료실비보험에 가입하는 것이 올바르고 현명한 방법일까? 복잡한 내용은 뒤로하고 다음 내용만이라도 머릿속에 새겨두면 최악의 실수는 피할 수 있겠다.

1 | 유명 보험사라고 해서 반드시 좋은 것은 아니다

보험료에는 사업비(광고비 포함)가 포함되어 있는데, 유명 보험사들의 경우 TV와 언론 등에 광고를 많이 한다. 따라서 상대적으로 사업비가 높게 책정되어 있을 가능성이 크며, 이런 사업비는 보험료에 포함되어 고스란히 가입자의 몫으로 돌아간다.

2 | 다음과 같은 홍보는 대부분 거짓말이다

"저희 보험사가 보장범위도 넓고 보장금액도 가장 큽니다."

거짓일 확률 100%다. 현재 의료실비보험은 표준화되어 있어서 보험사별 보장범위와 보장금액이 동일하다.

"타 의료실비보험보다 훨씬 저렴합니다."

이런 말도 거짓말이다. 보험료는 개인별 조건(나이, 성별, 병력 등)과 특약구성 등에 따라 달라지는데, 과연 모든 보험사의 의료실비보험을 정확하게 분석하고 비교했을까? 또한 특약구성을 하지 않은 상태에서는 보험료 산출이 불가능한데 밑도 끝도 없이 무작정 저렴하다는 말은 논리에도 맞지 않다.

가입 유의사항 1 | 중복보장이 불가능하다

그럼 의료실비보험 가입 전 살펴봐야 하는 사항은 무엇일까? 가장 먼저 중복보장이 불가능하다는 것을 염두에 둬야 한다. 의료실비보험은 여러 개 가입한다고 절대 좋은 것이 아니다. 왜냐하면 실제 병원의료비를 실비 형태로 보장해주는 **비례보상이므로 중복보장이 불가능하기 때문이다.** 따라서 사전에 가입한 보험이 있다면 중복되는 보장은 없는지 잘 확인해봐야 한다.

가입 유의사항 2 | 1년 갱신형이며 만기는 15년이다

현재 의료실비보험은 단독상품으로 판매된다. 모든 보험사 상품이 1년 갱신형으로 1년마다 보험료가 변동된다. 또한 만기는 15년이다. 그렇다고 "15년까지만 보장받나요?" 하고 걱정할 필요는 없다. 15년마다 보험사가 정한 절차에 따라 재가입하는 조건으로 되어있기 때문이다. 계약자가 재가입 의사를 표명하면 보험사가 병력 등을 이유로 거절할 수 없다.

가입 유의사항 3 | 입원의료비 보장한도를 알아둔다

아프거나 다쳐서 입원할 경우 연간 5,000만원까지 보장받을 수 있다. 단, 입원의료비 중 자기부담금(급여항목 10%, 비급여항목 20%)은 제외하고 돌려받는다. 자기부담금은 200만원을 넘을 수 없다. 만약 200만원 이상의 자기부담금이 발생하면 보험사에서 차액을 모두 보상한다.

가입 유의사항 4 | 통원의료비 보장한도를 알아둔다

통원의료비는 1회당 30만원 한도로 보장받을 수 있다. 다만 보험사별로 통원의료비의 세부적인 보장한도가 다르다(생명보험사 : 진료비20만원 + 약제비 10만원 = 30만원, 손해보험사 : 진료비 25만원 + 약제비 5만원 = 30만원)는 점에 유의하자. 통상 약국에서는 소액을 지출하는 경우가 많기 때문에 진료비 보장한도가 높은 쪽으로 선택하는 것이 유리하다.

tip

처방전 없이 약국에서 구입한 약제는 보장에서 제외된다. 약제비 보장은 처방조제만 해당된다는 것에 유의하자.

진료비의 자기부담금은 '1~2만원'과 '급여 10% + 비급여 20% 합계액' 중에서 큰 금액이며, 약제비의 자기부담금은 '8,000원'과 '급여 10% +비급여 20% 합계액' 중 큰 금액이다. 자기부담금 계산방법이 복잡하다면 "진료비는 최소 1~2만원, 약제비는 최소 8,000원 이상 발생해야 보험사에 청구할 수 있다"는 정도라도 알아두자.

가입 유의사항 5 | 특약 3종을 합리적으로 결정한다

① 도수·체외충격파·증식치료비, ② 비급여 주사비용, ③ 자기공명영상진단비(MRI, MRA), 이 3가지 치료는 입원·통원의료비에서 보장받을 수 없기 때문에 별도의 특약에 가입해야만 한다. 보험료가 인상될 수 있지만 치료비가 비싸고 보장받을 확률도 높기 때문에 특약에 함께 가입해두는 것이 좋다. 보험료가 너무 부담이 된다면 나중에라도 특약은 중간에 뺄 수 있다는 점도 알아두자. 자기부담금은 '2만원'과 '보상대상 의료비 30%' 중 큰 금액이다.

 tip

특약 3종의 보장한도

• 도수·체외충격파·증식치료비 : 연간 350만원
• 비급여 주사비용 : 연간 250만원
• 자기공명영상진단비(MRI, MRA) : 연간 250만원

가계를 빚더미로 만드는 암, 해결책은?

건강검진을 받았더니 "혹이 생겼다", "덩어리가 발견되었다"는 얘기를 주변에서 자주 듣는다. 암이란 무엇일까? 단순히 혹이 생기거나 덩어리가 발견되면 모두 암일까? 몸은 수많은 세포로 구성되어 있는데, 비정상적으로 커지거나 다른 세포들의 기능을 방해하는 세포들이 있다. 바로 이런 세포들을 종양, 즉 암이라고 한다.

종양은 크게 양성종양과 악성종양으로 나누어진다. 양성종양은 암이라고 보기 어려우며 간단한 수술을 통해 제거할 수 있고 제거한 후 재발할 가능성도 희박하다. 반면 악성종양은 제거한 후에 재발할 가능성이 매우 큰데, 암이라는 것은 바로 이 악성종양을 말한다.

갈수록 고령화는 가속화되고 암 발병률은 증가하고 있다. 통계청 자료에 따르면 평균수명 81세까지 살 경우 국민 3명 중 1명은 암에 걸리는 것으로 나타났다. 특히 남성은 잦은 음주, 흡연 등으로 인해서 여성보다 암 발병률이 훨씬 높은 상태다.

"설마 내가 3명 중 1명에 속할까?" 자만하지 말길 바란다. 정말 암이라는 것은 본인을 죽음으로 내모는 무서운 질병이기도 하지만 곁에 있는 가족들에게도 엄청난 경제적 고통을 안겨주는 질병이다. 결국 암에 대비하기 위해서 암보험 가입은 필수로 고려해볼 필요가 있다. 암보험은 기본적으로 암에 걸릴 경우 암진단비, 암수술비, 암입원비, 방사선·항암치료비 등을 보장해주는 보험이다.

가입 유의사항 1 | 보험사별 암보험 특징을 파악한다

암보험 가입 전에 유의해야 할 사항은 무엇일까? 보험사별로 암보험상품의 특징을 알아두면 좋다. 보험사는 크게 생명보험사와 손해보험사로 나누어지는데, 암보험 특징이 조금씩 다르기 때문에 사전에 알고 있으면 암보험 선택에 많은 도움이 된다.

이러한 특징은 보험사별로 조금씩 다르니 참고자료로만 활용하길 바란다. 특히 최근에는 유방암, 생식기암 등을 일반암이 아니라 소액암으로 분류하는 경우가 많다. 통상 소액암은 일반암 대비 보장이 축소된다. 따라서 일반암인지 소액암인지에 따라 본인이 받을 수 있는 수령금액에 차이가 나니 꼭 확인하길 바란다. 일반적으로 일반암은 가입금액과 수령금액이 비슷하고, 소액암은 가입금액이 수령금액보다 많다.

▼ 보험사별 암보험 특징 비교

구분	생명보험사	손해보험사
보장내용	소액암 분류항목(유방암, 자궁암, 전립선암 등 낮은 비율 보장)이 많다.	소액암 분류항목(유방암, 자궁암, 전립선암 등 낮은 비율 보장)이 적다.
면책기간	암보험 가입 후 90일까지는 암보장이 안된다.	암보험 가입 후 90일까지는 암보장이 안된다.
감액지급기간*	통상 2년	통상 1년
보장기간	90세~종신	80~110세

* 암으로 진단받아도 50%만 지급되는 기간

가입 유의사항 2 | 갱신형? 비갱신형?

갈수록 증가하는 암 발병률로 인해 결국 보험사가 부담해야 하는 금액도 커지기 때문에 보험료가 매년 인상될 가능성이 크다. 따라서 초기보험료 부담을 갖고 있는 월급쟁이들이라면 갱신형 암보험이 유리할 수도 있지만, 장기적인 측면에서는 **보험료 인상이 없는 비갱신형 암보험에 가입하는** 게 유리하다. 참고로, 비갱신형 암보험 종류는 갈수록 줄어들고 있다.

가입 유의사항 3 | 보장금액, 기간, 가족력을 고려한다

일반암 확정시 수령금액이 크도록 설정하는 게 좋다. 수령금액이 충분하면 가족생활비, 요양자금 등으로 활용할 수 있다. 또한 암 발병률은 나이가 들수록 증가하기 때문에 보장기간을 길게 설정하는 게 좋다. 만약 가족력이 있다면 반드시 고려해야 한다. 암은 유전적인 요인에 의해 발병할 확률도 크기 때문에 가족력이 있는 특정 암에 대한 보장을 강화하는 것이 좋다.

갱신형 암보험	비갱신형 암보험
보험기간을 3년 또는 5년 등으로 정해놓고 그 기간이 지나면 여러 가지 조건들을 감안해서 보험료를 재산출해 갱신하는 보험 (갱신시점에 보험료 인상)	가입하는 시점에 보험료가 확정되어 보험료 납입기간 동안 보험료 인상이 없는 보험(만기까지 보험료 인상 없이 보장)
보험료가 저렴하다.	보험료가 비싸다.

가입 유의사항 4 | 되도록 빨리 가입한다

최근에는 보험사들이 갈수록 암보험의 보장내용을 축소하거나 보장금액을 낮추고 있는 실정이다. 또한 남아 있는 암보험도 갈수록 보험료가 인상되는 추세이기 때문에 되도록 빨리 가입하는 것이 유리하다.

월급쟁이라면 암보험 가입을 필수로 고려해봐야 하지만, 암보험에 가입한다고 해서 암을 피해갈 수 있는 것은 아니다. 물론 가까운 미래에 암 치료 백신이 개발되면 정말 다행이지만, 결국 건강한 것에 감사하고 건강을 위해서 꾸준하게 투자하는 것이 더욱 중요하지 않나 싶다. 만약 담배를 피고 있다면 이번 기회에 과감하게 끊어보길 바란다. 그리고 이왕이면 금연적금에 가입해서 건강과 재테크를 함께 챙겨보길 바란다.

유사암

제자리암, 경계성종양, 기타피부암, 갑상선암, 이 4가지를 유사암이라고 한다. 현재 모든 암보험은 유사암의 보장을 축소하고 있으며 별도의 유사암진단비 특약에서 보장받을 수 있다. 따라서 특약의 보장금액이 일반암진단비에 비해 너무 적지 않은지 꼭 확인해봐야 한다. 만약 금액이 동일하다(예 : 일반암진단비 5,000만원 = 유사암진단비 5,000만원)면 좋은 암보험이다.

16 | 태아보험 — 소중한 아기를 위한 특약

태아보험은 어린이보험에 태아특약 추가한 것

요즘엔 갈수록 산모들의 고령화, 환경적인 영향 등으로 인해 저체중아, 조산, 기형아 등을 출산하는 경우가 많다. 소중한 아기에게 위험이 닥친다면 어떻게 될까? 아기가 겪는 고통뿐만 아니라 부모들의 정신적, 경제적 고통이 상상할 수 없을 만큼 크지 않을까? 예비 부모가 될 월급쟁이라면 소중한 아기에게 발생할 수 있는 위험에 대비하기 위해서 태아보험 가입을 고려해보길 바란다.

태아보험은 어린이보험에 태아특약을 추가한 보험이다. 나중에 어린이보험에 가입할 생각이라면 미리 태아보험에 가입해두는 게 효과적이다. 태아보험은 임신 중에 가입해야 하며, 출생 후에는 선천이상질환, 신생아 질병 등을 보장받을 수 있고 성인이 될 때까지 질병, 상해 등에 대해서 보장받을 수 있다.

가입 유의사항 1 | 보험사별 태아보험 특징을 살핀다

회사별로 태아보험을 살펴보자면, 생명보험사는 정해진 금액만 지급하는 정액보장형이며 손해보험사는 실제 의료비만큼 보장해주는 실손보장형이다. 또한 최근에는 아예 생명보험사와 손해보험사 태아보험에 각각 가입하는 패키지 형태를 선호하는 예비 부모도 많다.

다음 쪽 표는 생명보험사와 손해보험사의 태아보험을 비교한 내용이다. 이러한 특징은 보험사별로 조금씩 다를 수 있으니 참고자료로만 활용하길 바란다.

가입 유의사항 2 | 가입시기를 놓치지 않는다

태아보험은 가입하고 싶을 때 언제든지 가입할 수 있는 보험이 아니다. 반드시 임신 22주 이내에 가입해야 한다. 생명보험사는 임신 16주~22주 사이에 가입이 가능하며, 손해보험사는 임신한 순간부터 임신 22주 사이에 가입이 가능하다.

▼ 보험사별 태아보험 비교

생명보험사	손해보험사
정액보상(진단비, 입원비, 수술비 등 정해진 금액만 지급)	실손보상(실제 발생한 의료비를 한도 내에서 보장)
소아암, 중대질병에 대한 보장이 좋다.	보장범위(질병, 사고에 대한 입원·통원치료 등)가 넓다.
쌍둥이, 시험관아기, 인공수정 등에 대한 가입 제한이 적은 편이다.	쌍둥이, 시험관아기, 인공수정 등에 대한 가입 제한이 많은 편이다.

그럼 왜 이렇게 가입시기에 제한을 둔 것일까? 임신 22주가 지나면 아기의 선천이상질환 유무를 검사를 통해 예비 부모들이 확인할 수 있다. 그러면 선천이상질환을 보장받기 위해 태아보험에 가입하려고 할 텐데, 보험사는 절대 자선단체가 아니다.

가입 유의사항 3 | 종합적인 보장 여부를 확인한다

질병, 상해 등에 대해 종합적으로 보장받을 수 있는지 확인해야 한다. 황달, 감기, 중이염, 아토피, 소아암, 성장기질환 등 질병과 학교, 학원에서 발생할 수 있는 상해까지 보장받을 수 있도록 하는 게 좋다. 태아보험은 성인들처럼 암보험 따로, 건강보험 따로 가입할 수 있는 보험이 아니다. 각각의 보험에 가입할 수 있는 연령제한이 있기 때문에, 태아보험에 가입할 때는 어린이에게 자주 발생하는 질병과 상해가 종합적으로 보장되고 있는지를 확인해야 한다.

가입 유의사항 4 | 태아 필수 보장 3가지를 확인한다

선천성이상질환, 주산기질환, 저체중아! 이렇게 3가지는 태아 필수 보장내용이다. 선천성이상질환은 염색체 이상, 언청이, 내장기관 기형 등이 발생하는 경우가 많은데, 대부분 출산 후 2차 검사에서 정확하게 알 수 있다. 주산기는 임신 29주~출산 1주까지의 기간을 말하고, 주산기질환은 주로 아기의 호흡과 관련된 폐질환, 심혈관질환 등이다. 따라서 선천성이상질환과 함께 주산기질환을 보장받을 수 있는지 확인해야 한다. 또한 2.5kg

미만으로 태어나는 경우 저체중아 입원일당, 인큐베이터 비용 등이 보장되는지도 함께 확인해야 한다.

태아보험 가입하면 유모차를 사은품으로 준다고?

요즘 인터넷을 보면 태아보험에 가입하면 특정 사은품을 준다는 글들이 많다. 대표적인 사은품이 유모차인데, 왜 굳이 유모차를 주는 걸까? 그것도 공짜로! 예비 부모 중 이런 사은품 때문에 해당 태아보험에 가입하는 경우가 분명 있을 것이다.

하지만 보험사는 절대 자선단체가 아니다. 혹시 이런 사은품 비용이 모두 보험사의 사업비에 포함되어 있는 것은 아닐까? 사업비가 높아지면 결국 보험료가 비싸지게 된다. 아마 많은 예비 부모들이 보험료를 원 단위까지 꼼꼼하게 비교하지는 않을 것이다. 하지만 보험료가 1,000원만 비싸더라도 30년 납입하면 총 36만원이라는 무시할 수 없는 금액을 더 내는 꼴이다. 그런데 20~30만원짜리 유모차를 사은품으로 받으면서 정작 보험료를 1,000원 더 내고 있다면 과연 어느 쪽이 이득일까?

태아보험은 단순히 유모차 등 사은품을 받기 위해서 가입하는 보험이 아니다. 사은품에 너무 집착하지 말고, 보험사별 태아보험을 꼼꼼하게 비교한 후에 가장 합리적인 보험료와 종합적인 보장내용을 갖고 있는 태아보험에 가입하는 것이 바람직하다.

자동차보험은 자동차를 살 때 필수로 가입해야 한다. 즉 사고를 안 낼 자신이 있다고, 보험료가 아깝다고 가입 유무를 고민할 수 있는 보험이 아니라는 말이다. 따라서 자동차보험은 조건을 따져 현명하게 가입하는 것이 매우 중요하다.

자동차보험 용어

대인은 사람이 입은 피해를 보상해주는 것이며 대물은 자동차, 재물 등의 파손에 대해 보상해주는 것이다. 자차는 자기차량손해담보의 줄임말이며 자손은 자기신체손해담보의 줄임말이다.

반드시 가입해야 하는 자동차보험

자동차보험은 책임보험과 임의보험으로 구성되어 있으며, 둘을 합친 것을 종합보험이라고 부른다. 책임보험은 대인배상 I 과 대물배상(2,000만원)으로, 반드시 가입해야 한다. 임의보험은 대인배상II, 대물배상, 자기차량손해, 자기신체손해, 무보험자동차상해로 구성되어 있고, 임의로 가입을 결정할 수 있다.

▼ 자동차보험 구성

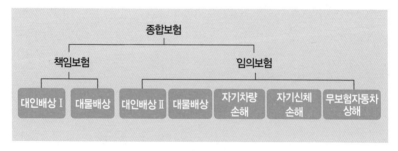

① 책임보험

- **대인배상 I** : 사고 난 상대방과 상대방 자동차 동승자에 대해 최대 1억 5,000만원까지 보상받을 수 있다.
- **대물배상** : 상대방 자동차, 건물, 시설 등 물적재산 피해를 보상받을 수 있다. 책임보험에서는 2,000만원을 한도로 정하고, 임의보험에서 추가로 한도 증액이 가능하다.

② 임의보험

- **대인배상 II** : 대인배상 I 과 동일하나 한도를 무제한으로 설정할 수 있다.
- **대물배상** : 책임보험의 대물배상 한도를 증액할 수 있다.
- **자기차량손해(자차)** : 사고시 내 자동차 손상을 보상받을 수 있다.
- **자기신체손해(자손)** : 사고시 나와 동승자의 부상, 사망을 보상받을 수 있다.
- **무보험자동차상해** : 사고시 상대방이 자동차보험에 가입하지 않았으면 보상을 받기가 어려운데, 이런 경우에도 임시로 보상받을 수 있다.

무조건 졸라매기는 No! 보험도 합리적으로!

보험료는 구성항목, 보상한도, 연령·성별, 사고이력, 차종 등에 따라 달라진다. 연령·성별, 사고이력, 차종 등은 인위적으로 바꿀 수 없으므로 결국 **구성항목과 보상한도가 보험료를 결정짓는 중요한 요소**다.

그렇다고 보험료를 낮추기 위해서 무리하게 구성항목과 보상한도를 조정해서는 안된다. 예를 들어 자기차량손해를 빼면 보험료는 뚝 떨어지지만 정작 사고가 나면 본인이 자동차수리비를 전적으로 부담해야 한다. 또한 대물배상 보상한도를 무리하게 낮추었다가 값비싼 외제차와 사고가 나면 상대방에게 고액의 수리비를 물어줘야 한다.

따라서 구성항목과 보상한도는 합리적으로 조정해야 하며, 보험료가 부담이 된다면 다음에 소개하는 다양한 절약팁을 최대한 활용해서 줄여보는 것이 바람직하다.

절약팁 1 | 운전자 연령 30세 이상 한정

운전자 연령이 어릴수록 사고 확률이 높아지는 경향이 있으므로 운전자 연령이 높을

수록 보험료가 저렴해진다. 30세 이상으로 한정하면 평균보험료 대비 14.5% 할인혜택이 적용되지만, 21세 이상으로 지정하면 95% 할증된 보험료를 내야 한다.

절약팁 2 | 가입경력인정제 활용

가입경력인정제는 부모, 배우자, 자녀 등 가족이 함께 운전하는 보험에 가입한 경력이 있으면 이를 인정해 할증률을 낮춰주는 제도다. 즉 과거 운전 경력을 보험 가입 경력으로 인정받아 보험료를 절약할 수 있다. 신청기간이 자동차보험 계약 후 1년 내로 짧고 절차가 꽤 복잡하지만 최대 52%까지 할인받을 수 있으므로 자동차보험에 처음 가입한다면 꼭 확인해보자.

절약팁 3 | 결제 할인혜택 챙기기

보험료도 분할납부가 가능하다. 하지만 여유가 있다면 한꺼번에 납부하는 것이 유리하다. 일시불납부는 수수료가 없어서 조금이라도 보험료를 절약할 수 있다. 보험사마다 제휴 카드사가 있는데 해당 카드로 결제하면 보험료를 할인해준다. 갖고 있는 카드로 결제할인을 받을 수 있는지 확인해보자.

참고로, DB손해보험 다이렉트자동차보험은 문화상품권으로도 결제할 수 있다. 따라서 옥션, G마켓 등에서 최대 10%까지 저렴하게 판매하는 문화상품권을 구입해 결제하면 원금보다 저렴하게 가입할 수 있다.

절약팁 4 | 실제 운전자로만 한정

운전자가 많을수록 보험료는 높아진다. 온 가족이 돌려서 타는 자동차가 아니라면 1인 한정이나 부부 한정으로 정하는 것이 좋다. 운전자를 1인이나 부부로 한정지으면 보험료를 약 15% 정도 줄일 수 있다.

절약팁 5 | 서민우대자동차보험 확인

서민우대자동차보험은 기초생활수급자, 연소득 4,000만원 이하(부부합산)인 저소득층을 위한 서민우대특약상품으로, 보험료가 일반자동차보험에 비해 3~8% 저렴하다. 보험사마다 서민우대특약상품의 이름이 조금씩 다르므로 해당 보험사에 문의해 가입대상에 해당되는지 확인해보자.

절약팁 6 | 할인특약

할인이 적용되는 특약들이 있으니 이것 역시 해당되는지 확인해보자.

- **블랙박스 특약** : 블랙박스 설치하면 할인
- **자녀 특약** : 7세 이하 자녀(임신 중 태아 포함)가 있으면 할인
- **무사고 특약** : 교통 · 음주 법규 위반이나 사고가 없으면 할인
- **마일리지 특약** : 약정한 주행거리보다 자동차를 적게 운행하면 할인
- **대중교통 특약** : 대중교통을 많이 이용하면 할인
- **안전장치 특약** : 전방충돌방지장치, 차선이탈경고장치 등이 있으면 할인
- **안전운전 특약** : 네비게이션 T map의 안전운전 점수에 따라 할인

▼ **특약별 할인율**

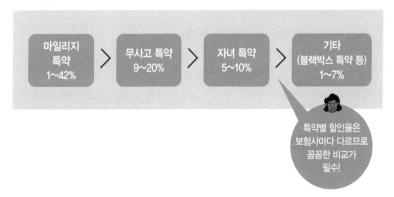

마일리지 특약 1~42% > 무사고 특약 9~20% > 자녀 특약 5~10% > 기타 (블랙박스 특약 등) 1~7%

특약별 할인율은 보험사마다 다르므로 꼼꼼한 비교가 필수!

비대면 보험 가입 주의사항

요즘은 비대면이나 홈쇼핑에서 보험 광고를 아주 많이 한다. 보험 광고를 보고 있으면 보험료도 저렴하고 마치 모든 내용을 다 보장해주는 것처럼 보여서 정말 솔깃하다. 더욱이 상담만 해도 공짜로 사은품을 준다고 하니까 당장 전화하고 싶어진다.

하지만 눈속임 보험 광고를 조심해야 한다. 취약한 보장내용은 읽기 힘든 깨알 글씨나 알아듣기 힘든 속사포 설명으로 얼렁뚱땅 넘어가고, 상담 후 사은품을 제공하지 않는 경우도 많다.

1 | 비대면 보험 가입시 유의사항

따라서 비대면, 홈쇼핑 보험은 덜컥 가입하지 말고 반드시 보장내용을 꼼꼼히 따져봐야 한다. 또한 비대면, 홈쇼핑 보험은 대부분 다음과 같은 형태를 띠고 있으므로 주의하길 바란다.

- 비갱신형도 있지만 갱신형이 월등히 많다.
- 보장범위가 좁다. 뇌혈관질환진단, 허혈성심장질환진단, 질병후유장해 특약 등은 거의 포함되지 않는다.
- 암, 운전자, 치아 등 단독상품을 주로 판매한다.

2 | 부족한 보장은 비대면 보험으로 OK!

그렇다고 비대면, 홈쇼핑 보험이 무조건 나쁘다고는 할 수 없다. 비대면, 홈쇼핑 보험을 통해 부족한 보장을 보완하면 꽤 괜찮을 수도 있다.

> 기존 가입(탄탄한 보장성보험) + 추가 가입(홈쇼핑 암보험)

세상에 나쁜 보험은 없다는 말이 있듯이 결국 비대면, 홈쇼핑 보험도 제대로 알고 가입하는 것이 중요하다는 것을 명심하자.

18 여행자보험
— 자주 해외 나간다면 챙기자!

여행 중 위험을 보장해주는 여행자보험

해외여행을 갈 때 은행에서 일정 금액 이상을 환전하거나 여행사의 패키지 상품을 이용하면 무료로 여행자보험에 가입해주는 경우가 많다. 하지만 여행자보험에 대해 제대로 알지 못하는 여행객이 태반이다. 최소한 여행자보험이 무엇인지, 어떤 내역을 보장해주는지 정도는 꼭 알아두길 바란다.

> **tip**
> 왜 은행이나 여행사에서 무료로 여행자보험에 가입해줄까? 일종의 서비스라고 볼 수도 있지만, 공짜인 만큼 보장 금액이 턱없이 적은 경우가 많으니 유의해야 한다.

여행자보험 필수 보장 3가지

여행자보험이란 여행 중 발생할 수 있는 질병·상해, 휴대품 손해, 배상책임을 보장해주는 보험이다. 여행자보험은 출국 30일 전부터 가입할 수 있으며, 보장기간은 여행하는 동안이다. 또한 납입한 보험료에 대해 12% 세액공제도 받을 수 있다. 다음은 여행자보험의 필수 보장내역 3가지다.

① 질병·상해

해외여행 중 몸이 아프거나 다쳤을 때 의료비를 보장받을 수 있다. 특히 해외는 대부분 의료비가 비싸기 때문에 가장 중요한 보장이다. 보험사들은 대부분 해외에서 치료받은 비용뿐만 아니라 귀국 후 국내에서 치료받은 비용까지도 특약으로 보장해준다. 하지만 이미 의료실비보험에 가입되어 있다면 국내 치료비는 중복보장이 안되기 때문에 굳이 특약을 선택하지 않아도 된다. 해외 의료비를 보장받기 위해서는 병원진단서, 진료비·약값 영수증을 챙겨두어야 한다.

② 휴대품 손해

스마트폰, 카메라, 노트북 등 휴대품이 파손되거나 도난당했을 때 손해를 보장받을 수 있다. 1품목당 최대 20만원까지 보장된다. 다만 분실은 제외되며 현금, 신용카드, 안경, 동식물, 의수족 등은 보장받을 수 없다. 또한 휴대품 손해를 보장받기 위해서는 도난신고 확인서, 파손된 물건 사진, 수리비 영수증 등을 챙겨두어야 하며, 목격자진술서도 증빙자료로 인정된다.

③ 배상책임

타인에게 신체적 상해, 재물의 손해 등을 끼칠 경우 이를 보장받을 수 있다. 배상책임 비용을 보장받기 위해서는 상해를 입은 자의 병원진단서, 진료비 영수증, 손상물의 수리비 영수증 등을 챙겨두어야 한다. 다만 고의로 일으킨 사고나 피해자가 가족, 친척 등은 보장에서 제외된다. 여행 중 예기치 못한 싸움을 하거나 호텔, 리조트 등 숙소 내 시설을 실수로 파손하는 경우가 있을 수 있어서 꼭 필요한 보장이다.

가입 유의사항 1 | 가입은 간편하게, 비교는 꼼꼼하게

보험사를 직접 방문하거나 공항의 보험사 데스크 등에서 가입할 수 있고, 인터넷이나 앱으로도 간편하게 가입할 수 있다. 또한 손해보험협회와 생명보험협회가 운영하는 보험다모아(www.e-insmarket.or.kr) 사이트에서 여행자보험을 한눈에 비교해볼 수 있다. 보험사별 보험료 등을 비교해본 후에 해당 보험사 홈페이지로 이동해 바로 가입하는 것도 가능하다.

가입 유의사항 2 | 여행 특성에 따라 특약을 조절한다

경유지를 많이 거친다면 항공기, 수하물 지연에 대한 특약에 가입하는 것이 좋다. 만약 항공기나 수하물 지연으로 인해 식사 · 숙박비 등이 발생하면 보장받을 수 있다. 또한 동남아시아 등 날씨가 더운 나라로 여행을 간다면 식중독 특약 등을 포함하도록 하자.

가입 유의사항 3 | 장기여행이라면 보장기간을 확인한다

여행자보험은 보장내용뿐만 아니라 보장기간과 보장금액도 눈여겨봐야 한다. 만약 한 달 이상 장기여행이라면 보장기간을 꼭 확인하자. 자칫 보장기간이 한 달보다 짧으면 낭패를 볼 수 있다. 보장금액은 통상 상해사망·후유장해시 1억원, 질병사망·후유장해시 1,000만원, 휴대품 손해 20~50만원, 배상책임 500만원이지만 보험사별로 차이가 크므로 유심히 살펴봐야 한다.

가입 유의사항 4 | 반드시 사실대로 작성한다

보험청약서에 여행 목적 등을 거짓으로 작성하면 보험금 지급이 거절될 수 있다. 따라서 보험청약서는 반드시 사실대로 작성해야 한다. 또한 질병·상해, 휴대폰 손해, 배상책임에 대한 증빙자료가 없으면 보험금 청구가 안된다. 관련 증빙자료는 꼭 챙겨두자.

가입 유의사항 5 | 보장되지 않는 내역을 알아둔다

모터보트·자동차·오토바이경기, 암벽등반, 스카이다이빙, 스쿠버다이빙 등 위험한 운동으로 발생한 손해는 보장받을 수 없다. 또한 전쟁, 혁명, 내란 등이 벌어진 지역으로 여행할 경우 여행자보험 가입 자체가 거절될 수도 있다.

"고작 1주일밖에 안되는 해외여행인데 무슨 일이 생기겠어?" 하고 안일하게 생각하지 말자. 사고는 항상 예상하지 않은 순간에 찾아오지 않던가! 해외여행을 계획 중이라면 안전하고 행복한 여행을 위해 여행자보험을 꼼꼼히 챙겨보길 바란다.

571

보험리모델링은 가입한 보험을 점검해 재정비하는 과정을 말한다. 보험리모델링의 핵심은 부족한 보장은 올리고, 불합리한 보험료는 내리는 것이다. 다음은 리모델링이 필요한 보험의 예시다.

보험리모델링 1 | 애물단지로 전락한 CI보험

CI보험에서 CI는 Critical Illness의 줄임말로, 중대한 질병을 뜻한다. '중대'하다는 말 자체도 상당히 모호한 느낌이다. CI보험이란 사망보험금 지급을 목적으로 하는 종신보험에 중대한 질병으로 진단·수술할 경우 사망보험금의 일부를 선지급해주는 보장이 결합된 보험이다.

CI보험은 사망보험금 선지급 기능으로 인해 종신보험보다 보험료가 30% 정도 비싸고, 중대한 질병일 때만 보장이 되기 때문에 의료실비보험보다 보장범위도 제한적이다. 따라서 사망보험금이 필요 없고 살면서 더 나은 보장을 받기를 원한다면 CI보험은 ① 감액완납, ② 주계약 감액 후 유지, ③ 해지 등의 방법으로 리모델링하는 것이 좋다.

보험리모델링 2 | 갱신형 암보험

갱신형 암보험은 비갱신형 암보험보다 초기보험료가 저렴하다는 장점이 있지만 총 납입보험료 측면에서는 훨씬 불리하다. 왜냐하면 갱신형은 보장만기(80세, 100세 등)까지 소득이 끊기더라도 보험료를 계속 내야 하지만, 비갱신형은 소득활동이 있는 기간에만 보험료를 납입하고 납입종료 후에는 보장만 받으면 되기 때문이다. 따라서 무턱대고 갱신형 암보험에 가입했다면 비갱신형 암보험으로 리모델링하는 것을 고민해봐야 한다.

> **tip**
> 총 납입보험료
> 갱신형 〉비갱신형

보험리모델링 3 | 보장범위가 좁은 보장성보험

암, 뇌, 심장! 3대 진단비의 보장범위는 꼭 따져봐야 한다. 암진단비는 비교적 잘되어 있는데 뇌, 심장 관련 진단비의 보장범위가 좁은 경우가 많다. 보장범위가 좁을수록 보장 받을 수 있는 질병의 진단비가 줄어든다. 따라서 보장범위가 좁다면 **뇌혈관질환진단과 허혈성심장질환진단까지로 보장범위를 넓힐 수 있도록** 리모델링하는 것이 좋다. 만약 개인적인 병력 때문에 힘들다면 뇌졸중진단과 급성심근경색진단까지라도 보장범위를 넓히자.

tip

보장범위

- **뇌 관련 진단** : 뇌혈관질환진단 〉 뇌졸중진단 〉 뇌출혈진단
- **심장 관련 진단** : 허혈성심장질환진단 〉 급성심근경색진단

보험리모델링 4 | 80세, 100세 만기 운전자보험

운전자보험은 운전자의 형사적·행정적 책임을 보장해주며 자동차보험과 별개로 가입해야 하는 보험이다. 만약 80세, 100세까지 보장하는 운전자보험에 가입했다면 실효성을 고민해볼 필요가 있다. 과연 80세, 100세까지 운전할 수 있을까? 만기가 길수록 보험료는 비싸진다. 따라서 **운전자보험은 1년 또는 3년 단위로 핵심 담보만 가입하는 방향**으로 리모델링하는 것이 보험료 절약 측면에서 훨씬 유리할 수 있다.

tip

들어두면 든든한 특약 2가지

들어두면 유용한 특약 2가지는 바로 질병후유장애 특약과 수술비 특약이다. 질병후유장해 특약은 신체와 장기의 장해 등 보장범위가 넓고 반복지급이 가능하다. 수술비 특약은 실손의료비의 통원한도(25만원)를 보완해주는 역할을 한다. 이 2가지 특약을 구성해두면 상당히 큰 도움이 될 수 있다.

보험리모델링에도 기준이 필요하다

보험리모델링을 한답시고 멀쩡한 보험을 해지하고 새로 가입하는 것은 금물이다. 또한 보험리모델링으로 절약된 비용은 재테크에 사용하는 게 바람직하다. 다음은 보험리모델링시 대표적인 유의사항이니 꼭 읽어보길 바란다.

① 보장대상 우선순위를 정하자

보장대상 1순위는 가정을 책임지는 가장이다. 가장에게 질병, 상해 등이 발생하면 경제적인 문제로까지 이어지므로 보장대상의 1순위는 가장으로 정해두는 것이 좋다.

② 소득 대비 적절한 보험료 납입 수준을 결정하자

외벌이가정 기준으로 보험료는 월급의 8~10% 수준이 적정하다. 만약 10% 이상이라면 보험 해약도 고려해야 한다. 보험 해약은 우선순위에 따라 자녀 → 엄마 → 아빠 등으로 진행하는 것이 좋다.

③ 보장범위의 균형을 맞추자

통상 일반사망(암, 뇌졸중 등)이 재해사망(교통사고 등)보다 사망률이 높다. 따라서 보장범위가 재해사망에 집중되어 있다면 일반사망에 대한 보장을 강화해서 재해사망과 일반사망의 보장범위 간에 적절한 균형을 맞추는 것이 좋다.

④ 보장기간을 길게 가져가자

평균수명이 갈수록 길어지고 있으니 보장기간이 짧다면 보장기간이 긴 상품(예 : 100세 만기)으로 대체하는 것이 좋다. 연령이 높아질수록 질병에 걸리기 쉽고 의료비 부담이 커진다는 것을 감안해야 한다.

잠|깐|만|요

사회초년생을 위한 보험 포트폴리오

사회초년생은 고액의 저축성보험(종신 · 변액 등)보다 상대적으로 보험료가 저렴한 의료실비보험, 정기보험, 상해보험 같은 보장성보험 중심으로 포트폴리오를 구성하는 것이 순서다. 왜냐하면 당장 결혼자금, 주택자금 등 목돈마련을 해나가야 하는 시기에, 자칫 과도한 보험료 지출은 목돈마련에 걸림돌이 될 수 있기 때문이다.
저축성보험은 나중에 여유가 생길 때 보완해도 절대 늦지 않다. 또한 보장성보험의 보장내용은 다음의 우선순위를 참고해 구성하는 것이 효과적이다.

- **1순위** : 의료실비
- **2순위** : 암, 뇌, 심장 3대 진단비+질병후유장애
- **3순위** : 수술비
- **4순위** : 운전자
- **5순위** : 사망 · 화재

▼ [별첨 1] 대표적인 은행별 월급통장 수수료·금리혜택 비교

은행	월급통장명	수수료혜택			금리혜택
		전자 금융거래	당행 자동화기기 타행이체	타행 자동화기기 현금인출	
신한	주거래 우대통장	면제	월 10회 면제	월 5회 면제	0.10%
IBK기업	주거래생활 금융통장	면제	월 10회 면제	월 10회 면제	0.10%
SC제일	내월급통장	면제	월 10회 면제	면제	급여이체 금액에 따라 우대금리 0.2~1.0% 제공
하나	달달하나통장	면제	면제	면제	0.10% 급여이체 실적 충족시 우대 금리 1.9% 제공
우리	우리SUPER 주거래통장	면제	월 5회 면제	월 5회 면제	0.10%
하나	급여하나통장	면제	면제	월 5회 면제	0.10%
NH농협	NH주거래 우대통장	면제	면제	월 5회 면제	0.10% 농협은행 채움카 드의 결제계좌가 이 통장으로 지정 된 경우, 해당 카 드 보유자가 『NH 신용Manager 플러스』 가입시 월 900원 할인

은행	월급통장명	수수료혜택			금리혜택
		전자 금융거래	당행 자동화기기 타행이체	타행 자동화기기 현금인출	
신한	쏠편한 입출금통장	면제	면제	면제	0.10%
KB국민	KB올인원 급여통장	면제	면제	면제	0.10% 은행 외부에 설치 된 다른 은행 제 휴 ATM 및 효성/ 나이스/한네트 등 VAN사 ATM 제외
SC제일	내지갑통장	면제	월 5회 면제	면제	• 50만원 이하 : 0.10% • 50만원 초과 200만원 이하 : 최대 2.20% • 200만원 초과 : 최대 0.50%
NH농협	NH1934 우대통장	면제	면제	월 5회 면제	0.10%

※ 자료 : 각 금융회사 홈페이지(수수료 · 금리혜택이 변동될 수 있으므로 정확한 내용은 금융기관에 문의)

▼ [별첨 2] 지출용 체크카드 Top 3 주요 할인혜택

체크카드명	주요 할인혜택

KB국민
노리체크카드
(펭수)
	1. 월간 통합할인한도 : 전월 이용실적 기준
	  ① 20만원 이상~30만원 미만 : 최대 1만원
	  ② 30만원 이상~50만원 미만 : 최대 2만원
	  ③ 50만원 이상~100만원 미만 : 최대 3만원
	  ④ 100만원 이상 : 최대 5만원
	2. 커피 : 스타벅스 20% 환급할인
	3. 놀이공원 : 롯데월드, 에버랜드 50% 환급할인
	4. 영화·공연 : CGV 35% 환급할인
	5. 통신 : 이동통신요금 자동이체시 2,500원 환급할인
	6. 대중교통 : 10% 청구할인

우리 010PAY
체크카드
	1. 월간 통합할인한도 최대 25,000원 : 전월 이용실적 없음
	2. 결제리워드 : 평일 0.2%, 주말 0.4% 결제금액 적립
	  ① 공공요금, 아파트관리비는 적립 제외
	  ② 포인트 보유한도(200만원) 초과 시 초과분 미지급
	3. 응DAY 3.3% 추가적립 : 매월 10일, 20일, 30일(1일 최대 30,000원)
	  ① 결제리워드와 중복 제공 : 응DAY가 평일이면 3.5%, 주말이면
	    3.7% 적립
	  ② 상품권(백화점/문화상품권, 영화예매권 등) 구매금액은 적립 제외

신한 Deep Dream
체크카드
(미니언즈)
	1. 월간 통합할인한도 : 전월 이용실적 기준
	  ① 20만원 이상~40만원 미만 : 최대 5,000원
	  ② 40만원 이상~80만원 미만 : 최대 15,000원
	  ③ 80만원 이상 : 최대 3만원
	2. 국내외가맹점 : 전월 이용실적·적립한도 없이 0.2% 포인트 적립
	3. 주유 : 주말 전주유소 리터당 40원 적립
	4. 자주 가는 DREAM 영역 : 기본의 3배(총 0.6%) 포인트 적립
	5. 가장 많이 이용한 DREAM 영역 : 기본의 5배(총 1.0%) 포인트 적립

※ 자료 : 각 금융회사 홈페이지

▼ [별첨 3] 채권 신용등급

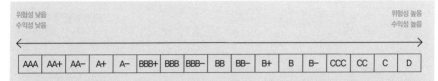

위험성 낮음
수익성 낮음

위험성 높음
수익성 높음

AAA	AA+	AA–	A+	A–	BBB+	BBB	BBB–	BB	BB–	B+	B	B–	CCC	CC	C	D

- **AAA** : 채무상환 능력이 최고 수준이며, 예측 가능한 장래의 환경변화에 영향받지 않을 만큼 안정적이다.
- **AA** : 채무상환 능력이 매우 우수하며, 예측 가능한 장래의 환경변화에 영향을 받을 가능성이 낮다.
- **A** : 채무상환 능력이 우수하지만, 장래의 환경변화에 영향을 받을 가능성이 상위 등급에 비해서는 높다.
- **BBB** : 채무상환 능력은 있으나, 장래의 환경변화에 따라 저하될 가능성이 내포되어 있다.
- **BB** : 최소한의 채무상환 능력은 인정되나, 장래의 안정성 면에서는 투기적 요소가 내포되어 있다.
- **B** : 채무상환 능력이 부족하며, 안정성이 가변적이어서 매우 투기적이다.
- **CCC** : 채무불이행이 발생할 가능성이 높다.
- **CC** : 채무불이행이 발생할 가능성이 매우 높다.
- **C** : 채무불이행이 발생할 가능성이 극히 높고, 합리적인 예측 범위 내에서 채무불이행 발생이 불가피하다.
- **D** : 현재 채무불이행 상태에 있다.

AA부터 B까지는 동일 등급 내에서 상대적인 우열을 나타내기 위해 + 또는 – 기호를 부가할 수 있다.

※ 자료 : 한국기업평가

▼ **[별첨 4] 주택임대차보호법에 따른 보증금 범위와 최우선변제금액** (단위 : 만원)

기준일자	지역	보증금 범위 (이하)	최우선변제 금액(까지)
2001.9.15	서울시, 인천시, 수도권 중 과밀억제권역	4,000	1,600
	광역시, 군 지역(인천 제외)	3,500	1,400
	기타 지역	3,000	1,200
2008.8.21	서울시, 인천시, 수도권 중 과밀억제권역	6,000	2,000
	광역시, 군 지역(인천 제외)	5,000	1,700
	기타 지역	4,000	1,400
2010.7.26	서울시	7,500	2,500
	수도권정비계획법에 따른 과밀억제권역(서울시 제외)	6,500	2,200
	광역시(수도권정비계획법에 따른 과밀억제권역에 포함된 지역과 군 지역 은 제외), 김포시, 광주시, 용인시, 안산시	5,500	1,900
	기타 지역	4,000	1,400
2014.1.1	서울시	9,500	3,200
	수도권정비계획법에 따른 과밀억제권역(서울시 제외)	8,000	2,700
	광역시(수도권정비계획법에 따른 과밀억제권역에 포함된 지역과 군 지역 은 제외), 김포시, 광주시, 용인시, 안산시	6,000	2,000
	기타 지역	4,500	1,500
2016.3.31	서울시	10,000	3,400
	수도권정비계획법에 따른 과밀억제권역(서울시 제외)	8,000	2,700
	광역시(수도권정비계획법에 따른 과밀억제권역에 포함된 지역과 군 지역 은 제외), 김포시, 광주시, 용인시, 안산시	6,000	2,000
	세종시	6,000	2,000
	기타 지역	5,000	1,700

기준일자	지역	보증금 범위 (이하)	최우선변제 금액(까지)
2018.9.18	서울시	11,000	3,700
	수도권정비계획법에 따른 과밀억제권역(서울시 제외), 용인시, 화성시, 세종시	10,000	3,400
	광역시(수도권정비계획법에 따른 과밀억제권역에 포함된 지역과 군 지역은 제외), 안산시, 김포시, 광주시, 파주시	6,000	2,000
	기타 지역	5,000	1,700
2023.2.14 (개정안)	서울시	16,000	5,500
	과밀억제권역, 용인시, 화성시, 세종시, 김포시	14,500	4,800
	광역시, 안산시, 광주시, 파주시, 이천시, 평택시	8,500	2,800
	기타 지역	7,500	2,500

맘마미아 냉파요리

강지수 지음, 맘마미아 감수 | 18,000원

1달 식비 70만원 절약,
1년 840만원 적금의 기적!

- **식비절감 효과!**
  - → 냉장고 속 재료로만 요리해도 한 달 식비 70만원 절약!
- **요리실력 Up!**
  - → 왕초보 냉파 레시피로 냉파미션 성공! 요리실력은 보너스!
- **재료낭비 제로!**
  - → 냉장고 속 남는 재료 Top 20으로 시드는 재료 없이 건강하게!

맘마미아 냉파요리 김치

강지수 지음, 맘마미아 감수 | 13,800원

왕초보도 쉽다!
1년 100만원 절약은 보너스!

★ **70만 회원 감동실천!** ·······························
   왕초보 국내 최초 재테크 요리책
- **1단계 : 내게 맞는 김치 선택!**
- **2단계 : 냉파 레시피대로 하면 맛있는 김치 완성!**

맘마미아 어린이 경제왕

맘마미아 지음, 이금희 글그림 | 10,500원

만화로 쉽게! 평생 가는 용돈관리 실천법!
우리 아이 100세까지 돈 걱정 OUT!

- 70만 열광 〈맘마미아〉 시리즈 만화판!
- 게임처럼 재미있고 만화처럼 쉽다!
  - → 200원 행복재테크, 21일 비밀달력, 500원 강제저축 등
- 초등 교과서 완벽 연계!
  - → 초등교과서 집필진 감수 전격 참여

왕초보 월백만원 부업왕

월재연부업왕 지음 | 15,000원

월재연 70만 회원 열광!
스마트폰+자투리시간 부업왕 비법 대공개!

- 부업으로 월 100만원! 고수 13인의 노하우 수록!
- 스마트폰으로 제2의 월급 만드는 하루 10분 실천법

★ 왕초보도 월 100만원 버는 부업왕 3단계! ·············

1. 짬짬부업왕 : 앱테크, 은행이자보다 높은 포인트 적립
2. 절약부업왕 : 스마트폰 활용, 공과금 절약
3. 현금부업왕 : 상품권, 기프티콘, 물건 현금 전환

90년생 재테크!

월재연 슈퍼루키 10인 지음 |
14,000원

네이버 No.1 재테크 카페 월재연의 슈퍼루키 10인의 재테크 이야기

• 재미있게! 꾸준하게! 2030세대의 유쾌발랄 뉴트로 재테크
• 90년대 생들의 현명하고 야무진 재테크 비결

★ 궁상맞지도, 힘들지도 않아요! ·····················
  하고 싶은 것 다 하면서도 아낄 수 있어요!

1. 대학생도, 취준생도 할 수 있다!
2. 2030세대 월급으로도 할 수 있다!
3. 무작정 아끼지 않아도 할 수 있다!

미국 배당주 투자지도

서승용 지음 | 22,000원

나는 적금 대신 미국 배당주에 투자한다!

• 미국 배당주 BEST 24 추천!
• 수익률 10% 고배당주, 1년에 4번 현금배당!
• 초보자도 쉽게 배우는 종목 분석 체크리스트 제공!

★ 월급쟁이부터 퇴직자까지 투자자 유형별 종목 추천!

• 퇴직자라면? 고정배당 우선주(배당률 5~8%)
• 월급쟁이라면? 배당성장주(배당률 2~4%)
• 공격적 투자자라면? 고배당주(배당률 10%)

돈이 된다! ETF 월급 만들기

투생(이금옥) 지음 | 18,000원

80만 월재연 열광!
ETF 풍차 돌리기로 10% 수익 무한창출!

- 적금처럼 ETF 사 모으기
- 10% 수익 나면 매도하기
- 저평가 ETF 재투자하기

돈이 된다! 급등주 투자법

디노(백새봄) 지음 | 18,800원

월급쟁이도 주식으로
월 500만원 수익창출!
급등주로 수익률 극대화!

- 투자심리도로 반등신호 포착하는 법
- OBV로 수급신호 포착하는 법
- 봉차트로 매매 타이밍 포착하는 법